제2판

세무학의 이해

정지선 | 정재현 | 윤성만 | 강승환 | 윤서준

도서출판 청람

| 제2판 머리말 |

세금(Tax)은 우리 사회 전반에서 많은 영향을 미치고 있고, 일반인들의 삶과 밀접한 관계를 맺고 있는 사회과학 분야입니다. 직장을 다니면서 월급을 받을 때도 세금을 내고, 사업을 하면서 돈을 벌 때도 세금을 내야 합니다. 또한 집을 사고 팔 때도 세금을 내야 하고, 부모님께 재산을 물려받을 때도 세금을 내야 합니다. 이처럼 일반인들의 경제 활동에 빠짐없이 등장하는 것이 세금 문제입니다.

그럼에도 불구하고 세금을 다루는 학문인 '세무학'에 대하여 일반인들은 매우 어려워하고 있습니다. 이는 세무학이 다른 학문과 달리 기본적으로 융합적인 성격이 매우 강하기 때문입니다. 세무학은 법학, 회계학, 경제학의 이해를 바탕으로 동시에 사고할 수 있어야만 그 내용을 이해할 수 있습니다. 이러한 학문적 특성은 일반인들이 쉽게 세무학에 접근하는 것을 막고 있으며, 상경계열 전공의 대학생들에게조차 두려움을 주는 요인이 됩니다.

우리는 대학생들이 느끼고 있는 세무학에 대한 막연한 두려움을 어떻게 해소해 줄 수 있을까를 고민하였습니다. 나아가 이러한 고민을 해결할 수 있다면 일반인들에게도 쉽게 세무학을 접할 수 있는 기회가 될 것이라고 생각하였습니다. 그 결과 우리는 법학, 회계학 및 경제학 관점에서 보다 쉽게 접근할 수 있는 새로운 연구 서적이 필요하다고 결론지었습니다.

우리는 대학생들과 일반인들이 쉽게 접근할 수 있는 세무학 입문 서적을 만들고자 노력하였습니다. 먼저 기존에 시중에 나와 있는 유사한 서적들을 찾아보고 분석하였습니다. 안타깝게도 기존의 서적들은 3가지 학문을 융합하지 못하고 어느 한쪽 측면에서만 접근한 연구 서적들이 대부분이었습니다. 따라서 우리는 어렵지만 법학, 회계학, 경제학을 모두 아우를 수 있는 기본서를 만들고자 새로운 접근을 시도하기로 하였습니다.

우리는 세무학의 3가지 학문적인 접근과 동시에 조세의 전반적인 이해를 목적으로 하는 기본서를 만들기 위하여 여러 고민 끝에 13개의 장으로 구분하였습니다.

각 장에서는 조세 역사, 경제적 효율성과 공평성, 조세법의 기본원칙, 법인세, 부가가치세, 소득세, 상속세와 증여세 및 국제조세 등 세무학의 이해를 위해 필수적인 요소들을 담았습니다. 일반인과 대학생들이 쉽고 재미있게 읽을 수 있도록 각종 사례와 예시, 법령과 판례 등을 짜임새 있게 편성하려고 노력하였습니다. 그리하여 이 책을 접한 독자라면 누구라도 세무학을 쉽고 편안하게 이해할 수 있을 것으로 기대합니다.

이 책을 편찬하기까지 많은 고민과 한계에 봉착하였을 때가 있었습니다. 법학, 회계학, 경제학을 모두 아우르려는 우리의 시도는 국내에서 거의 최초이기 때문이었습니다. 이러한 난관에 봉착하였을 때 우리를 도와준 분들은 바로 대한민국 최고 조세전문가들인 서울시립대학교 세무학과 교수님들이었습니다. 세무학의 3가지 학문적 전공 분야의 최고 전문가이신 교수님들의 도움으로 우리는 완성도 높은 기본서를 만들 수 있었다고 자부합니다. 이 자리를 빌어 교수님들께 다시 한번 감사의 말씀을 드립니다.

우리는 이러한 과정을 통하여 만들어진 법학, 회계학 및 경제학을 동시에 융합한 최초의 기본서를 지금부터 여러분께 선보이고자 합니다. 이 책을 읽은 독자 여러분들의 세무학에 대한 이해도가 높아져 주변 사람들에게 잘 설명할 수 있게 되었으면 합니다. 그리하여 많은 사람들의 세무학 이해도가 높아져 사회과학 분야의 발전에 기여할 수 있는 토대가 되었으면 하는 바램입니다.

마지막으로 코로나 팬데믹으로 어려운 시국에도 이 책을 출판할 수 있도록 물심양면으로 힘써주신 도서출판 청람의 이수영 대표님께 깊은 감사의 말씀을 드리며, 좋은 편집으로 품격을 높여준 편집부 모든 분들께도 고마움을 표합니다.

2023년 2월

저자 올림

| 차례 |

Chapter 4 조세법의 기본원칙

Chapter 5 법인세Ⅰ: 법인의 의미와 법인세의 개념

Chapter 6 법인세Ⅱ : 법인세의 구성과 계산

Chapter 7 법인세 Ⅲ : 법인세 세무조정(세무회계)

Chapter 8 부가가치세 Ⅰ : 부가가치세의 개념과 과세제도

Chapter 9 부가가치세 Ⅱ : 면세 · 영세율의 차이와 부가가치세 신고 · 납부

Chapter 10 소득세Ⅰ: 소득과 종합소득세

Chapter 11 소득세Ⅱ : 종합소득세 계산과 양도소득세 및 퇴직소득세

Chapter 12

상속세와 증여세

Chapter 13 국제조세

01
Chapter

조세의 역사

"죽음과 세금을 제외하고 이 세상에 확실한 것은 아무 것도 없다(In this world nothing can be said to be certain, except death and taxes)."

미국 건국의 아버지들(Founding Fathers)이자 미국 100달러 화폐 속 인물인 벤자민 프랭클린(Benjamin Franklin, 1706~1790)이 프랑스 물리학자 장 밥티스트 르 로이(Jean-Baptiste Le Roy, 1720~1800)에게 보낸 편지에서 언급한 말이다. 벤자민 프랭클린은 펜실베니아 대학의 전신격인 필라델피아 아카데미를 창설한 교육자이자, 피뢰침을 발명한 과학자, 아메리카-프랑스동맹을 성사시킨 정치가로 유명한 인물이다. 지금도 미국인들은 가장 미국인다운 사람이자 대통령을 지내진 못했지만 가장 대통령에 어울리는 인물로도 꼽는 위인이다.

▌그림 1-1 ▌벤자민 프랭클린(100달러 속 초상화)

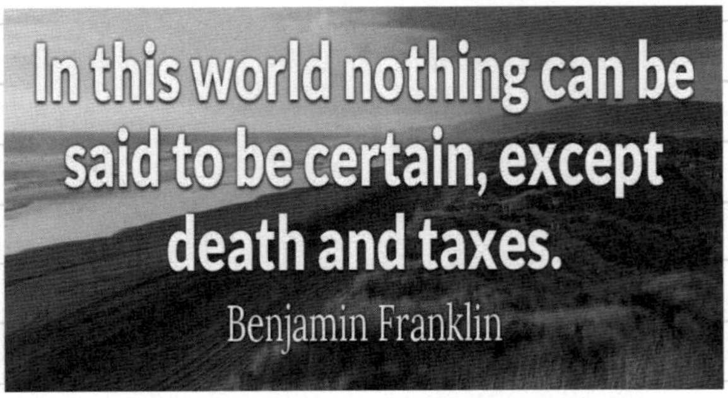

이처럼 자유를 외치며 미국의 건국을 주도한 인물이 왜 자유와는 거리가 먼 세금을 피할 수 없다고 하였을까? 세상이 아무리 변해도 세금은 피할 수 없는 것인가? 만약 지금 이 글을 읽고 있는 여러분들에게 비슷한 궁금증이 생겼다면 당신은 벌써 세금에 관심이 생긴 것이다. 다른 나라의 이야기만으로는 공감이 가지 않을 수 있으니 다시 우리나라로 돌아와 보자. 우리나라의 역사 속 인물들은 세금에 대하여 어떻게 생각하고 있었을까? 대동법을 도입하여 조선시대 조세개혁에 앞장 선 조선 제15대 임금인 광해군은 『광해군일기』에서 아래와 같이 조세에 대한 철학을 보이고 있다.

"만물이 소생하는 봄을 만나 풀과 나무 등 온갖 생물이 즐거워하는데 유독 우리 백성들만 위태로워 죽기 직전이다. 그런데도 그들을 보살피지 않는다면 백성의 부모된 도리가 아니다. … 백성들을 괴롭히는 것 가운데 없앨 수 있는 것은 없애고, 굶주린 자들은 착실히 도와줘서 목숨을 잃는 자가 없도록 하라."

당시 관리들의 폐단과 조세제도의 붕괴로 인하여 백성들의 고통은 날로 심해져만 갔다. 이를 해결하기 위하여 광해군은 대동법이라는 새로운 조세제도를 파격적으로 실시하였다. 이는 위의 광해군일기에서 밝힌 바와 같이 관리들과 지주들로부터 고통받고 있는 굶주린 백성들을 구하고자 한 그의 조세 철학이 담긴 것이다. 2012년 개봉한 영화 '광해'에서도 대동법 시행에 대하여 반대하는 신하들에게 광해가 다음과 같이 말한다.

"논 열 마지기를 가진 사람에게는 쌀 열 섬을, 논 한 마지기를 가진 사람에게는 쌀 한 섬을 내는 것이 뭐가 이상하다는 것이요?"

이는 오늘날까지도 정부나 뉴스에서 자주 등장하는 '공평과세'라는 측면에서 살펴보면 매우 당연한 것이다. 그러나 당시 시대 상황에서는 그렇지 못한 것이었다. 그렇다면 과연 어떤 세금이 그 시대에 존재하였고, 어떻게 과세가 되었길래 당연한 이야기를 당연하다고 할 수 없었던 것인가?

▌그림 1-2 ▌광해군 어진과 영화 '광해' 포스터

이러한 궁금증을 해결하기 위해서는 먼저 역사 속에서 세금이 어떻게 존재하였고, 어떤 역할을 하였는지 확인해 볼 필요가 있다.

| 학습목표 |

- 우리나라의 조세 역사는 어떻게 시작되었는가? : 우리나라 고대 세제
- 우리나라의 전세는 어떻게 개혁되었는가? : 세종의 전세 개혁
- 공납과 군포의 비리는 어떻게 개혁되었는가? : 광해군의 공납 개혁, 영조의 군포 개혁
- 오늘날 우리의 조세체계는 어떻게 이루어져 있는가? : 대한민국의 조세
- 세계의 조세 역사 중 중요한 사건은 무엇이었는가? : 영국의 대헌장, 유럽의 교회세

제1절 우리나라의 조세 역사

Ⅰ. 우리나라 고대 세제

부족사회의 성격이 강하였던 고조선에서도 세금은 존재하였던 것으로 파악된다. 중국 역사서 『시경(詩經)』에서 고조선이 농경지에 세금을 부과하였다는 기록이 있고, 『맹자(孟子)』에서도 고조선이 수확물의 1/20을 세금으로 부과하였다는 기록이 전해진다. 삼국시대에도 고구려, 백제, 신라의 조세와 관련한 이야기가 삼국사기 등을 통하여 전해 내려오고 있다. 그러나 구체적인 세목과 과세체계에 대한 정보는 알기 어려우며 단지 당나라의 조(租)・용(庸)・조(調)와 유사한 제도 정도로 보여진다. 결국 고대 조세 수입의 근원은 농산물 수확에 대한 소득세와 백성이라는 인적자원에 부과하는 인두세로 점철할 수 있을 것인데, 가장 중요한 것은 바로 농산물 확보를 위한 농업이라고 볼 수 있다.

고려 태조인 왕건은 훈요10조를 통하여 농업과 세금의 중요성을 강조하고 있었다. 훈요10조 중 제7조에서 "농업을 장려하고 부역과 세금을 가볍게 하여 백성의 신망을 얻도록 노력하라"고 강조하였고, 실제 백성들에게 3년간 조세와 부역을 면제하고 농지를 개간하게 하는 등 농업의 장려를 통하여 세원을 확장하고 세율은 낮추는 정책을 유도하려 하였다. 결국 농업이 살아야 백성이 살고, 세수가 확보되어 국가 기반을 구축하는데 도움이 된다는 것을 태조는 알고 있었던 것이다.

고려시대의 조세체계를 통하여 우리는 우리나라 고대의 조세체계를 알 수 있다. 토지에 대하여 부과한 전조, 특산물 등을 진상하는 공세, 노동력을 동원하기 위하여 16세부터 60세까지의 장정들을 부과한 부역으로 나눌 수 있다. 조선시대 김종서 등이 편찬한 『고려사』와 『고려사절요』에 따르면 고려시대 토지세인 전조와 공세, 부역에 대한 내용이 기재되어 있다.

전조는 토지를 상・중・하 3등급으로 구분하여 토지 1결의 수확량의 약 1/10을 징수하는 내용을 담고 있다. 수확량의 1/10을 세금으로 부과하는 것은 지금의 법인세율과 소득세율에 비교하였을 때 결코 과중하다 할 수는 없다. 그러나 이 시기 가장 큰 문제는 바로 징세권자의 비윤리적 행위였다. 국가 소유의 땅이라고 할 수 있는 공전은 지방의 향리에게 조세를 납부해야 하고, 귀족 등 개인이 소유하고 있는 사전의 경우 별도의 수조권자에게 조세를 납부하도록 되어 있었다. 따라서 지방의 향리와 수조권자의 부패는 국가의 세수감소와 농민의 세부담 증가라는 최악의 결과를 가져오게 되었다. 몽고군의 침입과 무인정권 수립 등 고려 말에 이르러 중앙집권체계가 약화되면서 이러한 폐단은 더욱 심해지게 되었다.

공세는 상공(常貢)과 별공(別貢)으로 나뉘는데, 상공은 국가가 필요로 하는 용품을 충당하기 위한 조세이고 별공은 지방의 특산물을 진상토록 하는 용도의 조세였다. 그러나 고려 말에는 몽고에 대한 과도한 세공의 부담이 전가되고, 공세를 부담하지 못하는 백성들에게 대납을 하게 하거나, 상인으로부터 빌려서까지 내도록 하는 제도를 만드는 등 그 폐단이 앞선 전조와 마찬가지로 극심해지게 되었다.

결국 고려는 태조의 농업 장려 및 세부담 경감 정책에도 불구하고 몽고의 침입으로 인한 세공 부담, 중앙집권체계 약화로 인한 수조권자들의 부패 등으로 인한 세부담이 농민에게 대부분 전가되어 버렸다. 결국 농민들은 지나친 세부담으로 인하여 농토를 떠나는 일이 부지기수였고, 그나마 수확되는 농산물도 수조권자들의 착취로 국가의 재정은 날로 어려워질 수밖에 없었다. 이러한 국가의 조세체계 붕괴도 고려의 멸망에 한 원인인 것이다.

Ⅱ. 세종의 전세개혁

1. 서언

고려 말기부터 이어져온 과전법에 의한 조선 초기의 전세제도는 표준수확물의 10분의 1에 해당하는 1결당 30두를 기본으로 개별토지에 대한 손실평가, 소위 답험손실에 따라 감면이 이루어지는 수손급손제를 채택하였다. 이러한 방식은 조세부담의 공평성 등 이론적으로는 바람직한 것이었지만, 이를 실제 시행하는 과정에서 손실을 산정하는 관리나 전주 등에 의해 많은 폐단이 발생하였다.

세종은 이를 개혁하고자 하였으며, 무려 15년이라는 기간을 두고 많은 연구와 광범위한 의견수렴 등의 과정을 거쳐 공법을 도입하여, 국가정책을 추진함에 있어 그 정책의 합리성과 집행가능성이 동시에 고려되어야 한다는 것을 보여준다. 오랜 시간을 두고 이루어진 이러한 개혁의 과정은 수많은 세제개편이 이루어지는 오늘날에도 큰 시사점을 주고 있다.

2. 전세개혁의 배경과 과전법

(1) 과전법의 배경

과전법은 고려 공양왕 3년(1391년)에 공포되었다. 위화도회군 이후 이성계는 기존의 권문세족들과 사원 등에 집중되어 있는 토지를 회수하여, 이들의 권력을 약화시키고 국가의 수조권을 확보하는데 목적을 두었다. 우선 전국적으로 양전을 실시하고 사전(私田)과 은결(隱結, 누락되어 있던 토지)을 국가에 귀속되도록 하는 등 국가수조지를 확대하였다.

수조지의 유형은 여러 가지가 있었는데, 관리들에게 지급하는 과전과 공신전의 경우 경기지역에서만 설정하도록 하였으며, 경기 이외의 6도에는 과전을 실시하지 않았다. 과전은 현직자인 시관과 퇴직자 및 대기발령자에 해당하는 산관에게 모두 분급되었으며, 과전은 원칙적으로 세습되지 않고 당대에 한해서만 유지되었다.

그러나 과전은 수신전 및 휼양전으로 세습이 가능하였다. 수신전이란 수조지를 지급받은 관리가 사망하고 그의 처가 수절하는 경우 사망한 남편의 수조지를 승계받아 경작하는 토지를 말한다. 그리고 휼양전이란 과전을 받은 부모가 다 죽고 그 자녀가 20세 미만인 경우 아버지의 과전 전액을 주고 자식이 20세가 되면 회수하였고, 만약 딸인 경우에는 시집간 이후에 회수하는 토지를 말한다. 이와 같이 수신전과 휼양전은 관리의 사망으로 관직 자체는 지킬 수 없을지라도 그 처와 자녀들의 신분은 유지될 수 있도록 물질적인 보장을 해주어 계급지배가 유지되도록 한 것이다.

그러나 새로운 관리들이 증가하고, 유가족 등에게도 수조지를 지급하는 등의 문제로 시간이 지날수록 과전으로 지급될 토지가 절대적으로 부족해지게 되었다.

(2) 과전법과 조세부담

과전법은 경작자가 수조권자에게 납부하는 '전조'와, 수조권자가 국고에 납부하는 '전세'로 구분되어 있다. 수조권자는 전조로서 10분의 1조인 매 1결당 30두, 그리고 전세로 매 1결당 2두를 납부하여야 했다.

조는 품관이나, 경차관 등이 매년 농사의 작황을 실제로 답사해 정하는 답험손실법이 적용되었으며, 전세는 특별한 경우를 제외하고는 사전을 받은 자들이 경작자로부터 받은 전조 중에서 1결당 전세 2두를 국고에 납부하도록 하였다. 이렇게 과전법에서는 경작자부담의 전조와 수전자부담의 전세가 분명히 구분되어 있었으나, 후기로 갈수록 조와 세를 기록상으로 혼용하였으며, 마침내 이들은 모두 전세라는 이름으로 통일되었다.

전세에서 적용되는 답험손실이란 관리 등이 현장에 나가 수확의 감수 정도를 실제 조사하고 조사된 작황의 손실 정도에 따라 조세를 감면 조정을 하였는데, 이를 수손급손이라고도 한다. 답험은 국고수조지인 공전의 경우 관답험이 이루어지는데, 먼저 해당 고을의 수령이 이를 조사하여 그 결과를 감사에게 보고한다. 보고받은 감사는 이를 확인하는 차원에서 여러 명의 다른 지역의 품관 등을 파견하여 재심하고, 이를 다시 감사의 보좌관인 감사수령관이 심사하도록 하였다. 사전에 해당하는 과전에 대해서는 수조권을 가지는 전주가 손실을 답험하는 전주답험으로 이루어졌다.

그리고 손실규정은 수확의 감수정도를 반영한 실수율에 따라 수조액을 결정하도록 하였다. 공전과 사전 모두 작황에 따라 각각 10분위로 나누어 손재가 1분에 이를 때마다 1분을 감세하였으며, 손재율이 8분에 이르게 되면 전액 감면하도록 하였다.

과전법에서의 답험손실은 매년 토지의 현지실사를 통해 각 경작지별로 정확한 손재의 정도를 파악하고 그에 따라 전조를 감면한다는 점에서, 그 해 농사의 작황이 좋지 않을 때에는 개별 경작지별로 이를 실제 조사하여 농민들의 부담을 덜어주는 등 매우 합리적이고 이상적인 제도였다.

그러나 실제에서는 답험손실이 제대로 적용되지 못하였다. 우선 답험손실을 측정함에 있어 해당 고을의 수령이 관내의 모든 농지를 답험하여야 했으나 사실상 불가능에 가까웠으며, 실제로는 토착향리에 의해 답험이 실시되었다. 이 과정에서 답험을 위해 파견된 관리들이 지방향리와 결탁하고, 답험하는 관리에 대한 과중한 접대비 부담 등이 발생하고 이를 농민에게 전가시키는 등의 상당한 폐단이 발생하였다. 특히, 사전에서 전주들이 직접 답험을 하는 과정에서 상당한 폐단이 발생하였다. 답험을 실시하는 대부분의 전주들이 실제 토지나 작황에 손실이 발생하여도 그 손실을 거의 인정하지 않는 등 농민들의 부담을 가중시켰다. 이를 시정하고자, 사전에 대해서도 관답험을 실시하였으나, 관원에 대하여 전주가 부담한 접대비를 농민들에게 전가시키는 등의 문제가 발생하여 왔다.

3. 전세개혁과 공법의 도입

(1) 공법의 도입과정

종래의 답험손실법의 문제를 해결하기 위하여, 세종 10년(1428년) 처음으로 정액제를 중심으로 하는 공법 제정문제가 제기되었다. 이에 대하여, 세종은 선왕들이 택한 제도로서 경솔히 개정할 수 없다는 의견을 보였으나, 전세제도의 폐단이 극심해지자 1결에 15두 또는 10두를 정액으로 과세할 때 세수가 얼마나 될 것인지를 추계하고 공법시행에 대하여 관민에 널리 알리고 논의하도록 하였다.

출처 : 국세청 블로그

이러한 세종의 지시에 따라 호조에서는 2년간의 연구 끝에 1결에 10두를 정액으로 수조하나, 평안도와 함길도는 7두를 수조하고 재해에 대해서는 일부감면을 하지 않고 전량 손실이 발생한 경우에만 수조를 면제하는 방안을 제시하였으며, 세종은 이러한 제안에 대하여 관리부터 일반 촌민까지 아울러 광범위한 여론조사를 실시하였다.

이후, 세종 18년 2월 결당 15두씩 정액으로 과세하는 공법안을 심의하였으나 결론에 이르지 못하였으며, 이후 5월에는 토지비옥도에 따라 전국 8도를 상·중·하의 3등급으로 분류하고 다시 각 토지의 전품을 3등급으로 구분하여 지난해의 손실과 세수를 참작하여 세를 정한다는 공법절목을 심의하고 결정하였다. 세종 19년에는 세수를 고려하여 세율을 인상하는 등 시안을 수정하였으며 세종 20년에 이르러 경상도와 전라도에서 시험적으로 실시되기에 이르렀다.

세종 22년에는 미비된 조항을 보완하고 세율을 수정하였으며, 이듬해인 세종 23년에는 충청도로 공법실시지역을 확대하였다.

그러나 공법의 시범적용 결과 답험손실법하에서의 부담과 많은 차이가 발생되는 등의 논란이 있어, 결국 공법의 초기 원안대로 시행하는 것이 어려워지게 되었다. 이에 따라 세종 25년 11월 세종은 전제상정소를 설치하고 전제개혁에 대한 조사 및 연구와 함께 합리적인 개편안을 마련하도록 하였으며 세종 26년에 이르러 개편방안이 마련되어 충청도・전라도・경상도에 시범실시되었다.

(2) 세종 26년의 공법제정 내용

세종실록에 제시되어 있는 공법의 내용은 다음과 같다.

① 하등전(下等田) 1결(結)의 면적은 57무(畝)로 기준을 삼고, 그에 따른 소출(所出) 수량을 정하는데, 대체로 상상년(上上年)의 1등 수전(水田)의 소출을 피곡 80석으로 정하고, 6등 수전의 소출을 20석으로 정하며, 그 사이의 4등급을 고르게 나누어 정하고, 한전(旱田)의 소출은 수전의 절반으로 한다.

② 1결(結)의 면적 57두(畝)의 수세(收稅) 역시 이에 의하며, 20분의 1로 한다. 상상년(上上年)의 1등 전지의 조세는 30말, 2등 전지의 조세는 25말 5되, 3등 전지의 조세는 21말, 4등 전지의 조세는 16말 5되, 5등 전지의 조세는 12말, 6등 전지의 조세는 7말 5되이다.

③ 연분(年分)을 9등으로 나누고 10분 비율로 정하여 전실(全實)을 상상년으로 하고, 9분실(九分實)을 상중년(上中年), 8분실(八分實)을 상하년(上下年), 7분실을 중상년(中上年), 6분실을 중중년, 5분실을 중하년, 4분실을 하상년, 3분실을 하중년, 2분실을 하하년으로 한다.

(3) 세종 26년 공법 제정의 의미

세종 26년에 새로이 개정된 공법은 그동안 논의되어 왔던 기존의 공법이 전품을 3등급으로 구분하고 정액세 방식을 채택한 것이 비해서, 토지의 등급을 6등급으로 구분하고 다시 매년의 풍흉의 정도를 연분 10등에 따라 세분하여 세액이 계산되도록 하였다. 특히, 기존 공법에서는 상중하의 3등급만 있었고, 실제 대다수 토지가 하등전이여서 토지의 질적차이에 상응하는 납세액의 차이가 거의 없었으나, 새로운 공법에서는 납세부담이 실질적 손실에 상응하게 설정되어 납세의 합리성을 도모하였다.

출처 : 국세청 블로그

그러나 새로운 공법 역시 매년도의 손실률을 고려하는 이른바 연분 방법을 택함에 따라, 과거에 문제가 되었던 답험손실법과 유사하였다. 따라서 답험손실법의 폐단이 그대로 재현될 수 있다는 문제점을 내포하였다.

이러한 문제를 피하기 위해 일읍등제법(一邑等第法)을 고안하였다. 일읍등제법이란 연분의 사정을 고을 단위로 측정하도록 한 것인데, 개개의 전답에 대한 손실을 파악하지 못한다는 맹점도 있어 세부담의 공평성의 측면에서는 오히려 답험손실법보다 후퇴한 제도로 볼 수 있다, 그러나 새로이 시행된 공법이 과거 답험과정에서 발생하는 중간수탈 등의 폐단을 막고 개별 농지에 대한 자의적인 답험산정에 따르는 폐단을 막았다는 점에서 그 의미가 있다.

4. 세종 전세개혁의 현대적 의미

앞서 살펴본 바와 같이, 조선전기의 세제는 과전법에서 시작하여 많은 논의를 거쳐 세종시대의 공법으로 정착되었다. 공법의 정착과정에서 관리부터 촌민가지 광범위한 의견수렴과정이 이루어졌다. 조세제도의 경우 국민들의 부담과 직결되며, 계층 간 재분배와 연계되어 있어 정책의 가시성이 높다는 점에서 의견수렴의 중요성이 큰데, 왕정시대에 국정에 참여하는 관리뿐만 아니라 농민에 대해서도 의견수렴을 하였으며, 그 표본 또한 17만여 명에 이른다는 점은 현대에서도 시사하는 바가 크다.

또한 공법제도의 시행과 개편이 세종 10년부터 세종 26년에 이르기까지 약 15년이라는 아주 긴 기간에 걸쳐 이루어졌다. 기존에 시행된 답험손실법은 세부담을 고려할 때

가장 공평하고 합리적인 제도였지만, 그에 따른 폐단도 심각하였기 때문에 개혁이 시급하였다. 그러나 손실에 관계없이 정액의 세액을 부과하는 공법도 현실적으로 받아들이기 어려운 것이므로, 오랜 논의를 거쳐 전분 6등과 연분9등으로 구분하여 과세하는 방안이 마련되었다. 결과적으로 세종의 전세개혁은 국가정책을 추진함에 있어 그 정책의 합리성과 집행가능성이 동시에 고려되어야 한다는 것을 시사한다.

Ⅲ. 광해군의 공납 개혁 : 대동법

세종의 전세개혁은 토지의 수확물에 대한 소득세 개혁의 일환이었다. 그러나 특산물에 대한 진상을 목적으로 하고 있던 공납은 여전히 폐단이 끊이지 않았다. 가장 큰 문제의 본질은 방납(防納)이었다. 방납이란 지방의 농민에게 부과된 공물(특산물)을 대신하여 바치고 농민으로부터 그 대가를 수령하는 방식으로 이루어졌다. 문제는 공물이 자연재해와 같이 부득이한 사정이 있는 경우에도 부과되었으며, 그 지방에서 생산되지 않아 다른 지역에서 구입할 수밖에 없는 타지역 특산물을 부과하는 경우가 빈번하게 발생하였다는 것이다. 이 경우 농민들은 직접 해당 공물을 바칠 수 없었다. 지방의 향리나 상인들은 이러한 공굴제도의 맹점을 이용하였다. 이들은 방납을 통하여 국가에 공물을 납부하는 대신 농딘들에게 상당한 부담을 가중시켜 자신들의 이익을 꾀하였다.

이처럼 방납의 폐단이 날로 증가하자 광해군은 즉위하자마자 선혜청을 설치하여 대동법을 실시하였다. 당시 조선은 임진왜란과 병자호란으로 인하여 국토가 황폐해져 농경지가 현저히 줄어든 상태였다. 따라서 농지의 수확물에 따라 부과되는 전세의 수입이 상당부분 줄어들었고 이는 국가 재정의 어려움으로 이어졌다. 그럼에도 방납의 폐단으로 인하여 농민들이 농업을 포기하고 도망하는 사례가 계속되자 광해군은 이를 그대로 두고 보지 않고 대등법이라는 강력한 조치를 시행한 것이다.

▌그림 1-3 ▌선혜청 응봉

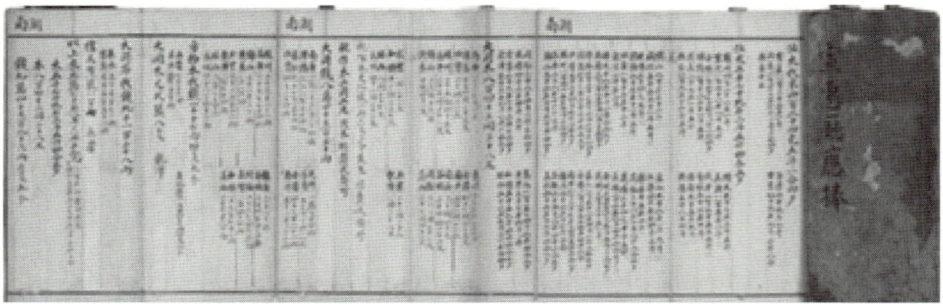

출처 : 국세청 블로그

대동법은 두 가지 큰 변화를 담고 있다. 첫 번째로 특산품으로 충당하였던 공물을 쌀 등 농산물로 바꾼 것이다. 두 번째는 당초 공세가 가구와 유사한 개념인 호(戶)별로 부과하던 일종의 인두세 성격이 있었으나 대동법은 토지 1결에 쌀 12말씩 징수하도록 하여 사실상의 소득세와 유사한 성격으로 변모하였다. 따라서 대동법은 토지를 소유한 지주, 귀족들로부터 극심한 반대에 부딪혔다. 광해군이 경기도 지역에 대동법을 실시한 후 100년이 지나서야 전국적으로 확대될 수 있었던 것도 이 때문이다.

▌그림 1-4 ▌대동법의 지역별 시행시기

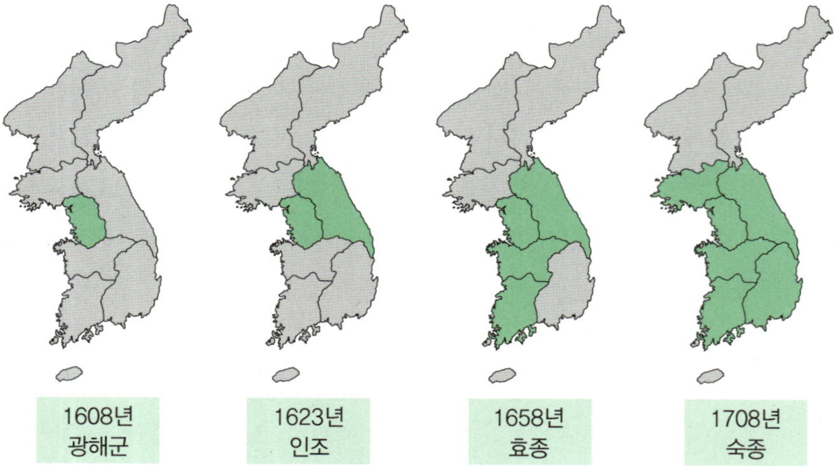

대동법의 실시로 인하여 조선의 세수입은 증가되었다. 또한 조세 부과의 기준이 호(戶)에서 토지로 바뀌어 지주의 부담이 늘어났지만 농민의 부담은 줄어들었다. 그리고 대동미를 통한 물품 구매 과정에서 상공인들의 활동이 활발해지면서 상업 발달에도 기여하였다. 나중에는 이러한 상공인들의 사회적 입지가 상승하고 농민들의 분화도 커지게 되면서 조선의 신분체계를 무너뜨리는데 영향을 준 것으로도 해석하고 있다. 이처럼 대동법은 조선의 조세역사에 있어 혁신적인 변화로 꼽을 수 있다.

Ⅳ. 영조의 군포 개혁 : 균역법

앞서 세종의 전세 개혁과 광해군의 공납 개혁으로 전세와 공납은 각각 큰 변화를 맞이하였다. 그러나 전세, 공납과 더불어 백성들을 힘들게 하였던 군포는 여전히 비리가 만연하였다. 군포란 임진왜란을 계기로 수도인 한양을 방어하기 위하여 설치된 5군영(五軍營)을 유지하기 위하여 만들어진 세금의 일환이었다. 이는 군역의 의무를 지고 있는 장정에게 군역 대신 1년에 2필의 옷감을 군포로 납부하도록 한 제도였다. 그러나 국가의 질서가 문란해지자 5군영은 물론 지방의 병영까지도 독자적으로 군포를 징수하게 되었다. 이에 더하여 군포 징수과정에서 백골징포, 황구첨정, 족징, 인징 등 각종 폐단이 발생하면서 장정 한 경당 부담해야 할 군포의 수가 증가하게 되었다.

표 1-1 군포 징수과정의 폐단

구분	내용
백골징포(白骨徵布)	죽은 사람을 산 사람인 것처럼 군적과 세금대장에 등록하여 징수
황구첨정(黃口簽丁)	군역의 대상이 아닌 14세 이하의 소년까지 군적에 등록하여 징수
족징(族徵)/인징(隣徵)	도피한 군역의무자의 군포를 이웃이나 친척에게 연대책임

영조는 이러한 군정의 폐단으로 백성들이 받는 고통을 덜어주기 위하여 1750년 균역절목청을 설치하고 전국의 장정수와 군역 부담에 대한 호구조사를 실시하였다. 이듬해인 1751년 균역절목청을 균역청으로 바꾸고 군포 경감 및 추가 재원 마련을 위한 규정을 정비하여 균역법을 시행하게 되었다. 균역법이란 군역을 지고 있는 장정들에게 받던 1년에 2필의 군포를 1필로 줄여주는 제도이다. 백성들은 군포 징수의 폐단으로부터 벗어나 세금 부담이 절반으로 줄어들게 된 것이다.

그림 1-5 균역사목 : 균역법의 내용과 사무를 기록

출처 : 국세청 블로그

이렇게 군역의 의무가 있는 백성들의 군포 징수를 절반으로 줄여주자 국가의 수입이 줄어들게 되었다. 영조는 이렇게 감소된 세수를 이전까지 유학(幼學) 등을 칭탁하여 군포를 면제받던 부자들과 토지주들에게 선무군관이라는 명예 관직을 부여하여 군포를 납부하게 하였고 토지마다 1결당 2말의 결작미를 징수하였다. 또한 상공인들에게도 소득이 발생하면 어세(漁稅 : 어업)·염세(鹽稅 : 소금)·선박세 등 잡세를 부과하여 부족한 수입을 충당하였다.

그림 1-6 상인들에게 부과한 잡세에 대한 영수증

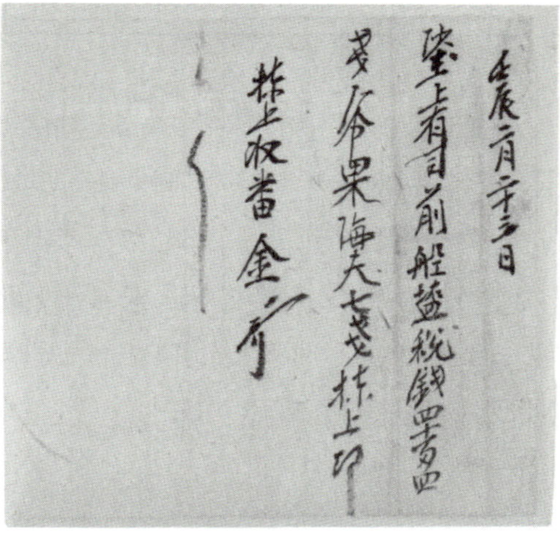

출처 : 국세청 블로그

이러한 영조의 노력으로 백성들의 삶을 짓누르던 군포의 폐단은 일정 부분 시정되었다. 하지만 여전히 양반 계층에 대한 부과는 이루어지지 못하였고, 부족한 세수를 충당하기 위한 결작미 징수에 따른 부담도 소작농들에게 전가되었다. 결국 균역법은 국가적으로 국민의 군포 부담을 공평하게 하고자 노력한 정책이라는 것에 의의가 있으나 성공적인 정책이 되지는 못하였다.

Ⅴ. 대한민국의 조세[1)]

1. 경제개발과 국세청의 출범

일제강점기와 6·25전쟁으로 우리나라 경제는 매우 황폐해져 있었다. 따라서 1950년대에는 전후 복구에 초점이 맞춰져 있었다. 이후 1960년대에 들어서면서 경제개발 5개년계획 등 경제발전이 진행되었다. 따라서 경제발전을 위한 재원마련은 필수적인 것이었고, 이는 곧 체계적인 조세제도와 조세정책의 필요성으로 이어졌다. 1961년 세제개편을 시작으로 1962년 제1차 경제개발 5개년계획이 발표되었다. 세제개편을 통하여 체계 없이 난립했던 임시세목들을 모두 폐지하고 복잡한 부가세 제도를 단순화했다.

▌그림 1-7 ▌국세청 개청 당시 사진(1966년)

1) 한국조세연구원, 한국세제사 제1편 연대별, 2012. 바탕으로 작성하였다.

1966년에는 기존의 재무부 사세국에서 조세행정에 대한 집행부문을 독립시켜 국세청을 설립하였다. 국세청 설립으로 기존의 조세행정에 대한 조직체계가 틀을 잡을 수 있었다.

그림 1-8 국세청 개청 당시 조직도(1966년)

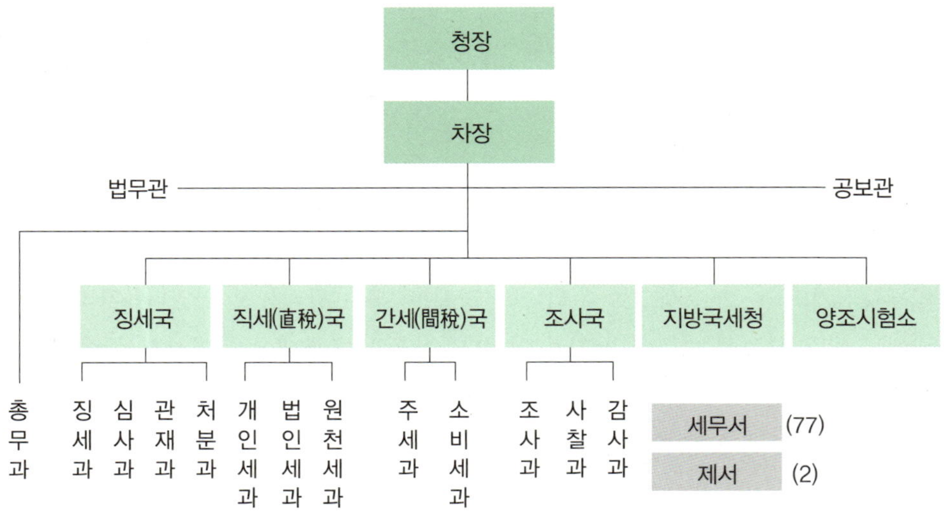

출처 : 국세청, 세정100년약사, 1996, 499면

국세청의 개청으로 조세행정이 틀을 잡으면서 조세수입이 대폭 증가하였다. 1961년 179억원이던 조세수입은 국세청 개청 당해인 1966년에 696억원으로 증가하였고, 1969년에는 2,181억원으로 10배 가량 증가하였다. 같은 시기 1인당 총생산량은 1961년에 82달러에서 1969년 210달러로 2배 가량 증가한 것과 비교하였을 때 조세수입의 증가는 매우 드라마틱한 것을 알 수 있다. 이는 결국 국세청 설립으로 조세수입의 증가에 영향이 있었다는 것을 의미한다.

표 1-2 1960년대 조세수입 현황 (단위 : 억원)

구분	1961	1962	1963	1964	1965	1966	1967	1968	1969
조세수입(내국세)	179	214	244	289	419	696	1,038	1,564	2,181
전년대비 증가액	–	+35	+30	+45	+130	+277	+342	+526	+617

출처 : 국세청, 국세통계연보, 각 연도

경제개발 5개년계획을 통하여 우리나라는 엄청난 경제성장을 이루었다. 1970년대에 들어와서도 매년 10%에 가까운 경제성장률을 기록할 정도로 우리 경제는 빠르게 성장하였다. 그러나 세계경제는 인플레이션과 2차례의 석유파동으로 침체기를 겪었다. 우리나라 기업들 중에서도 이러한 국제경제의 영향에 따라 재무구조의 악화를 겪는 기업이 발생하였다. 1971년에 시행된 세제개편에서는 기업 투자 및 저축을 촉진하기 위해 기업과세구조를 개선하는 방안이 담겼다. 법인세 인하, 투자에 대한 세제혜택 확대, 외국납부세액공제제도 등이 대표적인 것이다. 이를 토대로 1974년에는 종합소득세제를 도입하고 국세기본법을 제정하였다. 또한 1976년에는 영업세 등 8가지 세목을 폐지하는 대신 부가가치세(VAT)를 도입하였고, 단일세율인 부가가치세의 역진성을 보완하고자 고가, 사치품에 대한 특별소비세를 부과하였다. 1970년대는 빠른 경제성장과 조세체계의 개편으로 조세수입도 1971년 4,929억원에서 1979년에는 5조 3,607억원으로 10배 이상 증가하는 엄청난 발전을 나타내었다.

표 1-3 1970년대 조세수입 현황 (단위 : 억원)

구분	1971	1972	1973	1974	1975	1976	1977	1978	1979
조세수입	4,929	5,229	6,526	10,217	15,498	23,133	29,593	40,955	53,607
증가액	–	+300	+1,297	+3,691	+5,281	+7,635	+6,460	+11,362	+12,652

출처 : 국세청, 국세통계연보, 각 연도

이처럼 1970년대 조세체계를 바탕으로 조세수입은 엄청난 증가를 가져왔다. 또한 이때 수립한 조세체계가 우리나라 근대적 조세체계의 기반이 되었다. 직접세 체계를 종합소득세 중심으로 개편하고, 간접세 체계는 부가가치세 중심으로 개편한 것이 그 대표적인 사례라고 볼 수 있다.

2. 오늘날의 조세체계

1970년대의 조세체계 개편 이후 1980~90년대와 2000년대를 거쳐 소득세, 법인세, 부가가치세의 주요 세목들이 자리를 잡게 되었다. 또한 경제성장으로 인하여 세수의 규모도 억단위가 아닌 조단위로 발전하게 되었다. 1966년 국세청 개청 당시 조세수입 696억원에서 2019년 현재 내국세 세수는 284조 3천억원으로 수천 배 이상 증가하였다. 이는 우리나라 경제가 지난 50여 년 동안 엄청난 성장을 이루어 왔고, 조세체계 또한 제대로 자리잡았다는 것을 의미할 것이다.

▌그림 1-9▐ 2021년 현재 우리나라 국세

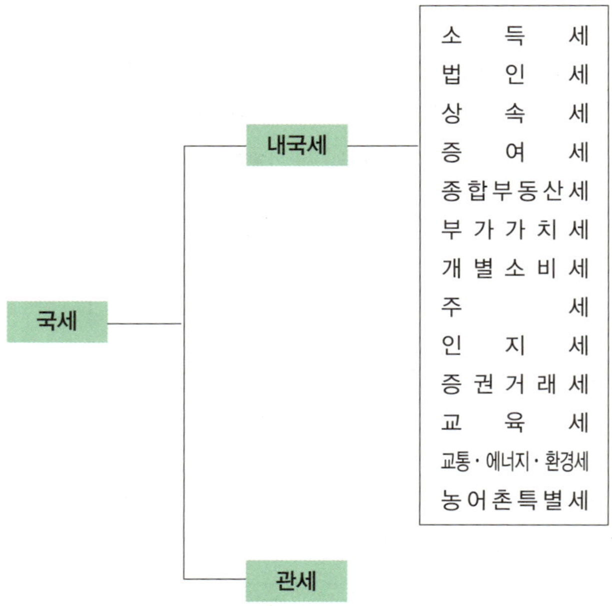

출처 : 국세청, 2020세금절약가이드 I

▌표 1-4▐ 주요 세목 조세수입 현황 (단위 : 조 원)

구분	2015	2016	2017	2018	2019
소득세	62.4	70.1	76.8	86.3	89.1
법인세	45.0	52.1	59.2	70.9	72.2
부가가치세	54.2	61.8	67.1	70.0	70.8
개별소비세	8.0	8.9	9.9	10.5	9.7
상속세/증여세	5.0	5.4	6.8	7.4	8.3
증권거래세	4.7	4.5	4.5	6.2	4.5
종합부동산세	1.4	1.3	1.7	1.9	2.8
내국세 계	208.2	233.3	255.6	283.5	284.3

출처 : 국세통계연보, 연도별·세목별 세수실적, 2020.

그러나 우리나라는 매년 세제를 개편하는 등 정치적 목적에 따라 조세제도가 변화하여 법적 안정성과 예측가능성을 보장하지 못하는 측면이 있다. 최근 부동산 경기 상승에 따른 주택가격 안정을 위한 양도소득세, 종합부동산세 등의 정책이 2~3년 사이에 수차례 개정된 것이 그 대표적인 예이다. 조세제도는 정책적 목적도 중요하지만 납세자로 하여금 예측가능하고 공평 타당하여야 한다. 그래야만 납세자가 법의 테두리 안에서 세금을 절약하는 절세와 탈세가 구분이 가능할 것이기 때문이다. "그때는 맞고 지금은 틀리다" 식의 논리는 자칫 국세의 신뢰성에 영향을 주어 납세자들의 거센 조세저항에 부딪힐 수 있다. 이러한 조세저항의 역사를 되풀이하지 않도록 모두가 주의해야 할 것이다.

제2절 해외의 조세사

조세의 역사에 대하여 살펴보는 방식에는 여러 가지가 있을 수 있다. 즉 시대별로 그 사회나 국가의 운영에 필요한 재원이 어떠한 방식으로 조달되고 변화되었는지, 또한 그 원인과 결과는 무엇인지를 살펴볼 수 있다. 그리고 각각의 세목별로 그 기원과 발달 과정을 서술할 수도 있을 것이다.[2)]

본장에서는 조세와 관련되는 개별적인 사건을 중심으로 그 배경과 전개과정 및 현대적인 의미를 중심으로 조세의 역사에 대하여 살펴보고자 한다.

민주주의의 역사는 기본적으로 조세저항의 역사라고 할 수 있다. 이를테면, 1215년 영국의 대헌장, 1628년의 권리청원, 1689년의 권리장전, 1776년의 미국의 독립선언 및 1789년의 프랑스 대혁명 등 민주주의 발달 역사의 이정표적인 여러 사건들의 이면에는 거의 모두 조세문제가 가장 핵심적인 요인으로 작용하였다.

조세문제의 핵심은 국가 또는 사회가 필요로 하는 재원부담을 그 구성원 간에 어떻게 나눌 것인지에 관한 문제이다. 특정한 계층이 불합리하게 무거운 부담을 지게 되면 그 계층들의 불만은 지속적으로 확대될 것이고, 이를 합리적으로 해결하지 못할 경우에는 사회의 불안요인으로 작용하였다. 이러한 조세문제가 발생하는 상황은 동양과 서양을 불문하고 매우 유사하다.

이하에서는 조세의 역사를 대표적인 사건을 중심으로 하여 조세의 역사에 대하여 살펴보도록 한다. 특히, 조세법의 대표적인 원칙인 조세법률주의의 모태가 된 영국의 대헌장과 정교분리에 따라 발생한 교회세를 살펴보고자 한다.

2) 이하 본장의 내용은 (원윤희, 『역사속의 세금이야기』, 박영사, 2014)의 내용을 주로 참고하여 정리하였다.

Ⅰ. 영국의 대헌장

1. 서언

우리나라를 비롯한 현대 대부분의 국가들은 조세를 부과하는 데 있어 반드시 국민이 선출한 대표인 국회에서 통과된 법에 의한다. 이를 '조세법률주의'라 한다. 이러한 조세법률주의는 법적 안정성과 예측가능성을 보장하여 국민의 재산권을 보호하는 것에 큰 의의가 있으며, 역사적으로 국민이 절대권력자인 국왕의 권력에 대항하여 개인의 재산권을 보호하고자 하는 움직임의 결과물이자 현대 민주주의의 초석이 된다.[3)]

이러한 조세법률주의의 모태는 영국의 대헌장이다. 이 대헌장은 민주주의 발전역사에서 가장 대표적인 사건의 하나로 평가되고 있다. 비록 당시에는 왕의 자의적인 권력사용으로부터 귀족의 권리를 보호하기 위한 것이었지만, 조세를 부담하는 귀족의 동의 없이는 왕이 자의적으로 과세하지 못하도록 함으로써 "대표 없이 과세 없다"는 원칙의 초석이 되어 조세법률주의와 현대 민주주의의 대원칙이 정립되는 출발점이 되었다. 또한, 이후의 미국 독립전쟁과 프랑스 대혁명에 상당한 영향을 미치게 된다.

2. 대헌장의 체결배경

영국의 존 왕(King John, 1166~1216)은 재위기간 중 프랑스와의 오랜 전쟁으로 기존에 영국이 가지고 있던 대륙의 방대한 영토를 대부분 잃었다. 그리고 참전과 전비의 조달을 위해, 귀족들로부터 상당히 자의적이고 통상적인 수준을 넘어서는 세금을 징수하였다. 이 때문에 귀족들과 상당한 마찰을 빚어 왔다.

이와 같이 오랜 기간 수많은 전쟁을 수행하는 과정에서, 귀족들은 봉건적인 의무로서 직접적인 참전과 더불어 경제적으로 전비의 조달을 위하여 많은 부담을 져야만 했다. 이 때문에 왕에 대한 귀족들의 불만이 고조되었으며, 이러한 불만은 결국 반란으로 이어지게 되었다. 반란을 통하여 귀족들은 존 왕을 축출해내기보다는 왕의 권한을 제한하고 자신들의 권리를 보장하는 대헌장을 마련하여 왕이 이를 받아들이도록 강요하였다. 결국 존 왕은 귀족들의 요구에 굴복하여 1215년 6월 15일 대헌장을 재가하였으며, 이후에 왕의 대인장이 날인됨으로써 그 효력을 발휘하게 된다.

3) 임승순, 『조세법』, 박영사, 2017., 33~34면

3. 대헌장의 내용

대헌장에는 "자유민은 법률에 의하지 않고는 처벌되지 않는다", "귀족들의 동의 없이는 왕이 자의적으로 추가적인 납세를 요구하지 못한다"는 내용들이 규정되는 등 왕에 대한 귀족들의 많은 권리를 담고 있다. 이러한 내용은 후에 영국의 보통법(Common Law)과 권리청원 및 권리장전과 같은 헌법적인 문서와 미국의 헌법 형성에 지대한 영향을 미치게 되었다.

이러한 대헌장은 기본적으로 새로운 세금을 부과하면서 귀족들의 동의를 확보하기 위한 것으로서, 이러한 과정을 통하여 납세자의 동의에 의한 과세라는 원칙이 확립되었다. 즉 대헌장은 "납세자들의 동의 없이는 과세하지 못한다"는 현대 민주주의의 대원칙을 정립하는 데 출발점이 된 것은 물론 국민들의 자유와 권리의 보호라는 측면에서도 큰 초석을 쌓았다.

4. 대헌장의 의의

대헌장은 비록 시초는 왕의 자의적인 권력사용으로부터 귀족의 권리를 보호하기 위한 것이었지만, 조세를 부담하는 귀족의 동의 없이는 왕이 자의적으로 과세하지 못하도록 함으로써 "대표 없이 과세 없다"는 조세법률주의와 현대 민주주의의 대원칙이 정립되는 출발점이 되었으며, 자유와 권리 신장의 초석이 되었다.

"자유민은 이 땅의 법률에 의하지 않고는 체포되거나 투옥되지 않는다"는 내용의 대헌장 제39조는 "적법절차의 원칙"이라는 현대의 법원칙으로 계승되었으며, 1628년의 권리청원 당시 왕의 자의적인 과세와 군에 의한 민간 사유재산의 강제점거, 정당한 사유 없는 구금과 계엄 등을 제한하는 데에 있어 중요한 논거가 되었으며, 1689년의 권리장전에도 그 정신이 이어졌다.

또한 "전쟁 등을 수행하기 위한 재원마련 및 귀족들의 추가적인 지원에 대하여 평의회의 동의"를 거치도록 하는 이른바 '납세자의 동의에 의한 과세' 혹은 '대표 없이 과세 없다'는 원칙은 미국의 독립전쟁에도 지대한 영향을 미쳐 "대표 없이 과세 없다(No taxation without representation)"는 대원칙이 현실에서 구체적으로 구현될 수 있도록 하였으며, 프랑스 대혁명의 결과물인 "인간과 시민의 권리선언"에도 큰 영향을 미쳤다.

오늘날 우리나라를 비롯한 대다수 국가의 헌법에서 '조세법률주의'라는 형식으로 계승되었다.

우리나라에서는 헌법 제59조에서 “조세의 종목과 세율은 법률로 정한다”고 규정하고 있는데, 여기서 법률이란 국민의 대표기관인 국회에서 제정하는 것으로 결국 “납세자인 국민이 그 대표를 통해서 과세를 한다는 것에 동의한다”는 것을 의미한다.

Chapter 02

조세의 경제적 효율성과 조세부담의 공평성 Ⅰ: 효율성

아담 스미스의 『국부론(The Wealth of Nations)』에서 조세 정책이 따라야 할 4가지 원칙을 다음과 같이 기술한 바 있다.[1)]

① 기여의 형평성
"한 국가의 국민이라면 마땅히 가능한 한 각자의 능력에 비례해, 다시 말해 국가의 보호 아래 각자가 획득하는 수입의 크기에 비례해 정부의 유지에 기여해야 한다."

② 조세부담의 확정성
"각 개인이 납부해야 하는 조세는 반드시 확정적이어야 하고 자의적이어서는 안 된다. 즉 납세의 시기, 방법, 금액은 납세자와 기타 사람들에게 간단명료해야 한다. 그렇지 않다면 납세의무자는 어느 정도 징세인의 권력에 복종하게 되고, 징세인은 세금을 무겁게 부과할 수도, 모종의 선물이나 부수입을 갈취할 수도 있을 것이다."

③ 지불의 편의성
"조세는 납세자가 지불할 수 있는 가장 편리한 시간에 가장 편리한 방법으로 징수되어야 한다."

④ 비용의 최소화
"모든 조세는 국민의 주머니에서 끄집어내거나 아예 주머니에 들어가지 못하는 금액으로, 그것이 [실제로] 국고에 들어가는 금액을 최소한도로만 초과하게끔 만들어져야 한다. 여기에는 다음 네 가지 측면이 있다.

첫째, 조세를 징수하는 데는 많은 수의 관리가 필요하고, 그들의 봉급이 조세 수입의 큰 부분을 차지한다.

둘째, 조세는 국민의 근면을 방해하고, 국민들이 훨씬 더 쉽게 납세할 수 있게 해줄지 모를 자원의 일부를 감소시키거나 파괴해 버릴 수도 있다.

셋째, 탈세를 시도하다가 실패하는 불행한 사람에게 몰수나 기타 형벌을 부과함으로써 조세는 그들을 종종 몰락시키고 그리하여 사회가 그들의 자본 운용으로 얻을 수 있었을 이익을 상실하게 만들 수도 있다.

넷째, 국민이 조세 징수인의 빈번한 방문과 짜증나는 조사를 받게 함으로써 조세는 국민에게 불필요한 고통과 번거로움, 억압을 가할 수 있다.

이상의 네 가지 방식으로 조세는 국가를 이롭게 하는 것보다 훨씬 더 큰 부담을 국민에게 지운다.

상기 ①~④의 요건 중 '① 기여의 형평성'과 '④ 비용의 최소화'가 각각 조세의 공평성과 경제적 효율성을 의미한다. 위 조세 정책의 요건 중 조세의 공평성은 각자 수입의 크기, 즉 세금을 부담할 수 있는 능력(담세력, 擔稅力)을 의미한다고 생각된다. 그리고 조세의 경제적 효율성은 다시 네 가지 측면에서 조명되고 있는데, 순서대로 징세비용(세금을 걷고 세금과 관련한

1) S. Smith 저, 김공회 역, 『세금이란 무엇인가』(민주시민이 알아야 할 세금의 기초), 리시올, 2020.6., 141~143면

행정 등에 드는 비용) · 조세가 야기하는 경제적 비용(혹은 자원배분의 왜곡) · 탈세, 마지막으로 납세순응비용[2)]이 그것이다.

그런데 이러한 공평성과 효율성이 서로 조화를 이루면서 최적의 조세 정책이 구현되면 좋겠지만, 불행히도 이러한 공평성과 효율성이 서로 충돌하는 경우가 빈번하다고 한다. 이해하기 어려울 수 있지만, 예를 들어 소득에 대한 한계세율(소득 1원 증가에 따른 세금의 증가액)이 증가할수록 조세 체계의 분배의 누진성을 높이지만(공평성), 이것이 노동시장의 왜곡을 증가시키는 경향도 있다(효율성)고 한다.[3)]

이처럼 공평성과 효율성이 서로 상충하는 경우 그 중간 지점을 어떻게 설정하는가 하는 것은 정치적 문제이다. 소득에 대한 세금에 경제적 비용이 발생하기는 하지만, 세부담 분배의 공정성은 사회적 유대와 공공의 동의를 유지하는데 중요한 역할을 수행한다.[4)] 이 장을 포함하여 3~4장에서는 조세의 기본원리 중 효율성과 공평성에 대해 알아보도록 하겠다. 그리고 순서를 바꾸어서 효율성을 먼저 알아보고 난 후 공평성에 대해 알아보도록 하고자 한다.

| 학습목표 |

- 조세법률주의와 조세평등주의
- 실질과세의 원칙
- 신의 · 성실의 원칙

2) '납세협력비용'이라고도 하는데, "납세자가 직접적으로 납부하는 세금 외에 세법에서 정한 납세협력 의무를 이행하는 과정에서 추가적으로 부담하는 비용(한국조세재정연구원, '국세행정에 대한 납세협력비용 측정', 국세청, 2018.10., 7면. 온-나라 정책연구, http://prism.go.kr, 정책연구검색〉〉완료된 과제 전체)"으로 정의한다. 한편 이 보고서에 따르면 2016년 기준으로 법인세 · 소득세 · 부가가치세의 3대 세목의 납세협력비용이 약 11조 여원에 달하는 것으로 나타났다. 이러한 납세순응비용의 예로는 세금신고 대리비용이나 신고서 작성비용, 과세관청에 정보를 제공하는데 드는 비용, 전문가 고용비용 등을 들 수 있다.

3) S. Smith 저, 김공회 역, 『세금이란 무엇인가』(민주시민이 알아야 할 세금의 기초), 리시올, 2020.6., 144면

4) S. Smith 저, 김공회 역, 『세금이란 무엇인가』(민주시민이 알아야 할 세금의 기초), 리시올, 2020.6., 99면

제1절 조세의 초과부담

조세의 경제적 효율성은 무엇을 추구하고자 하는 것인가? 아담 스미스의『국부론』 중 효율성에 관한 언급에서 그 실마리를 얻을 수 있다. 아담 스미스는 "조세는 국민의 근면을 방해하고 국민들이 훨씬 더 쉽게 납세할 수 있게 해줄지 모를 자원의 일부를 감소시키거나 파괴해 버릴 수도 있다"고 하였는데, 이것이 바로 조세의 경제적 효율성 중 조세의 경제적 비용, 즉 자원배분의 왜곡의 한 단면을 말하고 있다. 아담 스미스는 조세를 통하여 구성원에게 배분되어야 할 자원이나 경제적 효익이 누구에게도 속하지 않고 증발해버릴 수 있음을 지적하고 있다.

경제학에서는 자원배분의 효율성을 "한 경제에 존재하는 생산적 자원이 전혀 낭비되지 않고 최선의 방법으로 활용되는 것"을 의미하고, 이러한 효율적인 자원배분이 이루어지면 그 경제 구성원들은 주어진 생산자원으로부터 최대한의 효용을 얻을 수 있다고 한다.[5]

그런데 조세가 이러한 자원배분에 영향을 미칠 수 있다. 조세가 사람과 기업의 행동방식을 변경시킬 수 있기 때문인데, 즉 세금은 세금이 없었다면 하지 않았을 행동을 하도록 유도하고 따라서 개별 주체의 의사 결정이나 행위상의 변화에는 비용이 수반되며, 바로 이러한 효과를 세금의 왜곡효과(distortionary effect)라고 한다. 또한 이렇게 세금에 의한 개별 주체들의 의사 결정 변화를 경제적으로 평가한 것을 조세의 왜곡비용이라고 부른다고 한다. 이뿐만 아니라 조세에는 행정비용이 수반되고, 납세순응비용(납세협력비용)이 발생한다. 조세의 초과부담(exess burden)은 이러한 개별 주체의 행위에 왜곡을 가져오는 조세비용을 통틀어서 칭하는 개념이다.[6]

Ⅰ. 조세의 초과부담의 개념

1696년 잉글랜드에는 소위 '창문세'라는 세금이 부과되었다고 한다. 사는 집에 달려 있는 창문의 개수를 세어 세금을 매겼는데, 이 당시에는 납세자의 부에 따라서 세부담

5) 이준구 · 조명환,『재정학』(5판), 문우사, 2016.2., 58~59면
6) S. Smith 저, 김공회 역,『세금이란 무엇인가』(민주시민이 알아야 할 세금의 기초), 리시올, 2020.6., 73~75면

을 분배할 수 있는 세금으로 여겨졌다고 한다. 그런데 이 '창문세'가 도입된 후로 부작용이 나타났는데, 주택 주인들이 세금을 줄이고자 창문을 막아버린 것이다.

이렇게 '창문세'가 도입된 후로 창문을 막은 집들이 속출한 것은 조세라는 것이 개인의 행위에 영향을 미친다는 하나의 증거이다. 그리고 이 '창문세' 때문에 창문을 막아버린 것의 비용은 무엇일까? 이는 세금이 없었다면 누렸을 밝음과 매력적인 집에서 사는 대신에, 더 어둡고 덜 매력적인 집에서 사는 불편함이 그 비용이라고 할 수 있다. 납세자들은 편의의 희생(더 어둡고 덜 매력적인 집에서 사는 불편함)과 세금을 비교하여 차라리 편의를 희생하는 것이 세금을 내는 것보다 낫다는 의사결정을 하였다. 여기에서 알 수 있는 점은 세금을 아낀 금액이 편의의 희생을 화폐단위로 측정한 값의 최대값이라는 점이다. 이 '창문세'의 예는 단지 조세 때문에 어떠한 행위를 하는 사람들이 있고, 이 조세제도로 인하여 왜곡과 낭비가 발생하는 것이 사실임을 보여주는 예이다. 그리고 '단지 세금 때문에' 어떤 행위를 하는 사람들이 있는 것을 보면 조세제도가 일정한 낭비와 왜곡을 초래한다는 점이 사실인 듯하다. 아울러 세금을 줄이기 위하여 시간과 돈을 사용하는 것도 어떻게 보면 자원을 사용하는 것이므로 자원의 소모라고 할 수 있다.[7)]

'창문세' 예의 경우, 세금으로 납부하는 돈 이외에 납세자의 편의가 추가적으로 희생(즉, 더 어둡고 덜 매력적인 집에서 사는 불편함)되었는데, 납세자의 부담의 크기가 납부하는 세금보다 더 큰 것을 알 수 있다. 이렇듯 조세를 거두는 과정에서 납세자들이 실제 부담하는 부담의 크기는 세금으로 납부한 것보다 다 큰 것이 일반적이다. 이러한 추가적인 부담을 '초과부담'(excess burden)[8)]이라고 한다.[9)]

초과부담 = 조세가 가져오는 실제의 부담 − 조세 징수액

이러한 초과부담은 뒤에서 설명하겠지만, 경제주체 그 누구에게로 옮겨지거나 귀속되지 않고 사라져 버린다.

그런데 이러한 초과부담이 없는 세금이 있을 수 있을까? 세금이 민간부문의 경제행

---

7) 이 '창문세'와 관련된 내용은 'S. Smith 저, 김공회 역, 『세금이란 무엇인가』(민주시민이 알아야 할 세금의 기초), 리시올, 2020.6., 76~78면' 참조함.

8) '자중손실(deadweight loss)'이나 '후생비용(welfare cost)'

9) 이준구 · 조명환, 『재정학』(5판), 문우사, 2016.2., 456면. 아래의 초과부담 정의식 또한 같이 여기에서 기술하고 있다.

위에 교란을 일으키지 않는 성격의 조세를 '중립세(lump－sum tax)'라 한다. 어떤 조세가 중립세 성격을 갖는다는 것은 자신의 경제행위를 어떻게 바꾸더라도 조세부담에 아무런 변화가 생기지 않는다는 것을 뜻한다. 이러한 세금의 예로 흔히 '인두세(人頭稅)'가 제시되곤 하는데, 사실 이 세금 또한 완벽한 의미의 중립세는 아니라고 한다. 어떤 한 시점에서 경제행위를 변화시켜서 인두세의 부담을 변화시킬 수 없기 때문에 중립세적 성격을 갖는다고 하는데, 장기적 관점에서 보면 이 인두세로 인하여 자식의 수를 선택하는데 영향을 줄 수 있기 때문에 완벽한 중립세 정의에 맞지는 않는다고 한다.[10)]

Ⅱ. 조세부담의 귀착

조세부담의 귀착(歸着, incidence)이라는 용어가 있는데, 다소 어려운 용어처럼 들린다. 그런데 이 용어의 한자어 뜻을 풀이해보면 그 뜻을 분명히 알 수 있다. 귀착의 한자어 구성이 돌아올 귀(歸)에 붙을 착(着)인데, 세금부담이 궁극적으로 누구에게 돌아가서 붙는가를 따진다는 의미이다. 즉 궁극적으로 세금을 누가 내는 것인지를 따지는 것이 조세부담의 귀착에서 알아볼 주제이다.

다만 "세금을 내는 사람이 세금을 부담하는 것인데, 도대체 왜 세금이 누구에게 돌아가서 붙는 것을 따져야 한다는 말인가?"라는 의문이 생길 수 있다. 법인세는 법인의 소득에 부과되는 세금이므로 법인에 세금이 귀착되고, 개인 소득세는 개인에 부과되어 개인이 납부하는 세금이므로 각 개인에게 세금이 귀착된 것인데 무엇을 더 따져야 한다는 것인지 의문이 들 수 있다. 이러한 의문이 드는 분은 다음 예를 한 번 살펴보도록 하자.

---

10) 이준구 · 조명환, 『재정학』 (5판), 문우사, 2016.2., 412~413면

1. 현재 A국가에는 공급자가 소비자에게 라면을 판매할 때 아무런 세금이 붙지 않는다. 공급자는 소비자에게 단 한 종류의 라면 1개를 모두 똑같이 500원에 판매하고 있다. 그런데 B국가에서는 공급자가 소비자에게 그 종류의 라면을 판매할 때 1개당 100원의 판매세를 공급자에게 부과하고 있다.
2. A국가 정부에서는 B국가와 달리 라면 판매에 따른 판매세를 부과하고 있지 않기 때문에 세금이 B국가보다 덜 걷히고 있다고 생각하고 있다. 따라서 A국가 정부에서는 B국가에서 채택하고 있는 라면 판매에 대한 세금과 같은 판매세 부과 법안을 의회에 제출하였고, 의회에서는 이 법안을 승인하였다.
3. A국가에서는 내년부터 공급자가 라면을 판매할 때 라면 1개당 150원의 세금을 부과한다. 올해까지는 물품 판매에 대한 세금이 없었으나, 내년부터는 라면 1개 판매할 때마다 150원의 판매세를 공급자가 부담해야 한다. 즉 라면 1개 판매할 때마다 라면 1개당 150원의 세금을 공급자가 A국가 정부에 납부해야 한다.

물론 이 사례는 라면 제조자와 판매자를 구분하지 않는 등 현실을 매우 단순화하였다는 한계가 있기는 하지만, 조세의 귀착을 설명하기 위한 단순한 사례로 생각하기로 한다. 여러분이 이 사례의 공급자라면 내년부터 부담하는 라면 1개당 150원의 판매세를 어떻게 부담하고 세금을 납부하겠는가? 다음과 같은 방법을 생각해볼 수 있다.

[방안 1] 라면 1개 판매에 붙는 세금을 모두 공급자가 부담하는 방안
현재 1개당 500원에 팔리는 라면의 판매가격을 조정하지 않고 공급자가 이윤을 줄여서 라면 1개당 세금인 150원을 부담하는 방안

[방안 2] 라면 1개 판매에 붙는 세금을 모두 소비자에게 부담시키는 방안
현재 1개당 500원에 팔리는 라면 판매가격을 650원으로 인상하여 소비자가 라면에 붙는 세금을 부담하게 하는 방안

여러분이라면 과연 어떤 결정을 할 것인가? 다른 요인들을 고려하지 않고 가장 손쉽게 세금 문제를 해결할 수 있는 방법은 아마 [방안 2]와 같이 세금만큼 판매가격을 인상하는 방안일 것이다. 공급자가 라면을 판매함으로써 이윤을 추구하고 있고, 지금까지 누린 이윤 수준을 희생하여 판매가격을 인하하고 싶지는 않을 것이다. 즉 [방안 1]과 같이 공급자가 자신이 얻던 이윤을 희생하여 판매가격을 그대로 두지는 않을 것이다.

그렇다면 다른 현실적인 여건들을 무시한다면 공급자는 라면 1개당 판매가격을 500

원에서 650원으로 인상할 것이다. 이렇게 라면 1개당 세금 150원 부과액을 판매가격에 그대로 반영하여 그 가격을 인상하면, 외견상 세금의 부담자가 공급자가 아닌 소비자인 것처럼 보인다. 즉 공급자는 종전과 같이 라면 판매 1개당 벌어들이는 수익이 세금을 뺀 500원(=650원−150원)일 것이고, 150원은 소비자로부터 받아서 A국가 정부에 납부하면 된다고 생각할 수 있다.[11)]

그러나 위의 이러한 추론은 한 가지 중요한 전제가 뒷받침되어야 하는데, 그 전제는 바로 "라면 1개당 부담할 150원의 세금이 붙기 전과 세금이 붙은 후의 수요량과 공급량이 동일해야 한다"는 점이다. 그러나 직관적으로 생각해보아도 이러한 전제가 성립될 수 없음을 알 수 있다. 동일 가격수준에서 기대하는 소비자 입장에서의 수요량과 공급자 입장에서의 공급량이 감소하였는데 그 가격에서의 수요량과 공급량이 인상 전과 그대로 일리는 없다. 소비자는 소비자대로 가격 인상에 따른 수요량을 줄일 것이고, 공급자는 공급자대로 가격 인상에 따라 공급 자체를 줄일 수밖에 없다. 예컨대 세금 부과 전에는 500원에 라면 1개를 공급한 공급자는 세금 부과 후에는 동일한 500원 가격에 라면 1개가 아닌 라면 0.7692개(=500원/650원)를 공급하고자 할 것이다. 즉 동일한 가격일지라도 공급자의 공급수준이 이전보다 감소한다.

그런데 이 라면 판매에 붙는 세금 150원은 도대체 누가 부담하는 것인가? 법적으로는 공급자가 납부하도록 하고 있으므로 법적 귀착자는 공급자이다. 그러나 공급자는 자신의 이윤을 될 수 있는 한 그대로 유지하고자 할 것이므로 이 판매세 150원을 판매가격에 모두 반영하고자 하는 강력한 유인이 있다. 따라서 판매가격을 500원에서 650원으로 인상한다면 이 판매세의 법적 납부자는 공급자이므로 법적 귀착자는 공급자라고 할 수 있으나, 경제적으로 실질을 파고든다면 판매세 150원의 궁극적 부담은 결국 소비자와 공급자가 나누어 낼 수밖에 없다. 형식적인 면만 보자면 150원을 판매가격 인상에 반영하였으므로 소비자가 부담하는 것처럼 보인다. 그러나 가격 인상에 따라서 수요량이 감소하고 실제 판매량이 감소할 것이므로 공급자가 가격 인상 전에 누리던 이윤수준을 누리지 못하게 된다. 따라서 소비자만이 판매세 개당 150원을 모두 부담하지 않고 공급자 또한 공급량 감소에 따른 손해를 부담해야 함에 따라 공급자도 일정 부분 판매세 부과에 따른 손실을 부담해야 한다. 이러한 개념이 법적 귀착과 다른 경제적 귀착(economic incidence)의 개념이고, 경제적 귀착은 실제 조세부담을 누가 지는지를 보는 개념이다.[12)]

11) 이러한 개념의 세금이 뒤에서 나올 부가가치세이다. 예시와 부과 형태가 다소 다르긴 하지만, 부가가치세의 최종 부담자가 최종 소비자인 점에서는 같다.

이렇듯 경제적 귀착이 법적 귀착과 차이를 보이는 이유는 조세부담이 다른 사람에게 전가(shifting)되기 때문이다.[13] 앞서 라면에 대한 판매세 부과 사례에서는 공급자가 법적으로 부담할 세금을, 판매가격 인상을 통하여 소비자에게 일부 전가했기 때문에 경제적으로는 공급자와 소비자가 일정 부분 나누어서 세금부담을 한 결과가 된다. 뒤이어 나올 내용은 그러한 조세의 부담을 공급자와 소비자 입장에서 측정하고, 공급자와 소비자 및 정부가 얼마의 세금으로 인한 손실을 부담하는지를 간략히 살펴보고 있다.

Ⅲ. 초과 조세부담의 측정

'창문세'의 예에서 우리는 납세자가 낸 세금 이외에 추가적인 불편함과 편의의 희생을 통하여 초과부담을 하였음을 알 수 있었다. 이러한 초과부담의 크기를 한 번 측정해보자.

먼저 직관적인 예로 다음의 상황을 한 번 가정해보자. 실내 장식을 필요로 하는 한 개인 A가 장식업자 B에게 실내 장식업무를 맡기려고 한다. 세금이 없는 상황이라면 A는 이 실내 장식에 1,000원까지 지불할 의향이 있고, B는 900원 이상에 이 실내 장식업무를 맡을 의향이 있다. 따라서 수요자가 1,000원까지 지불할 의사가 있고, 공급자가 900원 이상에 공급하려고 하므로, 이러한 경우라면 900~1,000원 사이에서 계약이 체결될 가능성이 매우 높다.

그런데 공급가액의 20%의 세금이 매겨진다고 가정해보자. 이런 경우라면 실내 장식업자 B는 1,080원(=900원×20%+900원) 이상이어야 실내 장식업무를 맡으려 할 것이고, 반면 A는 여전히 1,000원까지 지불할 의사가 있기 때문에, 공급가격이 A의 지불의사가 있는 가격 1,000원을 초과하므로 계약이 체결될 가능성이 거의 없을 것이다. 세금이 이들의 가격협상을 왜곡하였고, 세금이 없었다면 계약 체결로 인한 A와 B가 서로

12) 이준구 · 조명환, 『재정학』(5판), 문우사, 2016.2., 426면

13) '이준구 · 조명환, 『재정학』(5판), 문우사, 2016.2., 426면'에서는 조세부담의 전가를 다음 식으로 표현하고 있다.

조세부담의 전가=조세 납부액−실질처분가능소득의 변화폭

위 사례의 공급자를 예로 들어 살펴보면, 공급자가 라면 1개 판매당 150원의 세금을 납부해야 하지만, 공급자의 소득감소는 150원이 아니다. 공급자의 소득감소액이 100원이라고 가정하면 50원(=150원−100원)만큼의 세금을 소비자에게 떠넘긴 것이고, 이에 따르면 50원의 조세부담이 전가되었다.

공유하였을 100원의 이익이 계약 불발로 어디론가 없어졌다. 즉 경제적 손실이 발생하였다.[14)]

이번에는 그래프와 산식으로 접근해보자.[15)] [그림 2−1]에서 특정 재화 X에 대해 세금을 부과한다고 하자. 이 세금은 판매가격에 대해 부과되는 세금이고, 판매가격 당 T원의 세금이 부과되므로 세금이 부과되면 가격이 P_1에서 P_2로 T만큼 공급곡선이 상승할 것이다. 그리고 세금이 부과되기 전이라면 가격 P_1의 공급곡선과 수요곡선이 만나는 지점 D에서 균형이 이루어질 것이고, 세금이 부과됨에 따라서 공급곡선과 수요곡선이 새로운 균형점인 B에서 만날 것이다.

▌그림 2−1 ▌물품세의 초과부담

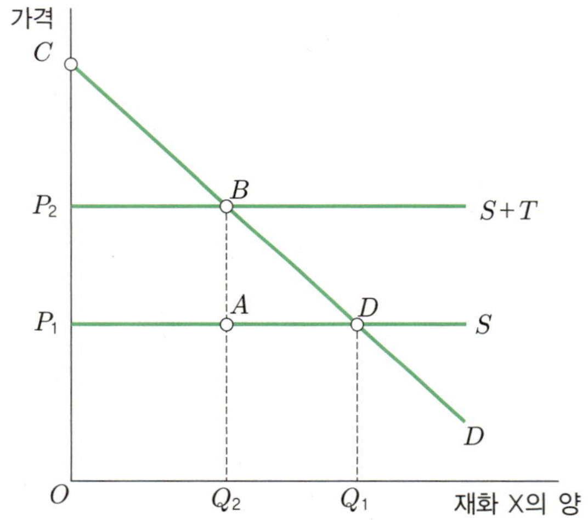

(그림에서 수요곡선 D와 Y축이 만나는 점을 C로 하기로 함)

세금이 부과되면 균형점은 D에서 B로 이동하고, 이는 균형에서 판매량이 Q_1에서 Q_2로 줄어드는데, 이는 세금으로 인한 가격상승이 '창문세' 예와 같이 계약체결을 방해하였기 때문이다. 그리고 세금으로 인한 가격상승이 소비자로부터 무언가를 뺏어간 것을 알 수 있다. 즉 세금이 없을 때 균형점 D에서 소비자 몫이 $\triangle CP_1D$였지만, 세금이 있으면 균형점이 B로 바뀌면서 소비자 몫이 $\triangle CP_2B$로 바뀌면서 $\square P_2BDP_1$만큼 소비자 몫이 감소하였다.

14) 이 사례는 'S. Smith 저, 김공회 역, 『세금이란 무엇인가』 (민주시민이 알아야 할 세금의 기초), 리시올, 2020.6., 81면' 참조함.

15) 이하 초과부담의 내용과 산식은 '이준구 · 조명환, 『재정학』 (5판), 문우사, 2016.2., 459~462면'을 참조함.

그런데 이 감소한 □P_2BDP_1 면적이 모두 경제적 손실일까? 그렇지 않다. 우리는 물품 단위당 가격이 T만큼의 세금을 내야 한다는 사실을 기억하고 있다. 그리고 T는 $P_2 - P_1$으로 측정할 수 있는데, □P_2P_1AB의 면적이 세금임을 알 수 있다. 균형점에서 생산량과 소비량이 Q_2이므로 결국 세금의 크기는 □P_2P_1AB이다. 그렇다면 소비자 몫의 감소분 □P_2BDP_1 중 정부에 세금으로 □P_2P_1AB으로 들어가고, 나머지 △ABD만이 사회적으로 사라지게 되는 경제적 손실이다. 이 △ABD 면적이 바로 초과부담이다. 아울러 정부에 납부하는 세금 □P_2P_1AB은 전액 소비자가 부담함을 알 수 있다(즉 세금이 전액 소비자에게 귀착되었다). 즉 공급자에게 세금의 법적 귀착이 있었지만, 세금의 경제적 귀착은 전액 소비자에게 전가되었다.

이 초과부담의 크기인 △ABD의 면적을 계산하려면 어떻게 해야 하는가? 이 초과부담의 크기는 다음과 같이 표현할 수 있다.

$$\triangle ABD = \frac{1}{2} T \Delta Q \tag{1}$$

위 식 (1)에서 초과부담의 크기는 T(물품 1개 단위당 세금), ΔQ는 세금으로 인하여 감소된 소비량($Q_1 - Q_2$)을 의미한다. 보통 물품의 가격의 몇 % 식의 종가세의 세금이 대표적이므로(부가가치세가 대표적인 종가세이다), T를 $t \times P$로 표현하자. 그리고 수요의 가격탄력성(ϵ_p)은 다음 산식으로 표현된다.

$$\epsilon_p = \frac{\Delta Q}{\Delta P} \frac{P}{Q} \tag{2}$$

위의 식 (2)를 ΔQ를 기준으로 하여 정리한 후 식 (1)에 대입하면,

$$\triangle \mathrm{ABD} = \frac{1}{2} t^2 \epsilon_p PQ \tag{3}$$

즉 초과부담의 크기는 식 (3)과 같이 세율 t, 수요의 가격탄력성 ϵ_p 그리고 $P \times Q$인 상품거래액에 비례하여 커짐을 알 수 있다. 수요의 가격탄력성이 크다는 말은 가격변동에 따른 수요량의 변동이 민감하다는 의미인데, 이 가격탄력성이 클수록 가격의 변화에 따른 수요량 변동이 커짐은 직관적으로도 잘 알 수 있다. 따라서 이러한 물품세 부과에 따른 초과부담의 크기는 수요의 가격탄력성이 클수록 커짐을 알 수 있다. 그리

고 세율 t가 증가하면 초과부담의 크기는 t의 제곱에 비례하여 커짐도 알 수 있는데, 이를테면 세율이 2배 증가하면 초과부담의 크기는 그 제곱인 4배 증가한다는 의미이다.[16]

한편 이 모형에서 유의할 점은 이 모형에서 사용된 수요곡선이 보상수요곡선이라는 점이다. 보상수요곡선은 초과부담이 소득효과가 아닌 대체효과와만 관련을 가지기 때문에, 이러한 소득효과를 수요곡선에서 제거한 후의 수요곡선이 보상수요곡선을 사용하여야 한다고 한다.[17]

Ⅳ. 최적 과세(최적 물품세)[18]

앞서 초과부담의 크기는 세율의 제곱과 수요의 가격탄력성에 비례하여 영향을 받는다고 하였다. 달리 표현하자면, 초과부담은 세율에 따라, 그리고 세금이 부과되는 시장(시장에 따라 수요의 가격탄력성이 다르다면)에 따라 영향을 받는다고 할 수 있다. 이것을 직관적으로 이해하자면, 조세는 과세대상이 폭넓게 정의되고(어떤 단일 과세대상에 지나치게 높은 세율을 적용시키는 것을 피하기 위하여), 시장의 특성들을 반영하도록 차별화되어야 좋다고도 할 수 있다.

경제학자이자 수학자였던 프랭크 램지는 1930년대에 다음과 같은 결론을 발표하였다고 한다.

> "일정액의 수입을 필요로 하는 어떤 정부가 그 필요를 물품세 부과만으로 충족시킬 수 있다고 가정할 때, 이 정부가 상이한 재화와 서비스에 상이한 세율을 설정함으로써 전체 초과부담을 최소화할 수 있다."

16) 공급곡선이 우상향하는 모양인 경우에는 초과부담을 다음과 같은 산식으로 일반화하여 표현이 가능하다고 한다(이준구 · 조명환, 『재정학』 (5판), 문우사, 2016.2., 462면).

$$초과부담=\frac{1}{2}t^2\frac{1}{\frac{1}{\epsilon_p}+\frac{1}{e_p}}PQ$$(단, e_p는 공급의 탄력성)

17) 이준구 · 조명환, 『재정학』 (5판), 문우사, 2016.2., 459면. 보상수요곡선에 대한 자세한 설명은 개론서의 범위를 넘는다고 판단하여 생략하는데, 관심있는 독자는 미시경제학 전공서적을 찾아보기 바란다.

18) 이 단락의 내용은 "S. Smith 저, 김공회 역, 『세금이란 무엇인가』 (민주시민이 알아야 할 세금의 기초), 리시올, 2020.6., 82~84면"을 참조함.

램지의 이러한 결론은 서로 다른 재화와 서비스에 서로 다른 세율을 설정함으로써 전체 조세부담을 최소화할 수 있다는 것을 보였는데, 그의 이러한 주장을 물품세율에 대한 '역탄력성(inverse elasticity)의 법칙'이라고 한다.

이에 따르면 재화와 서비스는 그 수요·공급의 탄력성[19]에 반비례하는 세율로 과세되어야 하고, 달리 말하자면 일정한 세율이 적용되었을 때 거래량에 큰 변화가 생기는 생산물은 같은 세율에 거래량에 큰 변화가 생기지 않는 생산물보다 낮은 세율로 과세되어야 한다는 주장이다. 이러한 램지의 주장에 따르면, 수요의 가격탄력성이 높을수록 세율이 낮아야 한다. 따라서 수요의 가격탄력성이 높은 재화인 보석이나 명품 등 사치품이나 자동차 등의 고가물품에 낮은 세율을 적용하여야 하고, 생활필수품인 일반 공산품이나 식품 등에 높은 세율을 적용하여야 한다. 그런데 이러한 결과를 여러분은 쉽게 납득할 수 있겠는가?

어쨌든 이러한 주장이 나온 후 경제학에서는 "일정한 세입을 최소의 경제적 비용으로 거두려면 어떠한 유형의 세금이 도입되어야 하는가?"라는 질문에 답하는 연구들이 이어졌다고 한다. 그리고 "세수 확보상의 효율성과 조세부담 분배상의 공정성 사이에서 바람직한 균형을 달성하고자 하면 어떤 유형의 세금이 도입되어야 하는가?"라는 질문이 이어졌다.

그런데 램지의 이러한 주장은 취약하고, 쓸 수 있는 조세수단이 어디까지인지에 크게 의존하는 것으로 밝혀졌으며, 위 물품세처럼 소비에 과세되는 세금뿐 아니라 소득에 과세되는 세금이 존재할 경우에는 서로 다른 재화와 서비스에 서로 다른 세율을 적용하는 의의가 크게 줄어든다고 한다. 이에 따라서 물품세의 경우에는 재화와 서비스별로 서로 다른 세율을 적용하지 않고, 모두 같은 단일의 물품세율을 적용하는 방향으로 선회하였다고 한다. 이와 더불어 소득세 체계가 정교하게 발달한 나라에서는 재화와 서비스별로 다른 물품세율을 적용하여 얻는 경제적 효과가 상대적으로 작을 것이고, 세율 차이에 따른 행정비용이 추가적으로 발생하여, 서로 다른 물품세율 적용에 따른 효과가 오히려 작을 것이라고 한다.

19) 공급의 탄력성과의 관계를 직접적으로 언급하지 않았지만 수요의 탄력성과의 관계를 통해 직관적으로 그렇다고 이해하도록 하자. 수식적으로 이해하고자 하는 독자는 각주 16)의 산식을 참조하도록 하자.

제2절 중립세(조세의 중립성)에 관한 논의[20)]

앞서 살펴보았던 물품세든, 소득세든 대부분의 세금은 시장 행위에 왜곡을 가져온다. 과다의 문제가 있을 뿐, 세금이 경제적 비용을 가져온다는 사실에는 변함이 없다. 그렇다면 조세의 문제는 경제활동을 가장 덜 왜곡·교란하면서 필요한 세금을 거두는데 어떠한 유형의 조세가 가장 적절한지를 찾아내는 문제라고 할 수 있다. 이때 각 유형의 세금마다 다른 유형의 세금보다 적은 비용으로 조세수입을 올릴 수 있는 한에서만 그 유형의 세금이 채택될 것이다. 이를 달리 표현하자면, 한계초과부담이 세금 유형마다 다를 경우에는, 왜곡비용이 가장 낮은 유형의 세금을 더 많이 사용함으로써 조세수입에 따른 전반적인 비용을 줄일 수 있다. 이렇게 되면 많이 사용하는 세금 유형은 한계초과부담이 증가하게 되는데, 어느 시점에서는 한계초과부담이 각 유형의 세금마다 같아지게 될 것이고, 따라서 추가적인 1원의 세금을 거두는데 발생하는 초과부담(한계초과부담)이 국가에서 채택한 각 유형의 세금마다 같아지는 조세체계가 결국 가장 효율적인 조세체계라고 할 수 있다.

그런데 이러한 초과부담이 없는 중립세라는 개념이 있음을 앞서 언급한 바 있다. 중립세는 조세의 경제활동 왜곡·교란이 없는 세금을 말하는데, 중립세의 대표적인 예인 인두세와 토지세 두 가지 예를 들어 중립세가 현실에서 어떠한 의미를 갖는지를 살펴보도록 하겠다.

Ⅰ. 인두세(人頭稅)

인두세의 한자어의 표현을 풀이하지면 사람(人)의 머리 수(頭)당 매기는 세금 정도로 풀이할 수 있다. 즉 일반적으로 사람 1인당 매기는 세금을 의미하고, 보통 1인당 얼마의 고정 세금을 부담하는 제도로 이해되고 있다. 우리나라의 경우 개인 균등분 주민세라고 하여 지방자치단체에서 부과징수하는 세금이 있는데, 보통 1인당 1만원 정도(물론 지방자치단체마다 1인당 부과하는 세금은 차이가 있다)로 부과징수하고 있다.

---

20) 이 단락의 내용은 "S. Smith 저, 김공회 역, 『세금이란 무엇인가』(민주시민이 알아야 할 세금의 기초), 리시올, 2020.6., 84~91면"을 참조함.

이러한 인두세의 경우 1인당 얼마의 고정 세금을 부과징수하고 있으므로, 납세자의 사정과 형편이 고려되지 않고 납세자에 이 세금이 부과되었을 때 단기적으로 납세자가 바꿀 수 있는 조건이나 상황 등이 아무것도 없다. 따라서 납세자가 인두세에 해당하는 세금을 납부하여 경제적 부(富)가 그만큼 감소한 것을 제외하면 단기적으로는 납세자가 행한 행위에 아무런 왜곡이 발생하지 않는다.

좀 더 자세한 이야기를 해보자면, 중립세 정의에 부합하기 위해서는 세금을 부담하는 납세자가 세금을 부담하면서 해당 납세자가 행하는 의사결정에 세금이 어떠한 영향도 미치지 아니해야 한다. 따라서 1인당 고정된 세금을 납부하는 형태의 세금뿐 아니라 키, 몸무게, 눈의 색깔, 피부색 등의 신체적 특성에 기초하여 부과하는 세금같은 것들이 납세자의 행동이나 의사결정을 바꿀 수 없기 때문에, 세금에 의한 왜곡효과가 발생하지 않을 수 있다(즉 중립세이다). 그런데 만약 여러분에게 피부색이나 키, 몸무게에 따른 세금을 부과한다고 하였을 때 이를 쉽게 납득할 독자가 있을 것인가? 우리나라의 개인 균등분 주민세가 1인당 약 1만원 정도의 고정 세금을 부과하는 제도인데, 만약 이 주민세를 1인당 1단원이 아니라 1인당 10만원이나 1백만원 수준으로 높인다면, 납세자는 이에 대하여 어떠한 반응을 보일 것인가? 그리고 1인당 1만원 수준의 개인 균등분 주민세[21]조차도 내기 어려운 국민들도 분명히 존재하는 상황에서 이러한 1만원의 개인별 부담세금이 효율적일 수 있지만, 과연 공평한 세금일 수 있는가?

인두세의 이러한 측면을 생각해보면 중립세적 성격을 지닌 인두세가 효율적일 수 있지만, 공평성 측면에서는 생각해볼 점이 분명히 존재한다. 납세자의 세금을 부담할 수 있는 능력에 분명한 차이가 존재함에도 불구하고, 인두세와 같은 종류의 세금은 그러한 납세자별 세금부담 능력을 무시한 세금이다. 아주 단순하게 말하자면 인두세와 같은 세금은 효율성 측면에서만 좋은 세금이고, 공평하지 않다고도 할 수 있다. 이러한 측면에서 조세는 효율성뿐 아니라 공평성도 생각해보아야 함을 다시 한 번 확인할 수 있다.[22]

현대에서 이러한 인두세를 도입하였을 때 강력한 조세저항이 발생한 사례가 있는데, 1989년에서 1990년 사이에 영국에서 도입된 소위 '공동체 부과금(Community Charge)'

21) 지방세법 제78조에 의하면 "개인분의 세율은 1만원을 초과하지 않는 범위에서 지방자치단체의 장이 조례로 정한다"고 규정하고 있어서 지방자치단체마다 1인당 부담하는 세금이 다를 수 있다. 따라서 우리나라 개인 균등분 주민세는 완전한 고정 세금이라고 할 수는 없다. 아울러 중립세의 개념에 부합하는 세금은 납세자가 모두 동일한 금액을 부담하는 세금이라기보다, 납세자가 부담하는 세금이 납세자가 행하는 결정에 어떠한 영향도 미치지 아니해야 한다는 점에 유의하자.

22) 공평성과 관련한 내용은 "조세의 경제적 효율성과 조세부담의 공평성 Ⅱ－공평성"에서 설명하고 있다.

이 그 대표적인 사례이다. 이 세금은 재산세를 대체한 인두세의 일종으로, 이 인두세로 인하여 당시 영국에서는 '인두세 폭동(Poll Tax Riots)'이라 불리는 폭동까지 발생하였다. 결국 당시 집권하던 보수당 정부를 무너뜨리고 당시 총리였던 대처 총리까지 사임하게 하는 등 격렬한 조세저항을 야기하였다고 한다. 이 당시 인두세에 대한 영국 국민의 반감이 어느 정도였는지 짐작하게 하는 사례인데, 당시 영국 국민들이 이 세금에 대해 어떠한 생각을 가지고 있었는지를 알 수 있다. 이 '인두세 폭동' 사례는 납세자의 의사결정에는 영향을 미치지 않아서 효율성 측면에서는 비록 훌륭할지라도, 납세자의 세금부담 능력을 고려하지 않아 공정하지 않다는 인식을 가지는 세금(즉 공정성이 훼손되었다고 납세자가 인식하는 세금)이 어떠한 조세저항을 야기하는지를 보여주는 사례라고 할 수 있다.

Ⅱ. 토지세

19세기 말 미국의 사상가인 헨리 조지(Henry George, 1839~1897년)는 정부의 단일 세금으로 토지세(혹은 토지가치세)를 주장하였다. 토지세(토지가치세)는 토지의 가치에 세금을 매기는 것으로서, 이러한 토지 가치에 세금을 매기면 생산활동에 영향을 미치지 않고 지주(地主, 땅주인)로부터 정부에게로 지주가 얻는 토지에 대한 임대료 일부가 돌아간다고 주장하였다.

그런데 이러한 토지세(혹은 토지가치세)가 어떻게 생산활동에 영향을 미치지 않고 (즉 경제활동에 왜곡을 초래하지 않고) 지주가 얻는 이윤의 일부가 정부에게로 돌아가는 것일까? 앞서 판매가격에 t의 세금이 붙었을 경우 공급곡선의 이동에 의하여 균형점이 바뀜에 따라 소비자와 공급자, 정부의 몫(즉 잉여)이 결정됨을 본 바 있다. 토지는 공급이 제한되어 있기 때문에 가격탄력성이 거의 '0'에 가까운 비탄력적인 재화이고, 이러한 이유로 토지의 소유주인 지주(地主)에게 세금을 부과하면 그 세금 부과로 인한 세금부담액이 토지 소유주인 지주에게 거의 대부분 귀속되는 효과가 발생한다.[23] 바꿔 말하자면 세금을 부과하면 그 세금의 실질적인 부담자가 토지 소유주인 지주이고, 지주가 사회 전체 관점에서 토지에 대한 세금 대부분을 부담한다.

이해를 돕기 위해 시각적인 그래프로 이러한 효과를 살펴보기로 한다. 이해를 쉽게

23) "제1절 조세의 초과부담" 중 "Ⅱ. 조세의 초과부담의 측정" 참조

하기 위하여 토지의 가격탄력성이 0이라고 가정하면 토지의 공급곡선은 다음과 같이 수직의 직선으로 표현된다. 한편 수요곡선은 일반적인 우하향 곡선으로 가정하자.

그림 2-2 토지세의 귀착

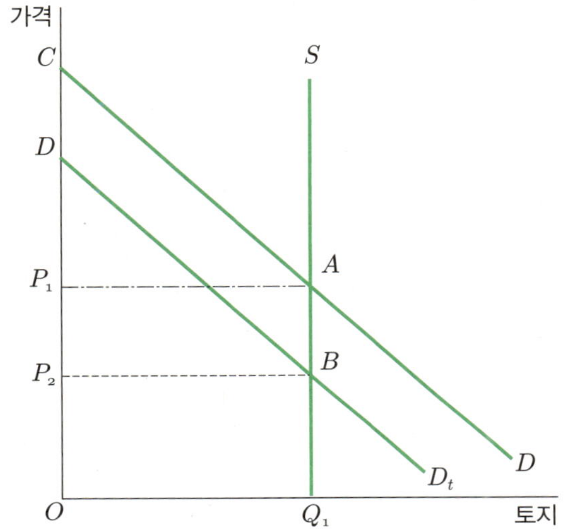

원래 세금이 없었을 경우 공급곡선 S와 수요곡선 D가 만나는 A에서 토지의 공급량 Q와 가격 P_1이 결정되었다. 그런데 세금 t가 토지 가격에 가산된다면 어떻게 될 것인가? 세금 $t=P_1-P_2$라고 하면, 토지의 공급이 제한되어 공급량 Q는 바뀌지 않는다. 다만 세금 t가 가산되기 때문에 소비자는 세금 t가 가산되는 만큼 수요를 줄일 것이다. 즉 공급자가 세금 t만큼 가격을 가산하여 법적으로는 소비자에게 세금부담을 전가시키려고 하지만, 실제 공급자가 받는 가격은 세금 t를 뺀 P_2의 가격이기 때문에 수요곡선이 하방이동한 것과 다를 바가 없다.

따라서 공급자 입장에서는 세금 t만큼 하락한 P_2에서 토지의 공급가격이 결정된 것과 다를 바 없다. 결국 당초 균형점 A에서 소비자의 몫은 $\triangle ACP_1$이었고, 세금 t가 부과되더라도 소비자는 당초 가격 P_1과 수요량 Q_1이 불변이므로 소비자의 몫 역시 $\triangle ACP_1$이 된다. 하지만 공급자가 실제 받는 가격은 P_2(왜냐하면 당초 가격 P_1에서 세금 t만큼 감소한 가격인 P_2가 공급자가 받는 가격임)이므로 당초 공급자의 몫 $\square AQ_1OP_2$는 감소하여 $\square BQ_1OP_2$가 된다. 그렇다면 감소한 공급자의 몫 $\square ABP_2P_1$은 어디로 간 것일까? $t=P_1-P_2$임을 기억하면 이 감소한 공급자의 몫은 바로 세금으로 납부하였음을 알 수 있다. 즉 토지의 공급이 가격에 대하여 완전비탄력적(즉 가격이 변화하더라도 토지의 공급량은 변함이 없음)이라면 세금 부과에 따른 부담은 전액 공급자가 부담함을 알 수 있다.

한편 토지가 가격에 대하여 완전비탄력적(즉 토지 공급의 가격탄력성이 '0'이라면)이라고 한다면, 사회적으로 손실이 발생할까? [그림 2-2]를 다시 살펴보면, 소비자의 몫인 $\triangle ACP_1$은 변함이 없고, 공급자의 몫만 $\square BQ_1OP_2$로 감소하였다. 그리고 세금 $\square ABP_2P_1$은 전액 공급자가 부담하였다. 따라서 사회적 손실은 발생하지 않았고, 소비자의 몫은 그대로인 채 공급자가 세금 부담만 지고 공급자가 가져갈 몫만 감소하였다. 달리 표현하자면 공급자가 세금의 법적 귀착자이자 경제적 귀착자이다.24) 아울러 조세로 인한 사회적 손실이 없기 때문에 초과부담 또한 없는 결과가 도출되었다.

그런데 현실에서 왜 토지 가치에 세금을 매기는 토지세를 적극적으로 활용하지 않는 것인가? 이러한 이유에 대하여 두 가지 정도의 설명이 가능하다25)고 한다.

첫째, 정치적 이유를 들 수 있다고 한다. 경제학자나 일반 시민 운동가 주장보다 토지를 소유하고 있는 지주들의 발언권과 영향력이 크다면 당연히 토지 소유주인 지주들의 주장이 정책에 더 많이 반영될 것이다. 정치적 이유는 이러한 정치적 발언권과 영향력 측면에서 지주들의 목소리가 더 큰 현실을 반영한 주장이라고 한다.

둘째, 이 주장이 좀 더 결정적인 이유라고 하는데, 비록 토지세가 토지 소유주인 지주에게 세금을 부과함으로써 초과부담 등 경제적 왜곡비용 없이 세금 부과가 가능할지라도, 그 세금이 어느 누군가의 피해 없이 부과될 수는 없기 때문에 현실에서 적극적으로 활용되지 못한다고 한다. 만약 토지 가치에 대하여 세금을 부과한다면(그 세금은 임대료라든가 토지의 매매차익 등 세금 부과의 형태를 따지지 않는다), 미래의 세금이 현재 자산가격에 반영됨에 따라 자산의 가격이 하락할 것이다.26) 이렇게 자산가격 하락

24) 앞서 "Ⅲ. 조세의 초과부담의 측정"에서 살펴본 창문세의 예와 "[그림 2-1] 물품세의 초과부담"에서는 공급의 가격탄력성이 무한대인 경우를 살펴보았는데, 이 사례와 토지세 사례를 비교해보자.

25) S. Smith 저, 김공회 역, 『세금이란 무엇인가』 (민주시민이 알아야 할 세금의 기초), 리시올, 2020.6., 90~91면

26) 자산가격은 미래 세금 부과 후 수익의 합계로 표현되는데, 자산가격에 세금을 부과하면 해당 세금만큼 자산가격이 하락한다. 이를 산식으로 표현하자면, 자산가격을 P_t, 각 기간마다의 임대료 등 수익을 R_t, 각 기간마다의 세금을 T_t라 하면, 다음과 같이 표현할 수 있다.

$$P_t = (R_0 - T_0) + (R_1 - T_1)/(1+r) + (R_2 - T_2)/(1+r)^{\cdot 2} + \cdots + (R_t - T_t)/(1+r)^{\cdot t}$$

이렇게 세금 부과 후 수익이 세금 부과 전 수익보다 작아지고 미래 세금이 가격에 반영되는 현상을 자본화(capitalization)라고 한다. 다만 위의 산식에서 각 기간의 세금 부과 후 수익을 $(1+r)\cdot t$으로 나누어 준 것을 볼 수 있는데, 이것은 미래수익의 현재가치를 나타내기 위함이다. 현재가치의 개념은 이 책의 범위를 넘어서므로 자세한 설명을 하지 않는데, 관심있는 독자분들은 중급회계 책자나 재무관리

은 현재 토지 소유주에게만 직접적인 피해를 줄 것이고, 토지 가격이 하락 조정된 후에 그 토지가 다른 소유주에게 넘어갈지라도 이미 토지의 미래 세금효과가 반영되어 하락 조정된 후이기 때문에, 토지에 세금을 부과하기로 한 시점 이후의 토지 소유주는 피해를 보지 않는다. 결국 토지에 세금을 부과하기로 한 시점 당시의 토지 소유주만 자산가격 하락으로 인한 피해를 모두 부담해야 하는데, 이러한 손실이 사회적으로 용인되기는 힘들다.[27]

Ⅲ. 현실에서의 중립세

중립세가 효율성 측면에서 매우 우월한 세금제도임에는 틀림없다. 거의 모든 조세가 초과부담을 발생시키나, 중립세는 초과부담이 없다는 특징이 있기 때문이다. 그러나 앞서 살펴본 두 가지 세제(인두세와 토지세)의 경우, 해당 세금제도의 도입이 현실적으로 어렵다고 설명하였는데, 인두세의 경우에는 사회적 공평성에 문제가 발생하였고, 토지세의 경우에는 도입 당시 시점의 토지 소유주에게만 토지세로 인한 수익 감소에 따른 피해가 있기 때문이었다.

이렇듯 현실에서 중립세를 찾아보기 어려운 이유를 보다 일반적으로 설명하자면 다음과 같이 정리할 수 있다.

첫째, 이상적인 중립세의 성질을 가진 세금제도를 찾기 어렵다. 앞서 예로 든 인두세와 토지세가 이상적인 중립세의 성질, 즉 초과부담이 완전히 없는 그러한 세금제도일

책자를 참조바란다. 다만 여기에서 알아두어야 할 점은 토지에 세금이 부과되면 현재의 토지 소유주가 가져갈 미래 수익이 감소하므로 토지가격이 하락한다는 점이다. 아울러 미래 수익의 감소는 토지세가 도입된 현재 시점의 토지 소유주에게만 해당하고, 미래의 토지 소유주는 영향을 받지 아니한다. 즉 토지세가 도입된 시점에서의 토지 소유주의 몫만 줄어들고, 미래의 토지 소유주는 이미 감소한 토지 가격으로 거래를 하였으므로 아무런 영향이 없는데, 이는 직관적으로도 이해가능할 것이다.

27) 그렇지만 꾸준히 토지세 도입을 주장하는 의견도 분명히 존재한다. 토지세가 효율성 측면에서 다른 세금제도보다 분명히 우월한 것이 사실이고, 형평성과 효율성 모두를 충족시킬 수 있는 세금이라고 주장하는 의견이 있다(이터경, '토지세가 가장 좋은 세금인 이유-이태경의 고공비행 "형평성과 효율성을 모두 충족시키는 세금", 프레시안, 2011.9.26., http://www.pressian.com). 그리고 위에서 언급한 토지세는 엄밀한 의미에서 지대세(地代稅), 즉 토지의 임대수익에 세금을 매겨 노동을 통하지 않고 얻는 임대수익을 전액 세금으로 걷어가는 것을 의미한다. 한편 토지에 매기는 세금이 아예 없는 것은 아니고, 앞서 언급한 엄밀한 의미의 지대세가 아닌 지가세(地價稅)가 있고, 재산세 등으로 존재한다(지가세는 토지의 가격을 기초로 세금을 매기는 것으로 이해하자). 이 장에서 언급한 토지세는 지대세로, 노동을 통하지 않는 토지 임대수익을 국가가 전액 세금으로 부과하는 것 정도로 이해하도록 한다.

수 있을까? 인두세가 단기적으로는 초과부담이 없는 중립세의 성질과 아주 가까운 세금제도임에는 틀림없지만, 유감스럽게도 장기적으로 본다면 인두세의 부과가 자녀의 수를 결정하는데 영향을 미칠 가능성이 있기 때문에 완벽한 중립세가 될 수 없다.[28)]

둘째, 중립세가 경제주체의 초과부담이 없다는 점에서 효율성 측면에서 매우 우월할지라도, 중립세가 사회구성원들의 동의를 얻은 공평한 세금제도일 수는 없다는 점에서 중립세 채택이 반드시 바람직하다고 볼 수는 없다. 앞서 인두세의 경우 영국에서 강력한 조세저항이 발생하였고 결국 정권 교체까지 이르게 된 이유가 중립세에 공평성 측면에서 문제가 있기 때문이었다. 그리고 토지세의 경우 중립세 도입 시점의 토지 소유주가 자산가격 하락에 따른 피해를 모두 감수해야 하는 점에서 기존 토지 소유자가 입게 될 피해는 어떻게 해결할 것인지도 의문이다.

결론적으로, 중립세가 효율성 측면에서는 매우 좋은 세금제도이나, 공평하면서 사회구성원의 동의를 얻는 세금제도가 되기는 매우 어렵다. 즉 사회구성원의 초과부담이 전혀 없는 중립세와 같은 효율적인 세금제도조차 사회구성원의 세금을 부담할 능력에 기초하지 않아 공평하지 않다는 이유로 사회구성원의 반대에 부딪힐 수 있고(인두세 등), 세금 부담을 오로지 현재의 토지 소유주만이 부담한다는 측면에서 공평하지 못하다는 반대에 부딪히는 세금(토지세 등)도 있었다.

그렇다면 앞서 언급한 공평한 세금은 무엇일까? 인두세 설명에서는 세금을 부담할 수 있는 능력에 따른 세금 부과가 공평한 것으로 설명하였다. 그러나 이러한 공평의 개념에 세금을 부담할 수 있는 능력만이 포함되지는 않는다. 이제 이어서 조세의 공평성에 대하여 알아보도록 한다.

28) 이준구·조명환, 『재정학』 (5판), 문우사, 2016.2., 413면

Chapter 03

조세의 경제적 효율성과 조세부담의 공평성 Ⅱ: 공평성

[사례 1] 부동산 탈세 혐의자 세무조사

국세청, 개발지역 부동산 탈세 혐의자 289명 세무조사 착수

#1. 신고소득이 적은 임대업자 ㄱ씨와 그 자녀가 수도권의 상가 등 수십억원의 부동산을 취득했다. 앞서 ㄱ씨 남편은 도시재개발사업으로 토지가 수용되면서 수십억원의 보상금을 받았다. 국세청은 남편이 수십억원의 보상금을 배우자와 자녀에게 편법증여한 것으로 의심하고 있다.

#2. ㄴ법인의 사주는 배우자 명의로 비슷한 업체를 세워 거짓 세금계산서를 발급받아 소득을 탈루했다. 또 외국 유행 중인 자녀에게는 일하지도 않았는데도 인건비를 지급해 법인 자금을 부당하게 유출했다. 빼돌린 돈은 법인 명의로 업무와 상관없이 수백억원 상당의 신도시 개발지역 토지를 사는데 쓰였다.

유형별로는 토지 취득 과정에서 관련 사업체의 소득을 누락하거나 취득자금을 편법 증여받은 것으로 의심되는 206명으로 가장 많았다. 예를 들면, 신고소득이 적은데도 수십억원의 개발지역 토지를 매입했는데, 확인해보니 현금 매출을 누락하는 방식으로 사업자금을 빼돌려 토지를 사는데 쓴 의심을 받는 경우다.

탈세를 일삼으면서 업무와 무관하게 개발지역 부동산을 취득한 법인 28개와 법인 자금을 유출해 토지를 취득하는 등 사적 용도로 사용한 혐의가 있는 사주일가 31명도 세무조사를 받게 됐다. 또 영농목적으로 가장해 농지를 취득한 뒤 토지를 쪼개어 판매하고 그 수익을 빠트린 농업회사 법인과 기획부동산 등 19개도 대상에 올랐다. 개발지역 토지 거래를 권유해 다수 거래를 중개하고도 수수료 신고를 누락한 혐의가 있는 중개업자 5명도 포함됐다.

〈한겨레, https://www.hani.co.kr/arti/economy/economy_general/995023.html, 기사 중 발췌〉

[사례 2] 고소득 전문직 탈세 사례

스카이캐슬식 탈세 … 컨설팅료 수십억 벌고도 세금 0원

검찰 출신 전관(前官) 변호사 A씨는 기업 관련 대형 사건을 수임하면서 세금 줄이기에 나섰다. 성공 보수금 등으로 수백억원을 받을 수 있는데 정직하게 수입을 신고할 경우 세금으로 수십억원을 내야 한다고 생각하니 아까웠던 것이다. 그는 고민 끝에 사무실에서 함께 일하는 사무장 명의로 유령 컨설팅 업체를 만들어 수임 사건과 관련해 수십억원짜리 컨설팅을 받은 것처럼 꾸몄다. 또 성공 보수금도 실제보다 절반이나 적은 금액으로 적은 '이중계약서'를 만들었다. 모두 소득 총액을 줄여 세금을 한 푼이라도 덜 내겠다는 의도였다.

의뢰인에게는 자기 계좌가 아니라 차명 계좌 수십 개로 500만~1,000만원씩 쪼개서 입금해 달라고 한 뒤 이를 현금으로 인출해 빼돌렸다. 이렇게 챙긴 금액만 수십억원에 달한다. 국세청은 최근 A씨가 소득을 줄이고 차명 계좌로 돈을 받는 등 탈루하고 있다는 첩보를 입수해 고강도 세무조사를 벌인 끝에 약 100억원을 추징하고 조세 포탈 혐의로 검찰에

고발했다. 국세청 관계자는 "탈세하는 수법이 워낙 다양해 '탈세 백화점'을 연상케 했다"고 했다.

〈《Chosun Biz》증권 금융·증권, https://biz.chosun.com/site/data/html_dir/2020/02/19/2020021900133.html 기사 중 발췌〉

[사례 1]은 부동산 취득자금을 마련하기 위한 자금을 세금을 내지 않고 법인 등으로부터 가져간 경우와 세금을 내야 할 소득을 신고하지 않고 개인이 마음대로 사용한 경우이다. 그리고 [사례 2]의 경우는 변호사인 개인이 자신의 소득에 대한 세금을 내지 않기 위해 다른 사람 명의의 계좌를 이용하여 자신의 소득이 아닌 것처럼 위장하거나, 사실과 다른 계약서를 허위로 작성하는 방법 등을 이용한 사례이다. 두 사례 모두 여러 가지 편법을 사용하여 자신의 소득에 대한 세금을 내지 않으려고 한 공통점이 있다.

이 두 가지 사례에 대한 여러분들의 생각은 어떠한가? 당연히 내야만 하는 세금을 내지 않고 법을 위반하여 내야 할 세금을 내지 않은 소위 '탈세' 행위가 정당하지 못하다는 점에 대하여는 대부분의 사람들이 공감할 것이다. 두 가지 사례 모두 세금에 관한 법령을 위반하여 '탈세'를 하였다는 점에서 사람들의 분노를 유발하였다고 볼 수 있다.

그런데 이 사례들에 단순히 '탈세'라는 위법한 행위를 하였다는 의미만 있는 것일가? 탈세라는 위법한 행위를 하였다는 점에서 더 나아가서, 왜 사람들이 이러한 탈세 행위에 대하여 분노하는 것일까? 위의 사례들의 공통점을 약간 다른 각도에서 생각해보면, 소득에 대한 세금을 납부한 대다수의 사람들과 달리, 이 사례의 탈세자들은 대다수 납세자와 다르게 소득에 대한 세금을 제대로 납부하지 않았다. 예를 들어 알기 쉽게 풀자면, 이 사례에 나온 탈세자가 소득 50억원을 벌었다그 가정하고 이 50억원의 소득에 대한 세금을 한 푼도 납부하지 않은 반면에, 똑같이 소득 50억원을 번 어떤 사람은 그 소득 50억원에 대한 세금을 납부하였을 것이다. 다르게 표현하자면 50억원의 소득을 번 A라는 사람이 세금을 한 푼도 내지 않은 반면에, 똑같은 액수의 소득 50억원을 번 다른 B라는 사람은 세금을 납부하였을 것이다. 즉 동일한 소득에 대하여 어떤 사람은 세금을 내지 않았고, 어떤 사람은 세금을 낸 것이다. 더 단순히 표현하자면, 똑같은 금액의 소득을 번 사람 중에서 누구는 세금을 내고 누구는 세금을 내지 않았다. 이러한 상황이 과연 '공평'하다고 할 수 있을 것인가?

또 다른 면에서 생각해보면, 50억원이라는 거액의 소득을 번 사람이 세금을 한 푼도 내지 않으려 했다는 점에서 공분을 살 만하다. 즉 회사에 다니는 어떤 회사원이 회사로부터 받는 급여가 1년에 3천만원이라고 할 때, 이 3천만원의 소득자는 3천만원의 소득에 대한 세금을 국가에 정기적으로 누락없이 납부하는 반면에, 50억원이라는 거액의 소득을 번 사람이 오히려 세금을 한 푼도 내지 않았다는 점에서 대다수 사람들의 분노를 샀을 것이라고 생각된다. 단순하게 표현하자면 3천만원의 연 소득을 받는 일반적인 회사원은 누락없이 세금을 납부하였으나, 50억원이라는 거액의 소득자는 세금을 한 푼도 납부하지 않으려 하였다는 점에서 역시 사람들의 분노를 유발하였을 것으로 생각된다.

이 장에서는 이러한 조세의 '공평성'에 대하여 알아보고자 한다. 위의 두 가지 사례들이 모두

'공평하지 않은' 점에 대하여는 대다수가 동의할 것이다. 그러나 막상 개념적으로 이러한 '공평성'에 대하여 정의하고자 한다면 다소 막연한 것도 사실이고, 아울러 도대체 어느 정도가 '공평'한 것인지에 대하여도 사람마다 차이가 있으리라고 생각된다. 다만 여러 가지 사정상 이러한 조세의 '공평성'에 대하여 모든 견해를 망라하거나 상세하게 검토할 수 없으므로, 간략하게나마 알아볼 수밖에 없는 점에 대하여 여러분들의 양해를 부탁드린다.

| 학습목표 |

- 공평성이란 무엇인가? : 공평성의 정의
- 공평한 조세부담의 기준은 무엇인가? : 편익원칙(benefit principle)과 능력원칙(ability principle)
- 현실에서의 세금제도 : 공평성 구현을 위한 현실에서의 세금제도와 그 한계점

제1절 공평성이란 무엇인가? : 공평성의 정의

조세에 있어서 공평성이란 과연 무엇일까? 세금에 있어서 공평하다는 의미는 도대체 무엇일까? 이러한 공평하다는 의미를 직관적으로 생각해보면, 납세자 자신이 내는 세금이 남들이 내는 세금에 비해 많다고 느끼지 않거나, 납세자 자신이 내는 세금이 다른 납세자가 내는 세금에 비해 특별히 이상하거나 부당하다고 느끼지 않다고 느낄 때, 보통 '공평'하다고 말할 것이다. "나와 같은 금액을 버는 소득자 중 왜 나만 이렇게 세금을 많이 내지?" 아니면 "나보다 많이 버는 사람이 많고 그 사람들은 세금을 안 내는데 왜 나만 이렇게 세금을 많이 내지?" 하는 말들이 나온다면, 직관적으로도 이는 '공평'하지 않다고 생각하는 납세자가 있다는 의미이다.

게다가 앞서 효율성에 대한 내용에서도 잠깐 언급하였지만, 영국의 대처 정권이 이러한 조세의 '공평성' 문제를 극복하지 못하여 결국 정권 교체에 이르게 되었다는 점은 또 다른 생각할 점을 우리에게 던져주고 있다. 사회적 손실을 최소화하기 위해 세금의 '공평성'을 희생하여 '효율성'을 극대화하는 정책은 세금을 부담하는 주체인 시민들에게 환영받지 못하고 결국 폐기되거나 극심한 반대에 부딪힐 수밖에 없다. 아무리 효율적이고 사회적 손실이 적더라도 세금을 부담하는 시민들이 수긍할 수 없다면, 그러한 세금제도는 지속될 수 없다. 따라서 세금을 부담하는 주체인 시민들 스스로가 '공평'하게 세금을 부담하고 있다고 느낄 수 있는 조세제도만이 사회적으로 인정받고 유지될 수 있다.

그런데 소위 '공평'한 세금제도를 만들려면 먼저 해결해야 하는 점이 있는데, "도대체 무엇이 공평이고, 어떻게 해야 공평하다는 것인가?"라는 가장 원론적인 물음이 먼저 해결되어야 한다. 이야기가 돌고 돌아 처음으로 되돌아간 느낌이 들지만, 어쩌면 이 '공평성'이야말로 세금제드가 유지되는데 가장 핵심적인 요소일 수 있다. 어떤 세금제도가 '효율성' 측면에서는 그리 효율적이지 못하더라도(즉 사회적인 손실이 어느 정도 발생하더라도), 이 세금제도가 매우 '공평한' 세금제도라면 세금을 기꺼이 부담하는 사람들이 많다고 예측할 수 있다. 반대로 매우 '불공평한' 세금제도라면 기꺼이 세금을 부담할 사람이 거의 없다고 예측할 수 있다.

그렇지만 불행하게도 '무엇이 어떻게 해야 공평한지'에 대하여는 어느 누구도 명확한 답을 내리지 못하는 것이 현실이다. 그뿐 아니라 '공평'에 대한 개념과 '공평'의 정도에 대한 생각도 사람마다 다르다. 일례로 친구들끼리 여행을 가기 위해 각자가 부담할 여행 경비를 나누는 방법에 대하여도 각자가 가진 생각이 다를 수 있다. 그리고 어렵게 세금에 대한 생각이 아니더라도, 무엇인가를 하기 위해 참여자들 각자가 돈을 부담하여야 한다면, 어떻게 부담하여야 '공평'한지에 대한 생각이 참여자 각자가 다를 수 있다. 참여자가 많으면 많을수록 참여자 각자가 부담할 부분을 정하는 방법을 '공평'하게 정하기는 더욱 어려워진다. 즉 '공평성'에 대한 각자의 생각과 정도가 모두 다르기 때문에, 모든 사람들이 동의할 정도로 세금부담을 '공평하게' 나누는 것은 사실상 불가능하다. 무엇이 공평한지에 대하여는 어떤 가치판단을 갖고 있는지에 따라 각각 다른 공평성의 정의가 나올 수밖에 없다.[1]

Ⅰ. 공평성의 정의

'공평(公平)'의 사전적 정의는 '어느 쪽으로도 치우치지 않고 고름[2]'이다. 앞서 살펴보았지만, 이 사전적 정의 자체에 이미 사람들의 가치 판단이 개입되어 있다. 도대체 어떤 것이, 어느 정도가 치우지지 않고 고른 것인가? 모두에게 치우지지 않고 고른 것이 과연 가능한 것인가? 이러한 질문에 대한 답은 여러분 모두가 이미 알고 있다. 모든 사람이 동의하는 공평은 불가능하다. 모든 사람에게 치우지지 않고 고른 공평은 불가능하다. 왜냐하면 사람들의 가치 판단 자체가 이미 모두 다르기 때문이다.

그러나 모든 사람의 동의를 얻는 공평은 불가능할지라도, 많은 사람들이 엇비슷하게 동의하는 공평성의 요건은 생각해볼 수 있을 것인데, 다음 네 가지 요건이 있다고 한다.[3]

첫째, 평등성(equity) 요건이다. 사람들이 외모나 능력이나 배경 등의 차이로 인하여 인간의 본질적 가치가 달라져서는 안 되기 때문에, 모든 사람들이 자신이 속한 사회 내의 물질적 가치에 대해 기본적으로 동등한 권리를 가져야 한다는 견해이다. 즉 재산과 소득이 사람들에게 고르게 나누어져야 한다는 요구이다.

둘째, 정당한 권리(right) 요건이다. 사회구성원 모두에게 정당한 권리가 보장되어야 한다는 요건인데, 어떤 분배상태가 공평하기 위해서는 사회구성원 각자가 정당하게 소

1) 이준구・조명환, 『재정학』(5판), 문우사, 2016.2., 69면
2) 국립국어원 표준국어대사전, https://stdict.korean.go.kr/search/searchView.do
3) 이준구・조명환, 『재정학』(5판), 문우사, 2016.2., 69~70면

유할 권리를 가진 것만을 소유하여야 한다는 견해이다. 즉 어떤 사회구성원이 정당하게 소유할 것을 소유하지 못하거나, 부담하지 않아도 될 부담을 지게 된다면 이는 공평하지 못하다고 할 수 있다.

셋째, 공정성(fairness) 요건이다. 어떤 사람도 차별대우를 받지 않고, 미리 정해진 규칙에 따라 공정하게 모든 일이 이루어져야 한다는 견해이다. 불공정하게 진행된 게임이나 일의 결과에 대해 사회구성원이 동의하기 어렵다는 점은 쉽게 이해할 수 있다.

넷째, 분배의 상태가 각자가 받을 만한 자격(deserts)에 상응하도록 결정되어야 한다는 요건이다. 자격이 없는 자가 소유하는 부(富)나 재산, 소득 등에 대해 사람들이 동의하지 않을 것이다. 다만 무엇이 '받을 만한 자격'인지, 그리고 '받을 만한 자격' 중 무엇이 우선시되어야 하는지 역시 사회구성원들의 가치 판단의 영역에 속하므로 한마디로 정의하기 어렵다.

II. 공평에 대한 관점

그런데 이러한 네 가지 요건을 모두 만족하는 공평의 실현이 과연 가능한 것일까? 직관적으로 생각해보아도 위의 네 가지 요건을 모두 만족하는 공평성의 실현이 쉽지는 않을 것 같다. 그렇다면 네 가지 요건의 우선 순위를 다투어야 할 경우, 과연 어느 요건을 앞세워야 할까? 이러한 물음은 자원의 분배와 관련이 있는데, 사회의 자원이 공평하게 분배되는 요건들이 바로 이 네 가지 요건들이다. 앞서도 언급하였지만 이러한 물음에 대한 답은 각 개인의 가치 판단 영역에 속하기 때문에, 사람들마다 우선하는 요건 순위가 다를 것이고, 사람들마다 각 요건이 충족되어야 하는 기준점 수준 또한 모두 다를 것이다. 특히 어떤 기준을 우선시 해야 하는지에 관한 여러 가지 생각들이 발전되어 왔는데, 평등주의적 정의관·자유론적 정의관·공리주의적 정의관 및 롤즈의 정의관 등이 그것이다.

1. 평등주의적 정의관[4)]

평등주의적 정의관은 모든 사람이 모두 같은 도덕적 가치를 지니고 태어났기 때문에 동등한 대우를 받아야 한다는 개념에서 출발한다. 따라서 이러한 가치관에 따르면 모든 사람들이 물질적 가치인 재산과 소득을 골고루 나누어 가진 상태가 정의로운 분배가 이루어진 상황이다.

그러나 골고루 나누어 가진 상태라는 개념이 모든 사람이 동일한 양과 금액의 재산과 소득을 가져야 한다는 것인지에 대하여는 의문이 있다. 그리고 이러한 평등을 추구하는 과정에서 또 다른 공평성 요건인 '정당한 권리'와 충돌할 수 있는데, '정당한 권리'를 가진 자가 가져가야 할 몫을 못 가져가는 상황이 과연 평등한 상황인지에 대하여도 의문이다. 따라서 평등주의적 정의관이 타당성을 갖기 위하여는 평등의 개념을 다소 탄력적으로 해석하여 평등을 '최소한의 생활수준'에 대하여 동등한 권리를 갖는다든지, 아니면 '동등한 기회'를 평등의 개념으로 해석하는 것이 좀 더 타당할 것이다.

2. 자유론적 정의관[5)]

평등주의적 정의관이 평등성에 우선 순위를 두고 있다면, 자유론적 정의관은 정당한 권리 요건에 우선 순위를 둔 가치관이다. 이러한 견해에 따르면 모든 사람이 정당하게 가질 권리가 있는 것만을 소유하는 분배의 상태가 정의이고, 개인의 자유가 정의의 명목 아래에서 침해되어서는 안 된다고 주장한다. 철학자 노직(R. Nozick)의 '정당한 권리의 원칙(entitlement principles)'에 따르면, 모든 사람이 정당하게 가질 권리가 있는 것만을 소유하는 상태가 정의로운 분배이다. 따라서 절차의 정당성이 확보된다면 곧 정의로운 분배가 되므로, 자유론적 정의관에 따르면 절차상의 정의가 결과의 정의에 우선한다고 볼 수 있다.

그런데 절차상의 정당성만 확보되면 그것이 곧 정의로운 분배이고 공평성이 실현된 것으로 볼 수 있을까? 아울러 무엇이 절차상의 정당성이고 정당한 방법인 것일까? 이러한 물음에 대한 답이 명확하고 일관되기는 어렵고, 상황에 따라 답변이 달라질 것이고, 사람들 각자가 생각하는 해답 또한 모두 다를 것이다. 게다가 절차상의 정당성도

4) 이준구 · 조명환, 『재정학』 (5판), 문우사, 2016.2., 224~225면
5) 이준구 · 조명환, 『재정학』 (5판), 문우사, 2016.2., 226~227면

중요하지만, 결과에서 나타나는 불평등 문제 또한 쉽게 생각할 문제가 아니다. 아주 단순한 예를 생각해보자. 일부 사람들이 정당한 방법을 통해서 매우 많은 소득과 재산을 얻었고, 반면에 대다수의 사람들은 일부 사람들이 독점하고 있는 일자리가 없어서 빈민층을 형성하여 아주 어렵게 살아가고 있는 사회가 있다고 가정해보자. 이러한 극심한 빈부격차가 이루어지고 있는 사회가 과연 정의로운 사회일까(물론 이러한 사회가 우리가 직관적으로 생각하는 절차의 정당성을 확보하기는 현실적으로 불가능할 것이다. 보통 이러한 사회는 부정과 부패로 재산과 소득을 얻는 사람들이 대부분인 경우가 많을 것이다)? 그리고 사람들은 태어날 때부터 모두 다른 재능과 경제적·신체적 조건 등을 가지고 태어나는데, 이러한 차이를 무시하고 단순히 소득과 재산을 얻고 처분하는 절차상의 정당성만을 주장하여 사람들이 얻는 결과의 차이를 모두 무시할 수 있을까?

3. 롤스의 정의관[6)]

롤스(J. Rawls)의 정의관은 크게 보면 자유론적 정의관과 평등주의적 정의관을 모두 가지고 있다. 샌델(M. Sandel)은 롤스를 '평등주의적 자유주의자'로 부르고 있는데, 이러한 견해는 롤스를 기본적으로 자유주의자로 보되, 평등주의자로서의 성격을 분명히 가지고 있다고 보는 견해이다. 이러한 견해가 나온 배경에는 '최소극대화의 원칙(maximin principles)'이 있다. 이 원칙은 한 사회의 못사는 어려운 사람에게 가장 큰 이득이 분배되어야 한다는 원칙이다.

롤스는 '무지의 베일' 상황에서 합리적 사고를 하는 사람이면 합의할 수 있는 원칙이 바로 최소극대화의 원칙이라고 주장한다. 타인에 대해 무관심하고 무지하고 자기 자신의 상황을 이해하지 못한 상황에서 자기 자신에게 이득이 되기 위하여는 자기 자신이 최악의 상황에 처할 것을 가정하여야 하기 때문에 가장 어려운 상황에 처한 사람에게 최대의 혜택이 돌아가는 그러한 절차와 제도에 모든 사람이 찬성할 수밖에 없다고 롤스는 주장하였다. 그리고 이러한 절차와 제도가 공정하다고 롤스는 주장한다.[7)]

6) 이준구·조명환, 『재정학』(5판), 문우사, 2016.2., 228~230면

7) 롤스와 노직 모두 절차의 공정성을 주장한다. 그러나 이 두 사람이 생각하는 공정한 절차 자체의 개념이 다르다. 롤스는 최소극대화의 원칙에 따른 절차와 제도가 공정하다고 주장한다고 볼 수 있다. 그러나 노직은 롤스보다 자유주의에 치우친 입장에서 최소극대화의 원칙과 같은 절차와 제도가 공정한 것이 아니라, 취득과 양도 절차가 공정하면 공정한 절차라고 주장한다고 한다.

4. 공리주의적 정의관[8)]

공리주의적 정의관은 벤담(J. Bentham)의 '최대 다수의 최대 행복(the greatest happiness of the greatest number)'이라는 말에 그 의미가 함축되어 있다고 볼 수 있다. 공리주의자들에게 바람직한 분배란 사회적 후생(厚生)[9)]을 극대화할 수 있는 분배를 의미한다. 따라서 이들에게 선(善)이란 바로 행복 그 자체를 의미한다.

그런데 최대 다수의 최대 행복이 구현되는 분배 상태는 과연 어떠한 상황을 의미하는 것일까? 도대체 어떻게 해야 최대 다수가 최대 행복을 누리는 상황이 실현될 수 있을까? 사회 전체 후생의 합이 최대가 되기만 하면 최대 다수가 최대 행복을 구현한 것일까? 단순하게 사회 전체 후생의 총량을 극대화하는 것에만 몰두하면, 특정 개인 또는 소수의 특정인 집단이 사회 전체 후생을 거의 독점하다시피 할 수도 있는데 그러한 상황이 과연 정의로운 분배 상황인 것일까? 최대 다수의 최대 행복을 실현하는 과정에서 어느 한 개인 또는 집단의 부(富)의 일부를 다른 개인 또는 집단으로 이전하는 과정에서 빚어질 수 있는 개인의 정당한 권리 침해 문제는 어떻게 해결할 것인가? 아울러 개인의 행복과 후생을 어떻게 측정하고 비교할 것인가? 참으로 어려운 문제들이 아닐 수 없다.

제2절 공평한 조세부담의 기준 : 편익(benefit)과 능력(ability)

앞서 간략히 살펴보았던 몇 가지 정의에 관한 가치관들은 정의로운 분배에 관한 다양한 견해와 가치관들을 담고 있다. 세금 또한 사회적으로 분배의 기능을 수행하는 하나의 도구이므로, 세금제도 역시 공평한 제도여야 함을 두말한 나위가 없다.

그런데 어떻게 세금부담의 기준을 마련하여야 공평한 것일까? 세금을 부담할 납세자에게 공평한 세금부담의 기준을 제시하여야 납세자들이 납득하고 세금을 부담할 것인데, 이러한 세금부담 기준을 어떻게 마련해야 하는가? 이러한 조세부담의 기준에 대

8) 이준구 · 조명환, 『재정학』(5판), 문우사, 2016.2., 227~228면

9) 후생(厚生)이란 "사람들이 생활을 넉넉하고 윤택하게 하는 일 또는 건강을 유지하거나 좋게 하는 일"로 정의하고 있다(국립국어원, 표준국어대사전, https://stdict.korean.go.kr/search/searchView.do 참조).

하여 크게 두 가지 기준이 있다고 한다. 그 기준이 바로 편익(benefit)과 능력(ability)이다.

편익(benefit)이 의미하는 바는 받는 혜택이다. 그리고 능력(ability)은 세금을 부담할 능력을 의미한다. 이 두 가지 기준을 이해하기 쉽게 풀면, 첫 번째 편익기준은 "납세자가 받는 혜택에 비례하여 혜택을 받는만큼 조세를 부담하는 기준"이라고 할 수 있다. 그리고 두 번째 능력기준은 "납세자가 조세를 부담할 수 있는 능력에 비례하여 그 능력만큼 조세를 부담하는 기준"이라고 할 수 있다. 설명에 들어가기에 앞서 여러분들이 생각하는 공평한 조세부담의 기준은 무엇인지 한 번쯤 생각해보길 권한다.

Ⅰ. 편익원칙(benefit principle)에 따른 조세부담[10)]

이 편익원칙을 좀 더 쉽게 이야기해보자면 바로 '받은 만큼' 세금을 부담하도록 하는 원칙이라고 할 수 있다. 즉 납세자가 국가 등으로부터 공공서비스를 제공받으므로 그러한 제공받은 공공서비스로부터 납세자가 얻은 편익에 비례하여 받은 편익만큼 세금을 부담하게 하자는 원칙이다.

이러한 편익원칙은 납세자가 얻은 편익을 측정할 수만 있다면 매우 좋은 기준이다. 혜택을 받은 만큼 세금을 납부하는 것에 이의가 있는 납세자는 거의 없을 것이다. 받은 만큼 세금을 내도록 하자는 편익원칙의 기원은 빅셀(K. Wicksell)이 제시한 자발적 교환(voluntary exchange)[11)] 이론에 그 연원이 있다고 한다. 언뜻 생각해보면 사회로부터 받은 만큼 세금을 내게 하는 이러한 편익원칙에 따른 조세부담이 공평한 기준에 부합한다고 생각되고, 이러한 성격의 제도가 잘 운용된다면 납세자들이 불공평을 이유로 불평하는 일은 발생하지 않을 것이다.

그런데 현실에서 설계하고 운용하는 조세제도 중 이러한 편익원칙에 따른 조세제도는 드물다. 왜 이러한 받은 만큼 세금을 내게 하는 편익원칙에 따른 조세제도를 찾아보기 어려운 것일까? 이러한 이유는 다음과 같다.

10) 이준구 · 조명환, 『재정학』 (5판), 문우사, 2016.2., 394~395면

11) 물건 가격이 물건으로부터 얻는 편익에 상응하여 책정되듯이, 조세 또한 공공부문에서 제공되는 재화나 서비스로부터 얻는 편익에 대한 대가로 조세를 납부하여야 한다는 이론이다(이준구 · 조명환, 『재정학』 (5판), 문우사, 2016.2., 394면).

첫째, 납세자가 받은 편익을 측정하는 방법이 마땅하지 않은 현실적인 문제가 존재한다. 납세자가 받은 편익을 객관적으로 측정할 수 있다면 이 측정치를 기준으로 이에 비례하여 조세부담을 납세자에게 지울 수 있다. 그러나 현실적으로는 납세자가 받은 편익을 측정할 방법이 마땅하지 않다. 예를 들어 정부가 제공하는 여러 가지 공공서비스를 받은 납세자가 어떤 방법으로 공공서비스로부터 얻은 편익을 측정하여야 할까? 정부가 제공한 국방서비스는 개개인 국민 모두에게 동등한 정도의 편익을 제공한 것일까 아니면 재산이나 소득에 따라 국민 각자가 받는 혜택이 다른 것일까? 정부가 제공하는 행정서비스가 납세자에게 제공하는 혜택의 크기는 도대체 얼마일까? 편익 또는 혜택의 크기는 도대체 어떻게 측정하여야 하는가? 분명히 혜택을 받는 것은 확실하나, 그 혜택을 객관적으로 측정할 수 없다는 문제점이 편익원칙 기준에는 존재한다.

둘째, 만약 편익을 측정할 수 있다고 하더라도 측정치가 실제의 편익을 반영하였는지 여부에 대한 논란 또한 분명히 존재할 것이다. 설령 납세자가 받는 편익의 크기를 측정할 수 있다고 하더라도, 각 납세자들은 조세부담을 최소화하기 위해 그 편익 크기를 축소하여 측정하려는 유인이 존재하기 때문에 편익의 크기 측정의 객관성에 대한 논란이 매우 클 것이다. 현실세계에서 소득을 누락하여 과세당국에 보고함으로써 탈세행위가 빈번히 발생하듯이, 편익원칙을 적용하여 조세제도를 운영하더라도 각 납세자들이 자신이 받은 편익을 축소하여 측정하려 하기 때문에 실제 적용이 매우 어려울 것이다.

셋째, 이러한 편익원칙에 따른 조세제도를 시행하면 조세제도에 소득 등 부(富)의 재분배 기능이 없기 때문에, 소득분배가 적절하게 이루어지지 않은 상태에서 이러한 제도를 채택하면 분배 측면의 개선이 이루어지기 어렵게 된다.

이러한 편익원칙 기준에 의한 조세제도의 시행은 현실적인 문제로 인하여 사실상 설계와 시행이 어렵다. 따라서 대부분의 국가들은 다음에 설명할 능력기준(ability principle)에 따라 설계된 조세제도를 시행하고 있다.

Ⅱ. 능력원칙(ability principle)에 따른 조세부담[12)]

앞서 논의하였던 편익원칙이 받은 만큼 세금을 내자는 생각이라면, 능력원칙(ability principle)은 납세자 각자의 세금을 낼 능력에 따라 세금을 부담하자는 생각이다. 즉 국가가 제공하는 공공서비스가 납세자에게 제공하는 효익 또는 편익의 크기와 무관하게, 납세자 각자가 세금을 낼 수 있는 능력에 비례하여 세금을 내자는 생각이다. 이러한 능력원칙에 따른 생각은 사실 언뜻 납득이 가지 않을 수 있다. 세금을 많이 부담하는 납세자는 정부 등으로부터 제공받은 공공서비스의 혜택이 충분하지 않을 수 있고, 반대로 세금을 적게 부담하는 납세자가 오히려 공공서비스를 더 많이 제공받아 혜택을 더 입을 수도 있다. 즉 납세자가 낸 세금과 납세자가 받는 공공서비스의 혜택의 관련성이 약하므로 조세저항이 심할 수 있다. 그러나 편익원칙이 갖는 현실적인 한계로 인하여 대다수 국가에서는 이러한 능력원칙에 따른 조세제도를 설계 및 운영하고 있다. 이러한 능력원칙을 적용하기 위한 구체적인 원칙으로 수평적 공평성과 수직적 공평성이 있다.

1. 수평적 공평성

수평적 공평성은 동일한 경제적 능력을 보유하였다면 동일한 세금을 부담하여야 한다는 개념이다. 이 장의 처음에 기술한 두 가지 사례에 대한 내용을 상기해보자. 똑같은 소득 50억원을 번 사람들 중 누구는 세금을 납부(대부분의 납세자)하고 누구는 세금을 납부하지 않는(탈세자)다면, 이는 공평하다고 볼 수 없을 것이다.

그런데 경제적 능력이 동일한 납세자를 어떻게 판단하여야 하는가? 동일한 경제적 능력을 소유한 사람을 어떻게 판단하여야 하는지, 즉 어떠한 사람들을 똑같은 경제적 능력을 지니고 있다고 판단하여야 하는지에 관하여 생각해보자. 동일한 금액의 재산과 소득이 있는 사람들이 모두 동일한 경제적 능력을 보유하고 있는 것으로 취급해야 하는가? 물론 인종이나 종교, 성별 등에 따른 차이는 대부분의 사람들이 차별 기준으로 생각하지 않을 것이다. 그러나 장애인이나 노약자와 건장한 청년을 동일한 경제적 능력을 가진 사람을 취급하여야 하는지에 대하여는 생각이 다를 수 있다. 노약자나 장애인의 경우, 같은 금액의 재산과 소득을 소유한 건장한 청년에 비해 좀 더 유리한 세금

12) 이준구 · 조명환, 『재정학』 (5판), 문우사, 2016.2., 395~397면

혜택을 그들에게 준다고 하여도 큰 이의가 없을 것이다.

그렇다면 결혼 여부나 납세자가 번 소득의 종류(예를 들어 근로소득인지 사업소득인지 또는 금융소득 등)에 따른 차이는 인정해야 할 것인가? 아니면 납세자가 종사하거나 영위하는 사업의 종류(이를테면 제조업과 대부업 등 사업의 종류에 따른 세금부담의 차이)에 따른 차이는 인정해야 하는가? 어떤 종류의 업종(제조업 등)에는 세금을 감면해주고 어떤 종류의 업종(대부업 등)에는 세금 감면이 없다면 이러한 차이는 용인될 수 있는가? 우리나라 조세제도 중 조세특례제한법[13]이라는 법률이 있어서 특정 종류의 소득에 대해 세금을 감면해 주는 제도가 있는데, 이러한 제도는 수평적 공평성을 다소 포기하더라도 사회 전체의 가치 증대와 조세의 효율성을 더욱 추구하려는 목적으로 제정되었다.

이처럼 똑같은 경제적 능력에 대해 똑같은 세금을 부담하여야 한다는 수평적 공평성을 어느 정도 포기하고 사회 전체의 이익과 효율성을 추구하는 정도의 타협점은 도대체 어느 지점에서 이루어져야 하는가? 어떤 차이를 용인할지 용인하지 않아야 할지를 사회적 합의를 통해 결정해야 하는데, 이는 매우 어려운 가치 판단 영역의 문제이다.

2. 수직적 공평성

수평적 공평성이 동일한 경제적 능력을 가진 사람이 동일한 세금부담을 해야 한다는 원칙이라면, 수직적 공평성은 경제적 능력에 비례하여 세금부담을 해야 한다는 원칙이다. 즉 경제적 능력이 클수록 더 많은 세금을 부담하게 하는 개념이 수직적 공평성이다.

그렇다면 '경제적 능력'에 따른 '세금부담의 크기'를 어떻게 결정하여야 하는지가 수직적 공평성의 핵심 문제라고 할 수 있다. 문제는 이 '경제적 능력'이 어떠한 의미인지, 그리고 '세금부담의 크기'를 경제적 능력의 크기에 따라서 어떻게 정해야 하는지를 결정하는 것이다.

---

13) 이 법은 수평적 공평성을 다소 포기하고 특정 종류의 활동과 소득, 특정 규모나 형태의 기업 등의 세금을 우대하여 감면하는 사항을 담고 있다. 예를 들어 연구개발(R&D) 활동과 고용 확대, 수도권을 제외한 지방의 균형발전, 중소기업 지원 등의 것들은 사회 전체의 이익을 위해 장려해야 하는 활동으르 보아 세금을 우대하여 감면해 주는 내용을 이 법은 포함하고 있다. 아무리 수평적 공평성을 중요하다고 하여도 극단적으로 도박이라든가 범죄수익 같은 소득과 사회 전체에 도움이 되는 위의 활동(연구개발 등)에서 발생한 소득이 같은 세금을 내야 한다는 점에 대하여는 동의하기 힘들다. 극단적인 예를 들긴 하였지만, 수평적 공평성을 다소 희생하더라도 사회 전체의 이익을 위해 장려해야 하거나 우대해야 하는 분야는 존재하기 마련이다.

(1) 경제적 능력

수평적 공평성이 '경제적 능력'에 따라 세금을 부담하는 것이라고 하였는데, 이 '경제적 능력'이 갖는 의미가 모호하다. 재산이 많거나 소득이 많은 사람이 경제적 능력이 크다는 것에는 대부분의 사람들이 동의하리라 예상된다. 그런데 이러한 재산과 소득만이 경제적 능력을 측정하는 척도라고 할 수 있을까? 그리고 재산과 소득을 어떻게 측정하여 세금을 매겨야 할 것인가? 개인이 번 소득이나 재산의 어디부터 어디까지 세금을 매겨야 하는지? 세금은 지금 당장의 현금유출을 초래하는데, 미래의 현금유입인 현재의 재산을 기준으로 세금을 낸다면 세금으로 인한 납세자의 현금흐름의 곤란을 유발하지는 않는가? 재산과 소득보다는 오히려 개인이 소비할 수 있는 능력을 경제적 능력으로 측정하는 것이 좋지 않을까?

이처럼 경제적 능력을 측정하기 위하여는 다양하고 복잡한 여러 가지 문제들이 놓여 있다. 이 중 현실에서 가장 널리 많이 쓰이는 경제적 능력의 기준은 바로 소득이다. 다만 이러한 소득기준 과세가 여러 가지 경제적 능력 척도 중 그나마 가장 문제점이 적다고 생각되어 채택된 것일 뿐이다.

(2) 세금부담 크기의 차별

이 장의 맨 처음 부분의 탈세 사례에서 언급한 사례에서 1년에 3천만원의 소득을 가진 사람과 50억원의 소득을 가진 사람의 세금부담의 크기는 달라야 한다는 것(즉 경제적 능력의 클수록 세금부담을 더 많이 해야 한다는 것)이 수직적 공평성의 요구사항이다. 그런데 경제적 능력이 큰 사람이 도대체 얼마나 많이 부담해야 하는지에 대하여는 수직적 공평성의 개념이 말해주지 않는다. 이러한 문제는 사회적으로 합의하거나 공론화하여야 논의해야 할 사항이다.

1) (초과)누진세율

경제적 능력에 따른 세금 부담의 크기가 현실에서 어떻게 구현되었는지 알아보기 위해 먼저 우리나라의 법인세법과 소득세법[14]의 세율 구조를 한번 살펴보자. 우리나라의

14) 법인세법과 소득세법은 각각 법인과 개인의 소득에 대해 세금을 매기는 방법을 구체적으로 규정한 법률이다. 법인은 삼성전자와 LG전자와 같은 주식회사 등 회사를 의미하는 것으로, 개인은 회사가 아닌 보통 사람을 지칭하는 것으로 일단 이해하고, 법인과 개인의 구분에 대해 신경쓰지 말도록 한다. 다만 여기에서는 소득이 커질수록 부담하는 세금을 어떻게 늘렸는지를 현실세계의 법률 규정을 통해 알아보고자 한다.

법인세법과 소득세법에서 규정하고 있는 세율 구조는 다음과 같다.

표 3-1 법인세와 소득세 세율 구조

〈법인세〉

과세표준[15]	세율
~ 2억원 이하	9%
2억원 초과 ~ 200억원 이하	19%
200억원 초과 ~ 3천억원 이하	21%
3천억원 초과 ~	24%

〈소득세〉

과세표준	세율
~ 1,200만원 이하	6%
1,200만원 초과 ~ 5,000만원 이하	15%
5,000만원 초과 ~ 8,800만원 이하	24%
8,800만원 초과 ~ 1억 5천만원 이하	35%
1억 5천만원 초과 ~ 3억원 이하	38%
3억원 초과 ~ 5억원 이하	40%
5억원 초과 ~ 10억원 이하	42%
10억원 초과~	45%

위의 표에서 알 수 있듯이 우리나라의 대표적인 소득세인 법인세와 (개인)소득세에 적용되는 세율은 소득의 크기에 따라 달라짐을 알 수 있다. 즉 소득의 크기가 커질수록 그 구간의 소득에 적용되는 세율이 커진다. 이러한 구조를 초과누진세율[16] 구조라고 한다.

15) 과세표준(tax base)은 과세물건을 세액을 계산하기 위해 가격, 수량, 중량, 용적 등으로 수치화한 것으로 각 세목의 세액 계산의 기준이 된다. 이는 각 세법이 정하는 바에 따라 계산된다. 따라서 과세표준에 세율을 곱하면 산출세액이 계산된다(국세법령정보시스템 용어사전, https://txsi. hometax.go.kr).

16) 초과누진세율이란 과세표준의 금액을 여러 단계로 구분하고, 높은 단계로 올라감에 따라 점차적으로 각 초과단계마다 보다 높은 세율을 적용하는 누진세율을 말한다(국세법령정보시스템 용어사전, https://txsi.hometax.go.kr). 이를테면 위 [표 3-1]에서 법인의 과세소득이 3억원이라고 가정하면, 2억원 이하는 10%, 2억원 초과 200억원 이하는 20%의 구간별로 다른 세율을 적용하여 4천만원(=2억원×10%+(3억원−2억원)×20%)으로 계산하는 방식이다. 참고로 단순누진세율은 구간별 누진세율을 적용하지 않고 해당 구간에 소득이 있으면 그 해당 세율을 과세소득에 그냥 곱하여 계산한다. 과세소득 3억원의 경우 단순누진세율로 계산하며 3억원이 2억원 초과 200억원 이하 구간에 해당하므로 세금이 6천만원(=3억원×20%)으로 계산된다. 이러한 단순누진세율 구조는 각 구간의 경계에 있는 사람들이 유리하거나 불리한 문제가 있다. 예를 들면 법인세에서 과세표준이 199억원인 A법인과 201억원이 B법인이 있을 경우, A법인과 B법인의 법인세는 단순누진세율 구조에서 각각 39.8억원 및 44.22억원으로 계산되어 경계구간을 초과하는 법인의 세금 부담이 급격히 증가한다. 초과누진세율 구조는 이러한 불합리한 점을 완화하기 위하여 도입하였고, 초과누진세율로 계산하면 A법인과 B법인 각각 39.6억원 및 40.02억원이 되어 단순누진세율 구조보다 세금 차이가 줄어드는 것을 알 수 있다.

2) 한계희생균등의 법칙

밀(J.S. Mill)은 공평한 과세 원칙으로 동등희생의 원칙을 제시하였고, 모든 납세자가 조세부담으로 인해 부담해야 하는 희생이 동일하도록 조세체계가 이루어져야 한다고 주장하였다.[17] 그런데 조세부담으로 인해 부담해야 하는 희생이 동일하다는 말의 의미를 한계희생이 균등하다고 해석하면 누진세율의 타당성을 뒷받침하는 근거가 될 수 있다고 한다. 다음 그림을 보면서 살펴보자.

▌그림 3-1▐ 균등희생과 한계효용

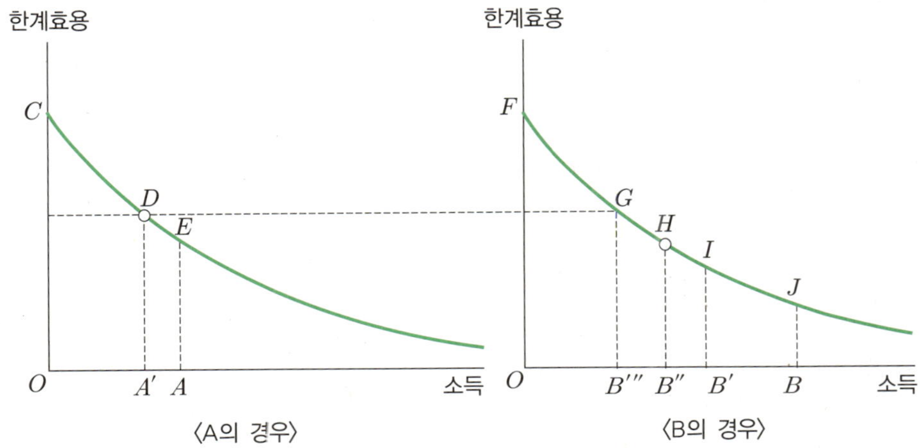

동등한 희생을 한계희생이 동일하다는 의미로 본다면, 소득의 마지막 부분에서 한계희생이 같도록 조세부담을 만들어야 한다는 의미로 해석된다. A가 세금 내기 전에 A의 소득을 벌었고 B가 세금 내기 전 B라는 소득을 벌었다고 가정하자. A의 세금을 $\overline{AA'}$라 하면 이 $\overline{AA'}$의 한계효용의 희생(한계효용의 감소 또는 희생)의 크기는 $\overline{A'D}$가 된다. 이때 A와 동일한 한계효용의 희생 크기는 $\overline{B'''G}$이고, 세금 내기 전에 B는 B의 소득을 벌고 있었으므로 B가 A와 똑같은 크기의 한계효용의 희생을 이루려면 B로부터 $\overline{BB'''}$의 세금을 걷으면 된다. 따라서 이러한 한계희생균등의 법칙은 A보다 B가 더 많은 소득을 벌고 있을 때 B가 A보다 많은 세금을 내게 하는 누진세율을 정당화하는 논리가 된다. 그러나 이러한 한계희생균등의 법칙은 사람마다(위 사례에서 A와 B) 동일한 효용곡선을 가지고 있어야 하고 소득의 한계효용이 체감한다는 조건이 성립하여야

17) 이준구 · 조명환, 『재정학』(5판), 문우사, 2016.2., 408면

타당하다는 한계점을 갖는다. 특히 사람마다 똑같은 효용곡선을 갖는다는 전제는 쉽게 납득하기 어렵다.

제3절 현실에서의 세금제도 : 공평성 구현을 위한 현실에서의 세금제도와 그 한계점

앞서 논의하였던 'Ⅱ. 능력원칙(ability principle)에 따른 조세부담'에서 잠시 언급하였지만 현실에서의 세금제도는 능력원칙에 따라 설계된 조세제도를 기초로 운영되고 있다. 그러나 납세자의 정확한 경제적 능력을 파악하여 이를 과세소득으로 하여 세액을 계산한다는 것은 불가능에 가깝다. 현실적으로는 납세자 개개인의 경제적 능력을 어떻게 정의하는지에 따라 과세소득이 달라지고, 설령 경제적 능력을 정의하였다고 하더라도 이를 객관적으로 파악하기가 매우 곤란한 것이 사실이다. 그러므로 현실세계에서는 납세자의 경제적 능력을 측정하기 위해 대용치(소득, 재산 등)를 사용하여 납세자의 경제적 능력을 측정한다는 점을 앞서 설명하였다. 이 절에서는 소득을 파악하고 현실에서 적용할 때 발생할 여러 가지 문제점들에 대해 살펴보고, 소득 이외에 대용치인 소비(지출)에 근거한 세금제도에 대해 간략히 살펴보고자 한다.

Ⅰ. 측정기준으로서 소득 적용시 발생하는 문제점

1. 실현소득과 미실현소득에 대한 과세문제

실현소득[18]과 미실현소득을 직관적으로 이해하자면 다음과 같은 예를 들 수 있다.

18) 실현되었다는 의미를 직관적인 예를 들어 설명하였지만, 엄밀한 의미의 '실현(realization)'을 정의하는 것은 상당히 어렵다. 소득이 '실현'되었다는 의미가 무엇이고 '실현'되었을 때가 언제인지를 정하는 것은 회계에서 매우 중요하고 경우에 따라서는 논란이 많은 문제가 될 수 있다. 일반기업회계기준 제16장 '수익' 문단 결16.1은 '수익은 실현되었거나 또는 실현가능한 시점에 인식된다. 수익은 제품, 상품 또는 기타 자산이 현금 또는 현금청구권과 교환되는 시점에서 실현된다. 수익이 실현가능하다는 것은 수익의 발생과정에서 수취 또는 보유한 자산이 일정액의 현금 또는 현금청구권으로 즉시 전환될 수 있음을 의미한다'고 기술하고 있다. 다소 어려운 표현으로 이해하기 어렵겠지만 다음의 의문을 보도록 하

여러분들이 삼성전자 주식 100주를 보유하고 있고, 20×2년 6월 1일 주식시장 마감 후 종가가 1주당 80,600원이면 장 마감 후 여러분의 주식 재산은 이 날짜 기준으로 8,060,000원이라고 할 수 있다. 그런데 이 주식 재산은 여러분이 매도하지 않았으므로 실현되지 않았고 이것이 미실현소득이다. 이 주식 관련 미실현소득은 여러분이 그 주식을 팔지 않으면 실현되지 않은 것이고, 여러분이 주식을 장 마감 종가로 팔았다면 여러분의 소득 8,060,000원이 실현된 것이다.

그런데 만약 여러분에게 6월 1일의 주식시장 마감 후의 가격인 1주당 80,600원으로 주식 재산을 평가하고, 이 미실현된 소득(즉 여러분이 팔지 않은 주식에 대한 미실현된 소득)에 대하여 세금을 부과하겠다면, 여러분은 어떤 생각을 가지게 될 것인가? 대부분의 사람들은 "주식을 팔지 않아서 내 손에 쥔 돈이 없는데 무슨 세금을 내야 하는가?"라는 생각을 많이 가질 것이다. 그러나 6월 1일 시점에서 여러분의 주식을 팔았든 안 팔았든 간에 여러분의 경제적 능력은 8,060,000원으로 같다. 따라서 주식의 매도 여부는 경제적 능력이 얼마인지 여부에 미치는 영향이 없다. 단지 경제적 능력이 돈으로 환산되어 여러분의 손에 현금으로 입수되었는지, 아니면 미실현된 상태로 돈으로 환산되지 않고 여러분의 손에 쥐어지지 않았는지의 차이만 있을 뿐이다. 그렇다면 경제적 능력의 관점에서만 보자면 소득이 실현되었는지 여부는 과세소득에 영향을 주지 않아야 타당할 것이다. 즉 모든 면에서 동일하고 소득을 실현시켰는지 여부만 다른 두 납세자를 다르게 과세한다는 것은 수평적 공평성을 해한다고 볼 수 있다.[19)]

그러나 현실적으로 미실현소득에 세금을 부과하게 된다면, 세금 납부가 대부분 현금으로 이루어지는 특성이 있기 때문에 세금을 납부할 자금을 마련하기 어려울 수 있다는 문제점이 존재한다. 경우에 따라서는 세금 납부를 위해 자산을 팔아 세금 납부를 위한 자금을 마련하는 경우도 생길 수 있다. 이와 더불어 미실현소득을 객관적이고 합리적으로 평가하고 측정하여야 납세자의 불만이 발생하지 않을 것인데, 그 평가 및 측정이 현실적으로 어려운 자산들이 많다는 문제가 있다. 앞서 상장주식의 경우에는 주식이 주식시장에 상장되어 거래되는 가격이 있으므로 미실현소득을 측정할 대용치가 존재하지만, 거래시장이 없는 경우에는 객관적이고 합리적으로 미실현소득을 평가하고

자. ① 반드시 자산을 처분하거나 회수하여 돈을 손에 넣어야 실현되었다고 볼 수 있을까? ② 현금화가 될 가능성이 어느 정도 높은 경우에는 '실현'되었다고 볼 수도 있지 않을까? ③ 그렇다면 현금으로 회수될 가능성이 높은 시점은 언제이고, 따라서 어느 시점에 소득이 실현되었다고 보아서 소득이 있다고 판단해야 할 것인가? 다만 현 시점에서는 이러한 실현되었다는 의미에 대하여 큰 의미를 두지 않는 것이 좋다고 생각된다.

19) 이준구·조명환, 『재정학』(5판), 문우사, 2016.2., 402~403면

측정하는 방법이 마땅치 않을 수 있다.[20] 이 이외에도 실현소득에만 세금을 매긴다면 '동결효과(lock-in effect)[21]'가 발생할 수 있다. 실현소득에만 세금을 매기면 실현되지 않은 소득에는 세금을 낼 필요가 없다. 그러므로 자산을 가진 소유주는 자산 소득의 실현 시점을 계속 늦추어서 세금을 내는 시점을 미래로 이연할 수 있고, 세금을 내는 시점(과세시점)을 자산의 소유주가 조절할 수도 있다.

2. 인플레이션(inflation) 문제[22]

어제 라면 1봉지의 가격이 900원이었는데, 똑같은 라면 1봉지 가격이 오늘은 1,000원이 되었다면 어제에 비해 오늘의 라면 1봉지 가격이 11.11%(=(1,000원-900원)/900원) 올랐다는 사실을 알 수 있다. 그렇다면 어제의 900원은 라면 1봉지를 살 수 있었지만, 오늘의 900원은 라면 1봉지가 아닌 라면 0.9봉지(=900원/1,000원)밖에 살 수 없다. 따라서 오늘 900원의 구매력은 어제에 비해 떨어졌다고 할 수 있다. 그리고 어제와 동일한 수준의 소비를 오늘 하려면 오늘 여러분에게는 1,000원이 있어야 한다.

이렇듯이 물가가 오르는 인플레이션 상황에서는 여러분의 명목소득이 일반적으로 증가하기 마련인데, 실질적인 구매력은 변동이 거의 없는 것이 일반적이다. 즉 여러분이 오늘 1,000원을 벌었다고 하여도(어제는 900원을 벌었지만 오늘 1,000원이 되었기 때문에 명목상으로는 100원 소득이 증가하였다) 어제와 똑같이 라면 1봉지를 살 수 있다는 사실에는 변함이 없다. 그러나 누진세율을 적용하면 명목소득이 증가하였기 때문

20) 주식시장에 상장되지 않은 비상장주식이나 거래가 드문드문 일어나는 토지나 상가 같은 부동산, 도자기나 서화 등 골동품, 선박이나 기계장치 등의 많은 종류의 자산은 거래가 이루어지는 시장이 존재하지 않는다. 이러한 경우에는 거래가격을 알 수 없어 어느 시점의 가격이 얼마인지 알 수 없다. 거래가 이루어지는 시장이 없으면 그 가격을 알 수 없으므로 그 자산이 경제적 능력에 기여하는 가치가 얼마인지를 합리적으로 정할 수 없을 것이다.

21) '동결효과(lock-in effect)'는 세제가 자산의 보유기간에 영향을 주는 현상 중에서 자산의 보유기간을 증대시키는 쪽의 인센티브(incentive)를 제공하는 현상이라고 한다(곽태원. 부동산 양도소득세의 동결효과와 그 해소 방안, 『시장경제연구』 22 No.0, 1993, 2면). 즉 자산에 대한 소득이 실현되었을 때 세금이 부과되면 가격이 오른 자산의 보유자가 자산 관련 소득의 실현을 유보하고 미래로 이연시켜 해당 자산의 공급량이 줄어들고 가격을 상승시킬 수 있다. 이와 더불어 '결집효과(bunching effect)'가 있는데, 이는 자산의 처분 등에 따라 소득 실현 시점에 일시에 세금을 누진세율로 부과하게 되면, 소득이 장기간에 걸쳐 발생되어 누적된 것을 소득 발생기간의 길고 짧음을 고려하지 않고 그대로 누진세율 적용에 따라 세금이 계산되어 납세자가 보다 많은 세금 부담을 하게 되는 것을 의미한다(성용운, 부동산 양도소득세 계산방법의 개선방안-동결효과와 결집효과의 해소방안을 중심으로-, 『세무학 연구』 제24권 제3호, 한국세무학회, 2007.9., 156면).

22) 이준구 · 조명환, 『재정학』 (5판), 문우사, 2016.2., 403면

에 세금은 매우 많이 증가할 수 있다. 앞 절에서 설명한 법인세와 (개인)소득세 구간별 누진세율을 상기하면 금방 알 수 있다. 한 회사의 명목소득이 인플레이션 상황에서 증가하여 과세표준 200억원을 초과하였다고 가정하면, 이 회사의 실질적인 구매력은 거의 변함이 없을지라도 단지 물가상승 때문에 과세표준이 200억원을 초과하여 세금을 더 내게 된다. 현실세계에서는 이러한 인플레이션으로 인한 조정이 어렵다는 이유로 이러한 조정을 거의 해주지 않기 때문에 누진세율로 인한 피해를 볼 수 있다. 이러한 피해는 초과누진세율 구조보다 단순누진세율 구조에서 더욱 심하게 나타난다.

3. 소득 종류별 차등 과세 필요성[23)]

앞서 언급하였지만 똑같은 소득에 대하여 똑같이 세금을 매겨야 수평적 공평성이 있다고 할 수 있다. 그런데 도박 등 사회적으로 문제가 있다고 여겨지는 분야 및 범죄에서 얻은 소득과, 사회 통념상 건전하다고 여겨지고 필요하다고 여겨지는 반도체 제조업 같은 분야에서 얻는 소득을 동일하게 취급하여야 할지 여부에 대하여는 논란의 여지가 있다. 흔히 불로소득(不勞所得)이라고 부르는 임대소득, 이자소득 등과 대부분의 근로자들이 얻는 근로소득을 동일하게 세금을 매기는 것에 대하여 여러분들의 생각은 어떠한가?

우리나라의 경우에는 근로소득으로 인한 세금은 여러 가지 공제나 감면제도[24)]를 통하여 세금을 감면해 주고 있다. 그러나 이자소득 등 금융소득이나 부동산임대소득 등 불로소득의 경우에는 그 소득에 대해 근로소득과 같은 여러 가지 세액공제 또는 감면을 적용하지 않고 있다.[25)]

한편 노동이나 자본 등 생산요소를 공급해 얻는 요소소득과 정부가 이전해 주어 발생한 이전소득의 과세상 차별 또한 문제가 된다. 대부분의 국가에서는 정부가 이전해 주는 이전소득에 대하여는 세금을 매기지 않는다고 한다. 이러한 이유는, 첫째 정부가 이전해 준 소득에 대해 다시 세금을 거두는 것이 불필요하다는 생각이고, 둘째 정부가

23) 이 부분 내용은 “이준구 · 조명환, 『재정학』 (5판), 문우사, 2016.2., 395~397면”을 참조하였다.

24) 근로소득이 있는 근로자는 근로로 인해 번 소득에서 일정 금액을 빼주는 근로소득공제, 근로소득자의 세액을 일정 규모 감면해 주는 근로소득세액공제와 기타 여러 가지 세액을 빼주는 제도가 존재한다. 자세한 사항은 소득세편을 참조바란다.

25) 세액공제나 감면이 아예 없지는 않다. 후술할 소득세에서 나오겠지만, 배당소득에는 배당세액공제를 해주고, 외국에 납부한 세액이 있으면 외국납부세액공제 같은 세액공제나 감면제도는 있다. 그러나 그 종류가 근로소득이 있는 자에게 적용되는 공제나 감면제도보다 현격히 적다.

소득을 이전하는 것에는 정책적 목적이 있는 경우가 대부분일 것인데 이전소득에 세금을 매기면 정책적 목적 달성 효과가 감소하게 되므로 정책효과 달성을 위해 세금을 매기지 않는다고 한다.

그런데 관점을 달리해서 보자면 소득을 정부가 주든지 아니면 다른 민간부문에서 소득이 오든지 소득 자체 금액이 달라지지 않음에도 불구하고 과세상 차등을 두어야 하는지에 대하여는 의문이다. 즉 똑같은 소득금액에 똑같은 세금이 매겨지는 것이 수평적 공평성의 개념인데, 소득의 원천이 정부인지 아니면 다른 민간인지에 따라 과세에 차별을 둠은 엄밀한 의미에서 수평적 공평성에 위배된다.

4. 귀속소득에 대한 문제[26)]

이 귀속소득이라는 용어가 잘 이해되지 않을 수 있지만, 일단 다음에서 설명하는 예를 한번 살펴보도록 하자.

개인인 A는 자신의 집을 소유하고 있고, 개인 B는 자신의 집을 소유하지 못하여 월 100만원의 월세를 지급하고 집을 빌려서 사용하고 있다. 이때 B와 비교하여 A가 자신의 집을 소유하면서 얻을 수 있는 효익 내지 소득은 얼마일까? B가 월 100만원의 집 임차료를 지불하는데 비해서 A는 집 임차료를 지불하지 않으므로 월 100만원에 해당하는 집 임차료를 아낄 수 있다. 즉 A는 자신의 집을 소유하면서 주거서비스를 제공받으면서 월 100만원의 효익 내지 소득을 올리는 것과 같다.

이렇듯 주택이나 부동산 등 자본재를 소유하면서 스스로 사용하는 사람이 실질적으로 올릴 수 있는 임대소득과 같은 소득을 귀속소득(imputed income)이라 부른다.

위 사례를 보면 이해할 수 있겠지만 주거서비스를 제공받고 올리는 이러한 소득 또한 소득에 포함시키는 것이 합리적일 것이다. 그러나 현실세계에서 이러한 귀속소득에 대하여 과세하는 경우를 찾아보기 힘든데, 이는 귀속소득을 측정하고 과세소득에 포함시키기 위한 정치적·행정적 비용과 문제들이 매우 많기 때문이다. 위 사례는 단순히 A와 B 두 사람만을 비교하였지만, 현실세계에서는 다양한 형태의 주거서비스가 제공되고 이에 대한 대가를 모두 매겨 과세소득에 포함하여야 하는데, 이것이 현실적으로 어렵다. 예를 들어 고급주택에 사는 사람과 일반적인 아파트에 사는 사람을 어떻게 구분하여 과세소득을 산정해야 할지, 그리고 같은 아파트라도 면적이나 지역 등에 따라 어

---

26) 이 부분 내용은 '이준구·조명환, 『재정학』(5판), 문우사, 2016.2., 404~405면'을 참조하였다.

떻게 주거서비스에 대한 소득을 산정하여 과세소득에 포함할지를 결정하여야 하는데, 현실적으로 이같은 문제에 대한 객관적인 측정기준을 수립하기가 어렵다. 그리고 당장 이러한 귀속 임대료에 대해 과세소득에 포함하여 세금을 매긴다고 할 때 여러분의 반응이 어떠할지 한번 생각해보도록 하자.

하지만 수평적 공평성 측면에서 이러한 귀속소득 또한 소득에 포함하여 세금을 매기는 것이 합리적이라고 한다. 예를 들어 개인 C는 집을 자가소유하고 자신이 살고 있고, 개인 D는 C와 똑같은 조건의 집을 자가소유하고 있는 것은 같으나, 다른 사람에게 임대를 주고 월세 수입을 올리고 있는 상황만 차이가 있다고 가정하자. C와 D의 임대료 수입을 과세소득에 포함시켜 세금을 매길 때 어떤 차이가 발생할까? C는 타인에게 받는 임대료 수입이 없어 명목상 임대료 소득이 없다. 그러나 D는 임대료 수입이 있으므로 명목상 임대료 수입이 과세소득에 포함된다. 그런데 C와 D가 다른 조건이 모두 동일하고 똑같은 조건의 집을 소유하면서 이러한 귀속 임대료 수입에 세금을 매기지 않는다면 과연 공평하다고 할 수 있을까? D는 타인에게 받는 임대료 수입이 있기 때문에 과세소득이 올라가는 반면, C는 D와 동일한 집을 소유하면서 동일한 경제적 능력이 있음에도 불구하고 단지 귀속 임대료 소득이 있고 타인으로부터 받는 임대료 소득이 없다는 이유로 과세소득이 D보다 낮아지는 것이 공평하지는 않다고 보인다. 한편 이와 더불어서 자가소비 농산물을 과세소득에 포함하지 않는 것도 이러한 수평적 공평성 문제가 있다. 이러한 자기소비 농산물 또한 자신이 생산한 농산물을 팔아서 생긴 소득이 일단 실현된 것으로 보고, 다시 자신이 그 돈으로 농산물을 구매한 것과 실질이 동일하기 때문이다.

II. 경제적 능력 척도로서의 소비와 재산

납세자의 소득을 기준으로 세금을 매기는 방법도 있지만, 납세자의 소비수준을 기준으로 세금을 매기는 방법을 생각할 수 있다. 대표적으로 개인소비세(personal consumption tax)를 들 수 있고, 개인소비세는 일정 기간에 이루어지는 개인의 소비에 대하여 매기는 세금이다. 소득(Y), 소비(C), 저축(S)이라 하면, 다음과 같은 식이 성립된다.

Y=C+S

위 식을 보면 소득(Y) 기준 과세는 소비(C)와 저축(S) 모두에 대해 이루어지지만, 소비(C)에 대해 과세하면 저축(S)은 세금을 매기는 대상이 아니므로 자연스럽게 저축(S)을 장려하는 효과를 갖는다. 다만 여기에서 말하는 소비(C)는 자본재 구입비용은 제외한 지출을 의미하는데, 다시 말하자면 이러한 개인소비세에서 세금을 매기는 대상인 소비란 자본재[27] 구입비용을 제외한 순수한 서비스를 소비하는 것을 의미한다.

이러한 개인소비세가 갖는 장점은 다음과 같다.

첫째, 개인소비세는 저축(S)에 대해 과세하지 않으므로 미실현소득에 대한 과세문제가 발생하지 않는다. 아직 소비하지 않은 부분에 대한 과세가 이루어지지 않으므로 소비할 때까지 과세가 미루어진다. 따라서 아직 소비하지 않은 부분인 미실현소득에 대한 과세문제가 발생하지 않는다.

둘째, 인플레이션에 따른 명목소득 증가에 대한 과세문제가 상대적으로 덜하다. 이는 명목소득이 인상되어도 이 소득이 소비되지 않으면 과세되지 않기 때문이다.

셋째, 귀속소득 문제를 해결하는 하나의 방법이 될 수 있다. 주택이 제공하는 주거서비스를 소비한다는 개념에서 생각하면, 개인소비세는 소비에 대해 과세하므로 당연히 이러한 자가주택의 주거서비스 소비에 과세되어야 한다.[28]

넷째, 위에서 언급하였듯이 개인소비세는 저축을 장려하는 효과를 갖는다. 이는 아직 소비되지 않은 저축 부분에 대해 세금을 매기지 않기 때문이다.

그렇지만 현실세계에서 이러한 개인소비세와 같은 세금제도는 잘 쓰이지 않는다. 이러한 이유는 먼저 귀속소득과 같은 소비의 측정문제가 어렵다는 점을 들 수 있다. 주택의 주거서비스와 같은 귀속소득을 측정하는 문제는 여전히 어렵고 사회적으로 그 측정방법에 대한 합의를 이루기가 사실상 매우 어렵다. 둘째, 소득세는 소비세와 달리 소득재분배 기능이 있어 정책적인 면에서 우월할 수 있다. 소득을 기준으로 하면 고소득자로부터 저소득자로의 소득재분배가 세금을 통해 가능할 수 있지만, 소비를 기준으로 한 세제는 이러한 소득재분배 기능을 수행하기 어렵다. 세 번째로는 이러한 개인소비

27) 예를 들어 설명하자면 주택이 제공하는 주거서비스를 제공받기 위하여 주택을 구입하였을 경우에 그 주택이 자본재가 된다. 개인소비세에서 주택 구입비는 주택이 제공하는 주거서비스를 제공받기 위한 자본재 구입비가 되고 이는 소비로 보지 않는다. 개인은 이 주거서비스를 소비하므로 개인소비세의 과세대상은 소비인 주거서비스가 된다.

28) 물론 그렇다고 하여도 이러한 주거서비스 소비의 크기를 측정하는 문제는 여전히 어렵다.

세가 이자, 배당 등 소득이 많은 고소득자에게 유리한 세제이므로 저축을 장려하기 위하여 온전히 이러한 개인소비세제를 도입하기가 어렵다. 사실 고소득자일수록 이자나 배당 같은 소득이 많은데, 개인소비세제는 이자나 배당이 소비될 때까지 과세하지 않는다. 따라서 고소득자는 상대적으로 저축이 많을 수밖에 없고, 개인소비세제는 이러한 저축에 대해 과세하지 않으므로 고소득자와 저소득자 간 상대적인 부(富)의 편중 역시 커질 수밖에 없다. 그리고 넷째, 개인소비세는 자본소득(이자, 배당 등)에는 과세하지 않고 근로소득과 같은 소득에만 과세하는 결과가 되므로, 수평적 공평성에 어긋난다는 문제점도 가지고 있다.

현실에서는 이러한 소득세가 가지는 문제점을 다소 보완하여 소득과세를 중심으로 하되, 상기 개인소비과세가 갖는 장점을 일부 혼합하여 사용하고 있다. 현실의 소득세제하에서도 저축을 장려하여 저축에 대하여 세제혜택을 부여하거나 소득공제를 해주고 있고, 개인의 주거서비스와 같은 귀속소득에 대해 과세를 하지 않으면서 동시에 개인의 주택구입비에 대해 과세소득에서 차감하지 않는 것은 개인소비세제의 논리를 도입한 것으로 볼 수 있다[29]고 한다.

한편 현행 소득세제를 보완하기 위하여 현실세계에서는 재산에 대하여 과세하는 재산과세 제도도 병행하여 시행하고 있다. 재산의 가치가 경제적 능력을 반영한다고 보아 이에 대해 세금을 매기고자 하는 의도이다. 우리나라의 경우 재산세가 대표적인데, 재산의 가치를 일정 기준에 의하여 설정한 후 그 설정된 재산 가치에 법정 세율을 적용하여 과세하고 있다. 다만 우리나라의 재산과세 제도는 수직적 공평성 관점에서 경제적 능력에 비례하여 과세한다기보다는, 지방자치단체가 제공하는 서비스에 대한 대가라는 성격이 더욱 강하다고 한다.[30] 그리고 스웨덴이나 프랑스, 독일 등 일부 유럽 국가에서 이러한 재산과세 제도를 '부유세'라는 이름으로 시행한 적이 있는데, 현재는 해외로의 자산 유출이 증가하는 등 부정적 영향이 많음에 따라 점차 폐지되었다고 한다.

---

29) 주택으로부터의 귀속소득 등에 대해 과세를 하지 않으면서 동시에 주택구입비를 과세소득에서 공제하지 않는 것은 주택의 귀속소득 등에 대해 과세를 하면서 동시에 주택구입비를 과세소득에서 공제해 주는 것과 원론적으로 동일한 효과를 보여야 한다. 왜냐하면 이상적인 자본시장에서라면 세금도 자산가격에 이미 반영되어 있을 것이고, 그 자산가격은 해당 자산의 미래 현금흐름의 현재가치와 일치할 것인데, 귀속소득에 세금을 매기고 자산구입비를 과세소득에서 공제하는 것의 세금 순현재가치가 0이고, 귀속소득에 세금을 매기지 않고 자산구입비도 과세소득에서 공제하지 않는 것의 세금 순현재가치 또한 0이 되기 때문이다.

30) 이준구·조명환, 『재정학』(5판), 문우사, 2016.2., 401면

Chapter 04

조세법의 기본원칙

조세법의 기본원칙이란 무엇일까? 다소 추상적이고 막막한 질문이지만, 알고 보면 고개가 끄덕여질 만큼 어쩌면 당연한 것일지도 모른다. 세부적인 내용으로 들어가기 전에 몇 가지 가상적인 상황을 살펴보도록 하자.

[사례 1]

① 평범한 직장인 A는 성실히 직장도 다니고 생계를 위해 퇴근 후 자기 사업도 하면서 열심히 살고 있다. 이러던 중 퇴근 후 부업으로 하던 사업이 갑자기 번창하면서 100억원의 수입이 발생하였다.

② 어느 날 갑자기 세무서에서 연락이 와서 세무서 측과 통화를 하였다. 세무서는 100억원의 수입이 생겼으니 기분 좋게 수입의 30%인 30억원만 세금으로 내라고 한다.

③ A가 생각하기에 수입의 30%가 세금이라는 점이 이해가 가지 않는다. A는 수입의 30%인 30억원의 세금이 너무 많다고 생각하고 있고, 30%의 세금이 어떻게 계산되었는지를 세무서에 질문하였다. 세무서 측은 수입금액과 여러 가지 요인을 고려하여 계산하였고, 100억원의 30% 정도는 크게 문제 되지 않는 금액일 것이라고 답변하였다.

④ A는 세무서 측에 이 세금을 왜 내야 하는지에 대하여 이해가 가지 않는다고 먼저 따졌다. 그리고 A 자신이 이러한 세금에 동의한 적도 없으며, 세금 계산 방식이나 세율 등 모든 조건들에 관하여 어떠한 근거가 있는지에 대하여 세무서 측에 계속 따지고 있다. 세무서 측은 우리가 알아서 정한 세금이니 국민으로서 성실히 납부하라고 한다.

[사례 2]

① B는 유통사업을 하고 있는데, 내년에 이익이 매우 클 것으로 예상하고 있다. 그리고 내년에 이익에 대한 세금이 많이 나올 것을 걱정하고 있다.

② B는 내년에 예상되는 막대한 세금을 내기 싫어서 궁리 중이다. 어떻게 하면 세금을 줄일 수 있을지를 생각하고 있는 중인데, 얼마 전에 실직한 B의 친구 C가 생각이 났다.

③ B는 이익이 클수록 세금을 많이 내는 것을 알고 있으므로, 사업자를 B 자신이 아닌 실직한 친구 C로 하면 세금을 줄일 수 있을 것 같다고 생각한다. 즉 유통사업의 일부를 C의 명의로 하고, C 명의로 한 사업의 이익에 대한 세금을 C가 납부한 것처럼 하면 세금이 매우 줄어들 것으로 예상한다.

④ 하지만 C 명의로 하는 이 사업은 실제로는 B가 운영한다. 결과적으로 B가 C를 내세우지 않고 사업을 하였다면 세금으로 10억원이 나와야 했지만, C 명의로 사업을 함으로써 B가 부담할 세금 5억원과 C 명의로 납부할 세금 3억원을 합하여 총 8억원만 세금으로 납부하였다. 즉 B는 C를 이용하여 세금을 2억원 절감하였다.

[사례 3]

① D는 자녀 2인에게 D 자신이 보유한 부동산을 물려주고 싶어 한다. 그 부동산은 시가로 100억원 정도이다.

② D가 자녀들에게 이 부동산을 자녀들로부터 대가를 받지 않고 공짜로 물려주려면 막대한 세금을 납부해야 함을 알게 된다. 계산해 보니 세금으로만 40억원이 예상된다.

③ 그런데 D가 자녀 2인에게 공짜로 부동산을 주는 것이 아니라 자녀 2인이 D가 소유한 시가 100억원의 부동산을 대가를 D에게 지불하고 구입한다면 세금을 절약할 수 있음을 알게 된다.

④ 이 부동산을 판 것처럼 거래를 꾸미면, D는 당초 이 부동산을 50억원에 구입하였으므로 판 가격인 100억원과 산 가격인 50억원과의 차액인 50억원에 대하여만 세금을 부담하면 된다. 이 부동산을 판 것처럼 꾸밀 경우 예상되는 세금은 20억원 정도이다.

⑤ 결국 D는 세금 절약을 위하여 이 부동산을 자녀 2인에게 판 것처럼 꾸며서 세금을 20억원 절약하였다. 자녀 2인이 돈이 없으므로 D가 자녀 2인에게 100억원을 빌려준 것처럼 하였고, 이 돈으로 자녀 2인은 D가 소유하였었던 이 부동산을 넘겨 받았다.

[사례 4]

① E는 시가 100억원의 부동산을 소유하고 있는데, 어느 날 E의 아들인 F로부터 한 가지 부탁을 받았다. 이 부탁의 내용은 F가 지금 부동산이 필요한데 아버지인 E가 소유하고 있는 그 부동산을 F에게 팔아달라는 내용이다.

② 그런데 F가 가지고 있는 돈이 현재 80억원 밖에 없다. F는 아버지인 E에게 한 가지 더 부탁을 했는데, 그 내용은 시가 100억원의 부동산을 좀 싸게 팔아달라는 것이었다. 이 부동산의 시가가 100억원이므로 아들 F가 아닌 다른 사람에게 팔면 100억원을 받을 수 있을 것이다.

③ 아버지인 E는 흔쾌히 그 부탁을 수락한다. 아들인 F는 이에 따라 자신이 가지고 있던 돈 80억원을 아버지 E에게 송금하고 시가 100억원의 부동산 소유권을 넘겨받았다.

[사례 5]

① G는 부동산을 팔았다. G는 부동산을 팔고 나면 부동산을 팔고 남은 이익에 대하여 세금을 내야 한다는 사실을 알고 있다.

② G는 이 세금 신고와 납부를 위해 세무서를 방문하였고 세무서 담당자와 상담 후 세금을 신고하고 납부까지 마쳤다. 그런데 세금 신고 및 납부를 마치고 2년이 지난 후에 갑자기 세무서로부터 2년 전의 신고와 납부가 잘못되었다는 연락을 받았다.

③ G는 2년 전에 세무서 담당자로부터 그렇게 신고하고 납부하라고 해서 그렇게 한 것인데, 2년이 지난 지금 잘못되었다고 한다면 어떻게 하라는 것이냐고 세무서에게 따졌다. 세무서 측은 그것은 도르겠고 좌우간에 잘못되었으니 다시 신고하고 부족한 세금을 납부하라고 하고 있다.

이 5건의 사례를 읽어보면 어떠한 생각이 드는가? 무언가 이상한 점들이 각 사례마다 발견될 것이다. 어떤 사람은 말도 안 된다는 반응을 보일 수 있겠고, 이런 사례가 현실에 존재하는지에 대하여도 의문이 들 수 있겠다.

그런데 표현이 과장된 점은 있지만, 이러한 사례와 유사한 사건들이 현실세계에서 발생하고 있고 문제가 된다는 점에 대한 여러분의 생각은 어떠한가? 현실에서는 위의 사례보다 더 은밀하고 더 복잡한 구조로 사건이 발생하고 있고, 판단을 내리기에 애매모호한 점이 훨씬 많다는 점만이 다르다. 즉 본질적으로 위의 사례가 포함하고 있는 점들과 크게 다른 점이 없는 사건들이 벌어지고 있고, 이러한 사건과 관련하여 납세자와 과세관청 간 다툼 또한 계속 벌어지고 있다. 이러한 점은 관념적으로는 위의 사례들이 이상하다는 점을 쉽게 알 수 있지만, 현실적으로 이러한 이상한 점들을 가려내는 것이 쉽지 않다는 것을 보여준다. 어쨌든 현실적으로는 판단이 쉽지 않아도, 우리는 세금과 관련된 법률이 위 사례들이 시사하는 점들이 부당하다고 지적하는 원칙을 지니고 있어야 할 필요성은 느낄 수 있을 것이다.

이 장에서는 세금과 관련한 법률이 어떠한 원칙을 가지고 제정되고 해석되며, 집행되어야 하는지를 알아보고자 한다. 세금과 관련된 법률이 일정한 원칙을 가지고 있어야 일견 불공평해 보이거나 이상해 보일 수 있는 점들을 제거할 수 있다. 위의 5가지 사례들은 이러한 세금과 관련된 법률이 가져야 할 원칙들의 한 면들을 보여주고 있는데, 구체적인 모습은 뒤이어서 간략하게나마 알아보고자 한다.

| 학습목표 |

- 조세법률주의와 조세평등주의
- 실질과세의 원칙
- 신의·성실의 원칙

제 1 절 조세법률주의와 조세평등주의

지금으로부터 약 250년 전인 1776년에 출간된 아담 스미스의 저서 『국부론』은 조세정책이 지녀야 할 네 가지 원칙[1])을 기술한 바 있다. 이 중 '조세부담의 확정성'과 '기여의 형평성'이라는 말이 나오는데, 이 내용을 잠시 언급하면 다음과 같다.

① 조세부담의 확정성
"각 개인이 납부해야 하는 조세는 반드시 확정적이어야 하고 자의적이어서는 안 된다. 즉 납세의 시기, 방법, 금액은 납세자와 기타 사람들에게 간단명료해야 한다. 그렇지 않다면 납세의무자는 어느 정도 징세인의 권력에 복종하게 되고, 징세인은 세금을 무겁게 부과할 수도, 모종의 선물이나 부수입을 갈취할 수도 있을 것이다."

② 기여의 형평성
"한 국가의 국민이라면 마땅히 가능한 각자의 능력에 비례해, 다시 말해 국가의 보호 아래 각자가 획득하는 수입의 크기에 비례해 정부의 유지에 기여해야 한다."

서두의 [사례 1]을 보면 세무서가 세금으로 내야 할 금액을 임의로 정하여 납세의무자에게 통보한 것이 과연 온당한 것인가? 물론 오늘날에는 행정기관이 임의로 세금을 정하여 납세자에게 통보하는 일은 없지만, 위의 아담 스미스의 『국부론』이 나온 그 시절의 상황은 그렇지 않았기에 '조세부담의 확정성'과 같은 말을 언급하였을 것이다. 오늘날에는 조세와 관련된 사항은 법률에 의하여 정해지고 집행된다(조세법률주의).

한편 조세부담이 각자의 능력에 비례하여 이루어져야 한다는 아담 스미스의 주장(즉 기여의 형평성)은 조세부담의 공정성과 관계가 있고, 소위 '평등'과 밀접한 관련이 있다. 세금을 부담하는 능력을 '담세력(擔稅力)'이라고 하는데, 『국부론』은 각자의 능력에 따른 세금부담을 주장하고 있어 오늘날의 법인세와 소득세 세율과 같은 누진세율이 적용되는 하나의 근거가 되고 있다.

1) S. Smith 저, 김공회 역, 『세금이란 무엇인가』(민주시민이 알아야 할 세금의 기초), 리시올, 2020.6., 141면. 이 저서에서는 기여의 형평성·조세부담의 확정성·지불의 편의성·비용의 최소화를 조세정책이 지녀야 할 4가지 원칙으로 아담 스미스의 『국부론』에서 언급하고 있다고 하고 있다. 이 중 첫 번째와 네 번째 원칙이 바로 조세의 형평성과 효율성을 말하고, 두 번째와 세 번째 문제는 실무 행정가 입장에서 중요시 되는 원칙이라고 언급하고 있다.

Ⅰ. 조세법률주의

1. 조세법률주의의 의의

헌법 제38조와 제59조는 다음과 같이 규정하고 있다.

가. 헌법 제38조
모든 국민은 법률이 정하는 바에 의하여 납세의 의무를 진다.
나. 헌법 제59조
조세의 종목과 세율은 법률로 정한다.

먼저 제38조는 법률이 정하는 바에 의하며 납세의 의무를 국민이 부담하므로 결국 국회의 의결, 즉 국민의 승낙없이는 납세의무가 발생하지 않는다고 하고 있고, 아울러 제59조는 법률 규정에 의하지 않은 자의적 과세를 배제하고 있다.[2] 이렇게 국민의 납세의무가 국회에서 제정된 법률에 의하여만 성립할 수 있다는 사상을 가리켜 조세법률주의(租稅法律主義)[3]라고 한다. 우리 헌법은 제38조를 통하여 법률에 의한 납세의무를 창설하고, 제59조를 통하여 법률에 의한 조세입법권을 국회가 가진다는 점을 정하고 있다.[4]

이러한 조세법률주의에 비추어보면, [사례 1]과 같은 상황이 벌어지는 것이 잘 이해되지 않을 것이다. 그러나 이러한 조세법률주의에 의한 과세가 정착된 것이 비교적 최근이고, 과거에 세금은 명확하고 안정적인 원칙에 의하여 매겨졌다기보다는 자의적으로 매겨졌다고 한다.[5] 이러한 조세법률주의는 영국의 대헌장(1215년) 이래로 미국 독립선언(1689년)과 프랑스 인권선언(1789년)을 거치면서 더욱 구체화되었다.[6]

2) 이태로 · 한만수, 『조세법강의』(신정12판), 박영사, 2016.3., 21면
3) 이태로 · 한만수, 『조세법강의』(신정12판), 박영사, 2016.3., 21면
4) 이준봉, 『조세법총론』(제6판), 삼일인포마인, 2020.3., 68면
5) S. Smith 저, 김공회 역, 『세금이란 무엇인가』(민주시민이 알아야 할 세금의 기초), 리시올, 2020.6., 16면. 오늘날 선진국이라고 일컬어지는 서유럽 국가들에서도 로마제국 몰락 후 군주들이 필요에 의하여 무겁고 자의적인 세금을 물렸다고 한다(같은 책, 20면)
6) 이태로 · 한만수, 『조세법강의』(신정12판), 박영사, 2016.3., 21면

2. 세부 내용

조세법률주의를 국회가 법을 만드는 과정의 원칙(즉 입법상의 원칙)과 조세법의 해석과 조세법의 집행상의 원칙으로 나누어 살펴보면 다음과 같다.

(1) 입법상의 원칙 : 과세요건 법정주의와 과세요건 명확주의

1) 과세요건 법정주의

조세법률주의에 따르면 헌법상 납세의무는 법률에 의하여만 창설될 수 있고 이러한 원칙은 납세의무의 창설뿐 아니라 납세의무의 이행단계, 즉 조세의 신고, 납부, 부과, 징수 및 불복단계에서도 적용되어야 한다. 이렇게 납세의무를 성립시키는 납세자, 과세물건, 과세표준, 과세기간, 세율 등의 모든 과세요건과 조세의 신고, 납부, 부과, 징수 및 불복절차 등은 모두 국민의 대표기관인 국회가 제정한 법률에 의하여 규정되어야 한다는 원칙을 '과세요건 법정주의'라고 한다.[7)]

이해가 어려운 용어가 나와서 어렵게 느껴질 수 있지만, 쉽게 표현하자면 세금을 계산하는 방법과 세금을 신고하거나 세금을 매기는 방법, 매긴 세금을 납부하는 방법, 세금을 거두는 방법 그리고 매겨진 세금 또는 신고한 세금에 대하여 과세관청과 다투는 방법 등 세금과 관련된 절차가 법률에 의하여 정해져야 한다는 의미로 보면 될 듯하다.

그렇다면 조세에 관한 모든 사항이 법률에 의하여 규정되어야 하는 것인가? 헌법 제75조는 법률에서 구체적으로 범위를 정하여 위임받은 사항과 법률을 집행하기 위하여 필요한 사항에 관하여 대통령령을 정할 수 있게 하고 있다. 여기에서 "법률에서 구체적으로 범위를 정하여 위임받은 사항에 관한 대통령령(위임명령)"을 정할 수 있게 하기 때문에, 결국 법률에서 위임사항에 관한 구체적인 범위를 정하여 이루어져야 한다는 점을 알 수 있다. 즉 포괄적인 위임은 금지된다. 그리고 법률 집행에 관한 필요한 사항에 관하여 대통령령(집행명령)을 정할 수 있게 하고 있기 때문에, 법률에 없는 사항을 규율하거나 집행할 법률의 내용을 변경 또는 왜곡하는 집행명령은 허용되지 않는다.[8)]

---

7) 金子 宏, 『租稅法』 第16版, 弘文堂, 2011, 10頁(이준봉, 『조세법총론』 (제6판), 삼일인포마인, 2020.3., 68면. 재인용)
8) 이준봉, 『조세법총론』 (제6판), 삼일인포마인, 2020.3., 88~89면

헌법재판소 1998.7.16. 선고. 96헌바52,97헌바40,97헌바52 · 53 · 86 · 87,98헌바23(병합) 전원재판부

… 결국 "대통령령으로 정하는 고급주택" 또는 "대통령령으로 정하는 고급오락장"을 취득하거나 이를 구분하여 그 일부를 취득하는 경우 및 취득한 토지나 건축물이 5년 이내에 그러한 고급주택 또는 고급오락장이 된 때에 통상의 취득세율의 100분의 750으로 하여 중과세하도록 규정한 것인바, 고급주택, 고급오락장이 무엇인지 하는 것은 취득세 중과세요건의 핵심적 내용을 이루는 본질적이고도 중요한 사항임에도 불구하고 그 기준과 범위를 구체적으로 확정하지도 않고 또 그 최저기준을 설정하지도 않고 단순히 "대통령령으로 정하는 고급주택" 또는 "대통령령으로 정하는 고급오락장"이라고 **불명확하고 포괄적으로 규정함으로써 실질적으로는 중과세 여부를 온전히 행정부의 재량과 자의에 맡긴 것이나 다름없을 뿐만 아니라, 입법목적, 지방세법의 체계나 다른 규정, 관련법규를 살펴보더라도 고급주택과 고급오락장의 기준과 범위를 예측해 내기 어려우므로 이 조항들은 헌법상의 조세법률주의, 포괄위임입법금지원칙에 위배된다.** … 〈이하 생략〉

2) 과세요건 명확주의

앞서 아담 스미스는 조세는 반드시 확정적이어야 하고 자의적이어서는 안 된다고 주장한 바 있다. 과세요건 명확주의는 이처럼 조세법은 가능한 한 그 내용이 보다 명확하게 규정되어야 한다는 원칙이다.[9] 풀어서 설명하자면 세법은 그 내용이 명확하고 일의적(하나의 의미로 읽혀야 한다는 의미)이어야 한다는 뜻이다. 세법과 같이 경제적 이해관계가 얽혀 있는 법이 사람들마다 주관적이고 다르게 읽힌다면 이것은 명확하지 않은 것이다. 그렇게 된다면 여러 사람들이 각기 다른 해석을 하게 되고 적용에 있어서도 다른 모습이 나오게 되며, 과세관청이 임의적이고 자의적인 해석과 집행을 하게 하는 빌미를 제공할 수 있게 된다.[10]

---

9) 이준봉, 『조세법총론』(제6판), 삼일인포마인, 2020.3., 92면. "이태로 · 한만수, 『조세법강의』(신정12판), 박영사, 2016.3., 23면"에서는 과세요건 명확주의를 "납세의무는 법이 정하는 바에 의하여 부담하므로 조세의 실체법적 사항이나 절차법적 사항을 입법기술이 허용하는 한 상세하고 명확하게 형식적 의미의 법률로써 규정하여야 한다는 원칙"으로 정의하고 있다.

10) 같은 세법을 보고 세금을 계산함에 있어서 극단적으로 세무서는 1억원, 납세자는 1천만원이라고 계산한다면 어떻게 될 것인가? 세법의 내용이 명확하고 하나의 의미를 가지게 객관적으로 해석된다면 세무서와 납세자 모두 같은 금액의 세금을 계산하겠지만, 불행히도 세법 자체가 명확하지 않다면 위와 같은 의견충돌이 발생할 수 있다. 과세요건 명확주의는 가능한 한 이렇게 여러 가지로 해석되는 면을 줄이자는 취지이고, 다만 완벽한 명확주의의 실현은 어렵다. 그렇기에 세금을 둘러싼 분쟁이 많고 소송도 많은 것이다.

헌법재판소 1995.11.30. 선고 94헌바40,95헌바13(병합) 전원재판부

법률은 일반성, 추상성을 가지는 것으로서 법률규정에는 항상 법관의 법 보충 작용으로서의 해석을 통하여 그 의미가 구체화・명확화될 수 있는 것이고, 이는 조세법률주의가 적용되는 조세법 분야에 있어서도 다를 바 없으므로, **조세법률의 규정이 당해 조세법의 일반 이론이나 그 체계 및 입법취지 등에 비추어 그 의미가 분명해질 수 있다면 이러한 경우에도 명확성을 결여하였다고 하여 그 규정이 과세요건 명확주의 내지 조세법률주의에 위반되어 무효라고 할 수는 없는 것이다.**

3) 소급과세의 금지

조세법률주의에 따르면 법률에 의하지 않고는 납세의무가 성립하지 않으므로 새로운 세법규정을 그 시행 전에 발생한 사실에 소급 적용하여 과세하는 것은 그 조세법률주의에 반한다.[11] 즉 새로운 세법 규정 적용이 있다면 그 새로운 규정은 법률이 정해진 시점 그 이후로부터 적용되어야지 법률이 정해진 시점 그 이전에까지 소급하여 적용되어서는 안 된다는 원칙이다.

직관적으로 생각하기 위하여 한 가지 상황을 가정하자. 여러분이 돈을 들여서 건물을 사고 5년 가지고 있다가 팔았다. 건물을 팔 때 5억원의 세금을 납부하였다고 하자. 5억원의 세금 납부 이후 3년 정도 시간이 지났는데, 갑자기 세무서에서 연락이 와서 세법이 바뀌었으니 건물 판 것에 대한 세금을 1억원 더 내라고 한다. 여러분은 이러한 상황에서 어떻게 할 것인가? 그때는 맞으나 지금은 틀리다는 이유로 세금을 1억원을 더 내야 한다면 이해가 가겠는지?

소급과세의 금지는 이러한 억울한 상황을 만들지 않기 위한 원칙이다. 이 소급과세 금지의 원칙은 헌법 제13조 제2항에서 "모든 국민은 소급입법에 의하여 … 재산권을 박탈당하지 아니 한다"는 규정에 의하여 뒷받침된다.[12] 아울러 우리나라 국세기본법 제18조는 이러한 소급과세의 금지와 관련하여 다음과 같이 규정하고 있다.

11) 이태로・한만수, 『조세법강의』 (신정12판), 박영사, 2016.3., 24면
12) 이태로・한만수, 『조세법강의』 (신정12판), 박영사, 2016.3., 24면

국세기본법 제18조(세법 해석의 기준 및 소급과세의 금지)

① 세법을 해석·적용할 때에는 과세의 형평(衡平)과 해당 조항의 합목적성에 비추어 납세자의 재산권이 부당하게 침해되지 아니하도록 하여야 한다.

② 국세를 납부할 의무(세법에 징수의무자가 따로 규정되어 있는 국세의 경우에는 이를 징수하여 납부할 의무. 이하 같다)가 성립한 소득, 수익, 재산, 행위 또는 거래에 대해서는 그 성립 후의 새로운 세법에 따라 소급하여 과세하지 아니한다.[13)]

③ 세법의 해석이나 국세행정의 관행이 일반적으로 납세자에게 받아들여진 후에는 그 해석이나 관행에 의한 행위 또는 계산은 정당한 것으로 보며, 새로운 해석이나 관행에 의하여 소급하여 과세되지 아니한다.[14)]

④ 삭제 〈1993.12.31.〉

⑤ 세법 외의 법률 중 국세의 부과·징수·감면 또는 그 절차에 관하여 규정하고 있는 조항은 제1항부터 제3항까지의 규정을 적용할 때에는 세법으로 본다.

그런데 납세자에게 유리한 경우는 소급이 가능할까? 납세자에게 유리한 경우에는 소급이 가능하다고 보는 것이 일반적이다.[15)] 그리고 이러한 소급의 기준점이 언제가 되어야 할까? 소급과세 금지의 기준점은 납세의무 성립일[16)]로 보는 것이 보통이다. 따라서 이미 납세의무가 성립된 소득 등에 대하여 납세의무 성립일 이후에 개정된 세법을 소급하여 적용하는 것('진정(眞正)소급'이라고 부른다)은 금지된다. 그러나 과세기간 중이고 납세의무가 성립되기 전이라면 개정된 세법을 그 과세기간 개시일로부터 적용하는 것('부진정(不眞正)소급'이라 부른다)은 소급과세 금지 원칙을 위배했다고 보지 않는다.[17)] 앞서 예로 들었던 건물 판매에 대한 세금을 이미 납부하고 3년이 경과한

13) 이를 '입법에 의한 소급과세의 금지'라고 부른다.

14) 이를 '해석이나 관행에 의한 소급과세의 금지'라고 부른다.

15) 대법원 2004.10.27. 선고 2003두12035 판결에서는 "종전에는 감면신청기간이 경과한 후에는 감면신청을 하더라도 조세감면 자체가 배제되던 것을 그 경우에도 감면결정을 받으면 감면신청 이후의 기간에 대하여는 조세감면이 가능하도록 한 규정이어서 납세자에게 유리하므로 이를 위 개정 이전에 유상증자가 이루어진 이 사건에 대하여 적용하더라도 조세법률 불소급의 원칙에 반하지 아니한다"고 판시하였다. 즉 "납세자에게 유리한 경우에는 소급이 가능하다고 보아야 한다"고 하였다.

16) 헌법 제38조는 국민에게 세금을 낼 의무, 즉 납세의무를 지우고 있다. 그런데 국민의 납세의무는 언제 발생하는 것인가? 즉 세금을 낼 의무가 발생하는 시점이 있어야 비로소 매길 세금의 기초적인 사실이 생긴 것이다. 이러한 납세의무의 성립일은 각 세법별로 다르게 규정하고 있다. 종합소득세와 법인세 같은 기간별로 세금을 매기는 세금은 세금을 매기는 기간이 끝날 때(이를테면 2021.1.1.부터 2021.12.31.까지가 법인의 사업연도라면, 그 1년이 과세기간이고 2021.12.31. 시점이 납세의무 성립일이다)이고, 상속세는 상속이 일어나는 시점(상속개시일이라고 하는데, 고인이 사망한 시점이 상속이 개시되는 시점이다)이다. 이처럼 납세의무 성립일이 각 세법마다 다르므로 소급과세 금지 원칙이 적용되는 기준점은 각 세법마다 다르다.

후 세법 변경을 이유로 그 당시의 세금을 추가로 납부하라고 하는 것은 진정소급으로 우리나라 헌법과 국세기본법에서 금지하고 있다.

(2) 해석 및 집행상의 원칙

앞서 '(1)'은 국회와 같은 입법기관이 법을 제정하는 원칙이라면, 해석(사법부)과 집행(행정부)상의 조세법률주의 원칙이 있을 수 있다. 먼저 법 해석상의 원칙은 '엄격해석의 원칙'이 있는데, "조세법은 엄격하게 해석되어야 하고 합리적 이유가 없는 한 유추해석[18]이나 확장해석[19]은 허용되지 않는다"[20]고 한다. 단 조세부담이 가중되지 않으면 가능하다고 하고, 목적론적 해석[21]도 제한적인 범위에서는 가능하다고 한다.[22]

그리고 법의 집행상의 원칙으로 '합법성의 원칙'이 있다. 과세관청은 법률이 정한대로 세금을 부과 및 징수하여야 하고, 임의로 조세를 감면할 권리는 없다는 원칙이다.

Ⅱ. 조세평등주의

조세평등주의의 의미를 알아보기 전에 먼저 핵심적인 단어가 '평등'이므로, '평등'의 의미를 먼저 알아보고자 한다. 앞서 언급한 아담 스미스의 『국부론』은 '평등'의 의미를

---

17) 법인이 부담하는 법인세는 세금을 매기는 기간이 보통 1년 단위이다(물론 1년보다 짧은 경우도 있지만 대부분의 법인은 1년을 세금 계산의 기간 단위로 삼는다). 어떤 법인의 세금 계산 기간 단위(과세기간)를 매년 1월 1일부터 12월 31일까지 정했다고 하면, 그 1월 1일부터 12월 31일까지의 1년이 바로 그 법인의 과세기간이고, 과세기간이 끝나지 않았을 때(이를 테면 기간 중인 7월 1일 등) 세법이 개정되어 그 개정된 세법을 과세기간 개시일인 1월 1일부터 적용하는 것은 소급과세의 금지 원칙을 위배했다고 보지 않는다.

18) 유추해석이란 법률에 규정이 없는 사항에 대하여 그것과 유사한 성질을 갖는 사항에 관한 법률을 적용하는 것을 말한다. 즉 비슷한 성질의 사안에 적용되는 법률 또는 법 조항을 해당 사안에 적용하는 것을 말한다.

19) 확장해석이란 어떤 용어의 의미를 보다 확대하여 해석하는 해석방법이다.

20) 이준봉, 『조세법총론』 (제6판), 삼일인포마인, 2020.3., 188면. '헌법재판소 1996.8.29. 선고 95헌바41.'를 인용하였는데, 이 판시에서는 "조세법규의 해석에 있어 유추해석이나 확장해석은 허용되지 아니하고 엄격히 해석하여야 하는 것은 조세법률주의의 원칙에 비추어 당연한 것이고…"라고 하였다. 그런데 이문구는 합리적인 이유가 있다면 확장해석이나 유추해석이 가능하다는 의미로 읽힌다.

21) 법을 제정한 입법 취지와 목적 등을 고려하여 해석하는 방법이다. 법을 제정하는 것에는 법이 달성하고자 하는 목적과 취지가 있고, 이를 고려하여 해석하되, 다만 그 문언의 통상적인 의미를 벗어나 상대방에게 불리한 방향으로 지나치게 확장해석하거나 유추해석해서는 아니 된다(대법원 2013.12.12. 선고 2011두3388 판결 등)고 한다.

22) 이태로 · 한만수, 『조세법강의』 (신정12판), 박영사, 2016.3., 26면

'담세력', 즉 세금을 부담할 수 있는 능력에 따른 공평의 의미라고 하였다. 이러한 평등을 '수직적 평등(vertical equity)'이라고 한다. 이러한 수직적 평등은 보다 담세능력이 큰 납세자는 담세능력이 보다 작은 납세자에 비해 더 많은 조세을 부담하여야 한다는 것이고, 조세를 계산하기 위한 세율의 공평성과 관련된 것이다.[23] 그리고 '수직적 평등'과 대응하여 또 다른 개념으로 '수평적 평등(horizontal equity)'이라는 개념이 있는데, 이는 동일한 납세의무를 가진 납세자는 동일한 납세의무를 부담하여야 한다는 것을 의미하고, 담세능력은 과세표준[24] 단위별로 측정되어야 한다는 의미라고 한다.[25]

이해를 돕기 위하여 예를 들어 설명하자면 1년간 얻은 소득이 100억원인 사람과 동일한 기간의 소득이 1천만원인 사람이 소득세 세금 부담으로 수입액의 10%를 내야 한다면 이는 평등한 것인가?[26] 그리고 동일한 소득을 가지고 있더라도 장애를 가진 가족을 거느리고 있거나 질병이 있어서 의료비 지출이 많은 사람과 그렇지 않은 사람에게 동일한 세금을 매기는 것이 평등한 것인가? 이처럼 담세능력에 따른 조세부담의 공평한 배분을 의미하는 것이 '수직적 평등' 개념이고, 현대의 누진세율 과세의 근거가 되고 있다. 그렇지만 이러한 '수직적 평등' 구현에 있어서 도대체 어떤 기준으로 담세

---

23) Sally M. Jones · Shelly C. Rhodes－Catanach, Principles of Taxation for Business and Investment Planning, McGraw－Hill Irwin, 2012, at 33(이준봉, 『조세법총론』 (제6판), 삼일인포마인, 2020.3., 269면 재인용).

24) 이러한 평등의 개념은 소득, 즉 벌어들인 수입 기준이 아닌 과세표준(tax base) 개념으로 이해하여야 한다고 한다. 과세표준은 소득이나 수입액을 기초로 출발하되 소득을 벌기 위해 지출하였거나 지출한 비용, 그 밖에 소득과 직간접적으로 관련된 여러 가지 항목들을 차감하여 계산되므로, 소득이나 수입 그 자체가 아니다. 달리 말하면 과세표준은 세금 계산을 위해 가격, 수량, 중량, 용적 등으로 수치화한 것으로 각 세목의 세액계산의 기준이 되는 것이고, 이 과세표준에 세율을 곱하면 세액(정확히는 산출세액이다)이 계산된다(국세법령정보시스템, https://txsi.hometax.go.kr, 국세법령정보시스템용어사전). 세금을 부담할 능력은 소득이나 수입의 크기가 아니라, 결과적으로 과세표준과 같이 세금을 낼 능력을 측정하는 하나의 단위에 의하여 측정된다고 할 수 있다. 예를 들면 동일한 1천만원의 수입을 가진 A, B가 있더라도 A는 1천만원을 얻고 A의 사정상 9백만원을 사용하였고 B는 1백만원만 사용하였다면, 세금 부담 능력은 동일한 수입 1천만원에 의하여 가려지는 것이 아니라, 1천만원에서 각자의 사정을 감안한 금액을 뺀 금액(A : 1백만원, B : 9백만원)에 의하여 결정된다고 보고 있다.

25) Sally M. Jones · Shelly C. Rhodes－Catanach, Principles of Taxation for Business and Investment Planning, McGraw－Hill Irwin, 2012, at 32(이준봉, 『조세법총론』 (제6판), 삼일인포마인, 2020.3., 268면 재인용).

26) 100억원의 소득과 1천만원의 소득의 10%는 각각 10억원과 1백만원이다. 그런데 각자의 사정에 따라서 10억원과 1백만원의 의미는 다를 수 있다. 100억원을 번 사람에게 10억원이 갖는 의미와 1천만원 번 사람에게 1백만원이 갖는 의미는 다르기 때문이다. 구체적인 설명을 하지는 않지만, 일반적으로 100억원을 번 사람의 10억원과 1천만원을 번 사람의 1백만원이 가지는 의미와 중요성은 상대적으로 1천만원을 번 사람이 더 클 것이다(극단적으로 아마존 제프 베이조스의 1달러와 거지의 1달러의 의미를 비교해 보면 알 수 있을 것이다). 그러므로 보다 많은 소득을 가진 납세자가 포기해야 하는 1원의 가치는 낮은 소득구간에 속한 납세자가 포기해야 하는 1원의 가치보다 상대적으로 작을 것이고, 이는 동일한 비율의 세금을 낸다면 상대적으로 부자가 가난한 자보다 세금부담이 적을 수 있다는 점을 의미한다(이준봉, 『조세법총론』 (제6판), 삼일인포마인, 2020.3., 270면. 같은 뜻).

능력을 측정하여야 하고, 어느 정도 조세부담의 차별을 하여야 공평한 것인지에 대한 기준을 설정하기가 어렵다는 한계가 존재한다.

한편 동일한 담세능력을 지닌 납세자는 동일한 납세의무를 부담하여야 하는데 이것이 '수평적 평등'이라고 하였는데, 이는 모든 의미있는 측면에서 똑같은 사람이 조세상으로 똑같은 대우를 받아야 한다는 의미이다.[27] 그런데 모든 사람이 다 똑같을 수 있을까? 장애인과 노약자를 평범한 사람과 동일한 사람으로 보고 똑같은 세금을 징수하여야 하는가? 이처럼 수평적 평등은 똑같은 사람이 조세상으로 똑같은 대우를 받아야 한다는 의미이므로 직관적으로 이해하기는 쉽지만, 현실세계에서 적용하려 할 경우 불가피하게 차이를 인정하여야 하고 그 차이에 따라 사람들을 구분하여 세금을 매기고 징수하여야 하므로 역시 완전한 실현이 어려운 개념이다.

1. 조세평등주의의 의미

'평등'이란 용어의 의미가 앞서 논의하였듯이 간단한 용어가 아니다. '수평적 평등'이든지 '수직적 평등'이든지 간에 완전한 이념 실현이 현실세계에서는 매우 어려운데, 어쨌든 간에 조세평등주의의 의미에 대하여 헌법재판소는 다음과 같이 언급한 바 있다.

헌법재판소 1999.11.25. 선고 98헌마55 전원재판부

조세평등주의라 함은 **헌법 제11조 제1항에 규정된 평등원칙의 세법적 구현으로서, 조세의 부과와 징수를 납세자의 담세능력에 상응하여 공정하고 평등하게 할 것을 요구하며 합리적인 이유 없이 특정의 납세의무자를 불리하게 차별하거나 우대하는 것을 허용하지 아니한다.** 조세평등주의가 요구하는 이러한 담세능력에 따른 과세의 원칙(또는 응능부담의 원칙)은 한편으로 동일한 소득은 원칙적으로 동일하게 과세될 것을 요청하며(이른바 '수평적 조세정의'), 다른 한편으로 소득이 다른 사람들 간의 공평한 조세부담의 배분을 요청한다(이른바 '수직적 조세정의').

그러나 이러한 담세능력에 따른 과세의 원칙이라 하여 예외없이 절대적으로 관철되어야 한다고 할 수 없고, 합리적 이유가 있는 경우라면 납세자 간의 차별취급도 예외적으로 허용된다 할 것이다. 세법의 내용을 어떻게 정할 것인가에 관하여 입법자에게는 광범위한 형성의 자유가 인정되며, 더욱이 오늘날 조세입법자는 조세의 부과를 통하여 재정수입의 확보라는 목적 이외에도 국민경제적, 재정정책적, 사회정책적 목적달성을 위하여 여러 가지 관점을 고려할 수 있기 때문이다

27) 이준구・조명환, 『재정학』(제5판), 문우사, 2016.2., 396면

다소 어렵게 느껴지겠지만 요지는 담세력에 따른 과세에 있어서 수평적 평등과 수직적 평등이 중요하기는 하지만, 합리적 이유가 있다면 납세자 간의 차별 취급이 예외적으로 가능하다는 점이다. 그리고 이러한 이유로 특별한 사정이 없는 한 합리적 이유가 없이 자의적으로 특정 납세자를 불리하게 차별하거나 우대하는 등의 방법으로 납세자의 '담세능력'에 따라 공정하고 평등하게 취급하여야 한다는 평등의 원칙을 위반하지 않았는지 여부, 즉 자의성 여부가 조세평등주의의 위배 여부에 중요한 요소라고 한다.[28)]

설명을 위해 합리적인 이유 없이 어떤 특정한 기업 A에게 매겨진 20×1년 법인세를 전액 면제해주었다고 가정해보자. 또한 A와 동일한 업종에서 경쟁하고 있는 B기업(A기업과 과세표준이 동일하다고 가정)은 반대로 20×1년 법인세를 법에서 정한 금액보다 합리적인 이유 없이 2배로 매겨졌고, A와 B를 제외한 나머지 동종업계의 기업들은 그들의 과세소득에 따라 법인세가 정상적으로 매겨졌다고 가정하자. 기업 A와 B의 법인세에 관하여 차별을 둘 합리적인 이유가 없음에도 불구하고 전자는 전액 면제, 후자는 2배의 세금을 내야 한다면 이것이 바로 조세평등주의를 위반한 것이라고 볼 수 있다. 즉 법인세가 자의적으로 매겨졌기 때문에 조세평등주의가 침해된 것이다.

그런데 국가가 정책적으로 국가에 속한 기업들의 연구 및 개발활동을 장려하기 위하여 '연구·인력 개발비에 대한 세액공제'제도를 만들어 연구개발 활동을 많이 하는 기업들에게 세금을 깎아주는 혜택을 준다면 이것이 조세평등주의에 위배되는 것일까? 이러한 세금혜택은 원론적인 입장에서만 보자면 동일한 담세능력을 지닌 기업임에도 불구하고 연구개발 활동을 하지 않은 기업보다 연구개발 활동을 한 기업 세금을 깎아줌으로써 수평적·수직적 평등원칙을 위반하는 것처럼 보인다. 그러나 합리적인 이유가 있다면(이 사례처럼 기업의 연구개발 활동 장려 등) 이것은 조세평등주의를 위배한 것으로 보지 않는다. 다만 이러한 혜택이 어느 특정 기업에 유리하다거나 그 특정 기업만을 위한 것일 경우, 그 목적이 합리적이지 않은 경우라면 이는 조세평등주의 원칙을 위배한 것이다.

덧붙여 이러한 조세평등주의가 법의 제정(입법)에서만 적용되고 법을 해석하고 집행하는데 있어서는 적용되지 않는가를 생각해볼 필요가 있다. 이러한 '조세평등주의'라는 용어에서 '평등'의 의미가 입법 단계와 법의 해석 단계에서 의미하는 바가 다르다고 한

---

28) 이준봉, 『조세법총론』(제6판), 삼일인포마인, 2020.3., 271면. 이 책에서는 법률의 평등원칙 위반 여부는 입법자의 자의성 여부만을 심사한다고 한 '헌법재판소 2003.12.18.선고 2002헌마593' 판결을 들어 설명하고 있다.

다. 즉 입법 단계의 평등이 '자의성' 여부에 초점이 맞춰져 있다면, 법의 해석과 집행단계에서는 '실질과세 원칙'의 '경제적 실질'에 따른 평등이 조세법률주의의 '평등'의 의미라고 한다.[29]

그런데 이러한 '실질과세 원칙'의 '경제적 실질'에 의한 평등 추구는 아이러니하게도 부정확하고 자의적인 과세위험을 초래하기도 한다. 이는 '경제적 실질'을 가려내는 것이 객관적이기가 어렵고 '경제적 실질'이 무엇인가를 가리는 판단에 주관이 개입될 수밖에 없으며, 가치판단이 개입되기 때문으로, 이 때문에 법의 해석과 집행에 있어서 모호한 해석으로 인하여 납세자와 과세관청 간 분쟁이 발생하기도 한다. 이에 대하여는 뒷장에서 설명하기로 한다.

2. 실질과세의 원칙

서두에서 든 사례 중 [사례 2]를 다시 한 번 살펴보자. [사례 2]에서 유통사업을 하는 B는 친구인 C의 이름을 빌려서 사업을 하고 사업이익에 대한 세금을 C 이름으로 신고 및 납부함으로써 B 단독으로 세금을 신고하고 납부한 경우보다 2억원의 세금을 절감하였다. 다른 법률에 저촉되는 점이 없다고 한다면, B의 이러한 행위가 정당화될 수 있는가?

[사례 2]에서 B와 C는 각자의 명의로 사업을 하였고 이에 대한 세금을 납부하였으므로 일견 법률상 문제가 없어 보인다. 즉 B와 C는 그 실질이 어쨌든 간에 형식적으로는 각자 자신의 사업을 수행한 결과에 따라 세금을 납부하였다. 또한 다른 문제가 없다면 B와 C가 수행한 거래들은 법적으로 유효할 것이다. 그런데 B는 실제로는 자신의 사업임에도 불구하고 C의 명의를 빌려서 사업을 하였고(물론 B가 C의 명의를 빌려서 사업을 하여도 다른 법적인 문제가 없다는 전제가 있어야 하겠지만[30]) 그 결과 세금을 2억원이나 줄일 수 있었다. 그렇다면 성실하게 자신의 사업을 하였고 B처럼 C의 이름을 빌려서 사업을 하지 않은 다른 사업자는 B와 동일한 규모의 이익을 내면 B보다 2억원의 세금을 더 내야 하는데, 이러한 경우가 과연 정당한 것인가? 이러한 문제를 해결하

29) 이준봉, 『조세법총론』(제6판), 삼일인포마인, 2020.3., 189~192면. '실질과세'와 '경제적 실질'은 뒷장에서 설명한다. 여기에서는 '실질과세'를 법적 형식이나 외관 등이 아니라 그러한 형식이 목적으로 하는 경제적 효과나 이익 등을 밝혀 이에 따라 세금을 매긴다는 정도로 이해하자.

30) 현실세계에서 이렇게 사업자의 이름을 빌려서 행하는 경우에 큰 문제가 발생할 수도 있다. 「조세범처벌법」 제11조는 이러한 조세의 회피 등을 목적으로 타인의 명의를 빌리거나 빌려서 사업자등록을 하면 빌려준 사람과 빌린 사람 모두에게 징역형이나 벌금형에 처하도록 하고 있다.

고 조세평등을 실현하기 위하여 국세기본법은 '실질과세의 원칙'이라는 규정을 두고 있다.

(1) 실질과세 원칙의 의미

[사례 2]를 다시 살펴보면, C의 이름으로 수행한 사업이 사실상 B의 사업이었고 통상적인 관점에서는 이 사업의 이익은 모두 B에게 속하여야 타당하다. 그런데 문제는 이 사업이 이익 일부가 C에게 속한 것처럼 신고되면서 세금 또한 2억원이나 줄었다는 점이다. 이상한 점을 살펴보면 다음과 같다.

① 납세자인 B가 세금 절감 이외의 합리적인 이유가 없음에도 불구하고 통상적으로 이용되지 않는 법형식인 'C와 나누어서' 사업을 수행하였고,

② 사실상 B 단독으로 수행한 것인 유통사업을 C와 나누어서 수행함으로써 B와 C의 이익을 합하면 B 단독으로 수행한 유통사업의 결과와 동일한 경제적 결과를 나타냈으며,

③ 통상적으로 B 단독으로 유통사업을 하였을 경우 세금을 2억원 더 부담하여야 함에도 불구하고 B와 C 2인의 이름으로 사업을 한 결과 B와 C의 세금을 합쳐도 2억원 덜 부담하게 되었다.

이러한 행위를 소위 '조세회피 행위'라고 하는데, 조세회피 행위의 정의는 이와 같이 "납세자가 합리적인 이유가 없음에도 불구하고 통상적으로 이용되지 않는 법형식을 선택한 결과 당초 의도한 경제적 목적 내지 경제적 성과를 실현하면서도, 통상 이용하는 법형식을 선택할 경우에 적용될 수 있는 과세요건을 회피하는 방법으로 조세부담을 경감 또는 회피하는 행위[31)]"라고 할 수 있다.

이러한 조세회피 행위를 그대로 방치하면, 즉 조세법률주의를 엄격히 적용 및 해석한다고 하여 [사례 2]와 같은 행위를 만일 법에 규정이 없고 문언대로만 해석한다고 하여 용인한다면, 이것은 B 단독 사업을 행한 경우와 경제적 목적과 성과 및 결과가 동일함에도 불구하고, 서로 다른 과세 결과가 나오게 되므로 성실하게 단독으로 사업을 행한 사람과 부당한 차별이 발생하게 된다. 즉 단독으로 성실하게 사업을 하고 세금을 신고 및 납부한 사람이 부당하게 세금 2억원을 더 부담하게 되어 조세평등을 해치는 결

31) 이준봉, 『조세법총론』 (제6판), 삼일인포마인, 2020.3., 124~125면

과가 발생한다. 실질과세란 이러한 불평등을 막기 위하여 법적인 형식(B와 C가 나누어서 각자 사업을 하는 것)과 경제적 실질(실질적으로는 B 단독 사업)이 부딪힐 경우, 그 경제적 실질(B 단독 사업)에 따라 과세하겠다는 의미이다.

실질과세의 의미를 좀 더 자세히 살펴보면 "과세요건 사실에 대한 세법 규정의 적용(구체적으로는 과세물건의 귀속의 결정이나 과세표준의 계산)에 있어서 어떤 거래나 행위의 법률적 방식 내지 효과와 당사자가 의도한 경제적 효과나 실질이 다른 경우에 그 경제적 효과나 실질에 따라 과세하는 정신[32]"이라고 한다. 관점을 달리하여 보면, 경제적 효과나 실질이 같음에도 당사자가 선택한 법형식(외관, 겉으로 보여지는 면)에 따라 조세부담이 면제되거나 경감된다면 이는 조세평등주의에 반한다고 할 수 있다. 법형식이나 외관(겉으로 보여지는 면)만을 기준으로 과세한다면, 담세력이 없는 곳에 과세되거나 담세력이 있는 곳에 과세되지 못할 수 있어 조세평등주의가 침해받을 수 있다.

(2) 국세기본법 제14조의 실질과세

국세기본법 제14조(실질과세)

① 과세의 대상이 되는 소득, 수익, 재산, 행위 또는 거래의 귀속이 명의(名義)일 뿐이고 사실상 귀속되는 자가 따로 있을 때에는 사실상 귀속되는 자를 납세의무자로 하여 세법을 적용한다.

② 세법 중 과세표준의 계산에 관한 규정은 소득, 수익, 재산, 행위 또는 거래의 명칭이나 형식과 관계없이 그 실질 내용에 따라 적용한다.

③ 제3자를 통한 간접적인 방법이나 둘 이상의 행위 또는 거래를 거치는 방법으로 이 법 또는 세법의 혜택을 부당하게 받기 위한 것으로 인정되는 경우에는 그 경제적 실질 내용에 따라 당사자가 직접 거래를 한 것으로 보거나 연속된 하나의 행위 또는 거래를 한 것으로 보아 이 법 또는 세법을 적용한다.

중요하지 않은 법 조문이 없지만, 세법과 관련된 규정들 중 오늘날 중요하게 취급되는 규정 중 하나가 바로 이 '실질과세'에 관한 규정이다. 이 규정들을 읽어보면 직관적으로는 이해가 가지 않는 점은 없을 것으로 생각된다. 즉 명칭이나 형식 등 외관이 아니라 그 뒤에 숨어있는 실질에 세금을 매긴다고 새기면 될 듯하다. 구체적인 의미를 위

32) 이태로 · 한만수, 『조세법강의』 (신정12판), 박영사, 2016.3., 31면

의 국세기본법 제14조 '실질과세'의 세부 조항을 살펴보면서 알아보도록 한다.

1) 누가 주인인가? : 과세대상 귀속의 실질(제1항)

위의 국세기본법 제1항을 읽어보면 '과세의 대상이 되는 소득, 수익, 재산, 행위 또는 거래'가 사실상 귀속되는 자가 있을 경우에는 그 사실상 귀속되는 자를 납세의무자로 하도록 하고 있다. 즉 앞서 사례처럼 어떠한 거래의 경제적 결과를 얻는 자와 형식상 그 경제적 결과의 주인이 다르다면 그 경제적 결과를 얻는 자가 주인이고, 따라서 그 주인에게 세금을 매겨야 한다는, 직관적으로 생각하면 당연하다고 보이는 점을 규정하고 있다.

그렇지만 실제 현실세계에서 이렇게 경제적 결과를 누리는 자가 과연 누구인지를 가리는 것이 쉬울 것인가? 가리는 일이 쉽다면 과세관청과의 소송과 분쟁이 발생할 리가 없을 것이다. 유감스럽게도 현실세계에서는 경제적 결과의 주인이 누구인지에 관하여 많은 분쟁과 소송이 벌어지고 있고, 다음은 그러한 예이다.

표 4-1 과세대상의 귀속의 실질

가. 대법원 1989.9.29.선고 89도1356

건설업 면허를 가지고 있는 건설회사 A가 건설공사를 직접 시공한 일이 없이 다른 이인 B에게 그 건설업 면허를 대여하고 B로 하여금 건설공사를 시공하게 하였다. 실질적으로 건설업을 경영하여 소득을 얻어 경제적 이익을 얻은 것은 건설업 면허를 대여받아 실제로 건설공사를 시공한 B이므로 단순한 법률상의 명의자에 불과한 A회사에게 위의 건설업을 경영하여 소득을 얻은 것으로 보아 법인세 등을 매길 수 없다고 법원은 결론내렸다.

나. 대법원 2020.8.20.선고 2020두32227[33)]

C가 SPC(Special Purpose Company, 특수목적법인)[34)]를 세우고 이 SPC를 통해 SPC가 소유하고 있는 갑회사 주식으로 인한 이익을 실질적으로 누리고 있고, 이 SPC를 이용한 행위는 조세회피목적에서 비롯된 것으로 법원은 판단하였다. 법원은 실질과세 원칙에 따라서 C에게 SPC가 보유하고 있던 갑회사 주식의 보유·처분에 따른 배당소득과 양도소득이 귀속된다고 판단하였다.

다. 대법원 2020.3.27.선고 2019두62123

현물출자에 따른 양도소득의 귀속 주체가 조합장 D가 아닌 XX조합 그 자체이므로 D에게 양도소득세를 매긴 이 사건 처분은 실질과세의 원칙에 반하여 위법하다고 법원은 판단하였다. 즉 이 사건에서 실질적으로 소득을 가져간 자가 D가 아니라 XX조합이라고 법원이 판단한 사건이다.

---

33) 이 사건은 요약한 사건내용에 추가하여 뒤에 살펴볼 증여세에 관한 판단도 하고 있다. SPC가 보유한

'가' 사례는 전형적인 '누가 이익을 얻었는가'를 따지는 사례이다. A회사는 단순히 자신의 이름을 빌려줄(소위 '명의대여') 뿐이고, 실제 경제적 이익은 A회사의 이름을 빌려서 건설공사를 시공한 B이므로 B가 경제적 이익의 실질적 주인이라고 법원은 판단하였다.

'나' 사례는 조금 이해하기 힘들 수 있는데, C가 어떤 회사의 주식을 소유하려고 그 중간에 다른 회사를 하나 끼워 넣었다고 법원이 판단한 사례이다.

그림 4-1 C의 주식보유 관계도

관계도를 보면 C가 중간에 SPC를 하나 끼워 넣어서 갑 회사를 소유하고 있음을 알 수 있다. 이때 법원은 이 SPC가 아무런 역할을 하지 못하는 회사이고, 단지 조세회피를 위해 설립된 회사라고 보아 갑 회사 주식의 보유와 처분에 따른 종합소득과 양도소득이 C의 소유라고 판단하였다.

'다' 사례의 경우에는 전체적인 구조를 이해하기 어렵겠지만, 여기에서는 실질과세의 원칙에 따라서 경제적 이익을 가져간 자가 개인 D가 아닌 개인 D가 조합장으로 있는 XX조합이라고 판단하였다는 점만을 기억하자. 이러한 판단으로 인하여 소득의 주인이 실질적으로 XX조합이므로, 개인 D가 소득의 주인이라고 보아 세금을 매긴 과세관청의 처분이 위법하다고 법원이 판단하였다.

주식의 실제소유자와 명의자가 다르다고 하여 과세관청이 증여세도 매겼었는데, 이 부분에 관하여는 과세관청이 패소한 사건이다. 관심있는 독자 여러분은 이 사건 내용을 한번 살펴볼 것을 권한다.

34) 법인(法人)으로서 일종의 회사이기는 한데, 일반적인 개념의 회사가 아니라 어떠한 특수한 목적을 위해 설립된 회사를 말한다. SPC는 보통 회사가 가지고 있는 인적자원이나 설비 등이 없이 서류상으로만 존재하는 회사(이런 회사를 paper company, 페이퍼컴퍼니)가 많다. 이런 회사는 고유의 설립 목적이 달성되거나 종료되면 청산 등을 통해 없어지는 경우가 대부분이다. 기업인수목적주식회사, 유동화전문회사, 부동산투자회사 등 많은 분야에서 이러한 SPC가 이용되고 있다. 이 사건의 SPC는 그 회사 내에 실제 사람이나 설비 등이 없었고 일반적인 사업을 하려는 목적이 아니라 단순히 주식만을 보유할 목적으로 세워진 paper company로 법원은 보았다.

2) 어떻게 과세표준을 계산해야 하는가? : 과세표준 계산의 실질(제2항)

제1항이 과세대상의 주인이 누구인지를 가릴 때 그 실질을 판단기준으로 삼아야 한다고 규정하였다면, 제2항은 과세표준을 계산할 때 그 경제적 행위나 거래의 실질을 반영하여 계산하여야 한다고 규정한다. 이것은 경제적 행위나 거래의 실질이 과세대상인지 아닌지를 판단할 때 그것의 실질을 보고 판단하여야 하고, 과세표준을 계산할 때 경제적 행위나 거래의 실질을 반영하여 계산하여야 한다는 의미이다.

서두에서 언급하였던 [사례 3]을 한 번 살펴보자. 이 사례에서는 아버지가 50억원에 산 부동산을 아들에게 100억원에 판 것처럼 꾸며서 아들에게 100억원짜리 부동산을 공짜로 물려주었다. 이렇게 전후 사정을 알고 나면 거래의 실질이 무엇인지를 알 수 있지만, 그렇게 거래의 실질을 파악하기란 사실 어렵다. 아버지가 아들에게 100억원의 부동산을 판 것인지 아니면 아버지가 아들에게 100억원의 부동산을 대가없이 준 것(증여)인지 여부를 가리는 것이 이 사례에서 파악하여야 할 거래의 실질이다.

또 다른 예를 들자면 어떤 사람이 다른 사람으로부터 10억원을 빌리면서 차용증을 작성하였다. 이 차용증에는 빌리는 기간과 이자율, 빌리는 금액 등 구체적인 사항이 작성되어 있다. 겉으로는 양자 간 10억원을 빌려주고 빌린 거래로 보인다. 차용증이라는 문서도 있고 그 차용증에는 이자율과 빌리는 기간 등 구체적인 사항도 적혀있다. 그런데 빌리기로 한 기간이 끝나고 나서 10억원을 갚았다면 또 다른 문제이지만, 그 10억원을 갚지 않았다면 10억원을 빌렸다고 할 수 있을까? 그리고 더 나아가 돈을 빌려주고 빌린 자가 각각 아버지와 아들이었다면, 형식적으로 10억원을 빌리는 계약을 했지만, 실제로는 아버지가 아들에게 10억원을 공짜로 아무 대가없이 준 것은 아닐까? 그렇다면 이 거래가 소위 '금전대차거래'라는 돈을 빌리고 빌려주는 거래인지, 아니면 '증여'라는 아버지가 아들에게 아무런 대가없이 돈을 주는 거래인지 여부를 어떻게 가려야 할까? '금전대차거래'와 '증여' 여부에 따라서 세금을 어떻게 매기는지(금전대차거래에 따른 세금의 과세표준을 계산해야 할지, 아니면 증여에 따른 세금의 과세표준을 계산해야 할지)가 달라지므로 이 거래 또는 행위의 실질이 무엇인지를 가리는 것이 매우 중요하다.[35)]

국세기본법 제2항은 위와 같이 소득, 수익, 재산, 행위 또는 거래의 실질을 반영하여 과세표준을 계산하라는 규정이다. 규정만을 읽어보면 제1항과 마찬가지로 직관적으로

35) 예시로 든 거래가 단순히 돈을 빌리고 빌려주는 거래라면 이자에 대하여만 세금이 매겨질 것이다. 그러나 아버지가 아들에게 돈을 공짜로 준 거래라면 여기에는 뒤에서 설명할 증여세가 매겨질 것이고, 그 증여세는 일반적으로 이자에 대한 세금보다 훨씬 더 크다.

당연하다고 보인다. 그러나 이 규정 역시 유감스럽게도 현실세계에서 적용하는데 있어서 분쟁과 다툼이 많이 발생한다. 어떤 거래의 경제적 행위나 거래의 실질이 과세대상인지 아닌지, 그 실질이 과세대상이라면 어떠한 세금이 어떻게 계산되어 매겨져야 하는지를 판단하는 것이 쉽지는 않다. 몇 가지 사례를 살펴보자.

표 4-2 과세표준 계산의 실질

가. 서울고등법원 2012.7.25. 선고 2012누6362[36)]

C의 상속세 조사 중 C의 동생인 D 명의의 계좌에 4억 6천여만원이 입금되었다가 인출되었음을 발견하였다. 이 4억 6천여만원은 상속 이전에 C가 생존할 당시, 토지와 건물을 팔고 받은 대가 중 일부이다. 세무서는 이 4억 6천여만원이 C가 D에게 준 것(증여)이라고 보아 이에 대해 세금(증여세)을 매겼다. 이에 D는 이 4억 6천여만원은 D가 공짜로 준 것이 아니라 D의 가사노동의 대가이거나, C의 당시 치료비와 생활비 등으로 사용하기 위하여 잠시 입금받았던 돈일 뿐이라고 주장하고 공짜로 받은 돈(즉 증여)이 아니라고 주장하였다. 그러나 그 돈이 D 명의의 계좌에 계속 관리되고 있었고 그 돈을 쓴 곳에 대한 증거자료를 제대로 제출하지 못한 점을 들어 D가 이 4억 6천여만원을 증여받은 것이 맞다고 법원은 판단하였다.

나. 대법원 2011.4.28. 선고 2010두3961

건물공부상 용도구분에 관계없이 사실상 주거에 쓰이지 않은 경우는 주택이라 할 수 없기 때문에 대장에 주택으로 되어 있을지라도 실제 주택시설이 없는 건물은 주택이 아니다. 그러므로 이 주택이 아닌 건물 이외에 다른 1채의 주택만을 소유하고 있는 E가 그 1채의 주택을 양도하였을 경우에는 1세대 1주택 요건에 해당하여 양도소득세 비과세로 법원은 판단하였다.

다. 대법원 2011.5.26. 선고 2008두9959

F사가 외국법인인 수출자로부터 자금을 차입하고자 하였고, 이를 위해 F사 자신을 중개무역자임을 가장하여 수출대금을 국내수입자로부터 대신 받은 후 이후 자금을 상환하면서 이자를 지급하였다. 법원은 자금 상환시 지급한 이자를 외국법인의 국내원천 이자소득으로 판단하여 원천징수 처분이 정당하다고 판결하였다.

'가' 사례는 오빠인 C가 토지와 건물을 팔고 받은 대가 중 일부가 동생인 D 명의 계좌에 입금되었다가 인출되었는데, 이 돈을 실질적으로 D가 받은 것으로 보아 그 받은 돈에 증여세가 매겨진 사례이다. 이에 대해 이 돈이 오빠인 C가 D에게 준 것이 아니라, C의 치료비 등 사용 목적으로 D가 맡아 둔 돈이거나 D가 C에게 제공한 가사노동의 대가라고 주장하였고, 따라서 D가 C에게 공짜로 준 증여가 아니라고 주장하였다. 그러나 법원은 D가 계속 그 받은 돈을 D 자신의 계좌에 관리하였고 돈의 사용처에 대하여 증거자료를 내지 못하자, C가 D에게 공짜로 준 돈(즉 증여)이라고 판단하였다. 이 사례

36) '대법원 2012.12.13. 선고 2012두19427' 판결이 있으나 심리불속행 기각되었다.

의 쟁점은 D가 C로부터 받은 돈이 대가없이 공짜로 받은 돈(즉 증여)인지 아니면 D 자신의 돈이 아니라 단지 맡아만 둔 돈인지 여부, 즉 돈의 실질적 성격이 무엇인지를 가리는 것에 있다.

'나' 사례는 어떤 건물이 주택인지 아닌지 그 실질이 무엇인지를 가리는 것이 쟁점이다. 주택인지 아닌지에 따라 E가 내야 할 세금이 달라지는데, 주택인지 아닌지 여부는 사실관계를 어떻게 판단하는지에 따라 상당 부분 달라지는 문제이다.

'다' 사례는 F사의 받은 돈이 차입금인지 아니면 중개무역에 관한 수출대금인지 여부를 가리는 것이 쟁점이다. 다시 말하자면 F사가 수출을 위한 중개무역상인지 아니면 중개무역상으로 위장하였는지가 쟁점이었다. F사가 외국법인에게 준 돈의 실질(빌린 돈의 상환인지 아니면 다른 성격을 지닌 것인지)이 무엇인지에 따라서 F사의 세금 납부의무 여부가 결정되므로, 역시 F사가 외국법인에 준 돈의 성격의 실질이 무엇인지를 파악하는 것이 중요하다.

3) 여러 개의 거래가 실질적으로 하나의 거래인지 여부 : 단계거래원칙의 적용 (제3항)[37)]

국세기본법 제14조 제3항은 앞의 두 개 항과는 약간 다른 방식으로 서술되어 있다. '제3자를 통한 간접적인 방식이나 둘 이상의 행위 또는 거래'라는 말이 있고, '국세기본법 또는 세법의 혜택을 부당하게 받기 위한 것으로 인정되는 경우'에는 '경제적 실질에 따라 당사자가 직접 거래를 한 것' 또는 '연속된 하나의 행위 또는 거래'로 보겠다는 말이 나와 있다.

여기에서 중요한 점은 '제3자를 통한 간접적 방식' 또는 '여러 단계를 걸친 행위 또는 거래'로 세금이 부당히 감소한 경우에는 그 '간접적 방식'이나 '여러 단계를 걸친 행위 또는 거래'를 '하나의 거래 또는 행위'로 보겠다는 점이다. 즉 다시 말하자면 다단계에 걸쳐 이루어진 행위 또는 거래를 재구성하여 하나의 거래로 보겠다는 의미이다. 이 조항은 실질과세의 성격을 드러내는데, 조세의 부당한 감소가 있을 경우에, 겉으로 드러난 형식(다단계 거래 또는 행위)에 관계없이 거래나 행위를 경제적 실질에 따라 재구

37) 이 단계거래원칙은 우리나라의 고유 개념이 아니고 미국 세법상 단계거래원칙을 도입한 것으로 보이는데(이준봉, 『조세법총론』(제6판), 삼일인포마인, 2020.3., 131면), 이 책의 목적상 자세히 설명하지는 않는다. 다만 우리나라 판례인 '대법원 2017.2.15. 선고 2015두46963'에서는 '거래방식을 취한 목적', '제3자를 개입시키거나 단계별 거래를 거친 경위', '거래방식을 취한 이유에 조세부담 외에 사업상 필요 등 다른 합리적인 이유가 있는지 여부', '각각의 거래 또는 행위 사이의 시간적 간격', '거래형식을 취한 데 따른 손실 및 위험부담의 가능성' 등을 종합하여 판단하여야 한다고 한 바 있다.

성(단일의 거래 또는 행위)하여 보겠다는 점을 명확히 밝히고 있다.

그런데 현실세계에서 조세의 부당한 감소 여부를 따지고 경제적 실질에 따라서 여러 단계의 거래나 행위를 하나의 거래나 행위로 묶어서 재구성하여 세금을 매기는 일이 쉬운 일일까? 이 역시 어려울 수밖에 없다. 과연 조세가 부당하게 감소되었는지 여부부터 밝히기 쉽지 않다. 그리고 여러 단계의 거래나 행위를 묶어서 하나의 거래나 행위로 재구성하는 일이 쉽지 않은 경우가 대부분이다. 따라서 이러한 이유로 납세자와 과세관청 간에 다툼과 분쟁 역시 많이 발생하고 있다. 몇 가지 사례를 보면서 단계거래원칙이 어떻게 적용되고 있는지 살펴보도록 하자. 단 이론적인 단계거래원칙의 판단기준을 여기에서 설명하지는 않고, 사례를 통하여 실제 현실에서 어떻게 이 원칙이 적용되고 있는지를 살펴보고 마무리하고자 한다.

표 4-3 단계거래원칙의 적용

가. 대법원 2017.2.15. 선고 2015두46963

A의 직계후손에게 16,000주를 직접 증여하고, A의 여동생인 B와 B의 배우자인 C가 B, C의 직계후손에게 16,000주를 직접 증여하면 누진세율 적용으로 증여세가 많이 나올 것을 염려하였다. 이에 증여세를 줄일 목적으로 A가 B와 C의 직계후손들에게 16,000주를 증여하고, B와 C가 A의 직계후손에게 16,000주를 증여하는 방식으로 교차증여를 하여 증여세 누진과세를 일정 부분 회피하였는데, 이것을 조세회피 목적으로 교차증여를 하였다고 보아 그 교차증여를 실질에 맞게 재구성하여 A가 A의 직계후손에게 16,000주를 직접 증여 및 B · C가 B · C 직계후손에게 직접 증여한 것으로 사건을 재구성하여 증여세를 추가 부담하게 한 것에 대하여 법원이 정당하다고 본 사건이다.

나. 대법원 2019.7.25. 선고 2018두33449

신주인수권부사채[38]의 부가된 신주인수권을 그 사채의 발행과 동시에 사채의 인수자로부터 취득하고, 그 신주인수권을 행사하여 신주를 취득한 행위는 거래나 행위의 정당한 사유가 있으므로, 법원은 여러 단계의 거래를 거친 후의 결과만을 가지고 그 실질이 증여 행위라고 쉽게 단정하여 증여세를 매겨서는 안 된다고 보았다. 따라서 신주인수권부사채의 발행에 사업상 목적이 있고, 신주인수권을 사채 발행 즉시 인수하는 행위에는 거래 관행상 정당한 사유가 있다고 보아서, 법원은 이 신주인수권의 인수자가 직접 취득한 것과 다름없는 우회거래가 아니라고 판단하였다.

38) 신주인수권부사채(bond with warrant)는 쉽게 풀자면 회사가 돈을 빌릴 때 회사의 주식발행을 청구할 수 있는 권리(warrant)를 같이 주는 것이다. 보통의 경우에는 돈을 빌릴 때 원금을 돈으로 갚을 것이고 일정액의 이자를 요구할 것이다. 그런데 신주인수권부사채는 돈을 빌리는 대가인 이자를 보통의 경우보다 싸게 책정하고, 대신 회사의 주식발행 청구권리를 채권자에게 준 것이다. 이 판례의 사례는 이 신주인수권부사채를 발행할 때 이 사채에 붙어있는 신주인수권(즉 주식발행을 청구할 수 있는 권리)만을 따로 떼어서 다시 회사의 대표이사나 최대주주 등 특정인에게 판매하는 거래의 관행을 인정한 사례

'가' 사례는 오빠와 여동생 · 여동생의 배우자가 각각의 자녀들에게 회사의 주식을 증여할 때, 오빠의 직계후손과 여동생 · 여동생 배우자의 직계후손에게 서로 교차하여 주식을 증여한 부분을 어떻게 바라볼 것인지를 다툰 사건이다. 이 사례에서 증여세의 누진세율 적용에 따른 세금 증가를 회피하기 위하여 오빠와 여동생의 직계후손에게 서로 주식을 증여하였는데, 법원은 이에 대하여 조세회피 이외의 다른 목적을 찾지 못하였다는 이유로, 교차증여를 부인하고 후손에게 직접 증여한 거래로 재구성하여 증여세를 매긴 과세관청의 손을 들어 준 사건이다.

'나' 사례는 신주인수권부사채 발행시 같이 발행된 신주인수권을 사채를 인수해 간 자가 관행적으로 사채만을 인수해 가고 신주인수권을 회사의 대표이사나 최대주주 등에게 팔았을 때, 이러한 거래에서 신주인수권을 회사의 대표이사나 최대주주가 직접 취득한 것으로 볼 수 있는지에 대한 다툼이었다. 과세관청은 이것을 우회거래라고 하여 이에 대한 세금(증여세)을 매겼는데, 법원은 거래의 관행이라고 하여 세금을 매길 수 없다고 판단하였다.

(3) 실질과세의 원칙과 조세법률주의

조세법률주의와 실질과세 간 관계에 관하여 당사자가 선택한 행위나 거래의 방식에 따라 과세효과를 파악할 것인지(조세법률주의) 아니면 그 이면의 당사자가 의도한 경제적 효과나 실질에 따라 과세효과를 파악할 것인지(실질과세)의 문제는 조세법의 법문에 충실할 것인지 아니면 조세법 법문으로부터 어느 정도의 일탈을 허용할 것인지의 문제라고 볼 수 있다[39]고 한다. 문제는 그 '어느 정도의 일탈'이 과연 어떠한 수준까지 허용되는지가 불분명하다는 점이다.

조세법률주의만을 강조하고 교조적으로만 해석한다면 경제적 실질에 따른 과세가 이루어질 수 없으므로 조세회피가 조장되고 조세평등주의가 훼손될 가능성이 매우 높

이다.

39) 이태로 · 한만수, 『조세법강의』(신정12판), 박영사, 2016.3., 46면. 이 견해에 따르면 헌법적 가치인 조세법률주의가 실질과세의 원칙보다 우위에 있고 이러한 실질주의는 조세법률주의의 테두리 내에서만 기능하는 것이라고 한다. 한편 '이준봉, 『조세법총론』(제6판), 삼일인포마인, 2020.3., 166면'은 실질과세 원칙이 적용되는 경우에 대하여는 조세평등주의가 우선하고 있는 것으로 보인다고 하고 있는데, 실질과세원칙 적용대상에 해당하는지 여부가 불분명한 경우가 많다고 한다. 표현이 약간 다를 뿐, 전자와 후자의 견해가 근본적으로 다르다고 생각되지는 않는다. 이는 '이준봉, 앞의 책, 101면'에서도 나타나는데, 자유와 평등의 두 가지 기본권을 두고 '어느 한 기본권을 우위에 두기보다는 헌법의 통일성을 유지하기 위하여 상충하는 기본권 모두가 최대한 그 기능과 효력을 나타낼 수 있는 조화의 방법을 모색하는 것이 보다 타당하다'고 기술하는 것에서도 드러난다.

다. 반대로 실질과세를 너무 강조하면 법적 안정성이 훼손되고, 과세관청에 의한 자의적 법 집행가능성이 매우 높아질 우려가 크다. 즉 경제적 실질을 바라보는 관점이 주관적일 수밖에 없는데, 실질과세만을 강조하면 과세관청이 경제적 실질을 과세관청의 입맛대로 구성하여 판단할 우려가 높아질 것이다.

이러한 조세법률주의와 실질과세 원칙의 절충점을 획일적이거나 일률적으로 정할 수는 없을 것이다. 앞에서 살펴본 판례와 사례를 살펴보면 이 점을 잘 알 수 있다. 거래나 행위의 형식이나 겉도습과 다른 경제적 실질이 누구에게, 어떻게 실현되고 과세표준에 반영되는가 하는 것에 대한 판단은 구체적인 사건과 사실관계에 따라 달라질 수밖에 없고 주관적 판단이 개입될 수밖에 없다. 다만 조세법률주의가 조세법 운용의 본원적 지위를 가지고 있그 '조세의 종목과 세율은 법률로 정하여야 한다'는 명시적인 헌법적 가치인 바, 이러한 실질과세를 포함한 조세평등주의가 조세법률주의 테두리 안에서 보충적 기능을 갖는 것이 타당하다고 판단된다.

3. 부당행위계산의 부인

개별 세법, 즉 법인세법 제52조나 소득세법 제41조 및 제101조 등을 보면 '부당행위계산의 부인' 규정이 나온다. 이 중 소득세법 제101조 제1항은 다음과 같이 기술되어 있다.

> 소득세법 제101조(양도소득의 부당행위계산)
>
> ① 납세지 관할 세무서장 또는 지방국세청장은 양도소득이 있는 거주자의 행위 또는 계산이 그 거주자의 **특수관계인[40]과의 거래**로 인하여 **그 소득에 대한 조세의 부담을 부당하게 감소시킨 것으로 인정되는 경우에는 그 거주자의 행위 또는 계산과 관계없이 해당 과세기간의 소득금액을 계산할 수 있다.**

40) 특수관계인이란 친족관계나 경제적 연관관계 및 경영지배관계에 있는 자를 말하고, 그 구체적인 범위는 국세기본법시행령 제1조의2에서 정하고 있다. 다만 개별 세법인 법인세법이나 소득세법 등에서는 국세기본법에서 정하그 있는 특수관계인의 범위를 준용하되, 이를 기초로 하여 필요에 따라서 별도로 특수관계인의 범위를 정하고 있다. 이해하기가 어렵다면 현 단계에서는 '세법 등에서 규제해야 할 만큼 경제적 합리성을 상실한 거래를 할 가능성이 매우 큰 특별한 관계에 있는 자', 즉 남편-아내, 부모-자식 등 친족 관계나 지배-피지배 관계에 있는 기업 등 정도로 이해하자. 이러한 관계에 있는 자끼리는 제3자와의 거래가격보다 매우 싸거나 비싸게 거래를 하거나, 아무런 대가없이 공짜로 주고 받는 등 경제적 합리성을 상실한 비정상적인 거래를 할 가능성이 크다.

앞서 살펴본 실질과세의 원칙과 비슷한 용어와 맥락의 문구들이 등장하는 것을 알 수 있는데, '특수관계인'과의 거래 때문에 '조세의 부담이 부당하게 감소'되면 그 행위나 소득금액 계산을 무시하고 그 법인의 소득금액을 계산한다고 한다. '특수관계인'에 관련된 점만 제외하면 조세의 부당한 감소가 있을 경우에는 거래의 형식이나 겉모습에 관계없이 경제적 실질에 따라 과세한다는 '실질과세의 원칙'과 거의 비슷하다.

맨 처음 부분에서 든 예 중 [사례 4]를 한번 살펴보자. 아버지인 E로부터 아들인 F가 100억원짜리 부동산을 80억원에 구입함으로써 무려 20억원이나 싸게 부동산을 넘겨받았다. 그런데 이러한 거래 당사자 중 한 명이 아버지와 아무런 관계가 없는 제3자라면, 과연 그 아버지 E는 80억원에 시가 100억원의 부동산을 넘겨주었을까? 아버지와 아들 간이었기 때문에 이렇게 시가보다 훨씬 싸게 부동산을 주고받을 수 있었고, 이러한 경제적 합리성을 상실한 거래가 발생할 수 있었을 것이다. 어쨌든 아들은 아버지로부터 부동산을 싸게 넘겨받아서 좋았을 것이고, 아버지는 아들에게 100억원 가치의 부동산을 싸게 넘겨줌으로써 이에 따른 세금(양도소득세)을 절감하게 되어 또 좋았을 것이다. 하지만 이러한 거래들을 규제하지 못하고 그대로 용인한다면, 누구나 이러한 거래를 함으로써 국가의 조세수입을 부당하게 감소시킬 것이고, 나아가 이러한 부당한 거래행위로 인하여 공평한 과세 또한 위협받게 될 것이다. 물론 아버지가 아들에게 부동산을 판매한 거래 자체가 사법상 유효하지 않다거나 새로운 법률 관계를 창설한다는 의미는 아니고, 단지 세법적 측면에서 이러한 경제적 합리성을 결여한 부당한 거래를 공평과세를 위하여 규제하기 위하여 과세목적상 소득금액을 재계산하겠다는 의미로 생각하면 될 듯하다.41)

그런데 국세기본법에 앞서 언급한 '실질과세의 원칙'을 규정하였음에도 불구하고 또 다시 이러한 '부당행위계산의 부인' 규정을 둔 이유가 무엇일까? 이러한 이유는 특수관계인들 사이에서 이익을 나누는 거래에 대하여 실질과세 원칙을 적용하는 것에 대한 불확실성을 감소시키기 위하여 그 부당한 행위(즉 경제적 합리성을 상실한 거래나 행위)를 유형별로 구체화하고, 그에 대한 소득금액의 재계산 방법과 시가 산정방법 등을

41) 부당행위계산의 부인 규정에 따르면 이 거래는 아버지 E가 아들 F에게 판 대가를 80억원이 아닌 100억원으로 간주하여 양도소득세 계산을 하게 된다. 즉 실제로는 80억원의 판매대금을 아버지가 수령하였지만, 양도소득세 계산 목적을 위해서 그 부동산의 판매가격을 100억원으로 보고 양도소득세 계산을 하게 한다는 의미이다. 이에 더하여 아들 입장에서는 시가 100억원보다 싼 80억원에 부동산을 샀으므로 약 20억원(구체적으로는 20억원에서 3억원을 뺀 17억원)을 아버지로부터 공짜로 대가없이 받아서 발생한 이익(증여이익)으로 보아 뒷부분에서 설명할 증여세도 내야 한다. 이와 같이 서로 다른 세법들이 얽혀 있는 경우가 많으므로, 여러 측면에서 어떤 세법이 적용되어야 하는지를 항상 고민해보아야 한다.

구체적으로 규정하기 위함[42]이라고 한다. 이 의미는 추상적인 법 조문만을 가지고는 구체적인 과세표준의 계산을 할 수 없는 경우가 대부분이므로, 부당행위의 사례나 기준, 계산방법 등을 구체적으로 규정하여 납세자의 예측가능성과 법적 안정성에 도움을 주고자 하는 목적으로 보면 될 듯하다.

아울러 우리나라 대법원 판례 취지와 같이 실질과세의 원칙에 의하여 당사자의 거래행위를 법형식에 불구하고 조세회피 행위라고 하여 그 행위 효력을 부인하려면 조세법률주의 원칙상 법률에 개별적이고 구체적인 규정이 마련되어 있어야 하므로, 부당행위계산의 부인 제도는 조세회피의 소지가 짙은 특수관계인 간의 구체적 행위나 거래 사례를 열거하여 그에 대해서만 실질과세의 원칙 적용을 한정한다는 기능을 한다는 견해[43]도 있다.

Ⅲ. 신의 · 성실의 원칙[44]

국세기본법 제15조는 다음과 같이 규정하고 있다.

> 국세기본법 제15조(신의 · 성실)
> 납세자가 그 의무를 이행할 때에는 신의에 따라 성실하게 하여야 한다. 세무공무원이 직무를 수행할 때에도 또한 같다.

이 짧고 단순한 규정을 읽어보면 직관적으로 이해가 가지 않는 부분은 없을 것으로 보인다. 납세자와 세무공무원 모두 각각의 의무와 직무를 수행할 때 신의에 따라 성실하게 하자는, 덕담(?) 같은 말처럼 보일 수 있다. 이렇게 신의와 성실을 다하여 의무와

42) 이준봉, 『조세법총론』(제6판), 삼일인포마인, 2020.3., 157면
43) 이태로 · 한만수, 『조세법강의』(신정12판), 박영사, 2016.3., 540면
44) '이준봉, 『조세법총론』(제6판), 삼일인포마인, 2020.3., 114~115면'에서는 조세와 관련된 신의칙과 국세기본법상 '신의 · 성실의 원칙'이 다른 것이라고 설명한다. 전자는 조세법률주의라는 헌법정신에 내재된 원리로서 입법, 사법, 행정 등 전 국가영역에 적용되는 것이고, 후자는 헌법상 내재된 '신의칙', '세무공무원의 국민 등 납세자에 대한 봉사자의 지위' 및 '조세법률주의에 따라 법률을 통하여 창설된 과세권을 보호하기 위한 합법성의 원칙' 모두가 관련된 타협의 산물로서 납세자와 세무공무원의 관계를 규율하기 위한 것으로서 그 수범자들이 납세자와 세무공무원 모두라고 기술한다. 그러나 여기에서는 이러한 점에 대한 구분없이 국세기본법상 '신의 · 성실'에 관하여 설명하도록 한다.

직무를 수행하자는 말이 조세 법률에 나와야 하는 어떤 의미가 있는 것일까?

[사례 5]를 보면 한 가지 상황이 제시되어 있다. 세무서 공무원의 말대로 세금 처리를 한 납세자가 세금 처리 후 2년이 지나서 갑자기 그 세금 처리가 잘못되었다는 말을 들었다면 그 납세자는 어떤 반응을 보일 것인가? 여러분이라면 어떻게 대응할 것인가? 대다수의 납세자는 말이 안 된다는 반응을 보일 것이고, 2년 전에 세무서 공무원의 말을 듣고 세금 처리를 했는데 세금을 더 내야 한다면 당연히 화가 날 것이다. 그리고 여러분은 다음과 같이 항의할 것이다.

"세무공무원의 말을 믿고 2년 전에 세금 신고하고 납부까지 하였습니다. 담당 공무원이 한 말을 믿고 세금 처리하였는데 무엇이 잘못되었습니까? 그러므로 지금 잘못된 점이 발견되었다고 하더라도 나는 세금을 낼 필요가 없습니다."

그런데 불행하게도 세무공무원의 세금 처리에 관한 언급대로 신고 및 납부를 하였다고 하더라도 그 정당성이 인정되지 않을 수 있다. 납세자 측에서 보면 억울하다고 생각할 수도 있는 경우이지만, 세무공무원의 말만 믿고 세금 처리를 한 사건에서, 법원은 위의 국세기본법 제15조에 위배된다고 볼 수 없다고 판결한 사건이 있다.

대법원 1993.2.23.선고 92누12919

원고가 이 사건 주택매매에 앞서 피고의 민원상담직원으로부터 동 매매에 대하여는 아무런 세금이 부과되지 아니할 것이라는 말을 들은 바 있고, 또 위 매매 후 피고가 이에 대한 양도소득세를 비과세하는 것으로 처리한 사실이 있었음에도 그 후 약 5년이 지나서야 이 사건 과세처분을 하였다 하더라도, 이로써 피고의 과세처분이 국세기본법 제15조나 제18조 제3항 등에 위배된다고는 할 수 없다고 판시하고 있는 바, 원심의 위와 같은 판단은 위 법리에 따른 것으로서 옳은 것으로 수긍되고, 이에 소론과 같은 심리미진, 법리오해 등의 위법이 있다 할 수 없다.

위 사건은 민원상담직원에게 세금이 없다는 말을 듣고 세금 신고 및 납부를 하지 않았다가 5년 후 세무서가 세금을 매긴 사건으로, 납세자는 억울함을 호소하였지만 법원은 이러한 신의·성실의 원칙에 위배되지 않는다고 하였다. 이렇게 보면 국세기본법에서 언급하고 있는 신의와 성실의 의미가 일반적인 통용되는 신의와 성실의 의미와 좀 다르다고 볼 수 있는데, 이 의미에 대하여 알아보고자 한다.

(1) 신의 · 성실의 원칙 의미

'신의 · 성실의 원칙'이란 모든 사람은 공동체의 일원으로서 상대방의 신뢰를 헛되이 하지 않도록 성의 있게 행동하여야 한다는 원칙[45]이다. 이 '신의 · 성실'은 권리를 행사함에 있어서 상대방의 신뢰(good faith)를 보호하고 의무를 이행함에 있어서 적절한 주의(due diligence)를 다하여야 한다는 의미로서 '정의' 자체와 같은 내용이라고 할 수 있다[46]고 한다.

이러한 관점에서라면 '신의 · 성실'은 납세자와 과세관청 모두가 지켜야 할 원칙이다. 국세기본법 제15조 '신의 · 성실'은 납세자와 과세관청 모두가 이 '신의 · 성실'의 원칙을 지켜야 한다고 규정하고 있다. 다만 현대사회에서 국가기관인 과세관청에 과세권과 납세자에 대한 조사권이 부여되어 있고, 과세관청이 납세자에 비해 우월한 지위에 있으므로, 과세관청의 행위에 이 '신의 · 성실' 원칙이 적용되어야 할 경우가 더 많다. 즉 납세자가 과세관청의 행위를 신뢰하고 행한 행위에 대하여 이 '신의 · 성실'의 원칙이 적용되어야 할 경우가 많다. 그렇지만 과세관청의 신뢰보호가 필요 없다는 의미는 아니고, 납세자 신뢰보호에 비하여 극히 제한적으로 인정하여야 한다는 의미로 받아들여야 한다.[47]

(2) 납세자 신뢰보호를 위한 요건 : 과세관청의 행위에 대하여 신의 · 성실의 원칙 적용을 위한 요건

현대사회에서 국가기관인 과세관청의 우월적 지위와 우월한 힘 때문에 납세자의 신뢰보호가 더 강조되었음은 앞서 설명하였다. 그렇다면 납세자의 모든 신뢰가 보호되어야 하는가? 납세자가 과세관청을 신뢰하고 행한 모든 행위가 보호받아야 하는 것인가? 물론 그렇지 않다. 납세자의 신뢰보호, 즉 과세관청의 행위에 대하여 국세기본법 제15

45) 삼일아이닷컴(http://www.samili.com), 국세기본법 제15조 '신의 · 성실' 해설
46) 이태로 · 한만수, 『조세법강의』 (신정12판), 박영사, 2016.3., 48면
47) 이준봉, 『조세법총론』 (제6판), 삼일인포마인, 2020.3., 112면. 이 책에서는 납세자가 객관적으로 모순되는 행태를 보이고 그 행태가 납세자의 심한 배신행위에 기인하여 그로 인하여 과세관청이 이러한 납세자의 모순된 행태를 신뢰하기에 충분한 경우, 과세관청이 납세자를 신뢰하여 행한 행위를 보호하는 것이 합법성의 원칙을 보호하여 과세권을 지키고자 하는 목적이라고 기술하고 있다. 따라서 우리나라 국세기본법 제15조 '신의 · 성실'에서 납세자가 신의에 따라 성실하게 의무를 수행해야 한다고 규정한 것이 이러한 이유라고 설명하고 있다. 즉 과세관청이 납세자의 모순된 행태를 근거로 하여 납세자의 권리행사를 부인할 수 있는 법률상 근거로 이 국세기본법 제15조 '신의 · 성실' 규정의 납세자가 신의에 따라 성실하게 의무를 수행해야 한다고 규정하였다고 설명한다(이준봉, 앞의 책, 114면).

조에서 규정한 '신의 · 성실'이 적용되려면 일정한 요건을 충족하여야 하고 무조건적으로 보호되지 않는다. 이러한 신의 · 성실의 원칙의 적용은 조세법규의 위반을 용인하여 그에 반하는 법적용의 결과를 초래하므로, 합법성의 원칙을 희생하여서라도 납세자의 신뢰를 보호함이 정의의 관념에 부합하는 것으로 인정되는 특별한 사정이 있을 경우에 한하여 적용되기 때문[48]이다.

그렇다면 납세자 신뢰보호를 위해 적용되어야 할 요건은 무엇일까? 조세법률관계에서 과세관청의 행위에 대하여 신의 · 성실의 원칙이 적용되기 위해서는, 첫째 과세관청이 납세자에게 신뢰의 대상이 되는 공적인 견해표명을 하여야 하고, 둘째 납세자가 과세관청의 견해표명이 정당하다고 신뢰한 데 대하여 납세자에게 귀책사유가 없어야 하며, 셋째 납세자가 그 견해표명을 신뢰하고 이에 따라 무엇인가 행위를 하여야 하고, 넷째 과세관청이 견해표명에 반하는 처분을 함으로써 납세자의 이익이 침해되는 결과가 초래되어야 한다.[49] 이해하기 어려울 수 있는데, 아래 부분에서 이 말의 뜻을 살펴보도록 한다.

1) 신뢰의 대상이 되는 과세관청의 공적인 견해표명

먼저 납세자가 신뢰한 과세관청의 공적인 견해표명이 있어야 한다. 그렇다면 무엇이 과세관청의 공적인 견해표명인가? 과세관청의 공적인 견해표명이 무엇인지에 대하여 구체적인 규정이 없기 때문에 사안별로 판단할 수밖에 없는데, 이러한 공적인 견해표명에 대한 법원의 판단은 다음과 같다.

A. 일정한 책임 있는 지위에 있는 세무공무원에 의해 이루어진 견해표명이어야 하는데, 반드시 행정조직상의 형식적인 권한분장에 구애될 것은 아니고 담당자의 조직상의 지위와 임무, 당해 언동을 하게 된 구체적인 경위 및 그에 대한 납세자의 신뢰가능성에 비추어 실질에 의하여 판단하여야 한다.[50]
그러므로 세무공무원의 견해표시가 모두 공적인 견해표명이 될 수 없고, 친분관계로 인한 개인적인 지도나 사석에서의 개인적 견해표명, 과세권 행사와 관계없는 국가기관이나 소관사항이 아닌 관청의 의사표시 또한 공적인 견해표시가 아니며, 아울러 이러한 의사표시는 불법적인 내용을 대상으로 할 수 없다.[51]

B. 세무공무원의 유도로 부가가치세 신고시 허위매출 · 매입 신고한 경우 모두 인정하

48) 이태로 · 한만수, 『조세법강의』(신정12판), 박영사, 2016.3., 51면
49) 대법원 2002.11.26.선고, 2001두9103 판결

지 않고 허위매입 부분만 매입세액공제하지 않는 과세처분을 한 사건에서 그 모두를 부인하면 모르되 그 중 허위매입 부분만을 부인하여 이에 해당하는 매입세액을 매출세액에서 공제하지 아니하고 과세처분을 함은 신의·성실의 원칙에 위배되어 위법하다고 법원은 판단하였다.[52)]

C. 공적인 견해표명의 형식에는 제한이 없어서 예규·세법의 해설(종합소득신고 안내자료 등)·납세자의 질의에 대한 회답·기자회견·국회에서의 답변·납세지도·세무조사시 확언·경정처분이나 비과세된다는 뜻의 통지 등 여러 형태로 표시될 수 있으나, '개정세법 해설 책자'에서 사용한 표현이나 소속 공무원이 잡지에 기고한 개정세법 해설에 관한 논문에서 사용한 표현은 과세관청의 공식적 견해표명이나 의사표시에 해당하지 않는다[53)]고 법원은 판단하였다.

D. 인터넷 국세종합상담센터의 답변에 따라 세액을 과소신고·납부하게 되었다 하더라도 그 답변은 과세관청의 공식적인 견해표명이 아니라 상담직원의 단순한 상담에 불과하다[54)]고 법원은 판단하였다.

2) 납세자의 정당한 신뢰에 납세자의 귀책사유가 없어야 함

납세자가 과세관청의 견해표명이 정당하다고 신뢰하였어야 하고 그 신뢰가 무리가 아니라고 인정할 만한 사정이 있어야 하는, 즉 정당한 신뢰가 있어야 한다.[55)] 즉 납세자가 과세관청의 견해표명을 믿어야 할 정당한 사정이 있어야 하고, 당연히 이러한 믿음에 납세자가 잘못한 점이 없어야 할 것이다. 그러므로 명백히 세법에 반하는 우대적 취급 약속을 신뢰한 경우에는 정당하다고 볼 수 없다.[56)] 또한 과세관청이 질의회신 등을 통하여 어떤 견해를 표명하였다고 하더라도 그것이 중요한 사실관계와 법적인 쟁점을 제대로 드러내지 아니한 채 질의한 데 따른 것이라면 공적인 견해표명에 의하여 정당한 기대를 가지게 할 만한 신뢰가 부여된 경우라고 볼 수 없다.[57)]

50) 대법원 1996.1.23.선고, 95누13746 판결 등
51) 김두형, 『로스쿨 조세법 기초이론』(제2판), 한국학술정보, 2012.4., 173면
52) 대법원 1982.10.12.선고 80누0574 판결. 이준봉, 『조세법총론』(제6판), 삼일인포마인, 2020.3., 116면 참조
53) 이태로·한만수, 『조세법강의』(신정12판), 박영사, 2016.3., 52면
54) 대법원 2009.4.23.선고 2007두3107 판결. 이태로·한만수, 『조세법강의』(신정12판), 박영사, 2016.3., 53면 참조
55) 이태로·한만수, 『조세법강의』(신정12판), 박영사, 2016.3., 53면
56) 이태로·한만수, 『조세법강의』(신정12판), 박영사, 2016.3., 53면
57) 대법원 2013.12.26.,선고 2011두5940 판결. 이준봉, 『조세법총론』 제6판, 삼일인포마인, 2020.3., 117면 참조

3) 납세자가 견해표명을 신뢰하고 이에 따라 행위를 하여야 함

납세자가 과세관청의 공적인 견해표명을 믿었기 때문에 어떤 세무상의 처리를 했어야 한다.[58] 즉 세무상 처리를 하게 된 이유가 과세관청의 공적인 견해표명을 신뢰하였기 때문이어야 한다.

재개발사업을 추진하기 위하여 토지를 매수한 것으로 보일 뿐, 각 토지가 별도합산과세대상이라는 것을 믿고 매수한 것으로는 보이지 않는 점에서 신의·성실의 원칙에 위배되지 않는다고 법원이 판단한 사례[59]가 있다. 이 사례에서는 신의·성실의 원칙이 적용되기 위해서는 토지 매수에 이르게 된 원인에 토지에 대한 세금 문제가 있어야 하나, 설령 과세관청의 공적인 견해표시가 있었더라도 그것이 원인이 되어 토지 매수를 한 것이 아니므로 신의·성실의 원칙에 위배되지 않았다고 법원은 판단하였다.

4) 납세자의 이익 침해

이러한 신의·성실의 원칙이 적용되기 위해서는 과세관청이 스스로가 행한 공적인 견해표명에 반하는 적법한 처분을 함으로써 납세자의 이익이 침해되어야 하는데, 만약 적법하지 않은 처분이라면 그 자체로 처분이 취소되어야 하기 때문이다.[60]

이러한 요건들에 덧붙여서 한 가지 유의할 점을 언급하자면, 이러한 신의·성실의 원칙 적용이 가능하다는 점은 납세자가 입증책임을 진다는 점을 언급하고자 한다. 즉 과세관청의 공적인 견해표명이 있었다는 점과 이에 반하는 과세관청의 처분이 납세자의 이익을 침해하였다는 점은 납세자가 증명하여야 한다.[61]

58) 이태로·한만수, 『조세법강의』 (신정12판), 박영사, 2016.3., 53면

59) 대법원 2009.10.29. 선고 2007두7741 판결. 이준봉, 『조세법총론』 (제6판), 삼일인포마인, 2020.3., 118면 참조. 이 판례에서는 과세관청의 공적인 견해표명에 대해서도 언급하고 있는데, 종전 소유자에게 별도합산과세를 하였다고 하여 이것이 현재 소유자에게까지 별도합산과세를 하겠다는 과세관청의 공적인 견해표명으로 볼 수 없다고도 하였다. 즉 과거에 어떤 방식으로 세금이 매겨진 사실이 있더라도 하더라도, 이러한 사실이 현재에도 과거와 동일한 방식으로 세금이 매겨질 것이라는 과세관청의 공적인 견해표명이 될 수 없다.

60) 이준봉, 『조세법총론』 (제6판), 삼일인포마인, 2020.3., 118면

61) 이준봉, 『조세법총론』 (제6판), 삼일인포마인, 2020.3., 118면

(3) 과세관청의 신뢰보호를 위한 요건 : 납세자의 행위에 대하여 신의 · 성실의 원칙 적용을 위한 요건

앞서 납세자에 비해 과세관청이 우월적 지위에 있으므로 이러한 납세자에 대한 신의·성실 원칙의 적용은 극히 제한적이어야 한다는 점을 언급하였다. 그렇다면 과세관청의 신뢰보호, 즉 납세자의 행위에 대한 신의·성실 원칙 적용의 요건은 무엇일까?

이에 대하여 법원은 객관적으로 모순되는 행태가 존재하고, 그 행태가 납세의무자의 심한 배신행위에 기인하였으며, 그에 의하여 야기된 과세관청의 신뢰가 보호받을 가치가 있는 것이어야 한다[62]고 하였다. 이해하기 쉽게 풀자면, 세금을 불법적으로 회피하거나 누락시키기 위하여(즉 조세포탈을 위하여) 납세자가 위법하거나 부정한 거래를 통하여 과세관청을 고의적·악의적으로 속이는 경우, 과세관청이 납세자의 이러한 행위를 정당하게 신뢰한 것은 보호받을 수 있다. 한 가지 판례를 소개하고자 한다.

대법원 2011.1.20. 선고 2009두13474 판결[63]

A회사가 전 단계 거래처들의 부가가치세 포탈사실을 알았거나 알 수 있었다면, A회사가 부가가치세 공제 및 환급을 청구하는 것은 신의·성실의 원칙에 위반되는 것이므로 허용될 수 없고, 세무서장이 이를 거부할 수 있다.

이는 수출업자인 A회사가 금지금 거래를 함에 있어서 그 전에 있은 일련의 거래과정에 매출세액의 포탈을 목적으로 부정거래를 하는 악의적 사업자가 존재하고 그로 인하여 원고에 대한 매입세액 공제와 환급이 다른 조세수입의 감소를 초래한다는 사정을 알았거나 중대한 과실로 이를 알지 못하였음에도 불구하고 매입세액의 공제 및 환급을 구하는 것이라면, 이는 악의적 사업자의 부정거래에 편승한 A회사가 매입세액 공제, 환급제도를 악용하여 악의적 사업자가 포탈한 매출세액의 일부를 이익으로 분배받고자 하는 것일 뿐만 아니라, 전 단계세액공제 제도를 취하고 있는 부가가치세 제도 및 전반적 조세정의의 근간을 훼손하는 것이므로 신의·성실의 원칙에 비추어 허용될 수 없다.

---

62) 대법원 1997.3.20. 선고 95누18383 판결

63) 이 판례는 납세자에게도 신의·성실의 원칙이 적용되는 요건을 구체화한 아주 중요한 판결이다. 조세법에서 신의·성실의 원칙은 민사법 영역에 비하여 제한적으로 적용되고 있는데, 조세법을 그대로 적용하면 정의관과 윤리관에 비추어 용납할 수 없는 부당한 결과가 초래되는 경우에 한하여 예외적으로 신의·성실의 원칙을 적용할 수 있다는 판례이다. 조세법에서 신의·성실의 원칙은 거의 대부분이 과세관청의 처분을 취소하는 근거로만 사용되어 왔는데, 이 판결에서 대법원은 납세자에게도 책임을 물을 수 있는 요건을 구체화함으로써 조세법률주의의 적용을 배제하는 신의·성실의 원칙의 적용범위를 확대하였고, 이는 앞으로 납세자들에게 불리하게 작용할 것이다.

이 판례를 전체적으로 모두 이해하기는 어렵겠지만, 한 가지 사실만을 기억하도록 한다. 납세자가 관련된 부정거래로서 악의적인 경우, 납세자의 신뢰가 아니라 오히려 과세관청의 신뢰가 보호되어야 하는 것으로 법원이 보고 있다는 점을 기억하도록 하자.

Chapter 05

법인세 I : 법인의 의미와 법인세의 개념

박 사장 : 회계사님 궁금한게 있습니다.

윤 회계사 : 네, 사장님 말씀하십시오.

박 사장 : 제가 이번 친환경 투자 건이 성공해서 돈을 좀 벌었습니다. 그런데 이번에 세금이 거의 수익의 반 가까이 나오더라구요. 내년에는 에너지 투자가 회수되는 때라서 소득이 더 많아질 수도 있는데 어떻게 해야 하나요?

윤 회계사 : 사장님, 그러시면 이번 기회에 개인사업자를 법인으로 전환하시는게 어떻겠습니까? 법인은 최고세율로 과세된다고 해도 27.5%라서 절세가 가능합니다.

박 사장 : 법인이요? 그거 만들기도 어렵고, 회계나 세무 관리하기도 어려운거 아닌가요?

윤 회계사 : 아닙니다. 법인 설립은 요즘 아주 간단하고 쉬워졌습니다. 그리고 회계, 세무 처리도 그리 어렵지 않습니다.

박 사장 : 그런데 제가 법인이 도대체 뭔지 잘 몰라서… 혹시 법인 설립해도 제가 회사돈 마음대로 인출해서 써도 되나요? 가끔 와이프가 급전이 필요하다고 할 때가 있어서...

윤 회계사 : 아… 사장님 그건 안됩니다. 법인의 대표께서 법인의 자금을 함부로 사용하시면 큰일 납니다. 왜냐하면 법인은 이제 사장님 개인과는 별개의 존재이기 때문이고, 사장님은 그 법인의 주주로써 권리를 행사하시는 겁니다.

박 사장 : 아니 제가 제 돈도 마음대로 못쓰면… 법인 안하고 개인으로 두는게 낫지요.

윤 회계사 : 그러시면 내년에도 개인 소득세율로 과세되시고 최고세율 49.5%로 거의 절반 가까이 과세가 되실텐데요?

박 사장 : 아, 맞다. 그게 문제였죠. 그러면 법인으로 바꾸면 세금은 어떻게 되는 것인지 설명 좀 해주세요.

윤 회계사 : 그럼 지금부터 법인세에 대해서 간단히 말씀드리겠습니다.

| 학습목표 |

- 법인이란 무엇인가? : 법인의 개념
- 법인격이 부인된다는 것은 무슨 의미인가? : 법인격 부인론
- 우리나라의 법인세는 어떻게 과세되는가? : 법인세 과세
- 법인세법과 회계기준의 차이는 무엇인가? : 회계기준과 법인세법의 차이

제1절 법인이란 무엇인가?

Ⅰ. 법인의 개념

1. 법인의 의미

개인이 소득세를 내듯이 법인은 법인세를 납부해야 한다. 개인은 사람을 의미하므로 실체가 명확하다. 따라서 계약을 하기 위해서 대화도 나누고 인사를 하며 악수도 나눌 수 있다. 그런데 법인과 악수를 나누거나 직접 대화해 본 적이 있는가? 당연히 없을 것이다. 그런데도 우리는 일상에서 수많은 법인들과 계약을 하고 대금을 지급하고 있다. 현대차와 자동차 매매계약을 체결하고, SK텔레콤과 휴대전화 통신계약을 체결하고, GS건설과 아파트 매매계약을 체결한다. 사람이 아님에도 계약을 함은 물론 재화와 용역을 제공하고 대가도 받고 있는 것이다. 이처럼 법인은 여러분들의 일상에 이미 깊숙이 들어와 있다. 그럼에도 여러분은 법인이 무엇인지 잘 알지 못한다. 그것은 아마도 여러분이 거래 상대방을 법인이라고 생각하기보다는 법인의 영업사원이라고 착각하고 살고 있기 때문일지도 모른다. 그렇지만 여러분은 이미 법인과 많은 거래를 하고 있다. 법인이 이처럼 스스로의 이름을 걸고 영업행위를 하고 계약행위를 하고 사람처럼 행세할 수 있는 원인이 어디에 있을까? 우리는 그 해답을 아래의 문구에서 알 수 있다.

"법인은 법률의 규정에 좇아 정관으로 정한 목적의 범위 내에서 권리와 의무의 주체가 된다."

상기 문구는 저자가 만든 것이 아니라 바로 민법에서 정의하고 있는 법인의 의미이다. 민법 제34조(법인의 권리능력)에서 법인은 사람과 마찬가지로 권리의무의 주체가 될 수 있도록 정의하였다. 권리능력이라고 하는 것이 바로 법인격(또는 인격)인 것이다. 즉, 민법에서 법인에게 사람과 동일한 인격을 부여한 것이다. 덕분에 법인은 법률상 인격자로 각종 계약행위 등 법률관계의 주체가 될 수 있다. 그래서 일상에서 체결한 계약과 거래가 이루어질 수 있었던 것이다. 그런데 상기 민법 조문을 잘 살펴보면 권리와 의무에는 조건이 있다. '법률의 규정에 좇아 정관으로 정한 목적의 범위 내에서'라는 것이다. 이 문구가 의미하는 바가 무엇일까? 우리는 문구의 의미를 법인의 설립절차와 유형을 통하여 알아보고자 한다.

2. 법인의 설립

구글이나 네이버 검색에서 '법인설립 절차'를 검색하면 무한한 자료가 나온다. 그만큼 법인의 설립은 누구나 할 수 있고 어려운 것이 아니다. 보통 우리가 말하는 법인은 상법상 주식회사를 의미한다. 이러한 법인의 설립 절차를 간단히 살펴보면 아래와 같다.

그림 5-1 법인 설립절차

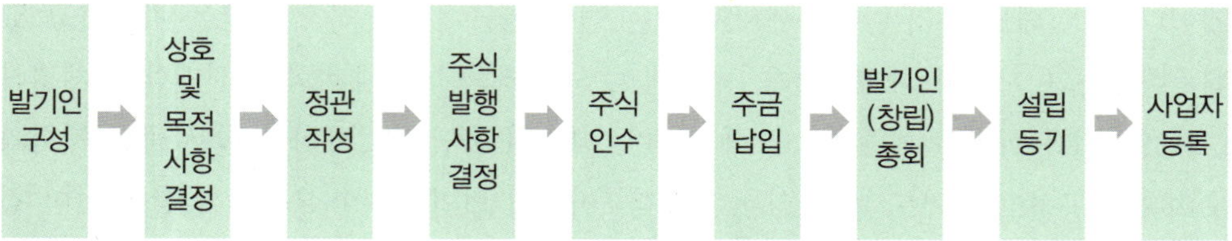

발기인이란 간단히 말하면 법인을 설립하고자 하는 사람을 의미한다. 발기인은 누구나 될 수 있으며 한 사람이 될 수도 있고 여러 사람이 될 수도 있다. 다만 미성년자 등 권리행사에 제한이 있는 경우에는 법정대리인의 허가등기 등 추가적인 절차가 있다. 발기인은 자본금을 정하고 설립할 법인의 상호와 목적사항을 결정한다. 그리고 작성하는 것이 바로 '정관'이다. 정관은 회사의 내부규칙을 의미하고 회사의 설립을 위하여 반드시 필요하다. 상법에서는 이러한 정관의 기재사항을 '절대적 기재사항'과 '상대적 기재사항'으로 나누어 정의하고 있다. 절대적 기재사항은 목적, 상호, 회사가 발행할 주식의 총수, 1주 금액, 설립시 발행할 주식의 총수, 본점 소재지, 공고 방법, 발기인 성명·주민등록번호 및 주소이다. 절대적 기재사항의 흠결은 정관이 무효가 되므로 매우 주의해야 한다. 이와 같이 정관에는 법인을 설립할 목적을 반드시 기재하게 되어 있다. 법인은 바로 이 목적의 범위 내에서 권리와 의무의 주체가 되는 것이다.

3. 영리와 비영리

법인세법 제2조(정의)에서 법인은 내국법인, 비영리내국법인, 외국법인, 비영리외국법인으로 구분하고 있다. 결국 국내와 외국, 영리와 비영리로 구분하고 있는 것이다. 국내기업과 외국기업의 구분은 당연히 국가 간의 문제가 있기 때문이라 볼 수 있는데, 영리와 비영리를 나누는 것은 무슨 근거일까? 우리는 민법에서 그 해답을 찾을 수 있다. 민법에서 영리법인과 비영리법인은 그 설립근거가 각각 다른 조문에 있다.

> 민법 제32조(비영리법인의 설립과 허가)
> 학술, 종교, 자선, 기예, 사교 기타 영리 아닌 사업을 목적으로 하는 사단 또는 재단은 주무관청의 허가를 얻어 이를 법인으로 할 수 있다.

> 민법 제39조(영리법인)
> ① 영리를 목적으로 하는 사단은 상사회사설립의 조건에 좇아 이를 법인으로 할 수 있다.
> ② 전항의 사단법인에는 모두 상사회사에 관한 규정을 준용한다.

우리나라 법인세법을 보면 영리를 목적으로 하지 않고 주무관청의 허가를 받은 법인을 비영리법인이라고 규정하고 있다. 즉 영리법인과 비영리법인은 이름 그대로 영리를 목적으로 하는지 여부에 의하여 결정된다. 예를 들어 삼성전자 혹은 현대자동차는 모두 영리를 목적으로 설립된 법인이므로 영리법인이지만 학교법인이나 자선단체 등은 영리를 목적으로 설립되지 않은 법인이므로 비영리법인이 된다. 이는 위에서 언급한 민법의 각 조문에서 근거한 것이다. 조문을 잘 읽어보면 '영리 아닌 사업을 목적'으로 하고 있다. 돈을 버는 것이 목적이 아니라면 왜 법인을 설립하는 것인가? 예를 들어 여러분이 학교를 설립한다고 가정하자. 학교는 돈을 벌기 위해 존재하는 것인가 교육을 위해 존재하는 것인가? 매체를 통하여 돌아다니는 부정적인 정보를 배제하고 본질로 돌아가본다면 학교는 당연히 학생들의 교육이 목적인 곳이다. 종교는 신앙 또는 믿음을 통하여 평온함을 주고자 하는 것이 목적이고, 자선은 봉사를 통한 사회적 약자에 대한 배려가 목적이 될 것이다.

이러한 사업이 휴대폰과 반도체를 팔아 돈을 버는 삼성전자와 동일하게 세금을 납부하도록 취급한다면 여러분은 둘 중 어떤 사업에 투자할 것인가? 당연히 후자에 투자하여 돈을 더 벌고 싶을 것이다. 이렇게 되면 누구도 교육을 통한 학생들의 발전, 종교를 통한 개인의 삶의 휴식 제공, 봉사를 통한 사회적 약자 구호 활동 등에 투자하는 사람은 점차 사라지고 사회는 돈을 벌기 위한 이익집단들만 넘쳐날 것이다. 따라서 국가가 해야 할 공익적 기능을 대신하고 있는 비영리법인을 보호하고 장려하도록 유도할 수 있는 정책이 필요한데, 우리 세법도 이러한 취지를 반영하고 있다. 이러한 취지에 따라 영리법인과 비영리법인의 구분은 법인세 부과의 차이를 가져온다. 영리법인은 법인세법에 따라서 소득을 계산하고 법인세를 납부한다. 그렇지만 비영리법인은 고유목적에 따른 활동에 대해서 법인세를 납부하지 않는다. 다시 한 번 강조하지만 비영리법인은 국가가 해야 할 성격의 업무를 대신하여 수행하기 때문이다.

민법 제32조를 살펴보면 학술, 종교, 자선 등 단어만으로도 돈벌이 목적이 아니라는 것을 알 수 있다. 또한 영리 목적이 아니므로 수익이나 재산도 주무관청(국가)의 통제범위에 들어와 있다. 따라서 비영리법인의 고유목적 사업에서 발생하는 수익은 과세하지 않고, 다시 그 사업에 쓰게 함으로써 공익을 도모하는 것이다. 다만 비영리법인도 수익사업을 수행할 수 있는데 여기에 대해서는 영리법인과 동일하게 법인세를 납부해야 한다. 예를 들어 학교나 종교단체에서 음식이나 옷을 판매한다고 가정해보자. 이는 교육이나 신앙 활동과는 전혀 무관한 영리활동에 지나지 않는다. 이런 경우까지 법인세를 부과하지 않는다면 당연히 비영리법인을 통한 비정상적인 상행위가 나타나고 이를 통한 과세회피현상이 나타날 것이므로 당연히 과세하는 것이 타당하다.

4. 내국법인과 외국법인

법인은 비록 사람은 아니지만 법적으로 사람과 유사한 인격을 부여한 것이라고 이미 언급하였다. 사람은 대체로 국적을 가지고 있다. 우리는 우리나라 사람과 중국인 혹은 미국인을 국적을 가지고 구분한다. 사람의 경우는 그 사람이 태어난 장소가 어디인지 혹은 부모의 국적이 어디인지에 의해서 국적을 결정한다. 물론 때로는 본인이 직접 국적을 결정하기도 한다. 그러나 사람처럼 부모가 없고 스스로의 의사결정을 할 수 없는 법인의 경우는 어떻게 국적을 결정해야 할까? 우리나라 법인세법을 보자.

법인세법 제1조(정의)
'내국법인'이란 국내에 본점이나 주사무소 또는 사업의 실질적 관리장소를 둔 법인을 말한다.
'외국법인'이란 외국에 본점 또는 주사무소를 둔 단체(국내에 사업의 실질적 관리장소가 소재하지 아니하는 경우만 해당한다)로서 대통령령으로 정하는 기준에 해당하는 법인을 말한다.

위와 같은 우리나라 법인세법을 보면 법인의 국적을 어떻게 결정하는지를 알 수 있다. 즉 법인의 국적은 그 법인의 본점이 어디에 있는지에 따라서 결정된다는 것을 알 수 있다. 따라서 법인의 본점이 우리나라에 있는 법인을 내국법인이라고 하고 그렇지 않은 법인을 외국법인이라고 한다.

그런데 왜 법인의 국적이 중요할까? 법인의 국적이 중요한 것은 내국법인인지 아니면 외국법인인지에 따라서 법인세 과세상의 차이가 있기 때문이다. 다시 한 번 우리나라 법인세를 살펴보도록 하자.

법인세법 제2조(납세의무) 다음 각 호의 법인은 이 법에 따라 그 소득에 대한 법인세를 납부할 의무가 있다.
1. 내국법인
2. 국내원천소득이 있는 외국법인

위의 법인세법 규정을 보면 내국법인은 모든 소득에 대해서 법인세 납세의무가 있으나 외국법인은 국내원천소득에 대해서만 납세의무가 있음을 알 수 있다. 예를 들어 삼성전자는 내국법인이므로 우리나라에서 벌어들인 소득과 미국에서 벌어들인 소득 모두에 대해서 법인세를 내야 하지만 애플은 외국법인이므로 국내원천소득, 즉 우리나라에서 벌어들인 소득에 대해서만 법인세를 내는 것이다. 이는 어찌 보면 너무나 당연한 일이다. 즉 우리나라 국세청에서 미국 회사인 애플이 미국에서 벌어들인 소득에 대해서 법인세를 내라고 할 수는 없는 일이며 마찬가지로 미국 국세청에서 삼성전자가 우리나라에서 벌어들인 소득에 대해서 세금을 거둘 수는 없는 일이기 때문이다.

그런데 여기서 한 가지 골치 아픈 문제가 있다. 위 우리나라 법인세법 규정에서는 삼성전자가 벌어들인 소득은 그 장소를 따지지 않고 전부 과세하는 것으로 되어 있다. 따라서 만일 삼성전자가 미국에서 소득을 벌었다고 하더라도 우리나라 국세청은 법인세를 부과한다. 그런데 미국 국세청은 어떻게 할까? 당연히 미국 국세청은 비록 삼성전자가 미국회사는 아니지만 미국에서 번 소득에 대해서는 세금을 부과하려고 할 것이다. 이렇게 양 국가가 모두 삼성전자의 미국 소득에 대해서 세금을 부과한다면 삼성전자는 우리나라와 미국 양국 모두에서 두 번 법인세를 내는 불리한 상황을 맞이하게 된다.

이렇게 국가 간에 세금이 이중으로 과세되면 기업들의 경제활동은 크게 위축되고 국가 간 무역도 활발해질 수 없을 것이다. 이러한 곤란한 문제를 해결하기 위해서는 두 가지 방법이 있다.

한 가지 방법으로는 외국납부세액공제 제도가 있다. 외국납부세액공제란 삼성전자가 미국에서 벌어들인 소득에 대해서 우리나라 국세청이 일단 법인세를 부과하지만 미국 국세청이 삼성전자의 미국 소득에 대해서 부과한 세금(즉 외국납부세액)은 납부세액에서 다시 공제해준다는 것이다. 이렇게 된다면 삼성전자는 우리나라와 미국에서 두 번 법인세를 내기는 하지만 미국에 낸 법인세만큼 우리나라에서 내야 할 법인세가 줄어들기 때문에 이중과세 문제는 일어나지 않는다.

우리나라와 미국은 이런 방법을 이용하여 국가 간의 이중과세 문제를 해결한다. 이를 전세계과세방법(worldwide taxation)이라고 부른다. 또 다른 방법으로는 처음부터 외국에서 벌어들인 소득에 대해서는 과세하지 않는 것이다. 따라서 이중과세 문제는 발생하지 않는다. 이 방법은 지역과세방법(territorial taxation)이라고 한다. 지역과세방법은 일단 과세한 후 외국납부세액을 공제해주는 전세계과세방법에 비하여 매우 단순하다. 영국이나 일본 등 대부분의 주요국가들이 이런 방법을 이용한다.

이렇게 내국법인과 외국법인의 구분은 법인세 과세상의 차이를 가져온다. 오늘날 대부분의 기업이 한 국가에 머무르지 않고 전세계를 상대로 사업을 수행하고 있기 때문에 내국법인과 외국법인의 구분과 이에 따른 과세방법은 매우 중요한 국제조세 분야의 주제이다. 따라서 이에 대한 자세한 내용은 국제조세 분야에서 다루도록 한다.

지금까지 법인세 과세상의 차이를 가져오는 법인의 유형을 내국법인과 외국법인 그리고 영리법인과 비영리법인으로 구분하였다. 이를 그림으로 나타내면 아래와 같다.

그림 5-2 법인세법상 법인의 유형구분

구분	내국법인	외국법인
영리법인	유형 1	유형 2
비영리법인	유형 3	유형 4

위 그림을 보면 법인세법상 법인은 모두 4가지 유형이 존재한다는 것을 알 수 있다. 위 그림에서 유형 1은 영리법인이면서 내국법인인 경우이다. 여러분이 알고 있는 대부분의 우리나라 회사가 여기에 해당한다. 유형 2는 영리법인이면서 외국법인인 경우이다. 애플, 구글 등의 회사가 여기에 해당한다. 유형 3은 비영리내국법인이다. 우리나라의 대학교, 고등학교 등은 모두 여기에 해당한다. 유형 4는 비영리법인이면서 외국법인인 경우이다. 우리가 흔하게 볼 수는 없지만 우리나라가 아닌 외국에서 설립된 국제적인 자선단체들이 여기에 속할 것이다.

Ⅱ. 법인격 부인론

앞서 법인에 대한 설명을 이해하였다면 본격적인 법인세에 대한 설명에 앞서 조금 깊은 이야기로 들어가보자. 앞서 우리는 법인격에 대하여 잠깐 언급하였다. 법인격이란 권리와 의무의 주체가 될 수 있는 자격이다. 법인격은 얼핏 어감상으로는 법인이 가지는 인격 정도로 비추어 질 수도 있다. 하지만 그렇게 오해해서는 안 된다. 법인격은 "사람은 생존한 동안 권리와 의무의 주체가 된다"라는 민법에서 비롯된 것이다. 따라서 개인(자연인)과 법인 모두에게 해당하는 것이다. 왜 굳이 법인격을 이렇게 설명하는 것인가? 자연인과 법인 모두에게 주어진 이 법인격 때문에 문제가 발생하기 때문이다.

가령, 당신이 가족들과 함께 100%를 소유한 법인 A가 있다고 가정하자. 당신은 법인 A의 대표자로서 금융권에서 운영자금 대출을 받았으나 당신과 가족들의 급여와 차량 유지비, 식비 등으로 모두 지출해버렸다. 그리고 더 이상 대출받을 곳이 없게 되자 당신과 가족들은 법인 A를 폐업시켜버리고 금융권에 채무를 갚을 수 없다고 선언하였다. 왜냐하면 법인 A는 당신과 같은 개인주주와는 별개의 법인격을 가지고 있기 때문에 법인 A가 한 행위를 당신에게 물을 수 없다고 주장할 수 있기 때문이다.

그러나 만약 당신이 이처럼 법인 A를 내세워 사실상 개인회사처럼 운용하였고, 법인은 단순히 여러분 개인의 채무를 회피하기 위한 수단으로 사용된 것이라면 이는 법인격을 남용한 것이다. 따라서 이러한 경우에는 법인격을 부인(否認)하고 법인과 당신을 사실상 하나의 실체로 보아 그 잘못을 물을 수 있게 되는 것이다. 이 단순한 논리가 바로 법인격 부인이다. 이제 아래의 대법원 판례를 읽어보면 무슨 말인지 이해가 갈 것이다.

대법원 2001.1.19. 선고 97다21604

회사가 외형상으로는 법인의 형식을 갖추고 있으나 이는 법인의 형태를 빌리고 있는 것에 지나지 아니하고 그 실질에 있어서는 완전히 그 법인격의 배후에 있는 타인의 개인기업에 불과하거나 그것이 배후자에 대한 법률적용을 회피하기 위한 수단으로 함부로 쓰여지는 경우에는, 비록 외견상으로는 회사의 행위라 할지라도 회사와 그 배후자가 별개의 인격체임을 내세워 회사에게만 그로 인한 법적 효과가 귀속됨을 주장하면서 배후자의 책임을 부정하는 것은 신의·성실의 원칙에 위반되는 법인격의 남용으로서 심히 정의와 형평에 반하여 허용될 수 없고, 따라서 회사는 물론 그 배후자인 타인에 대하여도 회사의 행위에 관한 책임을 물을 수 있다고 보아야 한다.

세법에서도 법인격 부인을 이용하여 많은 소송의 논리로 사용되고 있다. 그러나 사실 이러한 법인격 부인은 쉽게 적용되지 않는다. 앞서 설명한 바와 같이 법인은 일정한 절차를 거치고 자격을 갖추어야 설립할 수 있다. 즉, 외관을 갖추고 형식을 준수해서 만들어진 법적 실체이다.

그런데 이런 법적 실체를 부정하고 그 배후에 있는 주주라는 개인에게 책임을 묻는다는 것은 외관과 형식을 모두 무시하겠다는 것이므로 신중해야 한다. 법인격을 부인하기 위해서 제시하는 이론적인 근거가 바로 법인격 남용(濫用)이다. 쉽게 말해 법인격을 남용하여 형평성에 어긋나고 공정하지 못한 행위를 하였을 경우에는 법인격을 부인하겠다는 것[1]이다.

▌그림 5-3 ▌론스타 스타타워 매각 조세회피 사례

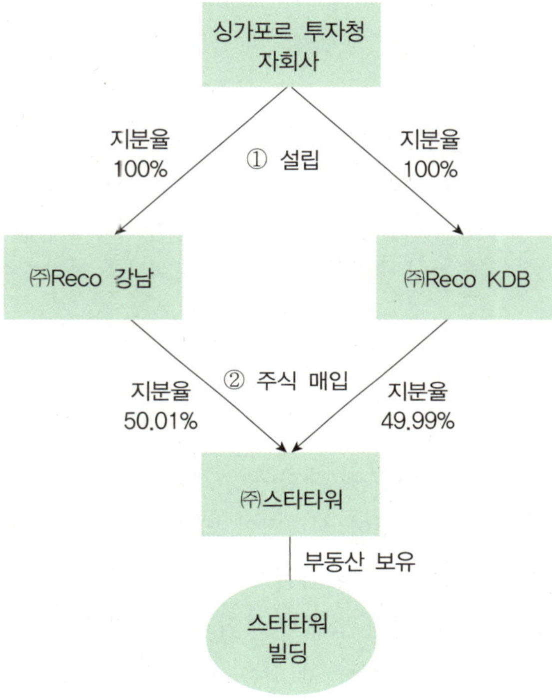

세금문제에 있어서도 이러한 법인격 부인을 다툰 사건들이 많이 있다. 가장 대표적인 예는 바로 2004년 미국계 사모펀드 론스타의 스타타워 매각 관련 사건이다. 간략하게 설명하면 싱가포르 투자청(GIC)이 100% 출자한 법인 A가 또 다시 법인 B와 법인 C를 설립하여 스타타워 부동산을 보유한 회사의 주식을 전액 인수하게 되면서 일어난 사건이다. 왜 싱가포르 투자청은 법인 A가 인수하면 될 주식을 굳이 B와 C를 추가로 설립하여 복잡하게 인수하는 방법을 선택하였을까? 이는 바로 우리나라 지방세법상의 취득세(더 자세히 표현하면 간주취득세)를 회피하기 위함이었다. 당시 지방세법상 간주취득세는 부동산을 보유한 법인의 주식을 51% 이상 인수할 경우 부과되는 것이었다.[2] 론스타가 법인 A를 통하여 주식을 100% 인수하였다면 간주취득세가 부과되었을

1) 법인격 남용에 대한 법적 근거는 여러 설들이 있으나 여기서는 언급하지 않기로 한다.
2) 지금은 론스타 사건으로 인하여 50%+1주로 바뀌었다.

것이다. 하지만 법인 B를 통하여 50.01%, 법인 C를 통하여 49.99%를 인수하게 되면 간주취득세 과세 요건을 충족하지 않는다는 점을 악용한 것이다. 이때 행정법원에서 이를 판단하면서 제시한 것이 바로 법인격 부인이다. 당시 행정법원 판결에서는 아래와 같이 법인 B와 C의 법인격을 부인하고 법인 A에게 취득세를 과세하여야 한다고 판단하였다.

서울행정법원 2007.11.16. 선고 2007구합1749

지방세법상 과점주주의 취득세 과세를 피하기 위하여 형식적으로 설립된 법인을 통하여 분산 출자한 경우 형식적으로 설립된 법인의 출자를 무시하고(법인격 부인) 그 배후에 있는 모회사(원고)를 실질적인 출자자로 보아 그 모회사를 과점주주로 인정하여 과세한 것이 적법하다.

물론 아쉽게도 이 사건 최종 판결인 대법원 판결(대법원 2012.2.9. 선고 2008두13293)에서는 법인격 부인 적용 여부에 대하여 구체적인 판단을 하지 않았다. 하지만 이 사건은 경제적 실질에 무게를 두어 실질적인 납세의무 회피를 인정하여 과세하는 것이 타당한 것으로 마무리되었다. 물론 법인격 부인을 적극적으로 인정하지는 않았지만 경제적 실질이라는 것을 이용하여 법인격 부인과 유사한 효과를 나타낸 판결을 한 것이다. 결국 론스타 사건에서 주목해야 할 점은 바로 론스타가 법인을 이용하여 세금을 회피하려고 한 점이다. 하나의 법인이었다면 세금을 내야 할 것을, 세 개의 법인을 설립하여 각각 지분을 관리하게 함으로써 세금을 내지 않을 수 있었던 것이다. 이처럼 법인격 부인은 결국 실질과세원칙과 연결될 수 있다. 실질과세원칙은 앞서 조세법 기본원칙에서 조세법률주의와 함께 설명하였으므로 여기서는 생략하기로 한다.

제2절 법인세

Ⅰ. 법인세 과세

1. 법인세 과세 방법

앞서 설명한 바와 같이 우리나라 법인세법은 내국법인과 외국법인, 영리법인과 비영리법인으로 나누어 과세한다.

▌그림 5-4▐ 법인의 종류에 따른 법인세 과세

구분		각 사업연도의 소득	토지 등 양도소득	미환류소득	청산소득
내국법인	영리법인	국내외 원천의 모든 소득	○	○	○
	비영리법인	국내외 원천소득 중 수익사업소득	○	×	×
외국법인	영리법인	국내원천소득	○	×	×
	비영리법인	국내원천소득 중 수익사업소득	○	×	×

그런데 위 그림을 보면 소득의 종류가 한 가지가 아님을 알 수 있고, 소득의 종류에 따라 과세되는 범위도 달라지는 것을 알 수 있다. 그렇다면 각 사업연도소득, 토지 등 양도소득, 미환류소득, 청산소득은 무엇인지 간략하게 알아볼 필요가 있다.

각 사업연도의 소득이라고 하는 것은 여러분들이 알고 있는 회계상 당기순이익과 비슷한 개념이다. 하지만 회계에서 규정하는 수익과 비용은 법인세법에서 규정하는 수익(익금)과 비용(손금) 개념과 차이가 난다. 이 차이는 뒤에서 자세히 다루기로 하고, 각 사업연도의 소득은 법인이 사업연도 기간에 벌어들인 이익을 의미한다. 여러분들이 흔히 생각하는 통상적인 법인세의 개념이 바로 이 각 사업연도의 소득에 법인세율을 곱한 것이다. 각 사업연도소득은 앞서 설명한 바와 같이 영리냐 비영리냐, 내국이냐 외국이냐에 따라 과세 범위는 달라지지만 모든 법인들이 해당 범위 내에서 법인세 납세의무를 가진다.

표 5-1 우리나라 법인세율(2023년 이후)

소득종류 / 법인종류	각 사업연도소득			청산소득		
	과세표준	세율	누진공제	과세표준	세율	누진공제
영리법인	2억원 이하	9%	–	2억원 이하	9%	–
	2억원 초과 200억원 이하	19%	1,800만원	2억원 초과 200억원 이하	19%	1,800만원
	200억원 초과 3,000억원 이하	21%	39,420만원	200억원 초과 3,000억원 이하	21%	39,420만원
	3,000억원 초과	24%	627,420만원	3,000억원 초과	24%	627,420만원

출처 : 국세청

토지 등 양도소득은 법인들이 정관 등에 있는 고유의 사업과 별개로 특정 주택[3]을 양도하면 추가로 양도소득[4]의 20%(미등기의 경우 40%)의 법인세를 부담하게 된다.[5] 대표적인 부동산[6]이 별장이다. 정상적인 사업을 영위하는 법인이 별장을 매입할 이유가 없다. 따라서 이는 법인의 비정상적인 행위로 보아 추가로 부담을 주는 것이다. 이는 내국, 외국, 영리, 비영리 모든 법인에게 과세된다.

미환류소득에 대한 법인세는 1990년대 적정유보초과소득에 대한 법인세 제도를 시초로 2001년에 폐지되었으나 2015년에 와서 기업의 유보소득이 증대되자 기업소득환류세제로 부활하여 지금까지 이어지고 있는 제도이다. 미환류소득에 대한 법인세는 영리 내국법인에 한하여 과세되는 것으로 미국의 유보이익세와 일본의 동족회사 유보금과세 제도 등 외국에도 유보소득에 대한 과세제도가 있으나 그 과세방식과 취지는 다르다([표 5-2] 참고).

3) 조합원입주권과 분양권은 20% 세율을 적용하며, 비사업용토지를 양도한 경우에는 10%(미등기의 경우 40%)의 세율로 과세한다.
4) 이 경우 양도소득의 계산 시 소득세에서 배운 필요경비는 차감해주지 않고, 양도금액과 장부가액의 차이를 양도소득으로 본다.
5) 2020년까지는 10%였으나 세법개정으로 세율이 인상되었다.
6) 모든 주택이 해당되는 것은 아니고 법에서 정한 주택에 한하여 적용된다(예를 들면 요건을 충족한 직원 사택 등은 제외된다).

표 5-2 유보소득에 대한 과세제도 비교

	적정유보초과 소득과세 (1991~2001)	기업소득 환류세제 (2015~2017)	투자·상생협력 촉진세제 (2018~2022(예정))	미국의 유보이익세	일본의 동족회사 유보금 과세
제도 취지	조세회피 목적의 과다 유보 억제	기업소득을 투자·임금증가·배당 등으로 유도	기업소득을 투자·임금증가·상생협력 등으로 유도	주주의 배당소득 회피를 방지하여 과세형평성 제고	
과세 방식	과다유보분(당기순이익의 50% 초과)에 추가 과세	투자 입금증가·배당 등이 당기소득의 일정수준(80%) 미달시 추가과세	투자 입금증가·상생협력 등이 당기소득의 60~80% 미달시 추가과세	과세소득액에서 지급배당공제와 유보이익공제 차감분에 추가과세	유보금액 중 유보공제액 초과분 추가과세
세율	15%	10%	20%	20%	• 3천만엔 이하: 10% • 3천만엔~1억엔: 15% • 1억엔 초과: 20%
적용 대상	• 비상장 대기업(자본 100억원 초과) • 대규모기업집단 소속법인	• 자기자본 500억원 초과(중소기업 제외) • 상호출자제한기업집단 소속법인	좌동, 다만 당기소득 계산시 3천억원 초과 소득은 제외	비공개, 공개법인(실질적으로 비공개법인만 대상)	동족회사
특징	• 적립금 사용기한이 없고, 사용목적도 광범위하여 과세 실효성 한계 • 기업의 재무구조 개선을 위해 폐지	• 2~3년 내 투자·입금·배당에 사용촉진하여 기업소득의 가계소득으로 선순환이 목적 • 실효성과 위헌성 측면에서 문제가 있음	• 중·저소득 근로자 지원 및 투자·고용·상생협력 촉진 목적 • 제도 신설이 아니라 기업소득환류세제의 실질적인 연장	탈세방지 목적의 징벌제 과세	• 탈세방지를 위한 누진세율 과세 • 소수의 개인주주로 구성된 동족회사에만 적용

출처 : 한국경제연구원

간단하게 정리하면 우리나라 기업이 영업활동을 통하여 벌어들인 이익을 사내에 유보하려 할 때 법에서 정한 수준을 초과하여 유보할 경우 추가로 법인세를 과세하는 제도이다. 결국 이익이 난 기업이 미환류소득에 대한 법인세를 피하기 위해서는 투자, 임금 등 법에서 정한 용도로 지출하여야 한다.

표 5-3 미환류소득에 대한 법인세율(2021년 이후)

구분		세율
미환류소득	[기업소득×기준율(70%)－(투자＋임금증가＋상생 협력지출)]	20%
	[기업소득×기준율(15%)－(임금증가＋상생협력지출)]	20%

출처 : 국세청

[사례] 미환류소득 과세

'곳간만 쌓아둔 대기업' 미환류소득 과세 8천500억원

작년 투자·상생협력촉진세제 신고·납부기업 978개 … 매년 증가세

기업이익 투자·임금증가·상생협력 미이행으로 미환류소득 갈수록 늘어

국세청 자료에 따르면, 사업연도 법인소득을 환류하지 않아 과세가 부과된 기업은 2016년에 158개에서 2017년 829개로 급증했으며, 이후 2018년 939개, 2019년에는 978개로 계속 증가하는 추세에 있다.

신고대상기업이 늘어남에 따라 투자·상생협력촉진세제 규모 또한 가파르게 증가해, 2016년 533억원에서 2017년 4천279억원, 2018년 7천191억원, 2019년 8천544억원으로 큰 폭으로 증가하고 있었다.

투자상생협력촉진세제를 신고한 기업 중 사업연도 법인소득이 5천억원을 초과하는 기업은 176개로 전체 법인의 18% 수준이나, 납부해야 할 세액은 5천540억원으로 전체 산출세액의 64.8%에 달했다.

〈한국세정일보, http://www.taxtimes.co.kr, 2020.10.6. 기사 중 발췌〉

위와 같이 각 사업연도소득에 대한 법인세, 토지 등 양도소득에 대한 법인세, 미환류소득에 대한 법인세는 아래와 같이 사업연도 종료일이 속하는 달의 말일부터 3월 이내에 법인세 제출대상 서류들과 함께 신고해야 한다.[7)]

7) 천재지변, 납세자가 화재·전화 기타 재해를 입거나 도난을 당한 때 등 사유에 해당하는 경우 신고 및 납부기한을 연장할 수 있다.

표 5-4 법인세 신고기한 및 제출대상 서류

구분	법정신고기한	제출대상서류
12월 결산법인	3월 31일	1. 법인세과세표준 및 세액신고서 2. 재무상태표 3. 포괄손익계산서 4. 이익잉여금처분계산서(결손금처리계산서) 5. 세무조정계산서 6. 세무조정계산서 부속서류 및 현금흐름표
3월 결산법인	6월 30일	
6월 결산법인	9월 30일	
9월 결산법인	12월 31일	

청산소득에 대한 법인세는 계속기업이 아닌 해산 법인의 잔여재산가액이 자기자본 총액을 초과하는 경우 그 초과액은 미실현이익이 청산 시점에 실현되는 것으로 보아 청산소득에 대한 법인세로서 과세한다. 이는 영리내국법인에 한하여 납세의무가 있다. 청산소득에 대한 법인세는 잔여재산가액이 확정된 날이 속하는 달의 말일부터 3개월 이내에 신고·납부하여야 한다.

2. 법인세의 이중과세 문제

다시 처음으로 돌아와서 지금부터 여러분이 친구들과 함께 사업을 시작하려고 한다. 사업을 시작하기 위하여 우선 조직을 구성해야 할 것이다. 그러면 어떤 조직을 구성해야 할 것인가? 앞서 배운 바와 같이 선택가능한 대안은 크게 보면 두 개다. 하나는 법인이며 다른 하나는 친구들과 동업조직을 만드는 것이다. 법인은 글자 그대로 법에서 사람처럼 인격을 부여한 조직인 데 비하여, 동업조직은 사적인 계약에 따라서 만들어지는 것이다. 따라서 법인을 결성하려면 법에서 정한 요건을 갖추어야 하지만 동업조직은 외부의 간섭 없이 친구들끼리 계약을 맺음으로써 자유롭게 결성할 수 있다. 일단 법인이 되면 비록 숨을 쉬고 살아있는 사람은 아니지만 법에 따라 마치 사람인 것처럼 취급받게 된다. 이는 법인은 자신의 이름으로 계약을 맺고 땅이나 건물을 소유하며 소송을 걸고 은행에서 돈을 빌릴 수도 있음을 의미한다. 반대로 개인들로 구성된 동업조직은 조직의 이름을 걸고 계약을 맺거나 자산을 소유하거나 돈을 빌릴 수 없다. 동업조직은 사적인 조직에 불과하므로 대외적 활동은 당신 또는 동업자의 이름으로 수행해야 한다.

위에서 살펴본 법인과 개인들로 구성된 동업조직 간의 특징은 세금을 내는 방법에 있어서도 큰 차이를 가져오게 된다. 즉 법인은 자신의 이름으로 세금을 내야 하지만 동업조직은 당신과 동업자별로 개인적으로 세금을 내야 한다. 이렇게 법인에 대해서만 별도로 부과되는 세금을 법인세라고 부른다는 것은 이미 알고 있을 것이다. 그에 반하여 당신과 친구들이 결성한 동업조직은 법인세를 내지 않으며 각자 벌어들인 소득에 대해서 소득세를 내야 할 것이다. 지금부터 이러한 특성 때문에 생기는 법인과 개인 간의 과세상 차이점에 대해 논의하고자 한다.

앞서 설명한 바와 같이 법인은 그 자신의 이름으로 법인세를 부담한다. 이에 반하여 동업조직과 같이 개인들이 사업을 하였다면 소득세를 부담하게 된다. 이것이 어떤 문제를 일으킬까? 문제는 법인이 일단 법인세를 내고 난 다음에 생긴다. 당신과 친구들이 설립한 법인을 통해서 벌어들인 소득은 다시 당신과 친구들에게 배분된다. 그러면 당신과 친구들은 법인을 통해서 벌어들인 소득에 대해서 다시 소득세를 내야 한다. 즉 당신과 친구들이 설립한 법인이 일단 법인세를 냈음에도 불구하고 당신과 친구들은 다시 소득세를 내야 하는 것이다.

예를 들어 보도록 한다. 당신이 친구들과 ㈜서울을 설립하였다고 가정하자. ㈜서울은 1년 동안 1억원의 소득을 올렸다. ㈜서울은 일단 이 소득에 대해서 법인세를 낸다. 예를 들어 법인세율이 20%라고 한다면 ㈜서울은 2천만원의 법인세를 내야 할 것이며 이제 남은 소득은 8천만원이다. 여기서 당신과 친구들이 남은 8천만원을 배당을 통해서 나누어 갖는다면 당신과 친구들은 다시 이 8천만원의 소득에 대해서 또 다시 소득세를 내야 한다. 당신과 친구들의 소득세율이 25%라고 가정하면 8천만원의 소득에 대해 부과되는 총 소득세는 8천만원×25%=2천만원이 되고 결과적으로 당신과 친구들이 마음껏 쓸 수 있는 가처분소득은 6천만원이 된다. 따라서 법인을 통해서 사업을 수행한 결과, 1억원을 벌었지만 세금을 내고 난 세후 소득은 6천만원이 되었고 결과적으로 당신과 친구들이 부담한 세금은 4천만원이며 세율은 40%가 된 셈이다.

결국 당신과 친구들이 법인을 통해서 사업을 한 결과 실제 부담한 세율은 법인세율과 소득세율의 결합으로 나타낼 수 있으며 이는 법인주주들의 실효세율이라고 부를 수 있다. 이를 수식으로 표현하면 다음과 같다.

$$t_s = t_c + (1 - t_c) \times t_p \quad (1)$$

위 식 (1)에서 t_s는 법인주주들의 실효세율이며, t_c는 법인세율이고, t_p는 개인소득세율이다. 위 식 (1)에 앞선 예의 숫자들인 t_c=20%, t_p= 25%를 대입해보면 t_s=20%+(1−20%)×25%=40%가 되는데 이는 주주들 입장에서 법인소득의 실효세율이다. 즉,

법인을 통해서 1원을 벌면 0.4원의 법인세 및 소득세를 납부하게 될 것이고 최종적으로는 0.6원을 손에 쥐게 된다는 의미이다.

이에 반하여 만일 당신과 친구들이 법인이 아닌 단순한 동업조직을 만들어서 사업을 하여 1억원의 소득을 벌었다면 세금을 얼마나 내야 할까? 앞서 말했듯이 법인이 아닌 경우에는 법인세를 부담하지 않고 직접 소득세를 내야 하기 때문에 이 경우 당신과 친구들은 1억원의 소득에 대해서 25% 소득세율을 적용받아 2천5백만원의 소득세를 내게 될 것이며 최종적으로 손에 쥘 수 있는 가처분소득은 7천5백만원으로서 25%의 실효세율을 부담한 셈이고 25%의 실효세율은 개인소득세율 25%와 동일하다. 따라서 실효세율만 비교한다면 법인을 설립해서 사업을 수행하는 것이 법인이 아닌 동업조직을 통해 사업을 영위하는 것에 비하여 불리한 것처럼 보인다.

이러한 이중과세로 인하여 법인이 상대적으로 불리하게 되는 것을 방지하기 위해서 대부분 국가에서는 이중과세를 경감하기 위한 제도를 실시하고 있다. 우리나라에서도 이중과세의 부담을 낮추기 위하여 배당세액 공제제도를 실시하고 있다. 배당세액 공제는 세무를 처음 접하는 독자들이 이해하기에는 다소 어렵기 때문에 나중에 공부하기로 하자. 따라서 본 장에서는 법인세와 소득세의 이중과세를 조정하지 않는다고 가정한다.

3. 법인소득의 과세이연 문제

앞에서 법인소득에 대해서는 법인세와 소득세가 이중으로 과세되지만 동업조직 같은 개인들의 경우에는 소득세만을 부담하게 되므로 법인 형태로 사업을 영위하는 것이 불리하다는 것을 보여주었다. 그러나 법인이 세금 면에서 반드시 불리한 것만은 아니다. 주주들은 법인소득에 대해 배당을 받는 경우에만 소득세를 부담한다. 따라서 배당을 당장 받지 않고 미래로 연기한다면 이에 따른 소득세 납부도 미래로 연기된다. 배당을 언제 얼마나 받을 것인가는 주주들이 임의로 정할 수 있다. 따라서 이렇게 세금의 납부시기를 임의로 조정할 수 있다는 것은 법인을 통해서 사업을 수행하는 것의 세금상 장점이라고 할 수 있다.

주주들은 끝까지 배당을 받지 않을 수도 있다. 그렇다면 투자금액은 어떻게 회수할 수 있을까? 이는 자신이 보유하고 있는 주식을 처분함으로써 가능하다. 주식을 처분하게 되면 정상적인 경우 지금까지 미루어왔던 배당금액만큼의 주식처분익이 생길 것으로 예상할 수 있다. 우리나라에서는 주식처분익에 대해서 상당히 관대하게 과세한다. 증권거래소에 상장된 주식이라면 대규모 거래가 아닌 이상 과세를 하지 않는다. 증권

거래소에 상장되지 않은 비상장 주식이라고 하더라도 대주주가 아니라면 그 세율은 일반적인 소득세율보다 상당히 낮아진다. 결론적으로 주주들이 법인소득에 대해서 배당을 받지 않고 이를 자신이 원하는 미래 특정 시점에서 주식을 처분하여 자신의 소득을 실현시킨다면 법인세 외에 추가적인 세부담은 상당히 낮아질 수 있다. 그리고 법인세율이 통상 소득세율보다 낮다는 점을 감안하면 이중과세에도 불구하고 법인을 통해서 사업을 영위하는 것이 더 유리해질 수도 있다.

지금까지 법인과 개인의 과세상의 차이점에 대해서 알아보았다. 법인과 개인의 차이는 단순히 법인에게는 법인세가 부과되고 개인에게는 소득세가 부과된다는 차이만 있는 것은 아니다. 법인에 투자한 금액은 궁극적으로 개인에게 소득으로 귀속된다는 점을 감안하면 법인은 법인세와 소득세가 과세되는 이중과세의 문제가 있게 된다. 반면 법인이 배당을 하지 않고 모든 소득을 유보시킨 후에 주식처분으로 소득을 실현시킨다면 법인세만 부담한 채 소득세부담을 먼 미래로 이연시킬 수도 있다. 이중과세라는 측면에서만 보면 법인이 개인에 비하여 불리한 것처럼 보이지만 소득세율보다 낮은 법인세만 부담하고 소득세 과세를 나중으로 미룰 수 있다는 점에서는 오히려 법인이 개인보다 유리하다.

이렇듯 법인과 개인의 과세상 차이를 보면 법인으로 사업을 수행하는 것과 개인의 이름으로 사업을 수행하는 것 사이에는 절대적인 우열관계가 존재하지 않는다. 또한 내가 사업을 함에 있어서 법인을 설립한 것인지 아니면 동업조직을 이용할 것인지를 결정하는데 있어서 세금문제만 고려할 수도 없다. 법인과 동업조직은 과세상 차이 못지않게 법적인 차이도 크다. 예를 들어 주식회사 형태로 법인을 설립한다면 주주들은 법인의 부채에 대해서 유한책임을 지게 되는데, 동업조직은 경우에는 무한책임이라는 점과 비교할 때 커다란 이점을 갖게 된다. 이러한 모든 점들을 꼼꼼하게 고려하여 사업의 수행주체를 결정해야 한다.

Ⅱ. 회계기준과 법인세법의 차이

기업에게 적용되는 회계기준과 법인세법은 모두 일정기간 동안의 소득을 측정하고자 한다는 점에서 일치한다. 따라서 일부 독자들은 회계기준과 법인세법은 동일한 것은 아닌지 오해할 수도 있다. 그러나 양자는 세부적으로 소득을 구하는 방법에서 차이를 보인다. 이하에서는 법인세법과 회계기준에 대해서 알아보고 다음으로는 회계기준에서 산출한 소득(이하 회계이익)과 법인세법에서 산출한 소득(이하 과세소득) 간의 차이가 있게 되는 원인을 살펴보고자 한다.

1. 회계기준

기업은 각자 재무제표를 작성하여 투자자들에게 보고하여야 한다. 회계기준은 재무제표를 작성하는데 필요한 기준이다. 만일 회계기준이 없다면 기업들은 각자 나름대로 재무제표를 작성해서 보고해야 하는데 이렇게 된다면 재무제표의 비교가능성이 현저하게 떨어지게 될 것이다.

예를 들면 어떤 투자가가 동일한 산업에서 서로 경쟁하고 있는 두 회사를 놓고 어디에 투자할 것인가를 고민하고 있다고 하자. 이 투자자는 두 회사가 보고하는 재무제표를 비교하여 회계이익을 더 많이 내는 회사에 투자할 생각이다. 그런데 만일 두 회사가 서로 다른 회계기준을 적용하여 회계이익을 산출하였다면 도대체 어느 회사의 회계이익이 실제로 더 많고 적은 것인지에 대한 확신을 할 수 없게 된다. 또한 회사가 매 연도마다 다른 기준을 적용하여 회계이익을 산출한다고 하자. 이렇게 기간별로 회계기준이 달라진다면 역시 회사의 실적이 좋아지고 있는지 아니면 나빠지고 있는지를 판단하기가 어렵게 만든다. 따라서 모든 기업에게 동일하게 적용되고 또한 시기별로 동일하게 적용되는 회계기준은 반드시 필요하다.

영리기업이 재무제표를 만들 때 적용하는 회계기준을 통상 일반적으로 인정된 회계원칙(Generally Accepted Accounting Principle : GAAP)이라고 한다. 우리나라는 상장기업에 대해서는 국제회계기준위원회에서 제정한 국제회계기준(International Financial Reporting Standard : IFRS)을 채택하고 있으며, 비상장기업에 대해서는 일반기업회계기준을 별도로 제정하여 이용하고 있다.

2. 법인세법

법인세법은 법인(납세의무자)의 일정기간(예 : 사업연도) 동안의 소득을 산출하고 이를 근거로 법인세를 부과할 목적으로 만들어졌다. 따라서 회계기준과 마찬가지로 법인세법도 기업의 일정기간 소득을 산출하는 것을 목표로 한다.

회계기준이 독립적인 민간기구에서 제정되는 것과는 달리 법인세법은 의회에서 제정한다. 법인세법도 세금을 부과하는 기준이 되는 법률이라는 점에서 국민을 대표하는 의회에서 제정되어야 하는 것은 당연한 일이다. 다만, 다른 세법과 마찬가지로 법인세법에서 모든 상황을 고려한 상세한 법 조항을 만드는 것은 비효율적이므로 시행령이나 시행규칙 등에서 법인세법을 보완하는 상세한 규정을 두게 된다.

3. 회계기준과 법인세법의 차이

앞서 말한 바와 같이 회계기준과 법인세법은 일정기간 동안 기업의 소득을 구하고자 한다는 점에서 동일하다. 그렇지만 세부적으로 소득을 구하는 방법에서는 많은 차이점을 보인다. 앞으로 회계학과 세법을 공부해야 하는 독자들에게는 회계기준과 법인세법이 서로 다른 것이 무척 불편할 것이다. 만일 회계원칙과 법인세법이 동일하다면 하나만 공부해도 될 것을 독자들은 회계학과 법인세법을 각각 따로 공부해야 하기 때문이다. 이런 불편에도 불구하고 세법과 회계기준은 유사하면서도 절대로 같아질 수 없다. 실제로 2000년 초반에 미국에서는 세법과 회계기준을 일치시키고자 하는 시도가 있었다. 그러나 수많은 논쟁 끝에 내린 결론은 양자는 결코 같아질 수 없다는 것이다. 그렇다면 왜 회계기준과 법인세법은 차이가 날 수밖에 없는가?

(1) 목표에서의 차이

회계기준에서 회계이익을 산출하는 목적은 특정 실체의 이해관계자들의 경제적 의사결정에 유용한 정보를 제공하기 위함이다. 반면에 세법에서 산출하는 과세소득의 목적은 과세당국에서 납세자의 조세채무를 결정하기 위함이다. 따라서 비록 이익이라는 동일한 대상을 측정하는 것이기는 하지만 그 측정에 숨어 있는 동기는 회계기준과 세법이 서로 다르다고 할 수 있다.

회계이익은 기업이라는 경제적 실체의 이해관계자의 경제적 의사결정에 유용한 정보가 되어야 한다. 기업의 이해관계자는 주로 현재와 미래의 투자자들이다. 이들은 기업에 자금을 제공하는 대가로 기업의 지분이나 채권을 취득하게 된다. 이들 투자자들은 자신들의 경제적 이익을 극대화하기 위하여 자신들이 투자하고 있는 혹은 투자하고자 하는 기업의 미래성과를 알아보고자 한다. 따라서 회계이익은 기업의 미래성과를 보여줄 수 있는 일차적 정보로서 투자자들에게 유용한 정보가 될 것이다.

과세소득은 과세당국이 납세자인 기업실체의 조세채무를 결정하는 산출기초이다. 즉, 과세소득은 납세자의 상대적인 부담능력에 따라 조세채무를 배분하는 기준이다. 그리고 궁극적으로 조세를 부담하는 것은 법인납세자가 아닌 개인납세자라는 점에서 볼 때 법인이 부담하는 조세는 개인에 대한 조세부과를 대체하는 원천징수 개념에 가깝다. 따라서 납세자가 부담하는 조세채무는 미래의 성과가 아닌 과거의 성과에 기초하여 결정되어야 한다. 이에 따라 과세당국에서는 기업의 미래보다는 과거의 성과에 관심을 갖고 있다. 이러한 점에서 과세소득은 기업의 과거 기간 동안 성과를 보여주어야 한다.

이렇게 본다면 회계이익과 과세소득은 일정기간 동안의 이익을 측정대상이라는 점에서 동일하지만 회계이익은 기업의 미래성과를 보여주고자 하는 것인 반면에 과세소득은 기업의 과거성과를 보여주고자 한다는 점에서 일차적인 목표가 다르다고 할 수 있다. 그렇지만 과거의 성과를 통해서 미래의 성과를 추정할 수 있다는 측면에서 이 두 가지 목표가 완전하게 독립적인 것은 아니다.

또한 법인세법은 조세정책의 목표를 실현하는 수단이 되기도 한다. 세법은 단지 세수확보만이 아니라 소득재분배나 특정한 경제활동을 촉진하거나 억제하기 위한 정책적 수단으로 활용된다. 이러한 점에서 과세소득에는 경제적 이익과는 무관한 소득이 포함되거나 반대로 경제적 이익임에도 불구하고 과세소득에서 제외되기도 한다. 이런 점은 회계이익과 과세소득을 다르게 만드는 또 다른 요인이다.

(2) 외부이해관계자의 차이

회계이익은 주주와 채권자들과 같이 자본시장에 참여하고 있는 외부의 투자자들에게 제공되는 정보이다. 반면에 과세소득은 오직 과세당국에게만 보고된다. 외부의 투자자들이 참여하는 자본시장은 기업의 정보에 대해서 효율적인 것으로 간주된다. 자본시장의 효율성은 정보의 효율성을 의미하는 것으로 기업에 관한 모든 정보는 즉각적으로 모든 투자자들에게 알려진다는 것을 의미한다. 따라서 효율적인 자본시장에서는 그 누구도 자신만의 정보를 이용하여 비정상적인 초과수익률을 올릴 수 없다. 물론 자본시장이 과연 효율적인가 하는 것은 재무관리나 회계학에서 오랫 동안 논의되어 왔음에도 불구하고 명확한 결론이 내려지지는 않았다. 그러나 분명한 것은 자본시장이 완벽한 의미에서 효율적이지는 않을지 모르지만 어느 정도 효율적이라는 것이다.

반대로 납세자인 기업과 과세당국 사이에서는 정보의 효율성을 가정할 수 없다. 비록 과세당국은 세무조사와 같은 권한을 활용하여 상당부분 기업의 정보를 취득할 수 있지만 이는 매우 제한적이다. 따라서 과세당국은 기업 내부의 정보에 대해서 거의 알 수 없는 위치에 있다.

이러한 차이는 결국 회계기준과 법인세법에서 잠재적으로 전제하는 정보 불균형 정도의 차이를 가져온다. 회계기준에서 산출하는 회계이익은 경영자와 외부투자자들 간에 정보 불균형을 해소하는 적극적인 수단으로 간주된다. 즉, 이는 경영자가 알고 있는 내부정보를 외부투자자들에게 적극적으로 알리려는 방편의 하나로 보는 것이다. 따라서 회계이익을 외부투자가들에게 제공함으로써 시장효율성은 증가한다고 생각한다. 이러한 생각을 반영하여 회계기준에서는 경영자의 적극적인 정보제공을 권장하며 경영자의 다양한 재량적 판단을 존중한다. 결국 회계기준은 획일적이지 않으며 경영자만이 알고 있는 내부정보를 다양한 형태로 외부로 알릴 수 있도록 자율성을 최대한 보장한다.

이에 반하여 세법에서는 과세당국과 납세자 간의 정보효율성을 가정하지 않는다. 오직 과세당국에게만 제공되는 과세소득은 과세당국이 납세자로부터 제공받는 유일한 정보이며 경영자는 내부정보를 이용하여 이득을 취하는 것도 가능하다. 따라서 과세당국은 경영자가 제공하는 과세소득을 전적으로 신뢰하지 않기 때문에 여러 가지 강제적인 규정을 통해서 경영자가 임의로 소득을 보고할 수 없도록 한다.

(3) 보고단위에서의 차이

과세소득과 회계이익은 모두 기업실체의 특정 기간 동안의 이익이라는 공통점을 갖고 있다. 그렇지만 기업실체와 특정 기간의 범위는 서로 간에 달라질 수 있다. 이익의 보고단위인 기업실체는 경제적 실체를 말한다. 즉, 법적 단위는 서로 다를지라도 경제적으로 이해관계를 같이하고 있는 경우에는 동일한 실체로 구분해야 한다. 이러한 점에서 회계기준과 법인세법은 개념적으로 동일하다. 즉, 많은 국가에서는 회계기준에서의 연결납세와 동일한 개념하에 법인세법에서 연결납세를 실시하고 있다. 그러나 연결납세를 실제로 적용함에 있어서는 연결재무제표를 적용하는 것과 차이가 있을 수 있다. 예를 들어 우리나라의 경우, 비록 연결납세를 시행하고 있기는 하지만 이를 선택할 수 있는 법인의 자격에 제한이 있으며 자격이 있다 하더라도 납세자에게 선택권을 부여하고 있어서 제한 없이 강제적으로 모든 법인이 연결재무제표를 작성해야 하는 회계기준과는 차이가 있다. 또한 회계기준에서는 50% 이상의 지분을 소유하고 있는 경우에는 연결범위에 포함이 되는 반면에, 법인세법에서는 100%를 소유하는 경우에만 연결납세를 적용할 수 있도록 하고 있다.

또한 법인세법에서는 세금을 부과하는데 과세관할의 문제가 있다. 즉, 과세당국은 자신의 관할지역 내에서만 과세할 수 있다. 따라서 법인세법은 단지 과세관할 내에서의 경제활동에 대해서만 적용된다. 이에 반하여 회계기준에서는 이러한 지역적 범위를 고려하지 않는다.

(4) 손익의 귀속시기 차이

법인세법과 회계와의 대표적인 차이는 바로 손익의 귀속시기이다.

그림 5-5 회계학과 법인세법의 손익 귀속시기 차이

구분	회계학	법인세법
발생주의	경제적 사실 발생시 손익인식	–
실현주의	수익 실현시 인식 예) 판매기준(인도기준), 생산기준 등	–
권리의무 확정주의		법인세법 제40조 제1항

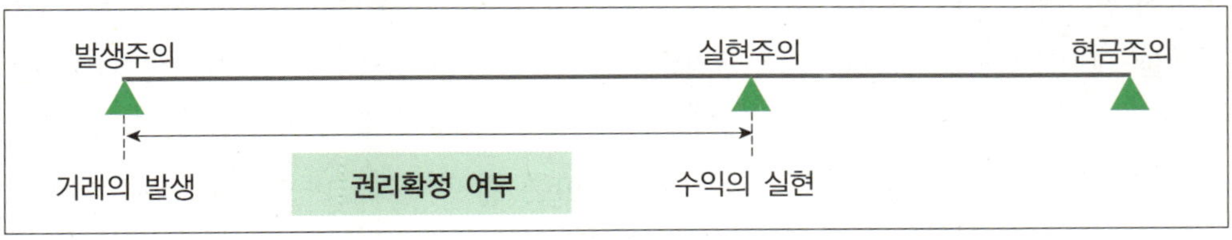

회계학에서는 일반적으로 수익의 실현시 인식하는 실현주의를 인정한다. 또한 가장 널리 알려진 경제적 사실의 발생시 손익을 인식하는 발생주의 회계처리를 여러 곳에서 확인할 수 있다.

그러나 법인세법은 아래와 같이 손익이 확정되는 날 인식할 것을 정하고 있다.

그림 5-6 법인세법상 귀속시기

'확정'의 개념

법인세법 제40조 【손익의 귀속사업연도】

① 내국법인의 각 사업연도의 익금과 손금의 귀속사업연도는 그 익금과 손금의 확정된 날이 속하는 사업연도로 한다.

확정	권리의 실현가능성에 있어 상당히 높은 정도로 성숙·확정되었는지 여부를 기준으로 판단	확정은 가장 확정되지 않은 불확정 개념

여기서 말하는 '확정'이란 권리의 실현가능성에 있어 상당히 높은 정도로 성숙·확정되었는지 여부를 기준으로 판단하는 것이다.8) 따라서 이러한 판례의 기준을 따르자면 확정의 개념은 딱 잘라 정의하기 어렵다. 결국 확정이라는 개념이 어찌보면 가장 확정되지 않은 불확정한 개념인 것이다. 이러한 확정에 대하여 우리나라 대법원은 권리가 확정적으로 발생한 때를 기준으로 하여 그때 소득이 있는 것으로 보고 당해 사업연도의 소득을 산정하는 방식으로, 실질적으로는 불확실한 소득에 대하여 장래 그것이 실현될 것을 전제로 미리 과세하는 것을 허용하는 입장이다.

하지만 이러한 권리의무 확정주의가 적용되지 못하는 것도 있다. 예를 들어 A법인이 건물을 매입하였다고 가정해보자. A법인은 그 건물에 대하여 매년 감가상각비를 계산할 것이다. 그런데 감가상각비는 내가 지출해야 할 의무가 확정된 것인가? 당연히 아니다. 감가상각비는 단지 내부적 회계처리에 따른 절차적 계산비용일 뿐, 외부와의 거래를 통하여 실제로 지급해야 할 의무가 발생한 것이 아니다. 그럼에도 법인세법은 감가상각비를 손금으로 인정하고 있다. 이와 유사한 것으로 퇴직급여충당금 설정, 재고자산평가손실 계상 등이 있다. 또한 무효인 법률행위 등으로부터 생긴 소득의 경우 받

8) 대법원 2013.12.26. 선고 2011두18120 판결, 대법원 1993.6.22. 선고 91누8180 판결 등 다수의 판례는 아래와 같이 적시하고 있다.
"소득의 귀속시기를 정하는 원칙인 권리확정주의란 소득의 원인이 되는 권리의 확정시기와 소득의 실현시기와의 사이에 시간적 간극이 있는 경우 과세상 소득이 실현된 때가 아닌 권리가 발생한 때 소득이 있는 것으로 보고 해당 연도의 소득을 산정하는 방식을 말하는 것으로, 실질적으로는 불확실한 소득에 대하여 장래 실현될 것을 전제로 하여 미리 과세하는 것을 허용하는 원칙이기는 하나 법이 선언하고 있는 법적 기준으로서의 권리확정주의의 '확정'의 개념을 수입의 귀속시기에 대한 예외 없는 일반원칙으로 단정하여서는 아니되고, 구체적 사안에 있어 소득에 대한 관리·지배와 발생소득의 객관화 정도, 납세자금의 확보시기 등까지도 함께 고려하여 소득이 현실적으로 실현될 것까지는 필요없다 하더라도 실현가능성에 있어 상당히 높은 정도로 성숙·확정되었는지 여부를 기준으로 귀속시기를 합리적으로 판단함이 상당하다."

을 권리 자체가 존재하지 않기 때문에 권리의 확정이라는 것이 있을 수 없다. 따라서 이러한 경우에는 소득을 현실적으로 수령하는 때에 귀속시기가 결정되는 것이다. 이러한 무효인 법률행위 등으로 인한 소득도 권리의무 확정주의를 적용받을 수 없는 것이다. 그러나 이와 같은 한계점들을 제외한 대부분의 경우 법인세법은 권리의무 확정주의 원칙을 고수하고 있다.

Chapter 06

법인세 Ⅱ: 법인세의 구성과 계산

앞선 장에서는 법인의 의미와 법인세의 개념에 대해서 살펴보았다. 이번 장에서는 본격적으로 법인세를 어떻게 계산할 것인지에 대해서 알아본다. 앞선 장에서도 보았듯이 법인세의 납세의무는 영리법인과 비영리법인 그리고 내국법인과 외국법인인가의 여부에 의하여 달라진다. 이렇게 4가지 유형의 법인이 있지만 본장에서는 우선 가장 대표적인 영리법인이면서 내국법인의 법인세 계산과정에 대해서 살펴볼 것이다. 영리법인의 법인세 계산과정을 잘 공부한다면 그 다음 비영리법인이나 외국법인의 경우는 약간의 주의만 기울이면 손쉽게 이해할 수 있을 것으로 생각한다.

| 학습목표 |

- 법인세 계산구조를 알고 있는가? : 법인세 과세표준 및 산출세액 계산과정
- 토지 등 양도소득, 청산소득, 미환류소득 법인세 과세는 무엇인가? : 토지 등 양도소득, 청산소득, 미환류소득 법인세 산출

제 1 절 법인세 계산과정

I. 법인세 과세표준 산출과정

법인세의 계산과정의 출발점은 사업연도소득을 구하는 것이다. 사업연도소득을 구하는 과정을 이해하기 위해서는 앞 장에서 설명했던 회계기준과 법인세법 간의 차이를 알고 있어야 한다. 사업연도소득을 구하는 과정과 소득처분과정을 이해하였다면 그 다음 과정은 사실상 거의 기계적인 과정으로 볼 수 있다. 그러나 문제는 계속 등장하는 새로운 용어들이다. 과세표준, 세액공제, 이월결손금 등 여러분이 한 번도 접해보지 않은 생소한 용어들이 등장할 텐데 당황하지 말고 이런 용어들에 익숙해지는 것이 필요하다. 일단 본장에서 소개되는 많은 용어들에 대해 익숙해지고 나면 이 책의 설명들이 훨씬 쉽게 다가올 것이다.

그림 6-1 법인세 계산구조

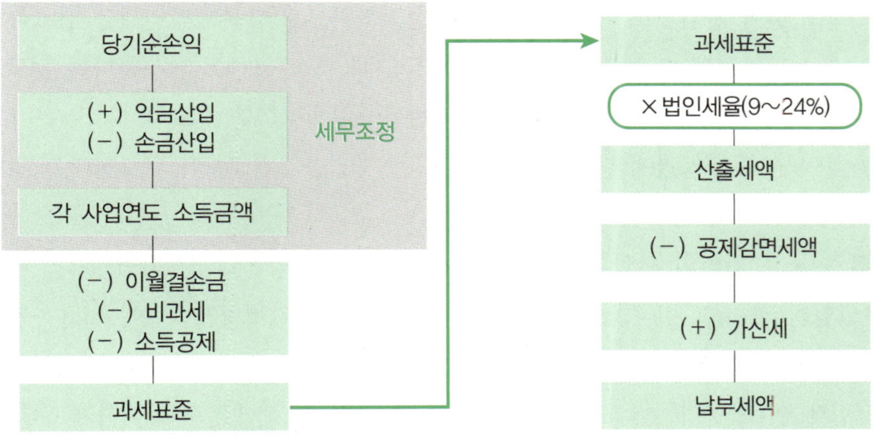

영리 내국법인이 납세의무자라면 법인세는 위의 그림과 같은 순서로 계산된다. 법인세 계산과정을 이해하기 위해서 여러분들은 위와 같은 계산과정을 숙지해야 한다. 여기서 사용하는 용어에 대해서는 아마도 거의 모든 독자들이 생소할 것이라고 생각한다. 처음에는 생소하겠지만 반복해서 읽어보고 계산과정을 따라가다 보면 저절로 익숙해질 것으로 기대하며 이제부터는 각 사업연도 소득금액 계산을 중심으로 계산구조를 설명하고자 한다.

1. 각 사업연도소득금액

법인세를 계산하기 위한 첫 단계는 사업연도소득을 계산하는 것이다. 사업연도소득을 계산하기 위해서는 우선 사업연도를 정해야 한다. 사업연도는 법인이 설정한 소득의 계산기간이다. 사업연도는 법인이 자율적으로 정하는 것이기는 하지만 1년을 초과할 수는 없다. 만일 1년 이상으로 사업연도를 정할 수 있도록 허용하고 있어서 사업연도 기간을 100년으로 설정하였다고 하자. 그렇다면 이 법인은 100년에 한 번씩 결산을 하고 소득을 계산해서 법인세를 납부하게 될 것이다. 100년 후에나 세금을 낸다는 것은 사실상 세금을 안내는 것과 마찬가지이다. 이런 점을 감안해서 거의 모든 국가에서는 사업연도를 1년 이내 기간으로 정하도록 하는 것이다.

그렇다면 1년 미만으로 사업연도를 설정하면 어떻게 될까? 물론 1년 미만으로 사업연도를 설정하는 것은 가능하기는 하지만 사업연도를 1년 미만으로 설정하는 것은 번거로울 뿐만 아니라 세금을 자주 납부하게 된다는 점에서 현재가치 측면에서도 손실이 된다. 예를 들어 사업연도 기간을 3개월로 설정하면 3개월마다 법인세를 신고하고 납부해야 하는데 1년에 한 번만 소득을 계산하고 세금을 신고하고 납부한다는 것도 번거롭고 비용이 들어가는 일인데, 3개월에 한 번씩 1년에 4회를 신고한다는 것은 너무나 비효율적이다. 또한 1년에 한 번만 납부해도 될 세금을 3개월마다 납부한다는 것은 현재가치 면에서도 손실이 된다.

따라서 모든 법인의 사업연도는 거의 예외 없이 1년이라고 생각하면 된다. 다만 회사가 설립된 첫 해 혹은 청산되기 직전 마지막 해는 불가피하게 1년에 미달하는 경우가 생길 것이다. 예를 들어 사업연도를 1월 1일부터 12월 31일까지로 설정하였다고 하자. 그런데 이 법인이 6월 1일에 설립되었다면 설립 첫 해에는 부득이하게 6월 1일부터 12월 31일까지가 사업연도가 될 것이다. 또한 대부분 회사들은 1월 1일부터 12월 31일까지를 사업연도로 설정하지만 때로는 4월 1일부터 다음 해 3월 31일까지와 같이 반드시 달력상의 1년 주기와 달리 사업연도를 설정하는 법인들도 있다.

2. 익금

사업연도소득은 사업연도 동안 생긴 익금에서 손금을 차감하여 구한다. 익금은 회사의 순자산을 증가시키는 거래로부터 생긴 것인데 자본금으로 주주들이 직접 납입하는 금액은 제외한다. 순자산이란 자산에서 부채를 차감한 금액이다. 예를 들어 어떤 회사가 거래처에 서비스를 제공하고 1백만원의 현금을 받았다면 현금이라는 자산이 1백만원 증가하였으므로 이는 익금이 생긴 것이다. 그렇지만 회사가 주식을 발행하고 주주들로부터 1백만원의 현금을 받았다면 자산이 증가한 것은 분명하지만 이는 주주들이 직접 납입한 것이므로 익금으로 보지 않는다.

법인세법에서 익금은 "법인의 자본 또는 출자의 납입 및 법인세법에서 규정하는 것은 제외하고 해당 법인의 순자산(純資産)을 증가시키는 거래로 인하여 발생하는 이익 또는 수입"으로 정의하고 있다.1) 익금의 범위는 수입금액, 자산의 양도금액, 자기주식의 양도금액, 자산의 임대수익, 자산의 평가이익, 자산수증이익, 채무면제이익, 손금환입액 등이 있다. 이는 순자산증가설과 포괄주의를 표방하고 있음을 의미한다. 자본금의 납입이나 익금불산입 항목에 해당하는 경우에는 익금으로 보지 않는다.2) 수입금액은 대체로 기업회계기준에 따른 매출액과 유사한 것으로 재고자산을 타인에게 무상으로 양도하거나 저가로 양도한 경우도 해당된다. 자산의 양도금액은 재고자산 이외의 자산에 대한 양도금액으로 자산을 교환하거나 타인에게 무상 또는 저가로 양도한 경우도 포함된다.3) 자산의 평가이익은 보험업법이나 그 밖의 법률에 따른 고정자산의 평가이익, 은행의 외화자산 관련 파생상품 중 통화선도 및 스왑 관련 평가이익 등으로 이외 대부분의 평가이익은 익금불산입하는 것이 원칙이다. 채무면제이익은 법인이 지출 없이 채무가 소멸함에 따라 부채가 감소하여 순자산이 증가하는 것이다. 이 밖에도 익금으로 의제되는 항목들이 있으나 복잡하고 초보자들에게 다소 어려울 수 있으므로 이 책에서는 건너뛰기로 한다.4)

---

1) 법인세법 제15조
2) 익금산입은 수익에 해당하여 더하는 개념으로 보면되고, 익금불산입은 수익에 해당하지 않아 차감하는 개념으로 보면된다(손금산입과 손금불산입도 마찬가지다).
3) 타인이 특수관계인인 경우 부당행위계산부인 문제, 특수관계인이 아닌 경우 기부금 문제와 연계하여 생각해야 한다.
4) 법인세법 제15조 제2항, 제16조 제1항, 조세특례제한법 제138조 제1항 등을 참고하길 바란다.

3. 손금

손금의 경우는 익금과 반대로 생각하면 된다. 즉 회사의 순자산이 감소하는 거래로 생긴 것으로서 다만 주주들에 대한 배당으로 순자산이 감소한 것은 제외한다. 예를 들어 회사가 종업원에게 1백만원의 급여를 현금으로 지급하였다면 자산이 감소하였으므로 이는 손금이 생긴 것이다. 또한 회사가 광고를 하고 지급해야 할 광고비 1백만원을 지급하지 않았다면 현금이 지출된 것은 아니지만 미지급비용이라는 부채가 새로 생긴다. 부채가 증가한 것은 결과적으로 순자산이 감소한 것이므로 이 역시 손금이 생긴 것이다. 그렇지만 회사가 주주들에게 1백만원의 배당금을 지급하였다면 비록 자산이 감소한 것은 맞지만 이는 배당으로 보아서 손금으로 보지 않는다.

법인세법에서 손금의 정의는 다음과 같다.

> 법인세법 제19조(손금의 범위)
> ① 손금은 자본 또는 출자의 환급, 잉여금의 처분 및 이 법에서 규정하는 것은 제외하고 해당 법인의 순자산을 감소시키는 거래로 인하여 발생하는 손실 또는 비용[이하 '손비'(損費)라 한다]의 금액으로 한다.
> ② 손비는 이 법 및 다른 법률에서 달리 정하고 있는 것을 제외하고는 그 법인의 사업과 관련하여 발생하거나 지출된 손실 또는 비용으로서 일반적으로 인정되는 통상적인 것이거나 수익과 직접 관련된 것으로 한다.

여기서 우리는 익금과 손금에서 한 가지 차이를 발견할 수 있다. 손금으로 인정받으려면 익금에는 없는 '사업과 관련', '통상적', '수익과 직접 관련된 것'이라는 조건이 따라 붙는다. 이러한 조건은 우리나라뿐만이 아니라 미국 내국세법에서도 찾아볼 수 있다. 미국 내국세법에서도 사업수행 과정(in carrying on)에서 통상적(ordinary)이고 필요한(necessary) 비용을 손금으로 인정하고 있다. 이는 사업활동 관련성(in connection with), 금액의 적정성(reasonable amount), 공서양속을 위반한 지출을 부인하는 공공정책적 고려(public policy)를 의미한다.

미국 내국세법 제162조 (a)
There shall be allowed as a deduction all the ordinary and necessary expenses paid or incurred during the taxable year in carrying on any trade or business.
사업연도 중 사업수행 과정에서 지급되었거나 발생한 모든 통상적이고 필요한 비용은 손금으로 인정한다.

결국 손금으로 인정받기 위해서는 아무렇게나 막써서는 안 된다는 것을 의미하는 것이다. 주변에서 법인의 돈이라고 함부로 막 쓰는 사람이 있다면 이러한 법인세법의 요건을 다시 한번 상기시켜 줄 수 있어야 하겠다.

4. 세무조정

세무조정이란 기업이 일반적으로 공정·타당하다고 인정되는 기업회계기준에 의하여 작성한 재무제표상의 당기순손익을 기초로 하여 세법의 규정에 따라 익금과 손금을 조정함으로써 정확한 과세소득을 계산하기 위한 일련의 절차를 말한다.

각 사업연도 소득금액은 원칙적으로 익금에서 손금을 차감하여 구하게 되는 것이지만 현실적으로는 회계상 당기순이익, 즉 회계이익에서 세무조정을 가감하여 구하게 된다. 사업연도소득과 회계이익은 사업연도 혹은 회계기간 동안 기업의 소득을 측정한 값이라는 점에서 거의 유사하다. 다만 사업연도소득은 법인세법에 따라서 산출되며 국세청에 보고하는 소득이지만 회계이익은 일반적으로 인정된 회계원칙에 따라서 산출되며 주주들에게 혹은 자본시장의 잠재적 투자자들에게 보고하는 소득이라는 점에서 차이가 있을 뿐이다.

비록 사업연도소득과 회계이익은 유사하기는 하지만 그렇다고 해서 똑같지는 않다. 이는 법인세법과 일반적으로 인정된 회계원칙이 유사하면서도 부분적으로는 차이를 보이기 때문이다. 이에 대해서는 이미 앞에서 설명한 바 있다. 따라서 회계이익을 기초로 사업연도소득을 산출하기 위해서는 몇 가지 차이점들을 조정해주어야 한다.

회계이익은 수익에서 비용을 차감해서 구한다. 수익은 법인세법상 익금과 유사한 의미를 갖지만 동일한 것은 아니다. 비용도 법인세법상 손금과 유사한 의미지만 완전하게 같지 않다. 회계상 수익을 기초로 법인세법상 익금을 산출하기 위해서는 수익과 익금의 차이를 조정해야 하는데 회계상 수익이지만 법인세법상 익금이 아닌 항목들은 차감해야 할 것이며 반대로 회계상 수익은 아니지만 법인세법상 익금인 항목들은 더해주어야 할 것이다. 전자를 익금불산입 항목이라고 하며 후자를 익금산입 항목이라고 한다. 익금불산입이란 글자 그대로 익금에 포함시키지 않고 뺀다는 의미이며 익금산입이란 익금에 포함시키기 위해서 더한다는 의미이다. 이는 회계상 비용과 법인세법상 손금에도 동일하게 적용되는데, 즉 비용이지만 손금이 아닌 항목을 손금불산입이라고 하고 비용은 아니지만 손금인 항목은 손금산입이라고 한다.

그림 6-2 세무조정

출처 : 국세청

이러한 세무조정은 사업연도 말의 결산서에 손비로 계상한 경우에만 세법에서 인정하는 '결산조정사항'과 법인세 신고서에만 계상해도 되는 '신고조정사항'으로 나누어진다.

5. 신고조정

'신고조정'이란 회계상 수익, 비용으로 계상하지 않았더라도 세무조정을 통하여 익금 또는 손금에 산입할 수 있는 것을 말한다. 통상 객관적으로 인정될 만한 외부거래를 통하여 해당 수익・비용을 확인할 수 있을 경우 권리의무 확정주의에 따라 신고조정을 한다. 따라서 귀속시기를 놓치거나 과소계상한 경우에는 경정청구나 수정신고를 통하여 소급하여 수정하여야 한다. 이러한 신고조정에는 법인이 선택적으로 할 수 있는 것과 반드시 조정해야 하는 것이 있다.

법인이 매출을 누락한 금액, 인건비 누락 금액 등으로 인하여 회계와 법인세법 간 차이가 발생한다면 이러한 차이는 신고조정을 통하여 반드시 조정하여야 한다. 또한 소멸시효완성 등으로 인한 대손금 및 퇴직연금충당금도 반드시 신고조정하여야 한다. 그러나 일시상각충당금 또는 압축기장충당금, 감가상각특례자산(조세특례제한법상 법정서비스업 영위 내국법인이 취득한 설비투자자산)에 대한 감가상각비, K-IFRS 도입기업의 유형고정자산, 비한정내용연수 무형고정자산에 대한 감가상각비, 조세특례제한법상 준비금, 외부회계감사를 받는 비영리내국법인의 고유목적사업준비금, K-IFRS 적용을 받는 보험업법인의 비상위험준비금, 화폐성 외화자산 및 부채의 평가손익 등은 회사가 임의로 선택하여 신고조정할 수 있다.

표 6-1 신고조정 항목

① 무상으로 받은 자산의 가액과 채무의 면제 또는 소멸로 인한 부채의 감소액 중 이월결손금 보전에 충당하여 익금에 산입하지 아니한 금액(법인세법 제18조6)
② 퇴직보험료·퇴직연금 부담금 등(법인세법시행령 제44조의2)
③ 국고보조금·공사부담금·보험차익으로 취득한 유형·무형자산가액의 손금 산입(법인세법 시행령 제64조, 내지 66조)
④ 자산의 평가손실의 손금불산입(법인세법 제22조)
⑤ 제 충당금준비금 등 한도초과액의 손금불산입
⑥ 감가상각비 손금불산입(법인세법 제23조)
⑦ 건설자금이자의 손금불산입(과다하게 장부계상한 경우의 손금산입)(법인세법 제28조①)
⑧ 손익의 귀속 사업연도의 차이로 발생하는 익금산입·손금불산입과 손금산입·익금불산입(법인세법 제40조)
⑨ 조세특례제한법에 의한 준비금(당해 사업연도의 이익처분 시 당해 준비금을 적립한 경우에 한함)

출처 : 국세청

6. 결산조정

'결산조정'이란 반드시 회계 장부에 손비로 계상한 경우에 한해 손금으로 인정받을 수 있는 항목을 말한다. 이러한 결산조정사항들은 대부분 객관적인 외부 거래를 통하여 계상된 금액이 아니라 회사의 의사결정에 의하여 금액의 크기와 손비 계상 여부가 결정된다. 따라서 회사가 장부에 계산하지 않거나 과소계상한 경우에 경정청구를 허용하지 않는다.

결산조정 항목으로는 고정자산의 감가상각비, 소액수선비, 생산설비의 폐기손실, 각종 충당금 및 준비금, 법인세법 및 조세특례제한법상 준비금, 자산의 평가손실, 부도 등의 사유로 인한 대손금 등이 있다.

표 6-2 결산조정 항목

① 감가상각비(즉시상각액 포함)(법인세법 제23조)
② 고유목적사업준비금(법인세법 제29조)
③ 퇴직급여충당금(법인세법 제33조)
④ 대손충당금(법인세법 제34조)
⑤ 구상채권상각충당금(법인세법 제35조)
⑥ 법인세법 시행령 제19조의2①(8)부터 (13)의 사유에 해당하는 대손금(법인세법시행령 제19조의2③(2))
⑦ 파손·부패 등의 사유로 인하여 정상가격으로 판매할 수 없는 재고자산의 평가차손(법인세법 제42조③(1))
⑧ 천재지변·화재 등에 의한 유형자산평가차손(법인세법 제42조③(2))
⑨ 다음 주식으로서 발행법인이 부도가 발생한 경우, 회생계획인가의 결정을 받은 경우, 부실징후기업이 된 경우 해당 주식의 평가차손(법인세법 제42조③(3))
   1. 창업자·신기술사업자가 발행한 주식 등으로서 중소기업창업투자 회사·신기술사업금융업자가 각각 보유하는 주식
   2. 주권상장 법인이 발행한 주식
   3. 1, 2외의 법인 중 특수관계 없는 법인이 발행한 주식
⑩ 주식을 발행한 법인이 파산한 경우 해당 주식의 평가차손(법인세법 제42조③(4))
⑪ 생산설비의 폐기손(법인세법시행령 제31조⑦)

출처 : 국세청

이러한 세무조정을 통하여 회계장부상 당기순이익이 법인세 과세를 위한 각 사업연도 소득금액으로 바뀌는 것이다. 그러면 이러한 조정사항들은 회계 장부와 세무상 장부의 차이를 유발하게 되는 것인데, 언제까지 관리해야 하는 것인가? 또 어떻게 관리해야 하는 것인가? 하는 질문에 봉착하게 된다. 그래서 우리는 이제 소득처분을 배워 보기로 한다.

7. 소득처분

법인세법상의 각 사업연도 소득금액은 기업회계상 당기순이익에서 익금산입 사항과 손금불산입 사항을 가산하고, 익금불산입 사항과 손금산입 사항을 차감하여 계산하게 되는데, 이렇게 익금에 가산된 금액 등이 누구에게 귀속하는가를 확정하는 세법상의 절차를 소득처분이라 한다. 즉, 세무조정을 통해서 회계이익에 비하여 사업연도소득이 증가되거나 감소되었을 때 그 증가 혹은 감소된 소득의 미래 사업연도소득 혹은 기업의 이해관계자들의 소득에 미치는 영향을 파악하고 이를 결정해주는 행위이다.

그림 6-3 소득처분 흐름

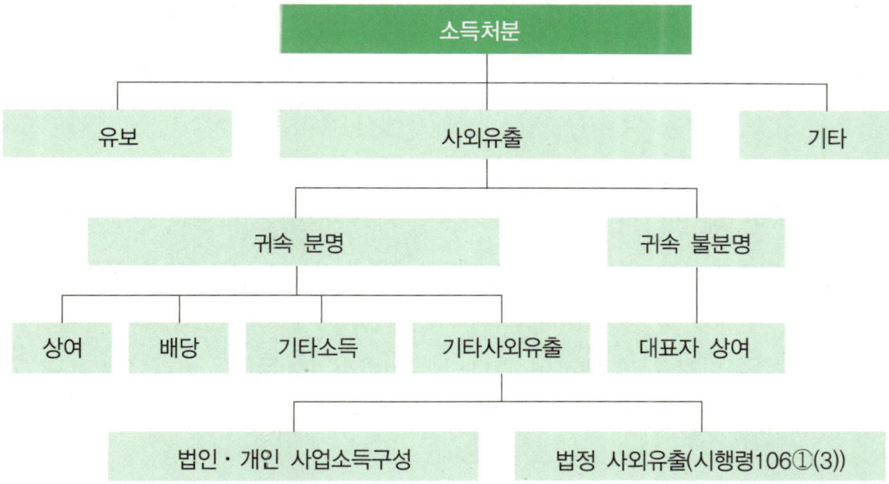

이러한 차이가 일시적으로 발생하였다가 향후 반대 조정을 통하여 차이의 효과가 사라지는 것을 일시적 차이라고 하고, 향후 반대 조정 없이 사외로 유출되는 경우에는 영구적으로 이 차이가 사라지지 않으므로 영구적 차이라고 부른다. 소득처분을 일시적 차이와 영구적 차이로 나누면 [그림 6-4]와 같다.

▌그림 6-4▐ 소득처분 구분

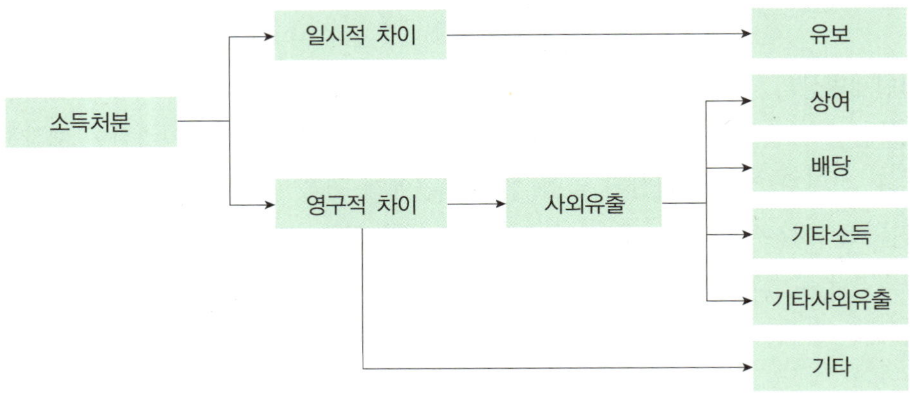

(1) 일시적 차이에 대한 소득처분 : 유보

세무조정을 통해서 사업연도소득이 증가 혹은 감소됨으로써 기업의 미래 사업연도소득이 다시 영향을 받을 수 있다. 앞선 사례들에서 우리는 회계이익과 사업연도소득의 차이가 일시적인 경우가 있고 영구적인 경우가 있다는 것을 알았다. 만일 세무조정의 결과로 회계이익에 비하여 증가 혹은 감소된 사업연도소득이 일시적인 것이라면 이는 언젠가 이 결과가 미래 사업연도소득에 영향을 준다는 것을 의미한다.

또한 유보처분은 사외유출의 반대 의미이다. 즉 세무조정의 결과로 증가한 기업의 소득이 외부로 유출되지 않고 내부에 유보되어 있다는 의미이다. 이런 유보는 결국 회계상 자산·부채와 세무상 자산·부채의 차이로 인한 것이다.

(2) 영구적 차이에 대한 소득처분 : 사외유출

세무조정 중에서는 실제로 소득이 기업 외부로 유출된 경우가 있다. 이런 경우를 사외유출이라고 하며 이는 영구적 차이이다. 세무조정 사항이 사외유출이라고 판단되면 그 다음으로는 유출된 상대방이 누구인가를 생각해보아야 한다. 이는 기업외부로 소득이 유출되었다면 그 소득을 수령한 상대방에게 다시 소득세를 부과해야 하는 2차적인 문제가 있을 수 있기 때문이다. 사외유출된 것이 분명한 경우에는 위와 같이 귀속자에 따라 상여, 배당, 기타소득 등의 소득처분을 할 수 있다. 이러한 경우에는 반드시 실제 현금 유입·유출이 없더라도 경제적 실질이 사외유출된 것으로 판단된다면 소득처분할 수 있다.

사외유출된 소득을 수령한 상대방은 주주인 경우, 회사 임원인 경우, 주주도 종업원도 아닌 회사와 독립적인 관계에 있는 개인인 경우와 이 세 가지 모두에 해당되지 않는 경우가 있다. 만일 유출된 소득을 수령한 상대방이 주주라면 이는 배당에 해당되기 때문에 배당처분을 내린다. 그리고 상대방이 경영자, 임원 등과 같이 기업과 고용관계를 갖는 개인이라면 이에 대해서 상여처분을 내린다. 그리고 상대방이 회사와 독립적 관계에 놓여있는 개인이라면 기타소득처분을 내린다. 배당처분이라는 것은 소득을 수령한 상대방에게 배당소득으로 소득세를 부과해야 한다는 것을 의미하며, 상여처분은 상대방의 근로소득임을 의미하고, 기타소득처분은 상대방의 기타소득임을 의미한다.

만일 이러한 세 가지 경우에 하나도 해당되지 않는다면 기타로 처분하는데 유출된 상대방에 대해서 소득세를 부과하지 않는다는 것을 의미한다. 이런 경우는 유출된 소득을 수령한 상대방이 법인이거나 아니면 개인사업자인 경우이다. 이런 경우에는 상대방이 이미 수령한 소득에 대해서 법인세나 소득세를 신고·납부할 것으로 보아서 추가적인 과세를 하지 않는 것이다.

[그림 6-3]에서 사외유출에 해당하나 귀속이 불분명한 경우가 있다. 귀속이 불분명한 사외유출이 발생하였다면 어떻게 처리해야 할 것인가? 그림에서와 같이 대표자의 상여로 소득처분하게 된다. 왜 귀속이 불분명한 금액을 대표자로 처리해야 하는 것인지 가만히 생각해보면 그리 어렵지 않게 답을 찾을 수 있을 것이다. 회사에 돈이 빠져나가는데 회사의 대표가 모른다는 것은 상식적으로 납득하기 어려운 부분이다. 즉, 경영 책임이 있는 대표가 사외유출된 금액의 귀속을 모르거나 밝히지 못한다는 것은 결국 본인 스스로에게 귀속시켰을 개연성이 매우 큰 것이다. 또한 자신에게 귀속되지 않았다 할지라도 부실한 회계처리에 대한 경영자로서의 책임을 묻기 위한 측면이 있다. 그러므로 귀속이 불분명한 사외유출에 대해서는 무조건 대표자 상여 소득처분을 하는 것이다.

이 밖에 무조건 기타사외유출로 소득처분해야 하는 경우가 있다. 법인세비용, 벌금 및 과태료, 기부금 한도초과액 및 비지정기부금, 접대비 한도초과액, 업무무관자산 등에 대한 지급이자, 채권자불분명사채이자 및 비실명채권 등의 이자 중 원천징수세액 상당액, 간주임대료 등은 법인세법에서 정한 계산방식 등에 의하여 귀속을 밝혀내기 어려운 익금에 해당하기 때문에 기타사외유출로 소득처분하는 것이다.

(3) 기타

마지막으로 위에서 설명한 유보나 사외유출에 모두 해당되지 않는 세무조정에 대해서는 기타로 처분한다. 모든 소득은 회사 내부에 유보되든지 아니면 유출된다는 점에서 생각해보면 유보나 사외유출에 해당되지 않는 경우는 어떤 상황일지 잘 상상이 안 갈 것이다. 이런 상황은 소득이 유출되지 않았고 자산과 부채에 대해서도 세무와 회계가 일치하지만 다만 잉여금에 있어서 세무와 회계가 차이를 보이는 경우이다. 예를 들어 매도가능증권의 가치 상승에 대해서는 회계상 자본잉여금으로 분류하지만 세무상으로는 이를 인정하지 않는다. 이 경우에는 회계상 자본잉여금을 세무상으로 부인하는 셈이 되므로 소득의 사외유출도 없으면서 유보도 아닌 상태가 된다. 따라서 이 경우에는 매도가능증권평가익을 익금불산입하면서 기타로 처분해야 한다.

8. 과세표준

앞서 세무조정과 소득처분이 끝나게 되면 비로소 법인세법상 각 사업연도 소득금액을 완벽히 산출한 것이다. 각 사업연도 소득금액에서 이월결손금, 비과세, 소득공제금액을 차감하면 과세표준을 산출할 수 있다. 따라서 이월결손금 등이 없다면 과세표준은 사업연도소득과 동일하다. 이월결손금은 어떤 기업이 과거에 보았던 결손금 누적액 중 과거 사업연도소득에 공제받지 못한 금액을 말한다. 결손금의 이월공제에는 시한이 존재하므로 과세표준에서 공제받으려면 당연히 시한이 지나지 않아야 한다. 비과세소득은 과세대상 소득이지만 공익 목적에 의해 과세에서 제외되는 소득을 말한다. 소득공제액도 비과세와 유사하게 과세표준 산정시 각 사업연도 소득금액에서 일정금액을 공제하여 과세에서 제외되는 소득을 말한다. 비과세와 소득공제 항목을 차감하는 법인은 사실상 드물기 때문에 이월결손금 중심으로 설명하고자 한다.

Ⅱ. 법인세 산출세액

1. 결손금 공제의 의의

계속기업을 가정할 때 대부분은 기업이 이익이 난다고 생각한다. 법인세도 이익이

나는 기업에 부과되는 것이기 때문이다. 그러나 기업이 언제나 이익만을 볼 수 없고 가끔은 손실을 볼 수도 있다. 이처럼 사업연도소득이 0보다 작으면 결손금이 생긴다.

결손금은 음의 사업연도소득이라고 할 수 있다. 만일 결손금을 음의 사업연도소득이라고 생각한다면 사업연도소득에 대해서는 세금을 납부하는 것과는 반대로 결손금에 대해서는 오히려 보조금을 받아야 할 것이다. 그러나 전세계 어디에도 결손을 보았다고 보조금을 지급하는 국가는 없다. 만일 결손을 본 기업에 대해 세금 납부와 반대로 보조금을 지급한다면 어떤 일이 벌어질까? 너도 나도 앞 다투어 기업을 설립하고 결손만을 보고해서 국가의 보조금을 타내려는 사태가 벌어질 것이 뻔하다. 이런 의미에서 독자 여러분은 결손에 대해서 국가가 무조건 보조금을 지급하지는 않는다는 것을 명심해야 한다.

법인세는 그 회사가 탄생한 날로부터 폐업하는 날까지의 소득을 모두 합산하여 과세하는 것이 이상적이다. 그러나 실제 수 년에서 수십 년을 존속하는 기업에 이러한 과세기법은 사실상 불가능에 가깝다. 따라서 우리는 사업연도소득을 계산하여 과세하는 것이다. 그러나 사업연도라는 것은 과세를 위해서 구분한 자의적인 기준이기 때문에 누진세 구조를 가지고 있는 법인세의 특성상 소득금액의 변동이 심한 기업들은 평균적으로 소득금액이 발생되는 기업들에 비하여 불이익을 받게 될 수 있다. 따라서 결손금이 발생한 기업들에게 소급공제 또는 이월공제를 허용하여 이러한 불공평을 해소하고자 하는 것이다.

결손금이라는 것은 각 사업연도 소득금액 계산시 익금을 초과하는 손금의 금액을 말하고, 이월결손금은 결손금으로써 이후 각 사업연도 과세표준의 계산시 공제되지 않은 금액을 말한다. 소급공제는 당해 발생한 결손금을 직전 사업연도 법인세를 한도로 소급하여 환급받을 수 있는 금액을 말한다. 그렇다면 결손금 이월공제와 소급공제의 차이와 조건은 무엇인지 확인해보자.

(1) 소급공제

기업이 사업연도에서 본 결손에 대해서 국가가 무조건적인 보조금을 지급하지는 않지만 만일 그 기업이 과거 사업연도에 납부한 세금이 있다면 그 한도 내에서 환급해줄 수 있다. 이것을 소급공제라고 한다. 예를 들어 20×1년에 설립된 기업이 첫 해 100원의 사업연도소득이 있었고 이에 대해 30원의 법인세를 납부하였는데 그 다음해인 20×2년에 결손 100원이 발생하였다면 이 기업은 2년 합계 소득은 0인 셈이므로 2년 동안 내야 할 세금도 0이 되어야 할 것이다. 따라서 20×1년 납부한 30원을 20×2년에 환급받는다. 이것을 결손금의 소급공제라고 한다.

이러한 소급공제는 누구나 받을 수 있는 것이 아니다. 법인세법상 소급공제 규정은 중소기업에 한하여 적용받는다. 소급공제를 적용받고자 하는 중소기업은 반드시 결손금 소급공제신청을 하여야 한다. 해당 중소기업은 결손금 소급공제를 신청할 사업연도와 직전 사업연도의 법인세 신고를 법정 신고기한 이내에 하여야 하며, 직전 사업연도에 과세된 법인세가 있어야 소급공제 적용이 가능하다. 쉽게 말하면 법인세를 제대로 신고하고 납부한 중소기업에 한하여 혜택을 주겠다는 의미이다. 왜 중소기업에 대한 혜택이라고 볼 수 있는지 살펴보자. 중소기업이 아닌 법인들은 이러한 소급공제를 적용받지 못하고 당해 결손금을 이월하여 차년도 이후에 공제받을 수 있다. 따라서 대부분의 기업들은 결손금이 생기면 즉시 환급받지 못하고 이후에 이익이 나는 사업연도가 되어야 환급을 받을 수 있는 것이다. 하지만 자금여력이 대기업에 비하여 부족하고 경영여건이 어려운 중소기업임에도 성실히 법인세를 신고・납부한 법인에 대해서는 국가가 과세 기술상 줄 수 있는 '즉시 환급'이라는 혜택의 길을 열어둔 것이다. 따라서 이는 중소기업을 위한 혜택이라고 볼 수 있다.

소급공제는 세금을 환급받는 것이므로 일반적으로 이월공제시한보다 소급공제시한이 짧게 설정되어 있다. 우리나라 법인세법에서는 소급공제시한을 1년으로 정하고 있고 그나마 소급공제를 받을 수 있는 기업도 중소기업으로 한정하고 있어서 이월공제에 비하여 소급공제 요건을 훨씬 엄격하게 정하고 있음을 알 수 있다.

(2) 이월공제(이월결손금)

기업이 결손을 보았지만 과거에 납부한 세금이 없다면 이 결손은 앞으로 기업이 보게 될 사업연도소득에서 공제해준다. 이를 이월공제라고 한다. 예를 들어 어떤 기업이 설립연도인 20×1년에 100원의 결손을 보았지만 그 다음해에는 100원의 사업연도소득을 신고하였다고 가정하자. 앞선 예와 마찬가지로 이 기업도 2년 누적 소득은 0이므로 2년간 내야 할 세금은 없을 것이다. 다만 앞선 예와는 달리 이 기업은 첫 해에 결손 100원을 보고하였는데 이때에는 과거에 납부한 세금이 없을 것이므로 소급공제를 통해서 환급받을 세금은 없다. 이때에는 결손금을 소급공제하는 대신에 이월공제한다. 즉 20×1년 결손금 100원을 미래로 이월하여 20×2년 100원의 소득에서 공제한다는 것이다. 따라서 이 기업은 20×2년 사업연도소득은 100원이지만 20×1년에 생긴 결손금

100원을 공제받아 실제 과세표준은 0이 되고 20×2년 납부할 세금은 없게 된다. 앞서 살펴본 바와 같이 중소기업이 아닌 대부분의 결손금 발생 기업들이 소급공제가 아닌 이월공제 규정을 적용받는다. 이때 공제되는 금액을 우리는 이월결손금이라고 부른다.

이월결손금은 사업연도 이전까지 발생한 결손금 중 해당 사업연도까지 공제받지 못한 결손금으로 납세의무자가 직접 신고한 결손금, 정보가 결정·경정한 결손금, 수정신고 시 발생한 결손금 모두 대상이 된다. 만약 2 이상의 사업연도에 이월결손금이 존재하고 있다면 이월결손금 공제순서는 먼저 발생한 사업연도의 결손금부터 차례대로 공제한다.

그러나 과세관청이 법인세 과세표준을 추계결정(경정)하는 경우에는 이월결손금을 공제하지 않는다. 추계결정이란 만약 법인이 법인세를 신고하지 않았거나, 허위로 신고하는 등의 경우에는 과세관청이 과세표준을 추정하여 재계산하는 것이다.[5] 따라서 무신고, 허위신고와 같은 법인의 불성실한 행위에 대한 징벌적 계산에서 이월결손금 공제라는 배려까지 해줄 필요는 없는 것이다.

결손금의 소급과 이월에는 기한이 정해져 있다. 이는 일종의 소멸시효와 마찬가지이다. 우리나라 법인세법에서는 결손금의 이월공제시한을 15년으로 정하고 있는데 이는 결손금이 생겨서 이월된다면 15년 이내 공제받아야 한다는 것이다.[6] 이는 최근 법인세법 개정으로 기한이 늘어난 것으로 2020년까지 발생한 이월결손금은 10년이 이월공제 시한이다.

앞서 설명한 예시에서 결손 기업은 20×1년에 발생한 결손금 100원을 그 다음해인 20×2년에 모두 공제받아 0원의 과세표준이 된다고 설명했다. 즉, 이월결손금 공제를 100% 다 받은 것이다. 법인세법에서 이와 같은 이월결손금 공제한도를 100%로 인정하는 법인은 중소기업과 회생기업뿐이다. 그 외의 일반기업들은 이월결손금이 있더라도 당해 각 사업연도 소득금액의 60%까지만 공제받을 수 있다. 즉, 앞선 예시로 보면 중소기업과 회생기업은 20×2년에 100원의 이월결손금을 모두 공제받아 20×2년의 과세표준은 0원이 되고, 그 외의 일반기업들은 20×2년에 60원의 이월결손금 공제를 적용받아 법인세 과세표준은 40원이 되어 법인세를 납부하여야 한다.

이월결손금과 관련된 규정 중 가장 낯선 부분은 바로 채무면제이익 등과 관련된 규

5) 단, 천재지변 등 불가항력의 사유로 추계결정하는 경우에는 이월결손금 공제를 허용한다. 이는 앞서 살펴본 추계결정의 사유인 법인의 무신고, 허위신고 등과는 다른 것이기 때문이다.

6) 2021년 1월 1일 이후 신고하는 결손금부터 적용되는 것이다. 이전에 신고한 결손금은 10년의 공제기한을 적용받는다.

정이다. 법에서 정하는 채무면제이익 등에 대해서는 이월결손금 공제를 받을 수 없다는 규정인데, 예를 들어 설명해보도록 하자. 기존에 결손금 누적이 심하여 거의 파산하기 직전의 기업이 있다고 가정하자. 이러한 기업을 살리기 위해서는 결국 해당 기업의 주주가 추가로 출자를 하거나, 기업의 채권자들이 채무를 원천적으로 면제하여 주거나 채무금액을 출자로 전환하여 면제하는 방식을 선택할 수밖에 없다. 이 경우 해당 기업에는 자산수증이익, 채무면제이익이 발생하게 되는데 이러한 이익들에 또 다시 법인세를 부과하면 그 효과가 줄어들 것이다.

법인세법은 상기 이익들을 익금에 산입하지 않는 규정을 두고 있는데 그 전제 조건은 해당 이익을 이월결손금 보전에 사용하는 것이다. 이와 같이 해당 이익을 이월결손금 보전에 충당한다면 익금에 산입되지 않아 법인세가 과세되지 않는다. 즉, 결손법인의 재무구조를 개선하기 위해서 법인세가 과세되어야 하는 이익이지만 향후 이월결손금 공제시 제외하는 것을 조건으로 과세를 하지 않겠다는 것이다. 법인세 과세표준에서 빼주는 혜택을 주고 또 다시 이월결손금으로 공제까지 해준다면 이는 중복혜택을 주는 것이 된다. 따라서 채무의 출자전환으로 발생한 채무면제이익 중 결손금 보전에 충당된 금액, 자산수증이익·채무면제이익으로 충당된 이월결손금, 소급공제받은 결손금은 이월결손금 공제금액에 포함될 수 없다.

(3) 비과세 및 소득공제

비과세와 소득공제는 이월결손금 차감 후의 소득을 한도로 차감하고, 남은 금액이 있더라도 이월되지 않는다. 또한 비과세소득은 세무조정시 익금불산입하는 것이 아니라 과세표준에서 차감하는 방식으로 계산해야 한다. 만약 비과세소득을 세무조정 시 익금불산입하고 과세표준에서 또 한 번 차감하면 이중으로 차감하는 것이 되기 때문이다. 비과세소득의 예는 공익신탁의 신탁재산에서 생기는 소득이 있고, 소득공제의 예로는 유동화전문회사 등에 대한 소득공제가 있다.

2. 산출세액

과세표준을 계산하고 나면 산출세액과 납부세액을 계산해야 한다. 산출세액은 과세표준에서 세율을 곱하면 된다.[7] 과세표준이 100원이고 법인세율이 20%라고 가정하면,

7) 세율은 앞선 장에서 설명한 법인세율을 참고하기 바란다.

산출세액은 100원×20%=20원이 될 것이다. 만일 법인세율이 누진세율라면 조금 복잡해진다. 법인세율은 100원까지는 10%이고 100원 초과분에 대해서는 20%인 경우 과세표준이 200원이라면 산출세액은 100원×10%+100원×20%=30원이 될 것이다. 우리나라는 누진세율 구조를 채택하고 있기 때문에 후자와 같이 계산되어야 할 것이다.[8)]

위와 같이 각 사업연도소득에 대한 법인세가 산출되면 토지등양도소득에 대한 법인세, 미환류소득에 대한 법인세를 가산하여 최종적으로 산출세액을 계산한다.

> 산출세액
> =과세표준×법인세율+토지 등 양도소득에 대한 법인세+미환류소득에 대한 법인세

3. 세액공제 및 세액감면(공제 · 감면세액)

산출세액이 계산되면 공제 · 감면세액을 차감하고 가산세를 더하여 최종적인 법인세 납부세액을 계산할 수 있다. 특정한 소득에 대해 사후적으로 세금을 완전히 면제하는 것을 세액공제라고 하고, 일정한 비율만큼 경감해주는 것을 세액감면이라고 한다. 현행 법인세법에는 세액감면 규정은 없고 세액공제 규정들이 있으므로 이를 중심으로 설명하고자 한다.[9)]

(1) 외국납부세액공제

만약 A법인이 미국에 지점을 가지고 있다고 가정하자. 미국 지점은 당기에 순이익이 발생하여 1,000원의 과세표준에 대한 법인세를 200원 납부하였다. 그렇다면 우리나라 법인세의 과세표준에 산입되어야 하는 것은 1,000원인가, 800원인가? 만약 미국 법인세를 납부한 후의 금액 800원을 우리나라 법인세 과세표준에 포함시킨다면, 이는 같은 금액에 대하여 미국과 한국 두 나라가 각각 법인세를 과세한 것이 된다. 즉, A법인은 800원을 벌어서 미국과 한국에 각각 법인세를 과세당하는 이중과세를 겪게 되는 것이다. 그렇다면 1,000원을 우리나라 과세표준으로 포함한 뒤에 미국에서 납부한 200원을 공제해주면 어떨까? 우리나라 법인세 과세표준에 미국에서 번 1,000원을 포함하여 250

8) 우리나라 법인세율은 2억원 이하 10%, 2억원 초과 200억원 이하 20%, 200억원 초과 3천억원 이하 22%, 3천억원 초과 25%의 누진세율 구조를 채택하고 있다.
9) 조세특례제한법상 세액감면 규정들은 있으나 여기서는 법인세법을 중심으로 논하기로 한다.

원의 법인세가 산출되었다고 가정해보자. 250원의 법인세를 납부하기 전에 미국에서 납부한 법인세 200원을 차감해주면 50원만 더 납부하면 된다. 그러면 이중과세를 피할 수 있게 된다.

▌그림 6-5 ▌ 외국납부세액에 대한 이중과세 문제

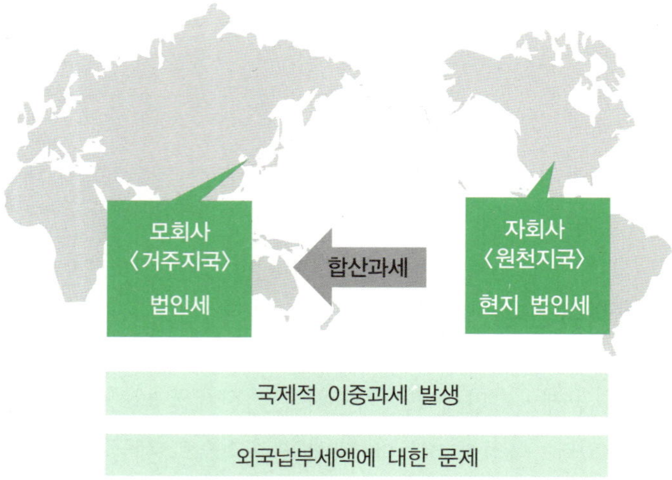

이처럼 내국법인의 각 사업연도 과세표준에 국외원천소득이 포함되어 있는 경우로서 해당 소득에 대한 외국법인세액을 납부한 경우에는 외국납부세액공제를 받을 수 있다. 이는 앞서 살펴본 바와 같이 국제적 이중과세를 방지하기 위해서이다.[10] 외국법인세액의 범위는 직접외국납부세액과 간접외국납부세액, 의제외국납부세액으로 나눌 수 있다.

직접외국납부세액이란 법인의 소득 등을 과세표준으로 하여 과세된 세액과 그 부가세액, 소득 이외의 수익금액 등을 과세표준으로 하여 과세된 세액을 말한다. 즉, 내국법인이 외국에서 납부한 법인세가 있다면 이를 직접외국납부세액이라고 하는 것이다.

다시 위의 예시로 돌아가서 A법인이 미국에서 벌어들인 소득(과세표준) 1,000원에 대하여 200원의 법인세 산출세액이 나왔는데, 50%를 조세조약에 의하여 감면받았다고 가정해보자. 그러면 우리나라 법인세 계산시 외국납부세액공제로 차감해주는 금액은 100원인가, 200원인가? 직접외국납부세액은 분명 100원이다. 그러나 만약 조세조약에

---

10) 국제적 이중과세 방지와 관련하여 전세계과세(worldwide taxation)를 통한 세액공제, 지역과세(territorial taxation)를 통한 내국법인의 국외원천소득 비과세 방식이 있으나 이 부분은 '국제조세' 장에서 논하기로 한다.

따른 감면 100원을 인정해주지 않게 되면 조세조약을 통한 혜택의 효과가 감소하게 된다. 따라서 이러한 경우 해당 감면세액도 납부한 것으로 간주(의제)하는 규정이 있다.

의제외국납부세액이란 국외원천소득이 있는 내국법인이 조세조약의 상대국에서 해당 국외원천소득에 대하여 감면받은 법인세 상당액을 외국납부세액으로 간주하는 것이다.

앞서 지점으로 진출한 경우 국외원천소득에 대한 세액공제 방식을 살펴보았다. 그렇다면 만약 A법인이 외국에 자회사 B법인을 설립하여 법인세를 납부하였다면 어떻게 공제해야 할 것인지 문제가 된다. A법인과 B법인은 분명 실체가 다른 법인이기 때문에 우리나라의 A법인의 과세표준에 B법인의 과세표준을 합산하여 법인세를 과세할 수 없다. 하지만 B법인이 미국에서 1,000원의 소득을 벌어들인 후 법인세 200원을 납부하고 난 잔액 800원을 모두 국내 A법인에게 배당하였다면 어떻게 처리할 것인가? A법인은 배당소득으로 800원을 수익으로 처리할 것이다. 800원을 우리나라 법인세로 과세한다면 앞서 살펴본 이중과세 문제와 마찬가지로 하나의 소득에 대하여 미국과 한국에서 모두 과세하는 효과가 발생한다. 따라서 이 경우에도 우리나라 법인세 계산시 미국에서 납부한 법인세를 차감할 수 있도록 해줄 필요가 있다.

간접외국납부세액이란 외국자회사로부터 받은 수입배당금이 있는 경우 해당 수입금액분에 해당하는 외국 법인세액을 외국납부세액으로 보아 공제하는 것이다. 간접외국납부세액을 계산하는 방식은 아래와 같다.

$$\text{간접외국납부세액} = \text{외국자회사법인세액} \times \frac{\text{수입배당금액(원천징수전)}}{\text{외국자회사의 소득금액} - \text{외국자회사의 법인세액}}$$

여기서 외국자회사의 범위에 주의해야 한다. 여기서 말하는 외국자회사의 범위는 내국법인이 직접 외국자회사의 의결권 있는 발행주식총수의 25%[11] 이상을 외국자회사의 배당확정일(배당결의일) 현재 6개월 이상 계속하여 보유하고 있는 경우에 한한다.

위의 3가지 외국납부세액 계산을 모두 합산하면 외국납부세액공제액을 계산할 수 있다. 외국납부세액공제액은 아래의 한도 이내에서 공제할 수 있으며, 공제하지 못한 금액은 10년간 이월하여 공제받을 수 있다.[12]

11) 해외자원개발사업을 영위하는 외국법인은 5%

$$\text{외국납부세액공제 한도} = \text{산출세액} \times \frac{\text{국외원천소득(과세표준에 산입된 금액)}}{\text{해당 사업연도 과세표준}}$$

공제한도를 계산할 때 2 이상의 국가에 사업장이 있는 경우에는 국가별로 각각 구분하여 계산하여야 한다. 만약 어느 한 국가의 사업장에서 결손이 발생할 경우에는 국가별로 배분하여 공제하게 된다.

(2) 사실과 다른 회계처리로 인한 경정에 따른 세액공제

사실과 다른 회계처리라는 것은 쉽게 말하자면 분식회계를 한 것이다. 분식회계를 통하여 이익을 부풀리다보면 법인세법상 사업연도 소득금액도 증가할 수밖에 없어 세금을 많이 납부하게 된다. 이렇게 자산·수익을 과대계상하였거나 부채·손비를 과소계상하는 방식으로 사실과 다른 회계처리를 하여 해당 법인과 그 회계감사인 등이 경고나 주의 등 시정조치를 받은 경우 과다납부한 세금을 경정하여야 하는 문제가 발생한다. 해당 법인이 경정청구를 하였거나 과세관청이 직권으로 과세표준과 세액을 경정하는 경우 과다납부한 세액을 즉시 환급하는 것이 아니라 경정청구 이후 5년간 납부할 법인세에서 세액공제 형태로 돌려준다. 이는 분식회계로 인하여 발생한 환급금을 제한적으로 돌려주고자 하는 취지이다.

이 경우 각 사업연도별 공제하는 금액은 과다납부한 세액의 20%를 한도로 하고, 공제 후 남아있는 과다납부한 세액은 이후 사업연도에 이월하여 공제하고, 경정일이 속하는 사업연도 개시일부터 5년 이내에 환급받지 못하여 남은 금액은 즉시 돌려준다.

$$\text{공제세액} = \text{과다납부한 세액} \times \frac{\text{사실과 다른 회계처리로 인하여 과다계상한 과세표준}}{\text{과다계상한 과세표준의 합계액}}$$

12) 2020년 세법개정을 통해 국제거래에 대한 이중과세 조정 지원을 위해 외국납부세액공제 이월공제 기간을 5년에서 10년으로 확대하였다.

(3) 재해손실세액공제

사업연도 중에 천재지변 등의 재해로 인하여 자산총액의 20% 이상을 상실하여 납세가 곤란한 경우 적용한다. 세액공제 금액은 공제대상 법인세에 자산상실비율을 곱한 금액을 산출세액에서 공제한다. 자산상실비율은 장부상의 상실된 자산가액에서 자산총액을 나누어 산출한다.

(4) 그 외 조세특례제한법상 세액공제

법인세법에서 정하는 상기 세액공제 제도 외에도 우리 세법은 정책 목적에 따른 추가적인 세액공제 제도를 운영하고 있다. 연구개발활동(R&D)을 지원하기 위한 연구·인력개발 세액공제제도, 기업들의 투자를 지원하기 위한 투자세액공제, 고용창출을 위한 고용창출 투자세액공제 및 청년고용증대세제, 정규직 전환 세액공제 등 각종 고용관련 세액공제 등이 있다. 또한 중소기업의 경우 이러한 세액공제 혜택을 더욱 많이 받을 수 있어 중소기업을 위한 지원도 이루어지고 있다. 이 장에서는 법인세법을 위주로 공부하고 있으므로 이러한 제도의 자세한 설명은 각자 관심을 두고 공부하길 바란다.

4. 최저한세

최저한세란 당해 법인세 산출세액에서 조세특례제한법상 감면·공제를 차감한 후의 세액이 법에서 정하는 세액보다 적을 경우 그 미달하는 부분은 감면하지 않도록 하는 제도이다. 법에서 정하는 최저한세액은 조세특례제한법상 감면(익금불산입) 전 과세표준을 구하여 법정 최저한세율[13)]을 곱하여 구한다. 최저한세는 세제상의 혜택을 받더라도 최소한의 세금(혜택 받기 전에 납부했어야 할 법인세 과세표준을 기준으로 산출)은 부담하도록 하는 제도이다. 이를 통하여 과세형평을 실현하는 동시에 과도한 혜택으로 인한 세수일실을 막고자 하는 취지를 달성할 수 있다.

13) 중소기업 7%, 중견기업 8~9%, 대기업 10%(과세표준 100억원 이하 법인), 12%(과세표준 100억원 초과 1,000억원 이하 법인), 17%(과세표준 1,000억원 초과 법인)

제2절 토지 등 양도소득, 청산소득, 미환류소득 등에 대한 법인세 산출

Ⅰ. 토지 등 양도소득, 청산소득, 미환류소득 법인세

1. 토지 등 양도소득에 대한 법인세

토지 등 양도소득에 대한 법인세는 법인의 부동산 투기를 방지하고, 법인의 자금을 통한 부동산 투기이득을 법인세로 회수함으로써 개인에게 부과되는 고율의 양도소득세와의 과세형평도 추구할 수 있는 것이다. 따라서 과세대상은 법인이 양도한 별장, 주택, 비사업용 토지가 된다. 물론 법인이 보유한 직원 사택, 법에서 정한 임대나 미분양 주택, 대물변제로 취득한 주택 등의 경우에는 투기 목적으로 보기 어려워 과세에서 제외된다. 별장 등 특정 주택을 양도하는 경우에는 20%(미등기 40%)[14]를 토지 등 양도소득에 대한 법인세로 과세한다. 조합원입주권과 분양권은 20%, 비사업용 토지를 양도하는 경우에는 10%(미등기 40%)를 적용한다. 만약 법인이 주택 양도차익 5억원, 그 외 소득이 3억원인 경우 토지 등 양도소득세 산출방식은 아래 [표 6-3]과 같다.

표 6-3 법인의 주택 양도차익에 대한 법인세부담

구분		2020년 이전	2021년 개정	증감
각 사업연도 소득금액에 대한 법인세	과세표준	8억원	8억원	–
	× 세율	20%	20%	–
	산출세액 ①	1.4억원	1.4억원	변동없음
토지 등 양도소득에 대한 법인세	과세표준	5억원	5억원	
	× 세율	10%	20%	
	산출세액 ②	0.5억원	1억원	+ 0.5억원
법인세 산출세액 (①+②)		1.9억원	2.4억원	+ 0.5억원

출처 : 국세청

14) 2020년 개정으로 인하여 당초 10%였던 세율이 20%로 상승하였음.

2. 청산소득에 대한 법인세

기업이 설립되어 운영 중일 경우 운영기간 동안 창출한 소득은 각 사업연도소득에 대한 법인세로 과세가 이루어진다. 그리고 법인이 사업을 종료하고 해산을 하게 될 경우 청산소득에 대한 법인세 과세문제가 발생한다.

청산소득이란 법인이 해산(합병이나 분할에 의한 해산은 제외)한 경우에 그 법인의 해산에 따른 잔여재산가액이 해산등기일 현재의 자기자본총액을 초과하는 경우 그 초과하는 금액을 말하며, 이에 법인세율을 곱하여 청산소득에 대한 법인세를 계산한다. (청산소득에 대한 법인세율은 각 사업연도소득에 대한 법인세율과 같다).

청산소득금액 = 잔여재산가액 − 해산등기일 현재의 자기자본총액

여기서 잔여재산가액은 해산등기일 현재의 자산총액에서 부채총액을 차감한 금액을 말한다. 자기자본총액은 납입자본금과 자본잉여금 및 이익잉여금의 합계를 말하며, 청산기간 중 국세기본법에 따라 환급되는 법인세액이 있는 경우는 자기자본총액에 가산하고, 세무상 이월결손금이 있을 경우에는 이를 자기자본총액에서 상계한 후의 금액을 말한다.

청산소득에는 법인이 운영기간 발생한 소득에서 자산의 가치상승분 중 미실현된 부분 등 각 사업연도소득에 반영되어 있지 않아 각 사업연도소득에 대한 법인세가 미처 과세되지 못하였던 소득이 반영되어 있으며, 청산소득에 대한 법인세 과세가 이루어짐으로 인해 법인이 설립 이후 존속기간 중 가득하였던 모든 소득에 대한 법인세 과세가 온전히 이루어질 수 있는 것이다. 즉, 청산소득에 대한 법인세는 일종의 법인의 과세소득에 대한 청산이라고 볼 수 있다.

청산소득에 대한 법인세는 해산으로 소멸하는 영리내국법인이 납부해야 한다.[15] 비영리법인의 경우 법인이 해산할 경우 법인의 소득이 타 비영리법인으로 흡수되거나, 국고에 귀속되므로 비영리법인 구성원들의 청산소득이 발생할 여지가 없고, 외국법인인 경우 청산의 관할이 외국정부가 되므로 우리나라 세법으로 청산소득을 과세할 수

15) 청산소득에 대한 법인세의 납부의무가 있는 내국법인은 해산으로 인한 잔여재산가액의 확정일이 속하는 달의 말일부터 3개월 이내에 청산소득에 대한 법인세 과세표준과 세액을 납세지 관할 세무서장에게 신고하고 그 세액을 납부해야 한다.

없으므로 내국영리법인만 청산소득에 대한 법인세가 과세된다.

3. 미환류소득에 대한 법인세

갑작스럽게 등장한 미환류소득이라는 것이 무엇인가? 미환류라는 표현조차 낯설다. 환류의 사전적 의미를 찾아보면 '물 또는 공기의 흐름이 방향을 바꾸어 되돌아 흐름, 또는 그런 현상'을 의미한다고 한다.[16] 결국 미환류라고 하는 것은 자연의 흐름과 같이 방향을 바꾸어 되돌아가지 못하는 것을 말하는 것이 된다.

되돌아가지 못하는 소득이 무엇인가? 법인들이 소득을 벌어들이면 그 소득으로 재투자를 할 수도 있고 주주들에게 배당을 할 수도 있고, 임직원들에게 성과급을 지급할 수도 있다. 그러나 이 모든 현금유출을 하지 않고 오로지 회사 내에 유보시키는 방법도 있다. 이렇게 되면 돈의 흐름이 기업에 들어간 이후로 막히게 된다. 기업으로 흘러간 돈이 다시 투자, 배당 등을 통하여 가계로 흘러들어가야 소비가 진작되고 경기가 활성화되는 등 선순환이 가능한데 기업이 유보를 하게 되면 이러한 선순환이 깨지게 된다. 우리나라 세법은 기업이 벌어들인 소득을 투자, 임금, 상생협력 등에 사용하게 함으로써 기업과 가계의 소득 흐름이 원활하게 이어지는 선순환을 유도하는 방법으로 유보금에 과세하는 방법을 선택한 것이다. 이는 2014년 당초 도입시에는 2017년말까지 한시적으로 운용하기로 하였으나 현재까지도 명칭을 바꿔가며 사실상 유지되고 있다.

납세의무를 지는 기업은 사업연도 종료일을 기준으로 자본금이 500억원을 초과하는 중소기업 외의 법인이거나 독점규제 등 관련 법에 따른 상호출자제한기업집단 내에 있는 법인이다. 미환류소득을 산정하는 방식은 투자를 포함하느냐 제외하느냐에 따라 달라진다. 투자를 포함하는 경우 기업소득[17]의 70%에서 '투자액+임금증가액+상생협력지출액'을 차감하고 남은 금액이 미환류소득이 된다. 투자를 제외하는 경우에는 기업소득의 15%에서 '임금증가액+상생협력지출액'을 차감한 금액이 미환류소득이 된다. 미환류소득에 20%를 미환류소득에 대한 법인세로 납부하면 된다. 환류액은 투자액, 상생협력 지출액, 임금 증가액이 있다. 투자액은 국내사업장에서 사용하기 위하여 새로이 취득하는 사업용 자산 등의 실제 지출액을 말한다. 만약 이러한 환류액이 미환류소

16) 네이버 표준국어대사전

17) 각 사업연도소득에서 국세 등 과오납금 환급금 이자, 수입배당금 익금불산입액, 기부금 한도 초과 이월액의 손금산입액, 투자자산에 대한 감가상각비로서 손금에 산입한 금액을 가산하고, 법인세비용, 기부금 한도 초과 손금불산입액, 법정적립금, 이익준비금, 해당 연도에 공제한 이월결손금을 차감한 금액

득을 초과하는 초과환류액이 발생한다면 이월공제가 가능하다. 또한 기업들은 차기환류적립금을 적립하여 사업연도에서 공제할 수도 있다.

II. 비영리법인과 외국법인의 법인세

우리는 영리내국법인을 염두에 두고 법인세계산과정을 설명해 왔다. 물론 독자들이 가장 관심을 갖고 있으며 대부분의 세무전문가들이 필요한 곳이 영리내국법인임에는 틀림없다. 그러나 법인세 납세의무자 중에는 비영리법인이나 외국법인들도 있으며 이들은 전적으로 무시할 수는 없다. 따라서 본절에서는 비영리법인과 외국법인의 법인세는 어떻게 계산되는지 영리내국법인과의 차이점을 중심으로 간략하게 설명하고자 한다.

1. 비영리법인의 법인세 계산

비영리법인은 영리를 추구하지 않는 법인으로 주주들이나 경영자들의 이익이 아닌 공공의 이익을 추구하는 법인이다. 비영리법인의 대표적인 예로는 학교법인을 들 수 있다. 국가나 지방자치단체가 직접 설립한 학교법인은 물론이고 개인이 설립한 사립초중고등학교나 대학교 등도 학교법인으로 비영리법인이다.

2. 고유목적사업과 수익사업

비영리법인의 고유목적사업에 대해서는 법인세가 부과되지 않는다. 고유목적사업이란 비영리법인의 설립목적에 부합하는 사업을 말한다. 비영리법인은 영리를 추구하지 않는다고 하였으므로 당연히 비영리법인의 설립목적은 문화, 예술, 자선이나 종교, 교육 등과 같은 공공의 이익과 관련이 있을 것이다. 고유목적 사업에 대해서는 법인세를 부과하지 않는다고 하였으므로 학교법인이 등록금을 징수하였는데 운영비에 지출하고도 잔액이 남았다고 법인세를 납부하는 것은 아니다.

그러나 비영리법인도 수익사업을 운영할 수 있다. 물론 이 수익사업을 수행하는 목적은 고유목적사업에 필요한 자금을 조달하기 위함일 것이다. 그렇지만 어쨌든 수익사업을 영위하게 되면 적어도 이 부분만큼은 영리법인과 차별할 수 없다. 따라서 비영리법인도 수익사업을 통해서 벌어들인 소득이 있다면 앞선 영리법인과 동일하게 법인세를 납부하여야 한다.

3. 고유목적사업준비금

다만 비영리법인이 수익사업을 통해서 벌어들인 소득에 대해서는 한 가지 특혜를 부여한다. 비영리법인은 수익사업의 소득에 대해서 고유목적사업준비금을 설정할 수 있다. 고유목적사업준비금이란 회계상으로는 잉여금처분에 불과한 것이지만 법인세법에서 일정한도 이내 금액에 한하여 손금 및 부채로 인정해주는 것이다. 따라서 비영리법인은 한도 내의 금액을 고유목적사업준비금을 설정하여 사실상 수익사업에 대해서도 법인세를 거의 내지 않거나 조금만 내게 된다.

물론 고유목적사업준비금은 일종의 특혜이므로 당연히 의무가 따른다. 즉 고유목적사업준비금을 설정하여 법인세를 절감한 비영리법인은 준비금만큼의 금액은 일정기간 내에 반드시 고유목적사업에 사용하여야 한다. 만일 사용하지 않는다면 고유목적사업준비금을 다시 환입하여 법인세를 추가로 납부해야 할 뿐만 아니라 가산세까지 덧붙여서 납부해야 한다.

4. 외국법인의 법인세 계산

외국법인은 우리나라에 본점을 두고 있지 않은 법인을 말한다. 예를 들면 애플이나 구글 같은 기업들이다. 기본적인 외국법인은 국내원천소득에 대해서만 법인세를 납부하면 된다. 국내원천소득이란 우리나라에서 벌어들인 소득을 의미하는데, 사실상 애매한 부분도 많고 끊임없이 논란을 일으키는 분야이기 때문에 국내원천소득이 무엇인지는 조세법을 좀 더 공부한 후에야 논의하는 것이 바람직하다고 생각한다.

외국법인의 국내원천소득에 대한 과세방법은 외국법인이 국내사업장이 있는지에 따라서 과세방법이 달라진다. 국내사업장이 있는 외국법인의 국내원천소득은 모두 합친 후에 내국법인과 동일한 방법으로 과세한다. 즉 앞에서 공부했던 단계를 거치면서 납부세액을 결정한다. 만일 국내사업장이 없는 외국법인의 국내원천소득은 소득이 발생할 때마다 일정한 세율로 원천징수한다. 국내사업장이 없는 외국법인은 내국법인처럼 법인세를 신고·납부할 수 없으므로 소득을 지급하면서 즉각 원천징수하는 것이다. 이러한 외국법인의 법인세 계산을 그림으로 나타내면 [그림 6-6]과 같다.

그림 6-6 외국법인의 법인세 계산

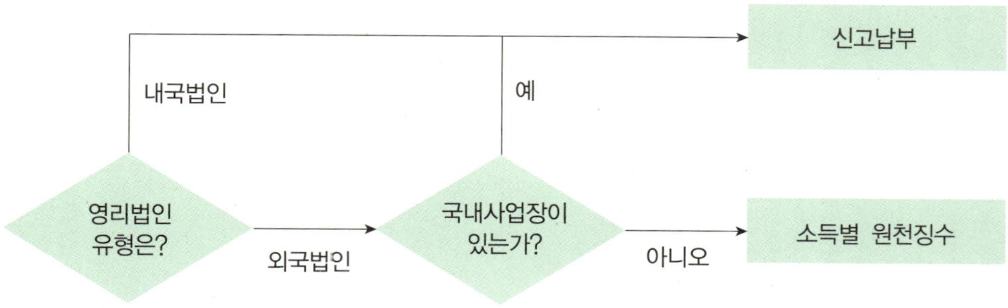

예를 들어 미국에 본사를 둔 외국법인이 우리나라 상장기업의 주식을 1억원에 취득 후 2억원에 처분하였고 하자. [그림 6-6]에 따르면 이러한 외국법인에 대한 과세는 우선 국내사업장이 있는지 여부에 의하여 달라진다. 만일 이 외국법인이 국내사업장을 갖고 있다면 통상적인 국내법인과 동일하게 1억원의 유가증권처분이익을 신고하고 이에 대한 법인세를 납부하면 될 것이다. 그러나 이 외국법인이 국내사업장이 없다면 유가증권처분으로 지급받은 1억원의 10%와 처분이익 1억원의 20% 중 적은 금액을 지급하는 자가 원천징수하여 납부한다. 따라서 이 경우에는 유가증권처분 대금을 지급하는 내국법인이 1억원×10%=1천만원과 1억원×20%=2천만원 중 적은 금액인 1천만원을 미리 원천징수한 후 상대방인 외국법인에게는 1억 9천만원을 지급하고 원천징수한 1천만원은 우리나라 국세청에 납부하게 된다.

Chapter 07

법인세 Ⅲ : 법인세 세무조정(세무회계)

앞선 장에서는 법인의 개념과 법인세 계산구조에 대해서 살펴보았다. 이번 장에서는 법인세 산출에 있어 가장 중요한 것이라고 할 수 있는 세무조정에 대하여 구체적으로 알아본다. 이번 장에서 언급하는 내용들은 실무적으로 세무회계라고도 한다. 세무회계에서 여러분이 숙지해야 할 기본적인 것들이 무엇인지 확인하고, 그에 따른 실제 세무조정이 어떤 방식으로 이루어지는지 살펴볼 것이다. 익금과 손금의 개념을 다시 한 번 재정립하면서 세무회계에서 주요하게 다루어지는 조정사항들을 자세하게 설명함으로써 여러분들은 향후 사회에 나가서 회계사나 세무사들이 언급하는 세무조정 사항들을 정확히 이해할 수 있을 것이다.

| 학습목표 |

- 익금과 익금불산입은 무엇인가? : 익금과 익금불산입
- 주요 익금 세무조정은 무엇인가? : 간주임대료, 의제배당, 채무면제이익 등
- 손금과 손금불산입은 무엇인가? : 손금과 손금불산입
- 주요 손금 세무조정은 무엇인가? : 접대비, 기부금, 업무무관, 부당행위 등

제 1 절 익금

1. 익금과 익금불산입

익금이란 자본 또는 출자의 납입과 법이 정하는 익금불산입 항목을 제외하고 해당 법인의 순자산을 증가시키는 거래로 인하여 발생한 수익금액을 의미한다. 법인세법시행령 제11조에서 순자산을 증가시키는 거래에서 발생한 수익의 예를 들고 있다. 대표적인 것이 사업수입금액이고 자산과 자기주식의 양도금액, 무상으로 받은 자산가액 등이 주된 항목이 된다. 그러나 순자산의 증가가 없이도 정책적 목적에 따라서 익금에 산입하는 항목들이 있다. 법인이 특수관계 개인으로부터 유가증권을 저가로 매입하는 경우 시가와 매입가의 차이를 익금에 산입한다. 또한 외국자회사로부터 받은 수입배당금 상당의 외국법인세액에 대하여 외국납부세액공제 방식을 선택한 회사의 경우 세액공제를 해주는 대신 외국납부세액을 익금에 산입한다. 이밖에도 동업기업과세특례 법인이 배분받은 소득, 의제배당, 간주임대료 등이 순자산의 증가를 동반하지 않음에도 익금에 산입되는 항목이다.

2. 간주임대료 익금산입

간주임대료는 월임대료를 부담하는 경우와 임차보증금을 부담하는 경우 달라질 수 있는 과세형평을 바로잡고 임대를 통하여 조달된 자금이 투기용도로 사용되는 것을 막고자 하는 취지에서 만들어진 규정이다.

부동산임대업을 주업으로 하는 영리내국법인의 차입금이 자기자본의 2배를 초과하고 부동산과 부동산에 대한 권리를 대여할 경우 다음과 같은 산식에 의하여 산출된 금액을 익금에 산입하는데 이를 간주임대료라고 한다.

$$\text{간주임대료} = (\text{보증금 등의 적수} - \text{건설비상당액의 적수}) \times \frac{1}{365} \times \text{정기예금이자율} - \text{금융수익}$$

이 경우 세무조정은 아래와 같다.

〈익금산입〉 간주임대료 ×××(기타사외유출)

그러나 만약 부동산 및 부동산에 관한 권리를 대여하는 법인이 추계에 의하여 과세표준이 결정되는 경우에는 아래의 산식에 의하여 산출된 금액을 익금에 산입하고, 간주임대료를 사업수입금액에 포함시킨 뒤 산출된 추계과세표준과 세전이익과의 차액을 대표자 상여로 소득처분한다.

$$\text{간주임대료} = \text{임대보증금의 적수} \times \frac{1}{365} \times \text{정기예금이자율}$$

3. 의제배당 익금산입

배당은 법인이 거둔 수익에 대하여 주주에게 분배하는 절차이다. 주주들은 이러한 배당을 통하여 얻은 소득이 향후 금융소득으로 과세된다. 그런데 만약 실제 현금배당이 없이도 배당과 같은 효과를 누릴 수 있고 이것이 과세되지 않는다면 무슨 일이 벌어질 것인가? 아마도 정직하게 현금배당으로 받아 과세되는 것을 원하는 주주는 그리 많지 않을 것이고 그러면 현금배당을 받은 주주와의 과세형평에 문제가 생길 것이다. '의제배당'이란 실제 주주에게 배당을 하지는 않았지만 주주의 입장에서 배당과 동일한 경제적 효과를 향유할 수 있는 경우 이를 배당으로 간주하여 이러한 과세형평 문제를 바로잡고자 한 제도이다.

의제배당의 의미는 간단하지만 실무적인 처리는 유형에 따라 다르기 때문에 조금 복잡하다. 감자, 탈퇴, 합병, 분할, 해산 등 주식이 소각 내지 소멸되거나 감소되는 경우에는 받은 대가에서 당초 취득가액을 차감한 금액이 의제배당액이 된다. 각각의 원인에 따라 소득의 귀속시기도 달라지는데 합병과 분할의 경우 합병・분할등기일, 해산의 경우 잔여재산가액확정일, 주식의 소각이나 자본감소 등의 경우 주식소각 등의 결의일이 귀속시기가 된다. 또한 잉여금을 자본전입하면서 주주가 취득하게 되는 무상주의 경우 의제배당에 해당된다. 이 경우 의제배당액은 주식수에 액면가액을 곱한 금액이 되며, 자본전입 결의일이 귀속시기가 된다. 그리고 자기주식소각이익[1]과 법인세가 과

1) 단, 소각일로부터 2년 후 자본전입의 경우 소각 당시 시가가 취득가를 초과할 때에 한하여 익금에 산입한다.

세되지 않은 잉여금의 자본전입액 중 자기주식으로 인한 무상주 배정 포기분은 배당으로 간주된다. 이 경우 세무조정은 아래와 같다.

〈익금산입〉　　의제배당 ×××(유보)

위의 유보 세무조정은 향후 실제로 배당이 일어나 현금이 들어오게 되면 반대조정(익금불산입)을 통하여 사라지게 된다. 물론 이에 대하여 수입배당금익금불산입으로 인하여 법인세 과세 후 이중과세되는 부분을 조정해주는 제도가 있는데 이는 추후 별도로 확인하기로 한다.

이처럼 의제배당의 개념은 이해하기 쉬울 수 있지만 실제 유형별 처리는 다소 생소하고 어려울 수 있다. 하지만 이는 차차 세법과 세무회계에 대한 지식의 폭이 넓고 깊어질수록 이해할 수 있을 것이니 지금 단계에서 너무 머리를 싸매고 힘들어하기보다는 상기와 같은 정도의 제도가 있다라는 정도를 기억하고 있다면 향후에 충분히 도움이 될 것이다.

4. 채무면제이익의 익금과 익금불산입

기업이 경영활동을 하면서 실패하게 되면 많은 빚이 생길 수도 있다. 그런데 이렇게 발생한 빚을 상대방이 면제해준다면 어떻게 될 것인가? 우선 기분은 좋을 것이다. 하지만 안타깝게도 채무를 면제(또는 소멸)해주면서 발생한 채무면제이익은 회계상으로도 이익이며 세무상으로도 법인의 순자산을 증가시키는 것이기 때문에 익금에 해당한다. 자산을 무상으로 수증받은 경우에도 마찬가지가 될 것이다.

그런데 만약 이러한 이익을 받은 회사가 당초 재정적으로 매우 어려워 결손금이 많은 기업이라고 가정해보자. 회사는 이러한 채무면제이익을 이월결손금을 보전하는데 충당할 수 있고, 이는 회사의 재무구조 개선에 도움이 된다. 재정적으로 어려운 기업의 재무구조 개선노력에도 과세를 한다면 이는 너무 가혹할 수 있다. 따라서 예외적으로 이러한 경우에는 익금에 산입하지 않고 아래와 같은 세무조정을 하게 된다.

〈익금불산입〉　　채무면제이익(자산수증이익) ×××(기타)

또한 법에서 정하는 조건을 충족한다면 이월결손금이 아니라 향후 발생하게 되는 미래의 결손금 보전에도 충당할 수 있는데 구체적인 내용은 생략하기로 한다.

지금까지 익금과 익금불산입 세무조정이 발생하는 주요한 세무조정 항목에 대하여 알아보았다. 사실 익금과 익금불산입에 대한 세무조정은 상기 항목 이외에도 몇 가지 되지 않아 추후 세무학을 배우는 과정에서 충분히 이해하고 넘어갈 수 있을 것이다. 하지만 이제부터 언급하게 될 손금과 손금불산입 항목은 중요한 세무조정도 많고 내용도 많아 다소 어려울 수 있으니 마음의 준비를 하고 넘어가길 바란다.

제2절 손금

1. 손금과 손금불산입

손금이란 자본 또는 출자의 환급, 잉여금 처분, 손금불산입 등 법인세법에서 별도로 규정하는 것들을 제외하고 법인의 순자산을 감소시키는 거래로 인하여 발생하는 손비의 금액을 말한다. 얼핏 익금의 반대로 생각하면 쉬울 것이다. 그러나 여기서 우리가 주목해야 할 단어는 바로 '손비'이다. 법인세법 제19조에서 규정하는 손비의 표현은 정확히 다음과 같다.

> 법인의 사업과 관련하여 발생하거나 지출된 손실 또는 비용으로서 일반적으로 인정되는 통상적인 것이거나 수익과 직접 관련된 것

앞서 배운 익금에서는 이러한 요건 없이 순자산의 증가를 가져오는 거래는 모두 익금에 해당한다고 하였는데, 손금에 있어서는 이러한 요건이 수반된다. 이는 매우 중요한 시사점을 제공한다. 법인의 비용으로 인정받기 위해서는 사업관련성을 바탕으로 통상적이거나 수익관련성이 있어야만 한다는 것이다.

쉽게 하나만 생각해보자. 만약 이러한 규정 없이 손금을 익금의 반대개념으로만 정

의하여 순자산의 감소를 가져오는 거래는 모두 손금으로 한다면 법인의 대표이사는 본인의 가족 생활비는 물론 법인의 사업과 관련 없는 부동산 투기 관련 비용도 모두 법인의 돈으로 처리하려고 할 것이다. 그것이 법인의 절세방안이 되어 법인은 세금을 절감할 수 있기 때문이다. 하지만 이는 일반적인 상식으로 이해할 수 없고, 법적으로도 법인에 출자한 주주의 부를 대표이사가 마음대로 사용한 횡령이나 배임이 될 것이라는 것을 우리는 알고 있다. 따라서 과세관청은 법인의 비용집행에 대하여 조금 더 엄격한 잣대를 가지고 검증함으로써 법인이 올바르게 경영활동에 비용을 지출할 수 있도록 유도하는 것이다.

그림 7-1 법인세법상 손금의 요건

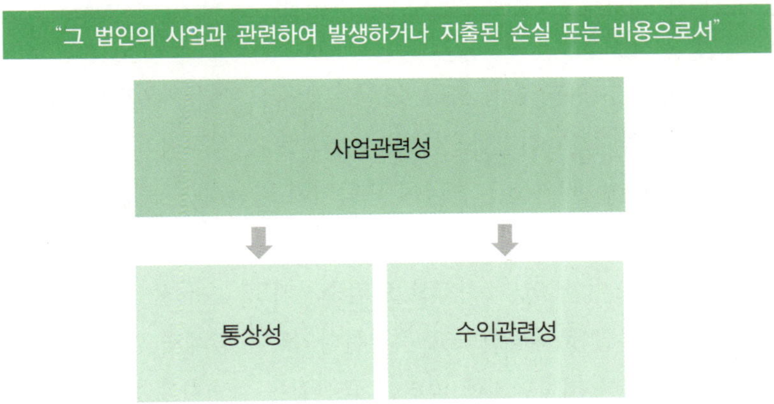

사업관련성은 사업에 필요한(necessary) 경우 사업의 발전에 적절하며 도움을 주는 것을 의미한다. 수익관련성은 앞서 설명한 법인세법상 익금 항목과 직접 관련된 비용을 의미한다. 사업과 관련하여 지출하였다면 결국 수익창출을 위한 활동으로 보아야 한다. 즉 사업관련성과 수익관련성은 어느 정도 판단하기가 용이하다. 그러나 문제는 바로 통상성이다. 사업과 관련한 통상성이라는 것은 납세의무자가 속한 산업이나 업계에서 같은 상황에 처한 다른 법인이라면 흔하게 또는 빈번하게 지출하였을 것으로 기대되거나 용인되는지를 판단하는 것이다.

통상적이라는 범위는 누가 정하는 것이고 어떻게 정해야 하는 것인가? 가령 여러분들이 매달 얼마나 외식에 지출해야 사람들이 용인해줄 것이라고 생각하는가? 아마 개인마다 재산이 다르고 소득이 다르고 성향이 다르고 환경이 다르기 때문에 통상적인 지출 금액을 산정하는 것이 쉽지 않을 것이다. 결국 이 때문에 통상성에 대해서는 분쟁이 생길 수밖에 없고 사안에 따라 법원이 판단해야 한다. 우리나라 대법원은 판례를 통하여 이러한 통상성의 판단기준을 제시하고 있다.

표 7-1 통상성과 관련한 판례

통상성	납세의무자가 속한 산업이나 업계에서 같은 상황에 처한 다른 법인이라면 흔하게 또는 빈번하게 지출하였을 것으로 기대되거나 용인되는지 여부에 따라 판단
판례	"'일반적으로 용인되는 통상적'인 비용이라 함은 납세의무자와 같은 종류의 사업을 영위하는 다른 법인도 동일한 상황 아래에서는 지출하였을 것으로 인정되는 비용을 의미하고, 그러한 비용에 해당하는지 여부는 지출의 경위와 목적, 형태, 액수, 효과 등을 종합적으로 고려하여 객관적으로 판단하여야 하는데, 특별한 사정이 없는 한 **사회질서를 위반하여 지출된 비용**은 여기에서 **제외**된다." (대법원 2009.11.12. 선고 2007두12422 판결)

이러한 사업관련성, 수익관련성, 통상성을 어느 정도 이해하였다면 한 가지 질문을 해보고자 한다. 뇌물과 같은 위법한 지출은 손금으로 인정되어야 할 것인가? 앞서 살펴본 손금의 요건에 위법한 지출은 손금에 포함되지 않는다는 규정은 분명 찾을 수 없었다. 위법한 지출도 손금으로 인정해야 한다고 주장하는 이들은 뇌물 등 위법한 지출이 수익과 관련이 있으며 법인의 순자산을 감소시키고, 손금불산입 항목으로 정하고 있지 않으면 당연히 손금에 해당한다고 주장한다. 또한 담세력의 크기를 측정함에 있어 특정한 지출이 위법한 지출인지에 따라 손금산입을 차별하게 되면 세법의 중립성이 훼손되고 응능부담의 원칙에도 위배되는 결과를 초래하게 된다. 따라서 뇌물 등과 같은 위법한 지출이라 하더라도 법인의 손금을 구성할 수 있는 것이라고 한다. 그러나 반대 입장을 가진 자들은 만약 뇌물 등과 같은 위법한 비용을 손금으로 인정하게 되면 위법 또는 불법행위를 억제하지 못하고 장려하는 꼴이 되고, 사업관련성과 통상성이 없는 반사회적인 비용을 인정하는 것이기 때문에 옳지 않다고 주장한다.

대법원은 당초 판례(대법원 1998.5.8. 선고 96누6158 판결)에서 사회질서에 심히 반하는 등의 특별한 사정이 없는 한 위법한 지출도 손금으로 인정해야 한다고 하였다. 그러나 최근 의약품 도매업체가 소매상에 지급한 판매장려금 등 리베이트에 대하여 사회질서에 현저히 반하는 것으로 판단하여 위법한 지출을 손금으로 인정하지 않는 판례(대법원 2015.1.15. 선고 2012두7608 판결)가 나왔다. 결국 최근 대법원의 입장은 위법한 지출은 반사회적인 것으로 보아 손금을 인정하지 않고 있는 것이다. 이러한 판단은 최근 국제적으로 반부패에 대한 분위기가 확산되어 OECD 부패방지협약 등이 지속되고 있고, 우리나라도 부정청탁 및 금품 등 수수의 금지에 관한 법률(이하 김영란법)의 제정으로 투명성을 높이고자 하는 노력을 기울이고 있는 것과 무관하지 않아 보인다.

표 7-2 위법한 지출의 손금 인정 여부 주요 판례

① 손금 부정 판례*

- 마약의 밀매와 같은 행위는 사회질서에 위반하는 행위로서,
- 그와 같은 위법소득을 얻기 위하여 지출한 손비를 손금으로 용인하는 것은 **사회질서에 현저히 위반**.

* 대법원 2014.7.24. 선고 2010누43466 판결(의약품 제조업자가 지급한 리베이트), 대법원 2015.1.15. 선고 2012두7608 판결(의약품 도매업자가 지급한 리베이트)

② 손금 긍정 판례**

- 사업관련성과 통상성의 요건은 결여하나 수익관련성의 요건을 충족한 경우는 손금의 산입이 허용되며,
- **순소득과세의 원칙 및 응능부담의 원칙에 비추어 당연한 법리적 귀결이며, 이때 수익관련성은 위법소득의 가득을 위한 직접적 경비**.

** 대법원 1998.5.8. 선고 96누6158 판결(특정산업폐기물 불법매립)

2. 인건비

여러분이 직장을 다니고 있거나 앞으로 다닐 예정이라면 급여를 받게 될 것이다. 성과가 잘나온다면 상여금도 받을 수 있을 것이고, 퇴직을 한다면 퇴직급여를 수령할 것이다. 이처럼 여러분이 법인의 임직원이 되어 근로한 대가로 수령하는 급여, 상여금, 퇴직급여 등을 우리는 법인의 인건비라고 한다. 인건비는 당연히 회계처리 시 비용으로 처리하며, 세무상 손금에 해당한다. 그런데 일부 손금에 산입할 수 없는 인건비가 있다. 대표적인 것이 법인의 지배주주 등인 임직원에게 정당한 사유 없이 정상보수를 초과하여 지급하는 경우와 비상근임원에게 지급하는 보수 중 부당행위계산부인[2]에 해당하는 경우, 노무출자사원[3]에게 보수를 지급한 경우이다.

예를 들어 법인의 최대주주이자 대표이사인 홍길동 사장에게 20×1년부터 20×6년까지 매년 1억원의 급여를 지급하고 있었다. 그런데 20×7년에 갑자기 10억원의 급여를 지급하고 있다고 가정하자. 그러나 해당 회사의 수익은 매년 유사하였고 홍길동의 직위나 역할도 바뀐 것이 없었다. 단지 회사에는 지난 수년간의 수익으로 인하여 현금

2) 부당행위계산부인 규정은 추후 별도의 절에서 설명하기로 한다.
3) 합명회사, 합자회사

자산이 쌓여가고 있었는데 이번 기회를 통하여 대부분이 소진되었다. 만약 이런 상황이라면 홍길동의 급여는 적정한 것인가? 당연히 이는 정상적인 급여로 보여지지 않는다. 따라서 이런 경우 정상보수를 1억원이라고 가정한다면 1억원을 초과한 9억원은 손금불산입한다.

상여금과 퇴직급여도 법인세법에서 한도를 정하여 초과하는 금액은 손금에 산입하지 않는다. 그러나 여기서 주의할 점은 상여금과 퇴직급여 한도초과액에 대한 손금불산입 규정은 임원에게만 적용된다는 것이다. 직원에게 많은 상여와 퇴직금을 주는 것에 대해서는 별도로 비용을 부인하지 않는 것이다. 이처럼 법인이 지출하는 인건비가 모두 손금 인정되는 것이 아니라 상기와 같이 법에서 정하는 경우에는 손금 부인된다는 것을 잘 기억해야 할 것이다.

3. 접대비[4)]와 유사비용

'접대(接待)'라는 것이 무엇일까? 흔히 생각할 수 있는 것은 유흥주점에서 술을 마신다거나 골프장에서 공을 치는 것들처럼 부정적인 이미지가 떠오를 수 있다. 하지만 꼭 그런 것들만 접대가 아니다. '접대'의 사전적 의미는 손님을 맞아서 음식 등을 대접하거나 시중을 든다는 의미이다.[5)] 결국 접대비란 법인의 업무와 관련하여 사업관계자들과 친목도모를 통하여 원활한 거래관계를 유지하고자 지출하는 비용이다. 접대 목적으로 지출되는 비용은 교제비, 사례비 등 다양한 명목으로 지급될 수 있지만 동일한 성격이라면 모두 접대비에 해당한다. 즉, 접대비는 사업과 관련하여 특정인에게 거래와 매출과 직접적인 관계없이 거래관계 개선을 목적으로 무상으로 제공하는 것으로 명목에 관계없이 실질에 따라 판단하는 것이다.

접대비와 유사한 비용들로는 판매부대비용과 광고선전비가 있다. 광고선전비는 특정인이 아니라 불특정다수인을 상대로 상품을 소개하거나 구매의욕을 고취시키기 위한 목적으로 지출하는 것이다. 판매부대비용은 건전한 사회통념에 비추어 매출 또는 판매와 직접 관련하여 정상적으로 지출한 비용을 의미한다. 접대비는 특정인과의 원활한 거래관계 유지 목적이었던 것과 비교하면 광고선전비와 판매부대비용은 그 목적과 성격에 차이가 있다.

접대비를 모두 세무상 손금으로 인정해주는 것은 아니다. 법이 정한 한도를 초과하

4) 2024년부터 기업의 통상적 업무활동인 점을 감안하여 "기업업무추진비"로 명칭변경되었다.
5) 표준한국어대사전, 고려대한국어대사전 참고

는 접대비한도초과액에 대해서는 손금불산입해야 한다. 이때 접대비 해당액의 계산 시 광고선전비로 처리된 금액이라도 건당 1만원 이하의 물품을 제공한 경우를 제외하고 연간 특정인에게 5만원을 초과하는 물품을 제공한 경우 접대비 해당액에 가산한다. 이렇게 계산된 접대비 해당액이 법에서 정하는 한도를 초과한 경우 세무조정은 아래와 같다.

〈손금불산입〉 접대비한도초과액 ×××(기타사외유출)

만약 접대비 지출액 중 건당 3만원을 초과하였음에도 적격증빙[6]을 수취하지 않은 경우에도 손금불산입해야 하는데 이 경우 소득처분이 상여로 구분된다. 가공의 접대비는 결국 대표자에게로 귀속된 금액으로 간주하겠다는 것으로 증빙의 수취가 그만큼 중요하다는 것을 의미한다.

〈손금불산입〉 증빙불비 접대비 ×××(상여)

이러한 대표자에 대한 상여 처분이 무서운 이유가 있다. 우선 손금불산입으로 인하여 법인의 비용으로 인정받지 못하여 법인세부담이 늘어난다. 문제는 이에 더하여 대표자 개인의 상여로 간주되어 소득이 늘어나면 그에 따른 개인의 소득세부담이 발생한다. 가령 법인세 최고세율을 적용받는 A(주)의 대표이사 홍길동(연봉 5억원)이 증빙 없이 지출한 접대비가 1억원이었다고 가정해보자. 그렇다면 A(주)는 접대비 1억원 중 법인세 26.4%(지방소득세 포함)와 가산세가 추가로 부과된다. 홍길동 씨 개인은 1억원의 소득이 발생하게 되어 44%(지방소득세 포함)와 가산세가 추가로 부과된다. 가산세를 제외하고서라도 70%를 초과하고 가산세를 감안한다면 사실상 거의 전액에 가까운 금액이 세금으로 부과될 수도 있는 것이다. 그래서 대표자 상여 처분을 당하지 않으려면 법인의 대표자는 증빙을 더욱 철저히 관리하고 지출내역도 잘 관리하고자 노력해야 하는 것이다.

6) 법인 및 개인사업자들 간의 거래에서 발생하는 재화나 용역의 대가 지급시 반드시 수취해야 하는 법적 증빙서류로써 세금계산서. 계산서, 신용카드매출전표, 현금영수증 등이 있다.

4. 기부금[7)]

특정인과 거래관계를 원활히 할 목적으로 영업과 관련하여 무상으로 지출하는 접대비와 달리 기부금은 사업과 관계없이 무상으로 지출하는 비용이다. 기부금의 종류에는 국가나 지방자치단체에 기부하는 '특례기부금', 문화·예술·종교·교육·자선·학술 등 공익단체에 기부하는 '일반기부금', 특례기부금과 일반기부금에 해당하지 않는 '비지정기부금'으로 구성된다. 특례기부금과 일반기부금의 경우 법에서 정하는 기부금 영수증을 수취하여야 한다. 기부금 또한 접대비와 마찬가지로 세법에서 정하는 한도를 초과하는 경우 손금불산입한다.[8)] 비지정기부금도 손금에 산입하지 않는데 세무조정은 아래와 같다.

〈손금불산입〉 기부금한도초과액(비지정기부금) ×××(기타사외유출)

이렇게 실제 현금지출을 수반한 기부금 외에도 기부금 의제 규정이 있다. 바로 자산의 고가매입과 저가양도이다. 법인이 특수관계인 외의 자에게 정당한 사유 없이 자산을 정상가액보다 낮은 가액으로 양도하거나, 높은 가액으로 매입하게 되면 거래상대방은 사실상 그 차액을 증여받은 것과 같은 효과를 누리게 된다.

저가양도의 경우 법인이 정상가액과의 차액을 손금으로 계산하였더라도 기부금 한도초과액 세무조정시 기부금에 가산하여 한도를 초과하는 금액은 손금불산입하게 된다. 고가매입은 회계상 장부가액이 아직 남아있지만 정상가액과의 차액은 자산가액으로 인정받을 수 없기 때문에 손금산입(△유보)하는 동시에 기부금 한도초과액 세무조정시 기부금에 합산하여 한도초과액을 계산한다.

〈손금불산입〉 기부금한도초과액 ×××(기타사외유출)
〈손금산입〉 자산 고가매입(기부금 의제) ×××(△유보)

해당 자산을 감가상각하거나 처분하게 되면 위에 유보했던 금액을 반대로 조정하는

---

7) 2023년부터 기부금 제도에 대한 납세자의 이해도를 제고시키고자 특례기부금(기존 법정기부금)과 일반기부금(기존 지정기부금)으로 명칭변경되었다.

8) 특례기부금은 소득금액의 50%, 일반기부금은 10% 범위 내에서 손금에 산입한다. 소득금액 산출과 한도초과액의 산출방법은 계산 방식이 복잡하기 때문에 여기에서는 다루지 않기로 한다.

세무조정을 아래와 같이 하면 된다.

〈손금불산입〉 자산 고가매입(기부금 의제) ×××(유보)

결국 위에서 확인할 수 있듯이 당초 정상가액보다 과대 또는 과소계산된 금액은 유보와 △유보 조정으로 상쇄되어 최종적으로는 '0'의 효과가 있지만 기부금 한도초과액에 대한 손금불산입을 통하여 비용을 인정하지 않게 되는 것이다.

기부금의 귀속시기는 권리의무확정주의 또는 발생주의가 아닌 현금주의를 따른다. 즉, 현금으로 지급하거나 결제되어 실제 지출이 일어나는 때에 손금으로 계상할 수 있는 것이다. 따라서 만약 ×1년에 기부금 약정만 한 상태로 회계처리만 비용으로 계상하였으나 실제 금액은 ×2년에 나갔다고 가정하면 아래와 같이 세무조정해야 한다.

×1년 세무조정 〈손금불산입〉 미지급 기부금 ×××(유보)
×2년 세무조정 〈손금산입〉 미지급 기부금 ×××(△유보)

이처럼 기부금은 한도가 있다는 점, 정상가액과의 차액에 대하여 기부금으로 의제하는 규정이 있다는 점, 현금주의를 채택하고 있다는 점을 다시 한 번 새기고 넘어갔으면 한다.

5. 업무무관자산에 지출한 비용의 손금불산입

만약 법인이 업무와 관련없이 고급 아파트를 매입하거나, 개발이 기대되는 곳에 토지를 매입하였다고 가정하자. 해당 부동산들의 가격이 모두 상승하여 법인은 시세차익을 거두고 양도하였다면 차익에 대하여 법인세가 과세된다. 그렇다면 이때 법인이 해당 부동산을 취득하기 위해 지출한 비용과 보유기간 동안 은행에 납부한 대출이자, 세금 등 관련 비용들은 손금으로 인정해줄 것인가? 결과부터 말하면 손금불산입한다. 부동산뿐만 아니라 고가의 승용차, 요트 등의 경우에도 마찬가지이다. 이처럼 업무와 직접 관련이 없다고 인정되는 자산을 취득·관리함으로써 생기는 비용은 손금에 산입하지 않는다.

▌그림 7-2 ▌업무무관자산의 예

업무와 관련이 없는 자산의 대표적인 것은 바로 부동산이다. 업무무관부동산이란 법인이 업무에 직접적으로 사용하지 않는 부동산이다. 다만 유예기간이 있어 그 기간을 경과하지 않은 경우에는 업무무관부동산으로 보지 않는다. 예를 들어 건축물 또는 시설물 신축용 토지는 취득일로부터 5년의 유예기간을 둔다. 인허가 등 실제 공사하여 건축물이 되기까지 시간이 소요될 것이기 때문에 토지를 매입하자마자 업무무관부동산으로 보지 않고 법인이 용도에 맞게 사용할 수 있는 유예기간을 둔 것이다. 부동산매매업을 주업으로 하는 법인이 취득한 매매용부동산도 취득일로부터 5년, 그 외의 부동산은 2년의 유예기간을 둔다. 그러나 만약 유예기간 중에 법인의 업무에 사용하지 않고 양도하는 경우에는 업무무관부동산으로 본다.[9)]

부동산 외에 업무무관자산은 어떤 것들이 있을까? 우선 대표적으로 업무에 직접 사용하지 않는 자동차·선박 및 항공기가 있다. 하지만 만약 해당 자산이 저당권의 실행 등 채권을 변제받기 위하여 취득한 경우라면 취득일로부터 3년의 유예기간을 두고 현금화 등을 통한 채권회수를 가능하게 한다. 서화 및 골동품도 업무무관자산에 해당하는데 장식 등 목적으로 사무실이나 복도 등 여러 사람이 함께 볼 수 있는 공간에 상시

9) 부동산매매업을 주업으로 하는 경우는 제외한다.

비치할 경우는 업무관련성이 있는 것으로 본다. 이 외에도 위와 유사하게 업무에 직접 사용하지 않는 자산이 있다면 업무무관자산에 해당한다.

부동산을 포함한 업무무관자산에 대하여 세법은 두 가지 재제를 한다. 해당 자산을 취득 및 관리함으로써 생기는 비용은 손금불산입한다. 업무와 관련 없는 자산을 취득 및 관리함으로써 생기는 비용이란 수선비, 유지비 및 관리비는 물론 보유기간 중에 납부하는 재산세 등의 세금과공과, 감가상각비 등을 포함한다. 또한 업무무관자산에 대한 지급이자를 아래와 같이 산출하여 손금불산입한다.

$$\text{지급이자 손금불산입} = \text{지급이자} \times \frac{\text{업무무관자산적수} + \text{업무무관가지급금적수}}{\text{차입금적수}}$$

이러한 재제의 세무조정은 아래와 같다.

〈손금불산입〉 업무무관자산 지급이자 ×××(기타사외유출)

이와 같이 법인이 보유한 자금의 부동산 투기를 억제하고 비생산적인 용도로 사용되는 것을 막기 위해 업무무관자산에 대해서는 손금으로 인정하지 않는다는 것을 꼭 기억하길 바란다.

6. 지급이자 손금불산입

만약 법인의 재무구조가 악화되어 제도권에 있는 금융기관으로부터 대출이 되지 않는다면 사채를 빌려 쓸 수도 있다. 흔히들 이야기하는 명동 사채시장(?)이라고 하는 제도권 밖의 지하경제 시장이다. 그러나 이러한 자금을 쓰면서 이자를 지급할 때에는 손금불산입을 각오해야 한다. 왜냐하면 제도권 밖의 자금에 대해서 법적으로 재제를 해야만 지하경제가 양성화될 수 있을 것이며, 이러한 사채로 인한 고금리의 이자는 기업의 재무구조를 더욱 악화시킬 위험이 크기 때문에 장려할 수 없기 때문이다. 이처럼 채권자가 불분명한 사채이자, 비실명 채권이나 증권의 이자 또는 할인액은 회계상 이자비용으로 계상하였더라도 세무상 손금으로 인정되지 않고 다음과 같이 세무조정을 한다.

〈손금불산입〉 채권자불분명 사채이자(비실명 채권이자 등) ×××(상여)
〈손금불산입〉 이자에 대한 원천징수세액 상당액[10] ×××(기타사외유출)

채권자가 불분명한 사채이자 등에 대해서는 원천징수되었어야 하는 금액을 제외한 나머지 금액을 모두 대표자 상여로 소득처분한다. 앞서 설명하였듯이 대표자 상여는 법인세와 소득세를 이중으로 처분받기 때문에 매우 강력한 재제 수단이다.

법인이 유형자산이나 투자부동산 등 사업용 고정자산을 취득하기 위하여 소요되는 차입금에 대한 지급이자는 해당 자산의 취득원가에 해당한다. 따라서 건설자금이자를 비용으로 회계처리하였다면 세무상 손금불산입하게 된다. 건설자금이자에 대한 실무적인 내용은 다소 많기 때문에 여기서는 간략히 설명하기로 한다. 건설자금이자를 계상하기 위한 차입금은 '특정차입금'과 '일반차입금'으로 나뉜다. 특정차입금은 사업용 고정자산의 매입·제작·건설에 소요되는 차입금에 대한 지급이자 또는 이와 유사한 성질의 지출금액을 의미한다. 이러한 특정차입금은 당해 자산의 취득원가를 구성하는 것이므로 회계상 비용으로 계상하였다면 아래와 같이 세무조정해야 한다.

〈손금불산입〉 건설자금이자 ×××(유보)

이러한 유보금액은 해당 자산이 처분되거나 감가상각하는 경우 반대 조정을 통하여 소멸하게 된다. 일반차입금의 건설자금이자는 법에서 정한 계산방식으로 산출된 것으로 사업용 고정자산의 취득에 직접적으로 사용되었는지 여부는 불분명하지만 간접적으로 기여하였을 수도 있는 비용이다. 따라서 이러한 일반차입금의 건설자금이자는 상기 세무조정과 같이 손금불산입할 수도 있고, 당해 손금으로 인식할 수도 있다.

이 밖에도 업무무관자산에 대한 지급이자 손금불산입 규정이 있으나 이는 앞서 설명한 것으로 갈음하고자 한다.

10) 차입금에 대한 이자를 지급하는 법인은 대여자에게 이자를 지급하면서 법에서 정하는 세율에 해당하는 금액을 원천징수해야 한다.

7. 감가상각비

감가상각이란 보유하고 있는 자산이 시간이 지날수록 가치가 낮아지는 것을 장부상에 반영하기 위하여 계상하는 비용이다. 감가상각비는 결산조정사항으로 회계상 감가상각비를 계상한 경우에만 세무상 손금으로 인정된다. 다만 업무용승용차에 대한 감가상각비, 법인세를 면제 또는 감면받는 법인의 감가상각의제 등은 강제신고조정 사항으로 감가상각범위액 내에서 신고하면 손금으로 인정받을 수 있다. 또한 국제회계기준을 적용하는 법인이 개별자산에 대한 감가상각비를 추가로 손금에 산입하는 경우에는 임의 신고조정을 통하여 손금으로 인정받을 수 있다.[11)]

법인이 감가상각액을 손금으로 계상한 경우에 한하여 법인세법상의 상각범위액을 한도로 하여 각 사업연도 소득금액계산상 손금으로 용인된다. 그러나 법인의 감가상각액 계상액은 상각범위액과 반드시 일치하는 것은 아니며, 이때는 양자 간의 차이금액이 발생하게 된다. 각 사업연도에 법인의 손금계상액이 상각범위액에 미달하는 경우의 차액은 시인부족액이 되어 소멸하며, 손금계상액이 상각범위액을 초과하는 경우의 차액은 상각부인액으로 되어 손금불산입됨으로써 각 사업연도소득이 증가하게 된다.

8. 대손금

대손이란 채권을 회수하지 못하여 손실을 입게 되는 것을 말한다. 따라서 법인에 대손이 발생하면 순자산이 감소하므로 손금에 해당하게 되는 것이다. 세법은 이러한 대손을 손금으로 인정하는 요건을 법에 열거하고 있으며, 요건을 충족하지 못하는 경우는 손금으로 인정받지 못한다. 대손으로 인정받지 못하는 대표적인 대손금은 특수관계인에 대한 업무무관가지급금, 채무보증으로 인하여 발생한 구상채권, 부가가치세법에서 정하는 대손세액공제를 받은 금액 등이 있다.

대손금으로 인정되는 채권은 소멸시효 완성 등으로 인하여 청구권이 소멸된 채권, 채무자의 파산 등으로 인하여 회수가능성이 거의 없다고 인정되는 채권, 금융회사 등이 금융감독원 등 감독기관의 승인을 받아 대손금으로 처리한 채권, 부도발생일로부터 6개월이 지난 수표・어음 등 채권 등이 있다.

---

11) 강제신고조정은 법에서 정한 사업연도에 손금산입해야 하기 때문에 경정청구가 가능하지만, 임의신고조정은 회사가 손금에 산입한 사업연도에 손금으로 인정되어 경정청구가 불가하다.

대손금은 회계처리를 통한 결산조정을 통해서만 손금에 산입할 수 있는 것과 회계처리를 하지 않았더라도 청구권이 소멸하여 법률상 권리가 없을 때 신고를 통하여 손금에 산입할 수 있는 신고조정이 있다. 채무자의 파산, 강제집행, 사망 등에 의하여 회수할 수 없는 채권, 부도발생일로부터 6개월 이상 지난 수표·어음 등 채권, 금융기관 등의 승인을 받은 금융회사 등의 채권 등은 결산조정 대상이 되는 채권이다. 상법·어음법·수표법·민법에 따른 소멸시효 완성 채권, 회생계획인가 또는 법원의 면책결정을 받은 채권 등은 회수할 수 없게 된 날이 속하는 사업연도에 손금으로 산입하는 신고조정을 해야 한다.

9. 충당금

충당금이란 특정의 손비(損費)에 대한 준비를 위해 설정하는 계정을 말하는 것으로, 추산에 의하여 그 부담을 그 연도에 속하는 것으로 정한다. 충당금은 종래 일반적으로 준비금(準備金)이라고 하였으나 자본계정의 준비금과 구별하기 위하여 충당금이란 용어를 쓰게 된 것이다. 충당금은 준비금과 전혀 성질이 다른 계정이므로 이것을 혼동해서는 안 된다. 즉 충당금은 부채에 준하는 계정이지만 준비금은 자본계정이다. 따라서 전자는 손익계산을 함에 있어 손비로서 계상되는 것이지만, 후자는 손익계산확정 후의 순이익금의 유보로서 설정되는 것이다.[12)]

결국 충당금은 미래 예상되는 손실에 대비하여 사전에 설정하는 미확정 채무에 해당한다. 따라서 국제회계기준이나 기업회계기준에서 충당금을 설정할 때에는 채권의 회수가능성에 초점을 두기 때문에 재무제표 작성자 또는 감사인의 주관적인 판단이 개입될 수 있다. 만약 충당금을 100% 인정하게 된다면 회사는 충당금을 통하여 법인세 과세표준인 소득을 자의적으로 조정할 여지가 남게 되는 것이다. 따라서 세법은 충당금의 손금 인정에 대하여 그 한도를 정하여 한도를 초과하는 충당금에 대해서는 손금에 산입하지 못하도록 하고 있다.

(1) 대손충당금

대손충당금은 대손이 예상되는 채권에 대하여 사전에 채권을 감액하면서 충당금을 설정하는 것이다. 국제회계기준에서는 채권의 공정가치를 평가하여 손상이 발생한 경

12) 매일경제, 매경닷컴

우 손상차손을 인식하도록 하고 있다.[13] 그러나 공정가치 평가는 실제 발생된 권리나 의무에 대한 내용이라기보다 미래 예상되는 손실을 합리적으로 추정하기 위한 계산법을 기술적으로 만들어낸 것으로 실제 권리나 의무가 그렇게 확정된 것은 아니다. 쉽게 이야기하자면 공정가치 평가에 의해 회계상 대손충당금을 설정하였다 할지라도 실제 대손이 될지 여부는 알 수 없다는 것이다. 따라서 세법에서는 대손충당금의 손금산입 한도를 아래와 같이 계산하고 있다.

> 대손충당금 손금산입액
> ＝당기말 대손충당금 설정대상채권의 잔액×max[대손실적률, 1%]

대손실적이라는 것은 실제 회사가 전년도 채권잔액 대비 당기 실제 발생한 대손금의 비율을 의미한다. 즉, 세법은 실제로 발생한 비율만큼 대손충당금을 인정해주되 1%를 초과해서 인정해주지는 않겠다는 의미로 해석할 수 있다.

대손충당금 설정대상 채권의 종류는 외상매출금, 대여금, 기타 이에 준하는 채권으로 규정하고 있고, 채무보증으로 인한 구상채권, 특수관계인에 대한 업무무관가지급금 등은 제외된다.

(2) 퇴직급여충당금 · 퇴직연금충당금

근로자가 퇴직할 때 회사는 퇴직금을 지급한다. 퇴직금은 근로자가 근로를 하면서 향후에 퇴직 후 소득이 없을 것을 대비하여 적립하였다가 일시에 지급하는 성격을 가진 급여에 가깝다. 따라서 회사는 사업을 하는 기간에 근로자의 퇴직에 대비하여 퇴직급여충당금을 설정해야 하는 것이다. 국제회계기준에서도 발생주의와 수익·비용대응의 원칙에 따라 근로자의 퇴직금을 근로제공기간에 배분하여 충당금을 인식하도록 하고 있다. 그러나 세법에서는 퇴직급여충당금 설정대상자를 별도로 규정[14]하고 있고 아래와 같이 한도도 정하고 있다.

13) 금융상품의 손상 측정은 기대신용손실 모형으로 측정하도록 K-IFRS 제1109호에서 정하고 있다. 이 측정 방법의 구체적 내용은 복잡하기 때문에 해당 자료를 참고하기 바란다.

14) 사업연도 말 현재 법인에 근속하고 있는 퇴직급여 지급대상 임원 또는 사용인(확정기여형 퇴직연금 등이 설정된 자는 제외)

한도액=mim[총급여액×5%, 퇴직급여추계액×한도율+퇴직급여전환금
－퇴직급여충당금의 누적액

퇴직급여충당금은 결산조정 대상이며, 한도를 초과하는 경우 세무조정은 아래와 같다.

〈손금불산입〉 퇴직급여충당금 한도초과 ×××(유보)

상기 유보액은 향후 근로자의 실제 퇴직시 반대 조정을 통하여 소멸하게 된다.

퇴직연금은 회사가 충당금을 설정하였더라도 파산하게 되면 근로자에게 퇴직금을 지급할 수 없는 문제점을 해소시키고자, 매 사업연도에 적립해야 할 퇴직금을 사외에 적립하도록 유도하여 안정성을 확보하고자 한 것이다. 퇴직연금의 종류는 확정급여형(DB)과 확정기여형(DC)이 있다. 확정급여형은 퇴직연금을 회사가 직접 운용하는 경우이고, 확정기여형은 연금 운용사(대부분 금융기관)에 현금을 납부하여 운용사가 관리하도록 하는 것이 가장 큰 차이이다. 따라서 실제 현금을 외부에 납부한 확정기여형의 경우 전액 손금에 산입하도록 한다.[15] 확정급여형은 아래와 같이 한도를 설정하도록 정하고 있다.

한도액=mim[퇴직금추계액 대비 세무상충당금 설정부족액, 퇴직연금운용자산의 기말잔액]－전기말 손금인정된 퇴직연금충당금

(3) 기타 손금에 산입할 수 있는 충당금

상기의 충당금 외에도 국가로부터 보조금을 지원받아 자산을 취득한 경우 보조금이 일시에 법인의 소득으로 계산되어 당기 법인세부담이 증가하는 것을 방지하고자 일시상각충당금(압축기장충당금)이라는 것을 설정할 경우 손금으로 인정하고 있고, 신용보증사업을 영위하는 법인에 한하여 법에서 정하는 계산에 따라 구상채권상각충당금을 설정한 경우에 손금을 인정해주는 제도가 있다.

15) 단, 임원에 대한 퇴직금을 확정기여형으로 지급하면서 퇴직급여한도를 초과한 경우에는 초과한 금액을 손금불산입하고 해당 임원의 상여로 소득처분한다.

(4) 자산에 대한 평가충당금

앞서 확인하였던 충당금 외에도 회계는 자산, 부채에 대한 평가를 통하여 평가손익이나 손상차손을 인식할 수 있다. 그러나 세법은 법에서 정하는 특별한 경우를 제외하고 평가손익을 인정하지 않고 취득원가 및 취득부대비용 등이 포함된 원가법만을 인정하고 있다.

법인이 재고자산 평가손익을 회계에서 계상하였다고 가정하자. 세법은 파손, 부패 등의 사유로 정상가격으로 판매할 수 없을 경우 처분가능한 가격과의 차이를 손금으로 인정하고, 저가법 평가로 원가가 시가보다 높아 발생하는 손실에 대해서만 평가손실을 손금으로 인정한다. 그 외의 재고자산 평가손익은 세무조정을 통하여 익금불산입 또는 손금불산입하여 유보로 소득처분하고 실제 재고자산이 판매되었을 때 반대 조정을 통하셔 유보를 없앤다.

투자부동산의 경우 회계는 원가모형과 공정가치모형을 선택할 수 있으나, 세법은 원가법만을 인정한다. 따라서 공정가치모형을 선택한 경우 발생하는 평가손익은 모두 세무조정을 통하여 부인하여야 한다.

유형자산의 경우 회계 원가모형과 재평가모형을 선택할 수 있으나, 세법은 원가법만을 인정한다.[16] 따라서 재평가모형을 선택하였더라도 세무조정을 통하여 평가손익을 부인하여야 한다. 또한 회계는 유형자산의 손상차손을 인식할 수 있지만 세법은 이를 인정하지 않는다. 다만 감가상각자산이 진부화, 물리적 손상 등에 따라 시장가치가 급격히 하락하여 법인이 국제회계기준에 따라 손상차손을 계상한 경우에 한하여 세법은 이를 감가상각비용으로 보아 감가상각비 시부인 계산에 포함한다.

결국 위에서 살펴본 바와 같이 세법은 원칙적으로 자산에 대한 평가손익을 인정하지 않고 원가만을 인정하되 예외적인 경우에 한하여 평가손익을 인정한다는 것을 기억해야 할 것이다.

10. 부당행위계산부인

부당행위계산부인이란 법인이 특수관계인과의 거래를 통하여 조세의 부담을 부당하게 감소시킨 것으로 인정되는 경우 세법이 그 법인의 행위 또는 계산과 관계없이 소득

16) 보험업법 등 법률에 의하여 고정자산을 증액하거나, 천재지변·화재 등으로 고정자산이 파손 또는 멸실되는 때에는 예외적으로 재평가를 인정한다.

금액을 재계산하는 것을 말한다. 이는 조세회피를 방지하고, 경제적인 합리성이 결여된 거래를 세법이 재계산하여 조세의 부담을 경감시킨 거래의 효과를 없애 공평과세를 실현하겠다는 취지이다. 부당행위계산부인은 특수관계인과의 거래로 인하여 법인의 조세부담을 부당하게 감소시킨 것으로 인정되어 현저한 이익이 분여되어야 하며, 조세회피의사의 존재 여부는 중요하지 않다.

부당행위계산부인의 대상이 되는 거래의 유형은 별도의 책으로 나올만큼 양이 많다. 여기서는 그 중에서 여러분들이 꼭 기억해야 할 몇 가지만 다루고자 한다. 우선 가장 대표적인 유형은 자산의 양수도 거래 시 고가매입 및 저가양도, 무수익자산의 매입 등이다. 앞서 설명한 기부금 의제 시 고가매입 및 저가양도와 유사하지만 부당행위계산부인 규정은 특수관계인 간의 거래에서 적용되고, 기부금 의제는 특수관계가 없는 경우 적용되는 규정이다. 고가매입 및 저가양도는 특수관계인으로부터 시가의 5% 이상 또는 3억원 이상의 차액이 발생하였을 경우 시가와의 차액을 부인한다. 저가양도의 경우 양도법인은 양수법인에게, 고가매입은 양수법인이 양도법인에게 이익을 분여한 것이 된다. 결국 이익을 분여받은 법인들은 부당한 거래행위는 맞지만 순자산을 감소시킨 것이 아니라 오히려 증가시켰으므로 별도로 세무조정을 하지 않는다. 그러나 이익을 분여한 법인은 부당한 행위를 통하여 순자산을 감소시켜 조세부담을 감소시켰으므로 시가와 대가의 차액에 대하여 세무조정을 실시한다. 저가양도의 경우 양도법인은 아래와 같이 세무조정을 실시한다.

〈손금불산입〉 부당행위계산부인 ×××(기타사외유출)

고가매입의 경우 양수법인은 아래와 같이 세무조정을 실시한다.

〈익금불산입〉 자산 ×××(△유보)
〈손금불산입〉 부당행위계산부인 ×××(기타사외유출)

두 번째 유형으로 특수관계인 간의 자금거래로 인하여 발생한 업무무관가지급금이 있다. 업무무관가지급금은 회계상 계정과목에 관계없이 특수관계인에게 업무와 직접적인 관련이 없는 자금을 대여한 경우 해당한다. 업무무관가지급금에 해당하면 세법은 여러 가지 재제를 취한다. 우선 인정이자를 계산하여 익금에 산입하고, 지급이자를 계산하여 손금불산입한다. 또한 대손충당금 설정대상 채권에서도 제외되며 대손금 및 처분손실은 손금에 산입하지 못한다. 결국 특수관계인 간의 자금거래는 손실을 인정하지 않겠다는 것이다. 예를 들어, 여러분이 법인의 대주주이자 대표이사인데 어머니께 법인을 통해 은행에서 대출을 받은 자금 100만원을 빌려드리고 돌려받지 못했다고 세무서에 신고한다면 세무서는 이를 인정해주지 않겠다는 것이다.

세 번째 유형으로 불공정자본거래로 인한 이익의 분여이다. 법인이 불공정한 합병, 증자, 감자, 현물출자 등 자본을 증감시키는 거래를 통하여 특수관계인 주주에게 이익을 분여한 경우 이익을 분여받은 주주와 손해를 입은 주주 모두 익금산입을 통하여 부당행위계산부인을 한다. 이때 분여이익을 계산하는 방식은 각각의 경우 별도로 있지만 여기서는 설명을 생략하기로 한다.

지금까지 법인의 주요 세무조정 사항들에 대하여 중요한 내용 위주로 간단하게 확인해보았다. 실제 세무조정 사항들은 실무적으로 더욱 많지만 여러분들이 최소한 세무를 입문하는 과정에서 앞서 언급한 용어와 개념, 계산방법과 세무조정 정도 만이라도 기억하였으면 한다. 그렇게 된다면 여러분들이 어느 법인에 가더라도 세무조정계산서를 보면서 무슨 말인지 전혀 이해하지 못하여 어려움을 겪는 일은 없을 것이며, 나아가 앞으로 심화학습하게 될 세법과 세무회계에 대한 밑바탕이 되어 큰 도움이 될 것이다. 앞의 내용을 모두 이해하였다면 다음의 예제를 풀어봄으로써 다시 한 번 복습해보길 바란다.

예제

다음의 사례에 대하여 문제를 읽고 물음에 답하시오.

㈜서울의 제15기(20×1.1.1. ~12.31.)인 20×1년 초 재무상태표는 다음과 같다.(단위 : 원)

차변	금액	대변	금액
현금	12,000	자본금	20,000
상품	6,000	이익잉여금	7,500
단기매매주식	1,000		
㈜동대문주식	2,000		
㈜서대문주식	1,500		
토지	5,000		
	27,500		27,500

㈜서울의 20×1년 거래내역은 다음과 같다.

(1) 20×1년 12월 31일 보유 중인 단기매매증권의 시가는 1,200원이다.
(2) 20×1년 1월 1일에 사무용 컴퓨터를 1,200원에 매입하였다. 내용연수를 2년으로 보고 잔존가치는 없으며 정액법으로 감가상각하기로 하였다. 그런데 세법상 내용연수는 4년이다.
(3) 20×1년도 중에 상품 6,000원을 현금 13,000원에 판매하였다(계속기록법). 만일 판매한 상품이 1년 이내 고장이 나면 무상으로 수리해주기로 하였다. 12월 31일 현재 예상되는 품질보증비는 200원이다.
(4) 20×1년도 중 거래처에 대한 접대비로 300원을 지출하였다. 그런데 세법상 접대비 지출의 한도는 200원이다.
(5) 20×1년 매출액 중 3,000원은 관계회사인 ㈜서대문에 대한 매출인데 정상적으로는 3,500원에 판매할 수 있었다.
(6) 20×1년도 중 종업원에 대한 급여를 6,000원 지급하였는데 이 중에는 실제로 근무하지 않은 대주주에게 지급한 1,000원이 포함되었다.
(7) 여유자금 10,000원을 20×1년 7월 1일에 은행에 예금하였다. 만기일은 20×2년 6월 30일인데 이자율은 연 5%이다.
(8) ㈜서울은 ㈜동대문의 30% 지분을 2,000원에 취득하여 보유 중이다. ㈜동대문의 20×1년 결산상 당기순이익은 1,000원이었다.
(9) 20×1년 ㈜서울은 100% 지분을 소유한 ㈜서대문으로부터 400원의 배당금을 수령하였다.
(10) 20×1년 6월 1일 상품 7,000원을 현금으로 매입하였다.

|문제1| 위 11개의 거래에 대해서 순차적으로 회계처리를 실시하고 이에 기초하여 ㈜서울의 제15기(20×1.1.1. ~12.31.)의 재무상태표와 손익계산서를 작성하시오.

|해설|

1. 회계상 거래내역 분개

(1)	차)	단기매매주식	200	대)	단기매매주식평가익	200
(2)	차)	비품	1,200	대)	현금	1,200
	차)	감가상각비	600	대)	비품감가상각누계	600
(3)	차)	현금	13,000	대)	매출	13,000
	차)	매출원가	6,000	대)	상품	6,000
	차)	품질보증비	200	대)	품질보증충당부채	200
(4)	차)	접대비	300	대)	현금	300
(5)	분개없음					
(6)	차)	급여	6,000	대)	현금	6,000
(7)	차)	단기금융상품	10,000	대)	현금	10,000
	차)	미수이자	250	대)	이자수익	250
(8)	차)	㈜동대문주식	300	대)	지분법이익	300
(9)	차)	현금	400	대)	배당금수익	400
(10)	차)	상품	7,000	대)	현금	7,000

2. 재무상태표

㈜서울 20×1.12.31. 현재 (단위 : 원)

현금	900	품질보증충당부채	200
상품	7,000	자본금	20,000
단기금융상품	10,000	이익잉여금	7,500
단기매매주식	1,200	당기순이익	1,050
미수이자	250		
비품	1,200		
감가상각누계	(600)		
㈜동대문주식	2,300		
㈜서대문주식	1,500		
토지	5,000		
	28,750		28,750

3. 손익계산서

㈜서울 20×1.1.1.~12.31. (단위 : 원)

매출원가	6,000	매출	13,000
급여	6,000	단기매매주식평가익	200
감가상각비	600	이자수익	250
품질보증비	200	지분법이익	300
접대비	300	배당금수익	400
당기순이익	1,050		
	14,150		14,150

|문제2| 위 [문제1]에서 실시한 회계처리를 바탕으로 세무조정과 소득처분을 실시하시오.

|해설|

1. 세무조정 항목

㈜서울 20×1.1.1.~12.31. (단위 : 원)

	(1) 회계이익	(2) 사업연도소득	(3) 세무조정	(4) 유형
매출	13,000	13,500	500	익금산입
단기매매주식평가익	200	–	(200)	익금불산입
이자수익	250	–	(250)	익금불산입
지분법이익	300	–	(300)	익금불산입
배당금수익	400	–	(400)	익금불산입
소계(A)	14,150	13,500	(650)	
매출원가	6,000	6,000	–	
급여	6,000	5,000	1,000	손금불산입
감가상각비	600	300	300	손금불산입
품질보증비	200	–	200	손금불산입
접대비	300	200	100	손금불산입
소계(B)	13,100	11,500	1,600	
총계(A+B)	1,050	2,000	950	

2. 소득처분

㈜서울 20×1.1.1.~12.31. (단위 : 원)

	(1) 세무조정	(2) 유형	(3) 소득처분
매출	500	익금산입	기타사외유출
급여	1,000	손금불산입	배당
감가상각비	300	손금불산입	유보
품질보증비	200	손금불산입	유보
접대비	100	손금불산입	기타사외유출
(A) 가산항목 합계	2,100		
단기매매주식평가익	(200)	익금불산입	유보
이자수익	(250)	익금불산입	유보
지분법이익	(300)	익금불산입	유보
배당금수익	(400)	익금불산입	기타
(B) 차감항목 합계	(1,150)		
(C) 합계 A+B	950		

3. 소득처분별 세무조정 금액

계정과목	금액	세무조정	소득처분
배당금수익	(400)	익금불산입	기타
(A) 소계	(400)		
매출	500	익금산입	기타사외유출
접대비	100	손금불산입	기타사외유출
(B) 소계	600		
급여	1,000	손금불산입	배당
(C) 소계	1,000		
감가상각비	300	손금불산입	유보
단기매매주식평가익	(200)	익금불산입	유보
이자수익	(250)	익금불산입	유보
지분법이익	(300)	익금불산입	유보
품질보증비	200	손금불산입	유보
(D) 소계	(250)		
합계(A+B+C+D)	950		

4. 회계상 재무상태표와 세법상 재무상태표의 차이

㈜서울 20×1.12.31. 현재 (단위 : 원)

계정과목	회계	유보	세법
현금	10,900	–	10,900
상품	7,000	–	7,000
단기매매주식	1,200	(200)	1,000
미수이자	250	(250)	–
비품	1,200	–	1,200
감가상각누계	(600)	300	(300)
㈜동대문주식	2,300	(300)	2,000
㈜서대문주식	1,500	–	1,500
토지	5,000	–	5,000
(A) 자산합계	28,750	(450)	28,300
품질보증충당부채	200	(200)	–
(B) 부채합계	200	(200)	0
순자산(A－B)	28,550	(250)	28,300

Chapter 08

부가가치세 Ⅰ : 부가가치세의 개념과 과세제도

Prolog

정 세무사(이하 “정”) : (따르르르릉~~따르르르릉~~) 네, 정 세무사입니다.
대학후배 김 사장(이하 “김”) : 형님, 저 김 사장입니다.

정 : 오~ 김 사장~ 오랜만이야~ 사업은 잘되지?
김 : 네네, 요즘 그럭저럭 본전은 하고 삽니다.
정 : 그래~ 요즘 같은 시대에 본전이라도 하는게 어디야. 근데 갑자기 어쩐 일이야?
김 : 형님 … 부가세 꼭 내야 하나요? 부가세 절세 방안은 없나요?
정 : 응? 부가세? 부가가치세 말하는건가?
김 : 네, 이거 3개월마다 돈 나가는데 … 죽겠습니다. 납품대금 받아서 경비 쓰는건 매달 똑같은데 3개월마다 부가세 내라고 하니 그때마다 적자가 납니다. 이거 진짜 피 같은 제 돈 나가서 정말 미치겠습니다. 부가세 낼 때마다 마이너스 통장 잔고가 늘어서 큰일이에요.
정 : 헐 … 김 사장 … 그건 말이지 … 김 사장이 부가가치세의 구조를 몰라서 그러는건데, 그게 말이야 부가가치세는 당초부터 김 사장 돈이 아니고 …
김 : 아뇨, 형님. 구조는 모르겠고 … 제 호주머니에 들어왔으면 제 돈인데 … 왜 이걸 다시 내라고하는지 도저히 이해하지 못하겠습니다.
정 : (아니 … 이 녀석 … 명문대 MBA까지 졸업하고도 부가가치세 이해를 못하다니 … 이거 어쩌지 … 그나저나 이 녀석 진짜 돈 벌고 있는 건 맞는건가) 그래 아깝지 아까워 … 그래도 내 설명 한 번 들어보면 기분이 좀 풀릴거야~

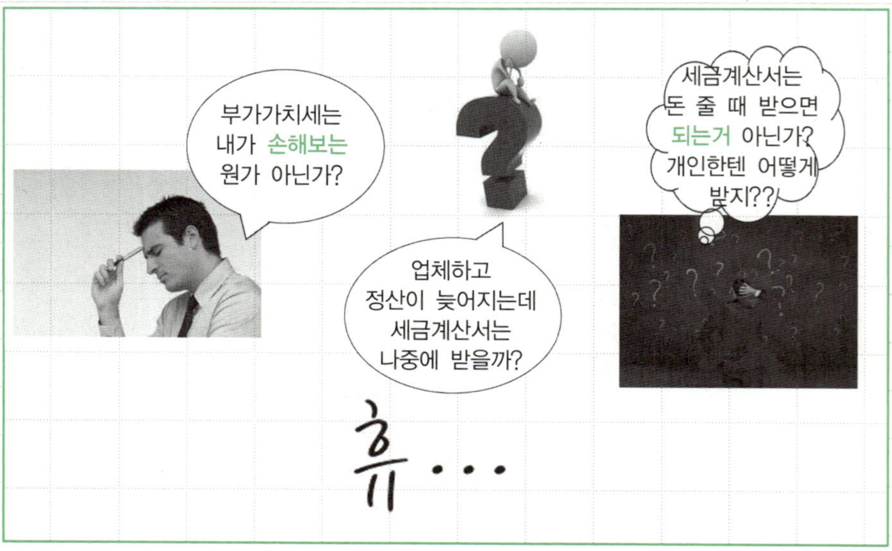

위 상황은 저자가 세무사가 된 이후 적어도 10번 이상 각기 다른 사람들로부터 겪은 동일한 유형의 대화이다. 아마 지금 이 글을 읽고 있는 독자들 중 사업자가 있다면 아마 백번 공감할 이야기일 것이다. 분명히 부가가치세는 우리가 흔히 들어본 세금으로 잘알고 있다고 생각했는데 왜 막상 현실에서는 이해하지 못하는 세금이 되어 있을까? 우리는 흔히 들어 알고 있는 듯 하지만 결코 잘알고 있지 못하는 부가가치세에 대하여 제대로 알아볼 필요가 있다.

| 학습목표 |

- 부가가치세의 개념을 알고 있는가? : 부가가치세의 개념
- 부가가치세의 과세대상은 무엇인가? : 부가가치세의 과세대상
- 세금계산서 제도를 알고 있는가? : 세금계산서

제1절 부가가치세(VAT)란 무엇인가?

Ⅰ. 부가가치세의 개념

1. 부가가치란?

부가가치세는 영어로 Value Added Tax(VAT)이다. 즉, 부가가치에 붙은 세금이라고 보면 된다. 부가가치(value added)란 특정한 경제주체가 경제활동을 통해서 증가시킨 경제적 가치를 의미한다.

예를 들어 당신이 10,000원에 통나무를 구입해서 열심히 자르고 깎아서 장난감을 만들어서 친구에게 13,000원에 팔았다면 당신이 창출한 부가가치는 3,000원이다. 물론 그 3,000원에는 당신의 인건비와 사업자금에 대한 이자, 장난감 판매로 인한 이윤이 모두 포함되어 있다. 부가가치는 반드시 제품을 만들어내는 생산활동을 통해서만 창출되는 것은 아니다. 유통이나 보관활동과 같은 서비스를 통해서도 부가가치는 창출된다. 당신이 강원도에서 채집된 송이버섯을 10,000원에 구입하여 서울에 있는 식당에 가공하지 않고 그대로 12,000원에 팔았다면 비록 새로운 제품을 만든 것은 아니지만 유통(혹은 운송) 활동을 통해서 2,000원의 경제적 부가가치를 창출한 것이다. 바로 이 부가가치에 세율을 곱하여 산출한 것이 부가가치세인 것이다.

위 예시에서 우리나라의 현재 부가가치세율인 10%를 반영해보면 장난감 판매로 납부해야 할 부가가치세는 3,000원의 10%인 300원이 될 것이고, 송이버섯 유통으로 납부해야 할 부가가치세는 2,000원의 10%인 200원이 된다. 이렇게 간단해?라고 생각할지도 모르지만, 사실 이 간단한 로직(logic)이 부가가치세의 기본이고 전부이다. 물론 이게 정말 전부라면 부가가치세 신고로 먹고사는 사람들이나, 두꺼운 부가가치세 실무서적이 나올 이유는 없을 것이다. 이 간단한 로직에 테크니컬(technical)한 부분이 가미되다보니 실무적으로는 부가가치세가 어려워지는 것이다. 생필품에는 부가가치세를 빼주기 위해서 면세, 수출장려를 위해서 수출품목에는 영세율, 유흥업소에서 접대하기 위해 사용한 비용은 건전한 사회적 통념에 적합하지 않으므로 매입세액불공제, 면세사업과 과세사업을 같이하면 공통매입세액도 안분해야 하니 공통매입세액안분 등 기본 개념에서 파생되는 테크니컬한 요소들이 여러분을 힘들게 하는 것이다. 이런 것들에 대한 자세한 설명은 뒤에서 하기로 한다.

그림 8-1 부가가치의 구성요소

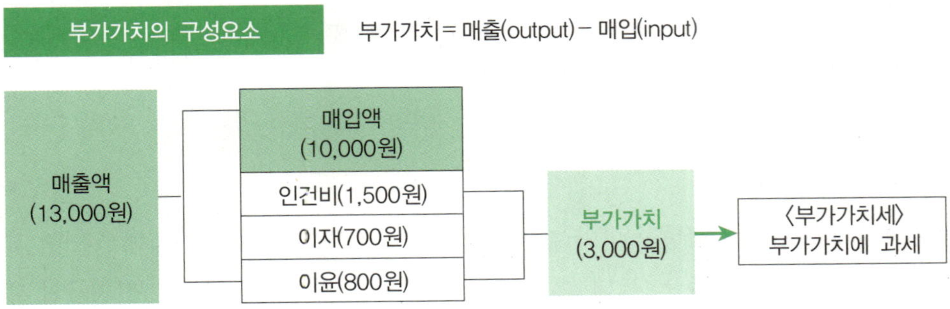

2. 소비세

다시 부가가치세의 기본개념으로 돌아와보자. 부가가치에 대하여 납부하는 세금이 부가가치세이다. 그렇다면 부가가치세는 기존에 우리가 공부한 법인세, 소득세와 무슨 차이가 있을까? 벌써 느낌적으로는 앞서 배운 법인세, 소득세와는 무엇인가 다르다는 생각이 들 것이다. 법인세와 소득세는 법인과 개인이 벌어들인 소득에 대하여 세율을 곱하여 세금을 내는 제도이다. 즉 소득에 대한 세금으로 소득세인 것이다. 그런데 부가가치세는 소득에 대한 세금은 아닌 것으로 보여진다. 부가가치에 붙은 세금이라고 했기 때문에 그러한 생각에 더 확신을 가질 수 있을 것이다.

부가가치세는 재화와 용역의 소비에 대하여 부과하는 소비세이다. 즉, 소득이 아닌 개인의 소비에 대하여 부과되는 세금이다. 여기에서 소비란 최종 소비를 의미하는 것으로서 생산활동에 투입되는 것은 소비라고 보지 않는다. 소비세라고 하니 이해할 것도 같고 다 이해되지 않는 것 같기도 할 것이다. 글자 그대로 부가가치세는 부가가치에 대해서 부과하는 세금인데 이런 세금을 우리는 왜 소비세라고 부르는 것일까? 이는 각 생산단계에서 창출된 부가가치를 모두 합하면 이는 최종 소비자에 대한 판매가격과 같아지기 때문이다.

예를 들어 제조업자가 직접 만든 볼펜을 도매업자에게 1,000원에 판매하고, 도매업자는 소매업자에게 이 볼펜을 3,000원에 판매하여 최종 소비자에게 4,000원에 판매되었다고 가정하자. 제조업자가 도매업자에게 판매하면서 창출한 부가가치 1,000원과 도매업자가 소매업자에게 판매하면서 창출한 부가가치 2,000원(소매업자로의 판매가

3,000원 - 제조업자로부터의 매입가 1,000원), 마지막으로 소매업자가 최종 소비자에게 판매하면서 창출한 부가가치 1,000원(최종 소비자로의 판매가 4,000원 - 도매업자로부터의 매입가 3,000원)을 합하면 각 생산단계에서 창출된 부가가치의 합은 4,000원이다. 이는 최종 소비자에 대한 판매가격인 4,000원과 일치한다.

3. 간접세(전단계 공제방식)

부가가치세는 위에서 설명한 바와 같이 사업자가 창출한 부가가치에 대해서 일정 세율만큼을 납부하는 것이다. 그런데 왜 앞서 본 사례와 같이 사람들은 부가가치세가 내 돈인데 억울하게 나간다고 생각하는 것일까? 그것은 바로 부가가치세가 간접세이기 때문이다. 간접세란 실질적으로 세금을 부담하는 납세자와 법적인 납세의무가가 다른 세금을 말한다. 부가가치세는 직접세 방식으로 운영될 수도 있고 간접세 방식으로 운영될 수도 있다. 만일 부가가치세를 직접세 방식으로 운영한다고 가정해보자. 부가가치세를 직접세 방식으로 운영한다면 각 사업자별로 부가가치를 산출한 후 납부해야 할 세금을 계산하여 납부하도록 하면 될 것이다. 위에서 예로 든 사례를 가지고 부가가치세 납부구조를 설명해보기로 한다.

그림 8-2 부가가치세 과세 방법

전단계거래액공제법

- 사업자의 매출액에서 전단계거래인 매입액을 빼서 부가가치를 계산한 후 세율을 곱하여 계산하는 방법
  - 부가가치세 = (매출액 - 매입액) × 세율

전단계세액공제법

- 사업자의 매출액을 과세표준으로 하여 세율을 곱하여 매출세액을 계산한 후 매출세액에서 매입세액을 빼는 방식으로 부가가치세를 계산
  - 부가가치세 = 매출액 × 세율 - 매입세금계산서 등의 세액의 합계

표 8-1 직접세 방식으로의 부가가치세 (단위 : 원)

사업자	ⓐ 판매	ⓑ 매입	ⓒ 부가가치 [ⓐ-ⓑ]	부가가치세 [ⓒ×10%]
제조업자	1,000	0	1,000	100
도매업자	3,000	1,000	2,000	200
소매업자	4,000	3,000	1,000	100
합계	8,000	4,000	4,000	400

위의 경우 사업자는 부가가치를 계산하고 부가가치세를 직접 신고하고 납부해야 할 것이다. 따라서 부가가치세를 실제로 부담하는 사업자와 법적으로 신고하고 납부해야 하는 사업자는 동일하므로 이는 직접세 방식이라고 할 수 있다. 요즘 실무에서 구리, 철 스크랩과 같은 경우에는 직접세와 유사하게 운영이 되고 있다. 당초부터 스크랩을 사가는 고철업자가 판매자에게 대금을 지급할 때 부가가치세는 별도의 계좌로 송금해야 하고, 고철업자는 이 돈을 만져보지도 못하고 부가가치세 신고시 그대로 납부해야 하는 것이다. 결국 소비자로부터 징수한 돈을 대신 납부하는 개념은 동일하지만, 당초부터 과세관청의 통제를 받는 계좌로 송금이 되니 사실상 소비자가 과세관청에 직접 납부한 것과 유사한 효과를 가져오는 것이다.

위와 같이 직접세 방식이 아닌 간접세 방식으로 부가가치세를 운영한다면 어떻게 될 것인가? 앞서 말한 바와 같이 간접세에서는 세금의 부담자와 법적인 납세의무자가 동일하지 않다. 실질적인 세금부담자들은 세무서에 직접 신고하지 않고 직접 납부하지 않는다. 대신 그들은 법적인 납세의무자에게 세금을 지급하고 납세의무자들은 세금부담자들로부터 받은 세금을 세무서에 납부하는 것이다.

간접세 방식의 부가가치세에서 각 사업자들은 당초 판매가격에 부가가치세를 더한 금액으로 판매하여 부가가치세를 징수한다. 그리고 이렇게 징수한 부가가치세에서 자신이 매입시에 부담한 부가가치세를 공제한 후 금액을 세무서에 납부한다. 앞의 예를 이용하여 각 단계마다 어떻게 부가가치를 납부하게 되는지를 보면 아래의 [표 8-2]와 같다.

표 8-2 간접세 방식으로의 부가가치세 (단위 : 원)

사업자	판매1)	매입	부가가치세		
			ⓐ 매출세액 2)	ⓑ 매입세액 2)	납부세액 [ⓐ-ⓑ]
제조업자	1,100	0	100	0	100
도매업자	3,300	1,100	300	100	200
소매업자	4,400	3,300	400	300	100
합계	8,800	4,400	800	400	400

1) 당초 판매가격에 부가가치세(판매가격×10%)를 더한 금액
2) 판매 혹은 매입한 금액에 포함된 부가가치세

[표 8-2]에서는 각 사업자별로 간접세 방식의 부가가치세가 어떻게 운영되는지를 보여준다. 각 사업자는 판매금액에 부가가치세를 더한 금액을 다음 단계 구매자들에게 받고 반대로 전단계 판매자로부터 부가가치세를 포함한 가액으로 매입한다. 예를 들어 도매업자는 다음 단계 구매자인 소매업자에게 판매가격 3,000원에 부가가치세 300원을 더한 금액을 받는다. 반대로 도매업자는 전단계 판매자인 제조업자로부터 볼펜을 매입하면서 매입가격 1,000원에 부가가치세 100원을 더한 금액을 지불한다. 사업자가 다음 단계 구매자로부터 받은 부가가치세를 매출세액이라고 부르며 본인이 매입시 지불한 부가가치세를 매입세액이라고 한다. 따라서 도매업자의 매출세액은 300원이고 매입세액은 100원이며 매출세액에서 매입세액을 차감한 금액 200원을 세무서에 부가가치세로 납부한다.

이와 같은 간접세 방식에서 부가가치세는 사실상 누가 납부하는가? [표 8-2]에서 등장하는 3명의 사업자 모두 사실상 부가가치세를 납부하는 것은 아니다. 이들은 서로 상대방으로부터 부가가치세를 징수하여 대신 세무서에 납부해준 것에 불과하다. 그렇다면 세무서가 걷은 부가가치세 400원은 결국은 누가 낸 것인가? 사업자가 아닌 평범한 학생인 김성실 군이 소매업자로부터 이 볼펜을 4,400원에 구입했다고 하자. 그러면 김성실은 더 이상 다음 단계 사업자로부터 부가가치세를 징수할 수 없는 최종소비자이므로 판매가격에 포함된 400원의 부가가치세를 사업자들처럼 매입세액으로 공제받을 수 없다. 따라서 4명의 사업자가 각자 세무서에 납부한 400원의 부가가치세는 사실상 최종소비자인 김성실 군이 모두 납부한 셈이다. 결국 간접세 방식의 부가가치세에서 법적인 납세의무자는 사업자이지만 실질적인 세부담자는 최종소비자이다.

[표 8-2]에서와 같은 방식으로 운영되는 부가가치세를 전단계 공제방식이라고 부르

는데 우리나라를 비롯한 유럽의 많은 국가에서 채택하고 있는 대표적인 부가가치세 운영방식이다. 이처럼 전단계 공제방식을 채택하게 되면 사업자는 거래단계에서 거래상대방으로부터 부가가치세를 포함한 금액을 수령하고, 부가가치세 신고시 해당 부가가치세를 다시 세무서에 납부해야 하는 것이다. 따라서 이러한 개념을 이해하지 못한 상태에서 대금을 수령한 사업자들은 향후 부가가치세 납부시 본인의 돈이 나간다고 생각하는 것이다. 다시 한 번 강조하지만 부가가치세는 간접세로 최종소비자가 부담하는 세금을 사업자가 대신 납부하는 것으로 사업자의 비용으로 세금을 납부하는 것이 아닌 것이다.

▌그림 8-3 ▌부가가치세 거래징수 과정

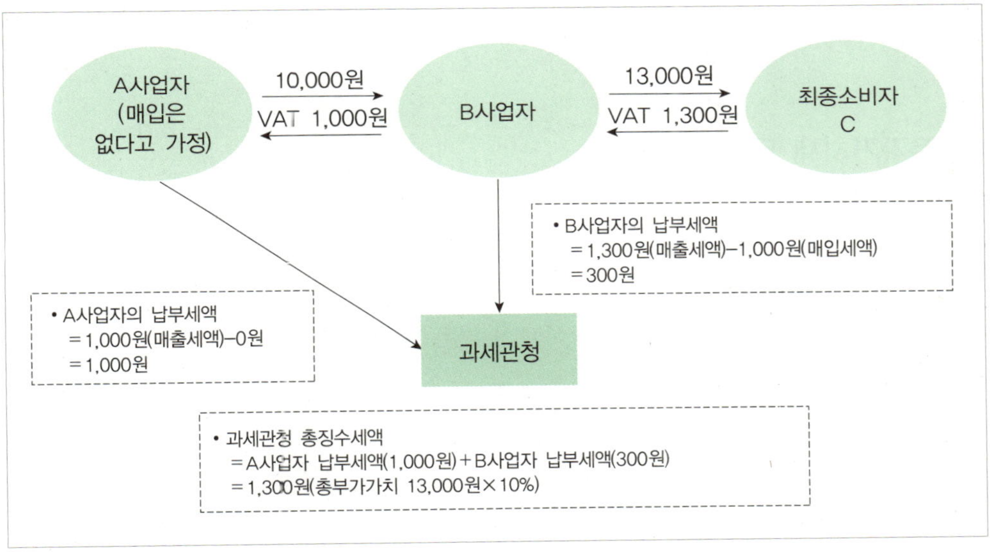

결국 사업자 간 과세거래에서 발생하는 부가가치세는 대금지급시 부담하였다가 부가가치세 신고시 국세청으로부터 돌려받는 것이므로 사업자는 실질적인 금전적 부담을 지는 것은 아니다. 그러나 최종소비자가 사업자가 아닌 개인인 경우에는 최종 소비단계에서 부담한 부가가치세를 돌려받을 수 없다. 국가는 이렇게 최종소비자가 부담한 부가가치세를 징수하는 것이다.

4. 역진성

법인세와 소득세의 경우 과세표준이 증가할수록 세율이 점진적으로 상승하는 누진세 구조를 가지고 있다. 이에 반해 부가가치세는 10% 단일세율로 정하고 있다. 즉, 소득이 높아 부자인 국민과 소득이 낮아 가난한 국민이 최종 소비자로서 부담하는 세율은 동일하다는 것이다. 이 점이 바로 부가가치세의 역진성이다. 부가가치세 세부담의 역진성은 부가가치세의 단점으로 지적되는 부분이다. 이러한 역진성을 보완하기 위하여 서민들을 위한 생활필수품에는 면세하는 등의 정책을 시행하고 있다. 이 부분은 추후 부가가치세의 면세와 영세율쪽에서 조금 더 깊이 다루기로 한다. 여기서 짚고 넘어가야 할 점은 소득의 많고 적음에 관계없이 동일한 세율을 적용받기 때문에 역진적이라는 단점을 지니고 있다는 것이다.

5. 부가가치세 도입

소득에 대하여 부과하는 세금은 역사의 변화에 따라 그 방식과 명칭이 달라졌을 뿐 우리 사회에 계속 존재해 왔다. 하지만 부가가치에 대한 세금이자, 최종소비자에게 부과하는 부가가치세는 역사 속에서 찾아보기 힘들다. 그렇다면 부가가치세는 언제 생겨났을까?

우리나라 정부는 1971년부터 부가가치세 도입을 준비하였고 그로부터 6년이 지난 1977년 7월 부가가치세를 도입하였다. 이는 일본의 소비세(1989), 중국의 증치세(1993) 도입보다도 10년 이상 빠른 것으로 아시아에서는 최초였다. 그러나 앞서 설명한대로 역진성을 가진 부가가치세는 도입 초기에 조세저항이 만만치 않았다.

제2절 부가가치세 과세

Ⅰ. 사업자단위과세

법인세와 소득세를 배우면서 우리는 법인과 개인의 개념을 이해했다. 세법에서 정의하는 법인과 개인은 모두 과세단위이자 납세의무자가 된다. 그러면 부가가치세를 납부하기 위한 납세의무자는 법인인가, 개인인가? 여기서 부가가치세 납세의무자의 개념으로 '사업자'가 등장한다. 개인이든 법인이든 부가가치세 납부를 위해서는 사업자가 되어야 한다. 만약 여러분이 새롭게 장난감을 만드는 공장을 차린다고 가정해보자. 주식회사 형태로 시작하고 싶다면 법인 설립과정을 거쳐 법인이 되어야 할 것이고, 개인으로 사업을 진행할 수도 있을 것이다. 법인이든 개인이든 사업을 시작하기 위해서는 공장을 짓고 기계를 사고 원재료들을 구매해야 할 것이다. 그 전에 여러분들은 먼저 부가가치세법상 사업자가 되어야 한다. 세무서에 가서 사업자등록을 마치면 비로소 여러분들에게 사업자등록증이 교부된다.

▌그림 8-4 ▌사업자등록증

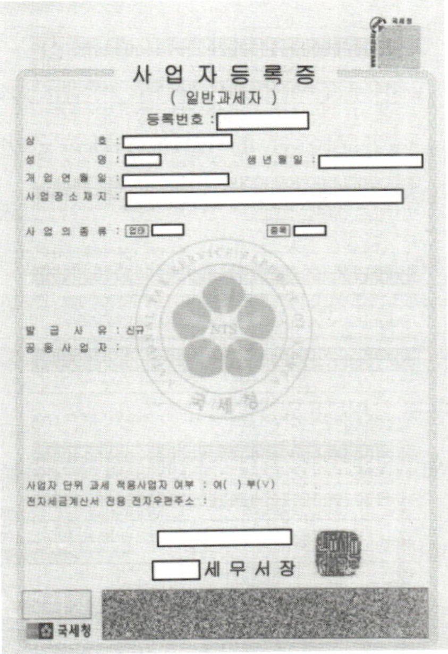
사업자등록증
(일반과세자)
등록번호 :
상 호 :
성 명 : 생년월일 :
개업연월일 :
사업장소재지 :
사업의종류 : 업태 종목
발급사유 : 신규
공동사업자 :
사업자 단위 과세 적용사업자 여부 : 여( ) 부(V)
전자세금계산서 전용 전자우편주소 :
세무서장
국세청

사업자등록증이 여러분들에게 주는 의미는 각별하다. 공장을 지으면서 공사업체에게 주는 대금, 기계를 사면서 납품업체에 지급하는 대금, 원재료를 구매하면서 거래업체에 지급하는 대금 속에는 부가가치세를 포함한 금액을 지급하여야 할 것이다. 앞서 배운 전단계매입세액공제법에 따르면 여러분들은 거래단계에서 지급한 부가가치세를 부가가치세 신고시 돌려받을 수 있다.

그러나 부가가치세를 돌려받기 위해서는 반드시 사업자 등록이 되어 있다. 만약 사업자등록이 없는 개인이 위 대금을 지급하였다가 뒤늦게 사업자등록을 하고 부가가치세를 돌려달라고 국세청에 요청해도 때는 이미 늦은 것이다. 우리나라의 부가가치세율이 10%인 것을 감안하면 여러분은 사업자등록을 하지 않는 바람에 10%의 어마어마한 손실을 볼 수 있는 것이다. 학생들 입장에서는 '10%가 큰 손실인가?'라는 생각을 가질 수도 있지만, 2019년 상장기업 영업이익률이 5.1%밖에 되지 않는다는 것을 감안할 때 10%는 회사의 존폐를 결정할 수 있는 엄청난 수치임을 알 수 있을 것이다.[1] 저 종이 한 장이 가지는 힘이 엄청나다는 것을 유념할 필요가 있다.

사업자등록의 신청은 어떻게 되는 것인가 간단히 살펴보자. 사업자등록은 사업을 영위하는 납세의무자가 세무서에 신고하는 것이다. 등록기한은 신규로 사업을 개시하는 경우 사업장마다 사업개시일로부터 20일 이내에 세무서장에게 등록하여야 한다. 사업개시일은 제조업의 경우 재화의 제조를 개시하는 날, 광업은 광물의 채취 등을 개시하는 날, 그 외에는 재화 또는 용역의 공급을 개시하는 날이 기준이 된다. 여기서 중요한 또 한가지는 바로 '사업장마다'이다. 법인세, 소득세는 사업주체 1인이 과세단위가 된다. 그러나 부가가치세는 사업장이 여러 곳이라면 각각의 사업장마다 사업자등록을 해야 하는 것이다. 여러분이 만약 법인을 설립하여 공장을 수원에 두고, 판매영업소를 서울과 부산에 둔다면 여러분은 서울, 부산, 수원 모두 사업자등록을 해야 한다. 그러나 법인세를 납부할 때는 서울, 부산, 수원에서 사업한 모든 손익을 합산하여 한 번에 신고납부하게 된다. 이 점이 부가가치세와 법인세(소득세)와의 차이이다.

여기서 의문이 생긴다. 사업을 개시하고 나서 사업자등록을 하면 사업을 준비하는 과정에서 매입한 기계, 공장 건설비용, 원재료 구입비용 등에 포함된 부가가치세는 어떻게 되는 것인가? 이러한 이유로 신규로 사업을 개시하려는 경우 사업개시일 전에도 사업자등록을 할 수 있다. 그래야만 개업을 준비하는 기간에 부담한 부가가치세를 돌려받을 수 있는 것이다.

---

1) 조선일보 "작년 2000대 상장 기업 영업이익률 2009년 이후 최저치" 2020.6.2. https://www.chosun.com/site/data/html_dir/2020/06/02/2020060200662.html

조금 더 깊은 이야기로 들어가서 과세와 면세를 겸하는 경우, 공동사업자와 함께 하는 경우를 간단히 살펴보자. 우선 과세와 면세를 겸하는 경우를 살펴보기 위하여 장난감과 책을 함께 판매하는 상점을 개업하기로 가정하자. 장난감은 부가가치세가 과세되는 과세상품이고, 도서는 부가가치세가 면세되는 면세상품이다(면세에 대해서는 추후 별도로 언급하기로 한다). 그렇다면 여러분은 소비자들에게 상품을 팔 때에 장난감은 부가가치세를 포함하여 대금을 수취할 것이고, 책은 부가가치세 없이 대금을 수취할 것이다. 이 경우 여러분은 과세와 면세사업을 모두 영위하는 겸업사업자가 되어 부가가치세법상 겸업사업자 등록을 해야 한다. 겸업사업자의 경우 과세와 면세 매출에 따라 납부해야 하는 부가가치세가 달라지기 때문에 별도 관리가 필요하기 때문이다. 이후에 배우겠지만 과세와 면세에 공통으로 사용되는 공통매입세액(예를 들면 매장 임차료 지급 시 발생한 부가가치세)은 전액 환급받을 수 없다. 면세사업에서 부가가치세가 발생하지 않았는데 매입 단계에서 부담한 부가가치세를 돌려주기만 한다면 세무서 입장에서는 부가가치세로 인한 손실만 발생할 것이기 때문이다. 이런 문제는 겸업사업자에게서 발생하는 것이므로 사업자등록시 구분이 되어 관리가 필요하다. 만약 면세사업만 영위하던 면세사업자가 과세사업을 하고자 하는 경우에는 사업자등록정정신고를 통하여 과세사업을 추가하면 된다. 공동사업자의 경우는 어떻게 등록을 하여야 할 것인가? 여러분이 위에 장난감 상점에서 돈을 많이 벌어 친구와 함께 건물을 매입하여 공동으로 임대사업을 하고자 한다고 가정하자. 건물을 임대하기 위해서 여러분은 사업자등록을 해야 한다. 이 경우 공동사업 영위를 입증할 수 있는 계약서 등 근거를 가지고 공동사업자 중 1인을 대표자로 하여 대표자명의로 사업자등록을 하면 된다.

Ⅱ. 과세대상

1. 재화나 용역의 공급

앞서 말했듯이 부가가치세는 소비세이다. 그러나 재화나 용역의 소비에 대해서 직접 과세하지 않고 재화와 용역의 공급에 대해서 과세한 뒤 이를 소비자에게 전가하는 방식을 취하고 있다. 즉 공급과 소비는 동전의 앞뒷면과 같은 것이어서 공급에 대해서 과세하는 것은 곧 소비에 대해서 과세하는 것과 마찬가지이다.

또한 전단계 공제방식을 취하여 자신이 최종소비자가 아니라면 전단계에서 매입한 재화나 용역의 가액에 포함된 부가가치세를 공제한다. 이런 방식을 취한 것은 기본적으로는 재화나 용역의 공급가액에서 전단계 매입가액을 공제하여 구한 부가가치를 부가가치가 창출되는 모든 단계에서 합치면 이는 재화나 용역의 소비가액과 일치한다는 것을 전제한 것이다.

부가가치세가 과세되는 것은 재화뿐만 아니라 용역도 해당된다. 예를 들어 택시와 같은 운송용역에 대해서는 부가가치세가 부과된다. 따라서 여러분이 내는 택시요금에는 부가가치세가 포함되어 있고 택시운송용역을 제공한 사업자는 부가가치세를 납부해야 한다.

또한 부가가치세의 궁극적인 목표는 국내소비에 대해서 과세하는 것이므로 비록 우리나라에서 생산된 재화는 아니더라도 수입된 재화에 대해서는 부가가치세를 납부해야 한다. 이와 같은 논리를 근거로 우리나라 부가가치세법에서는 부가가치세의 과세대상을 다음과 같이 재화나 용역의 공급 그리고 재화의 수입이라고 규정한다.

부가가치세법 제4조(과세대상)
부가가치세는 다음 각 호의 거래에 대하여 과세한다.
1. 사업자가 행하는 재화 또는 용역의 공급
2. 재화의 수입

2. 재화나 용역의 공급의제

재화의 공급은 부가가치세의 과세대상이다. 여기서 공급이라는 것은 통상적으로 대가를 받고 타인에게 이전하는 것을 말한다. 그렇지만 부가가치세법에서는 대가를 받지 않고 타인에게 이전시키거나(무상공급) 혹은 타인에게 이전하지 않고 스스로 소비하는 것(자가공급)도 공급으로 본다. 또한 과세사업에서 매입한 재화를 과세사업에 투입하지 않고 면세사업에 투입하는 경우(면세전용)나 과세사업용 재화로서 사업을 폐지할 때 남아있는 재고(폐업시 재고재화)도 과세형평상 과세대상으로 본다. 이를 그림으로 나타내면 [그림 8-5]와 같다.

▌그림 8-5▐ 재화의 공급과 공급의제

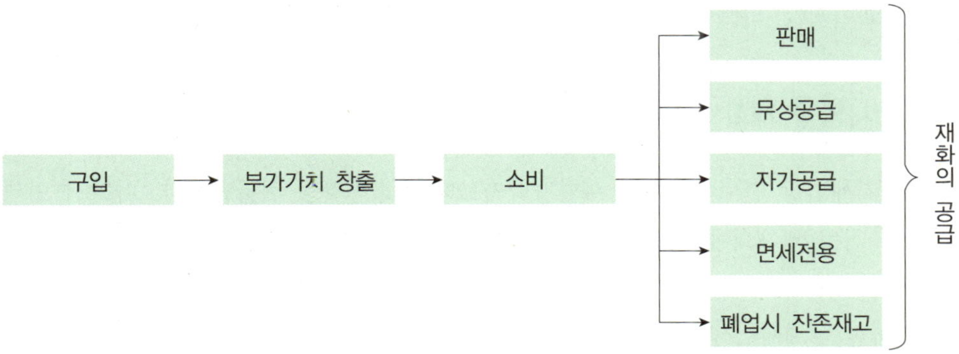

[그림 8-5]는 재화의 공급 및 공급의제의 개념을 설명한다. 사업자가 재화나 용역을 외부로부터 공급받고 부가가치를 창출하게 되면 이는 결국 소비될 것인데 소비되는 유형은 그림에서와 같이 판매되거나, 무상공급, 자가공급, 면세전용이나 폐업시 재고로 남는 것과 같이 모두 5가지이다. 따라서 이런 5가지 유형에 해당되면 재화의 공급으로 보아서 부가가치세를 과세하는 것이다. 각각에 대해서 살펴본다.

(1) 재화의 무상공급

부가가치세는 공급가액에 부가가치세율을 곱해서 산출한다. 따라서 만일 재화나 용역을 무상으로 공급한다면 공급가액이 '0'이 되므로 부가가치세가 부과되지 않을 것이다. 그러나 부가가치세가 소비세라는 측면에서 동일한 재화나 용역을 소비했음에도 불구하고 유상인가 아니면 무상인가에 따라서 세금이 달라진다면 공평하지 않다. 따라서 부가가치세법에서는 무상으로 공급하는 재화도 부가가치세의 과세대상으로 규정한다.

예를 들어 제과점을 운영하면서 친구에게 자신이 만든 케이크를 선물로 제공하였다면 이는 부가가치세 과세대상이다. 다만 고객에게 판매촉진 목적의 견본품으로 케이크를 제공하였다면 이는 부가가치세 과세대상에서 제외한다.

(2) 재화의 자가공급

부가가치세는 사업자가 소비자로부터 거래 징수하여 납부하는 세금이다. 그런데 사업자가 본인이 생산한 과세대상 재화를 스스로 소비하는 경우에는 다른 소비자와의 형평성을 위해서 부가가치세를 납부해야 한다.

예를 들어 제과점을 운영하는 사업자가 종업원들과 야유회를 가면서 자신들이 생산한 빵과 과자를 소비하였다면 이는 부가가치세 과세대상이 된다.

(3) 과세사업용 재화의 면세전용

부가가치세법상 면세사업자는 사업자라기보다는 소비자로 취급받는다. 따라서 면세사업에서 취득한 재화에 대해서는 부가가치세를 공제받을 수 없다. 만일 과세사업과 면세사업을 동시에 운영하는 사업자가 과세사업용으로 취득하여 이미 매입세액을 공제받은 재화를 면세사업에 투입한다면 부당하게 매입세액을 공제받은 것이 되므로 이를 취소해야 한다. 이렇게 취소하기 위해서 면세사업에 전용된 과세사업으로 취득한 재화에 대해서는 부가가치세를 부과한다.

예를 들어 포도재배업자 홍길동이 포도를 그대로 팔기도 하고 포도를 가지고 와인을 제조하여 팔기도 한다고 하자. 포도는 면세재화이지만 와인은 과세재화이므로 홍길동은 면세사업과 과세사업을 같이 겸영하는 사업자이다. 그런데 홍길동이 와인 운반용 상자를 취득하여 매입세액 공제를 받은 후 이 상자 중 일부를 포도 운반에 전용하였다고 하자. 당초부터 상자를 포도운반용으로 구입한 것이라면 관련된 부가가치세 매입세액을 공제받을 수 없었을 것인데 이를 와인운반용으로 신고하여 매입세액을 공제받은 것이므로 이렇게 공제받은 부가가치세는 사후적으로 취소되어야 한다. 따라서 포도운반용으로 전용된 상자는 부가가치세의 과세대상으로 보는 것이다.

(4) 폐업시 잔존재고재화

부가가치세법에서는 경제주체를 사업자 아니면 소비자로 양분한다. 따라서 사업자가 폐업을 하게 되면 부가가치세법상 소비자가 된다. 부가가치세법상 소비자는 납세의무가 없다. 따라서 사업자가 폐업 당시 보유하고 있던 재고재화를 폐업 이후에 처분하거나 소비한다면 부가가치세를 과세할 수 없다. 이런 상황을 방지하기 위하여 사업자가 폐업을 하게 되면 남아있는 재고재화에 대해서는 공급된 것으로 간주하여 부가가치세를 과세한다. 즉 사업자가 소비자로 전환되기 전에 미래 예상되는 재화의 공급에 대해 사전에 과세하는 것이다.

예를 들어 와인주점을 운영하던 백두산이 불황으로 사업을 그만두기로 하고 관할세무서에 폐업신고를 하였다고 하자. 폐업을 하였으므로 백두산은 이제 더 이상 사업자가 아니다. 따라서 폐업 당시 백두산이 보유하고 있던 와인재고는 폐업 이후에는 다른 사람들에게 팔거나 아니면 친구들에게 선물로 주거나 혹은 일부는 백두산이 소비할 수도 있을 것인데 백두산이 더 이상 사업자가 아니므로 부가가치세를 거래 징수할 수 없다. 그렇다면 정상적으로 주점에서 소비된 와인에는 부가가치세가 부과되지만 폐업 이후 소비된 와인에는 부가가치세가 부과되지 않는 불공평한 일이 생긴다. 이런 일을 방지하기 위해서 백두산이 폐업 신고를 하게 되면 곧바로 보유하고 있는 와인재고는 공급된 것으로 보아서 부가가치세를 과세하는 것이다. 물론 불황이고 장사가 되지 않아서 폐업을 한 백두산의 입장에서 세금까지 추가로 내야 한다고 하면 너무 억울하다는 생각도 할 수 있을 것이다. 그렇지만 이렇게 하지 않으면 일부러 폐업을 해서 부가가치세를 회피하려는 야비한 사업자들도 생길 것이기 때문이 어쩔 수 없는 일이다.

(5) 재화의 직매장 반출

만일 사업자가 사업장을 여러 곳에 두고 있다면 부가가치세는 원칙적으로 사업장별로 신고하고 납부해야 한다. 따라서 사업자가 판매를 목적으로 재화를 다른 사업장(직매장)으로 보내는 경우에는 재화를 공급한 것으로 본다. 이렇게 하는 이유는 사업장별로 부가가치세를 정확하게 계산하기 위함이며 사실상 사업자 입장에서 모든 사업장을 총괄하여 보면 부가가치세 납부세액의 변동은 생기지 않는다. 따라서 사업자등록을 할 때 처음부터 사업자가 사업장이 아닌 사업자 단위로 등록한 경우(사업자단위과세 사업자) 혹은 사업장별로 신고는 하지만 납부는 주사업장에서 총괄하여 납부하겠다고 신청한 경우(주사업장 총괄납부)에는 이런 규정을 적용하지 않는다. 따라서 직매장 반출을 재화의 공급으로 보는 것은 논리적으로 이것이 소비를 위한 공급이기 때문이 아니라 부가가치세 과세의 편리성 확보를 위한 조치임을 알 수 있다.

(6) 용역의 공급의제

용역의 경우에도 위와 같은 사유가 있는 경우에는 재화와 마찬가지로 공급의제 규정을 적용하는 것이 원칙이다. 그러나 용역의 자가소비나 무상공급에 대해서 과세하는 것은 매우 어렵다. 예를 들어 건축설계사가 자신의 집을 설계한 경우 혹은 미용실을 운영하는 사업자가 본인의 가족들의 머리를 깎아주는 경우 등을 과세한다는 것은 사실상 불가능할 것이다. 이런 점을 감안하여 우리나라 부가가치세법에서는 용역의 공급의제 규정을 극히 제한적으로 적용하고 있다. 이를 살펴보면 아래와 같다.

부가가치세법 제12조(용역 공급의 특례)
① 사업자가 자신의 용역을 자기의 사업을 위하여 대가를 받지 아니하고 공급함으로써 다른 사업자와의 과세형평이 침해되는 경우에는 자기에게 용역을 공급하는 것으로 본다.
② 사업자가 대가를 받지 아니하고 타인에게 용역을 공급하는 것은 용역의 공급으로 보지 아니한다. 다만, 사업자가 특수관계인에게 사업용 부동산의 임대용역 등을 공급하는 것은 용역의 공급으로 본다.
③ 고용관계에 따라 근로를 제공하는 것은 용역의 공급으로 보지 아니한다

위 규정을 보면 부가가치세법에서는 용역의 경우에도 공급의제를 원칙적으로 적용하지만 위에서 설명한 현실을 감안하여 특수관계인에게 부동산 임대용역을 공급하는 것을 제외하고는 과세하지 않고 있음을 알 수 있다. 또한 대가를 받는다 하더라도 고용관계에 따라서 근로를 제공하는 것은 용역의 공급으로 보지 않는다. 이렇게 고용관계에 의한 근로제공을 용역의 공급으로 과세하지 않는 것은 인적용역을 면세로 정한 이유와 같다.

Ⅲ. 세금계산서

1. 세금계산서란 무엇인가?

세금계산서 제도에 대해서 알아보자. 우선 세금계산서라는 것을 처음 들어보는 분들도 있을 것이기 때문에 세금계산서가 무엇인지부터 설명하고자 한다.

세금계산서란 부가가치세법상 사업자가 과세 재화 또는 용역을 공급하고 거래사실을 확인하기 위해서 발급하는 증빙 서류이다. 여러분이 마트에 가서 물건을 사고 신용카드로 결재를 한 경우 영수증을 발급해주는 것과 동일한 것이다. 뒤에 배우겠지만 매입세액공제를 받기 위해서 수취해야 하는 적격증빙이 있는데 그 중 하나가 바로 세금계산서이며 신용카드매출전표이다. 매입자 입장에서 세금계산서를 수취했다고 하는 것은 '내가 부가가치세를 지급하고 매입 거래를 했다'라는 의미와 '세무서는 부가가치세 신고시 매입세액을 환급(공제)해 달라'는 의미를 가진다. 부가가치세법은 납세의무자로 등록한 사업자가 재화 또는 용역을 공급하는 거래를 진행할 때, 세금계산서를 공급받

는 자에게 교부하여야 한다고 규정하고 있다. 즉, 세금계산서 발급은 선택이 아니라 의무인 것이다. 따라서 이러한 의무를 지키지 않을 경우 제재가 따른다. 세금계산서를 미발급하거나 발급기한 내에 발급하지 않고 지연해서 발행하는 경우에는 가산세가 발생하는 것이다.

세금계산서는 필요적 기재사항이라고 하여 반드시 기재하여야 하는 내용이 있다. 아래 그림과 같이 ① 공급하는 사업자의 등록번호와 성명 또는 명칭, ② 공급받는 사업자의 등록번호, ③ 공급가액과 부가가치세액, ④ 작성연월일은 필요적 기재사항으로 누락 없이 기재되어야 한다. 만약 이러한 필요적 기재사항이 누락되거나 사실과 다르게 기재되었을 경우 공급자와 공급받는 자 모두에게 각각 공급가액의 1%의 가산세가 발생하게 된다. 그러나 그 외에 나머지 임의적 기재사항의 오류는 가산세의 대상이 아니다.

세금계산서의 유형에는 일반적인 세금계산서, 매입자발행세금계산서, 수입세금계산서가 있다. 세금계산서는 재화와 용역을 공급한 사업사가 발행하는 것이다. 세금계산서는 과세표준에 대한 증빙이면서 동시에 매입세액공제의 증빙서류가 된다. 그런데 만일 재화나 용역을 공급한 사업자가 세금계산서를 발행하여 주지 않거나 제 날짜에 발행하지 않는 경우에는 적법하게 매입한 사업자가 매입세액공제를 받지 못하는 억울한 일이 생기게 된다. 이를 방지하기 위해서 재화와 용역을 공급한 사업자가 제 때 세금계산서를 발행해주지 않는다면 재화와 용역을 공급받은 사업자가 스스로 세금계산서를 발행할 수 있도록 허용한다. 이를 매입자발행세금계산서라고 한다.

그림 8-6 세금계산서와 필요적 기재사항

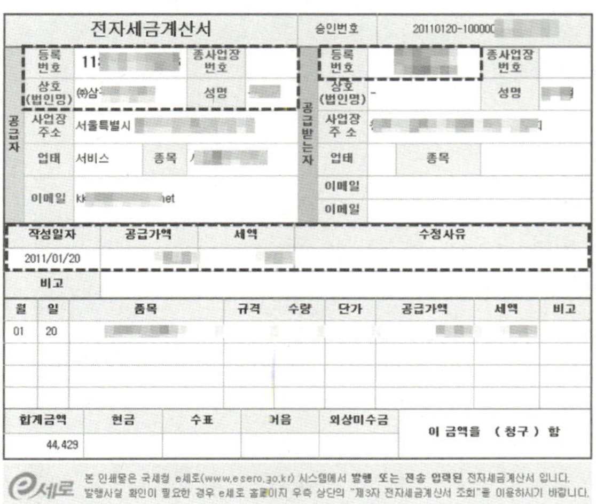

※ 세금계산서의 필요적 기재사항

① 공급하는 사업자의 등록번호와 성명 또는 명칭
② 공급받는 사업자의 등록번호
③ 공급가액과 부가가치세액
④ 작성연월일(※ 공급시기 = 교부시기)

재화의 수입은 부가가치세 과세대상이다. 수입한 재화를 공급한 사업자는 국내 사업자가 아닌 외국의 사업자이다. 수입하는 재화를 공급한 외국의 사업자는 우리나라 부가가치세를 적용받지 않으므로 당연히 세금계산서를 발행하지 않았을 것이다. 이런 경우에는 세관장이 수입하는 재화에 대해서 세금계산서를 발행하고 부가가치세를 거래징수한다. 이렇게 수입재화에 대해서 세관장이 발행하는 세금계산서를 수입세금계산서라고 한다.

세금계산서는 이러한 정보들을 담고 있어 과세관청에서 공급자와 공급받는 자 간의 거래를 상호대사할 수 있게 된다. 이러한 상호대사를 통하여 매출세액과 매입세액의 적정성을 검토할 수 있고, 매입세액공제도 가능하게 되는 것이다. 또한 거래의 증빙으로 송장 역할, 현금거래의 경우 영수증의 역할, 외상거래에서 대금을 청구하는 청구서 역할도 하게 되는 것이다. 세금계산서 1장이 이러한 역할을 모두 수행해내기 위해서는 그만큼 정보의 정확한 기재가 중요한 것이다. 따라서 앞서 필요적 기재사항의 오류에 대하여 가산세를 부과하면서까지 납세의무자들에게 정확한 기재의무를 부여하고 있는 것이다.

제화의 공급, 용역의 공급, 재화의 수입

※ 용역의 수입에 대해서는 사용장소의 구분과 세원포착 등의 어려움 등으로 인하여 과세대상으로 열거하고 있지 않음.

표 8-3 세금계산서 제도의 특성

구분	내용
기능	① 부가가체세의 전가와 **매입세액공제** 기능 ② **거래의 상호대사** 기능 ③ 송장/영수증/청구서의 기능
교부대상	사업자가 부가가치세 과세대상인 재화/용역을 공급하는 경우
작성요령	세금계산서는 2매가 1조로 되어 있음(공급받는 자/공급자)
교부시기	① 원칙 : 재화/용역의 공급시기에 교부함을 원칙으로 함 ② 월합계세금계산서 : 1역월 이내에서 사업자가 임의로 정한 기간의 거래액을 합계하여 그 기간의 말일을 발행일자로 하여 세금계산서를 교부할 수 있음 ③ 교부기한 : **다음달 10일까지**

세금계산서의 작성시 유의해야 할 점이 몇 가지 더 있다. 첫 번째 유의사항은 바로

교부시기이다. 세금계산서 교부시기는 부가가치세법상 공급시기와 일치하여야 한다. 따라서 재화 또는 용역의 공급시기에 교부하여야 한다. 교부시기를 지키지 않았다는 것은 부가가치세법상 공급시기를 지키지 않았다는 것이 된다. 이 점이 왜 중요하냐면 공급시기를 지키지 않은 경우 가산세가 부과될 수도 있지만, 심하면 매입세액공제가 되지 않을 수도 있기 때문이다. 교부시기를 놓쳤어도 부가가치세 신고 전까지 이를 보완하여 발급하면 그나마 가산세 정도로 문제가 종결될 것이다. 하지만 부가가치세 신고가 끝나고 나서 세금계산서를 교부한다면 가산세가 아니라 매입세액을 공제받지 못하게 된다. 앞서 말한 10%의 손실이 발생하는 것이다.

만약 여러분이 사업을 하면서 물품을 구매한 업체로부터 세금계산서를 받지 못한 상태로 대금을 지급하고 부가가치세 신고를 하였다면 이후에 무슨 방법을 쓰더라도 매입세액을 환급받지 못한다. 따라서 교부시기를 지키는 것은 매우 중요하다. 교부시기는 재화나 용역의 공급시기와 일치하지만 예외적으로 완화하는 규정이 있다. 월합계세금계산서 제도가 이러한 완화 규정이다. 만약 여러분이 장난감 생산을 위해서 필요한 플라스틱과 목재를 매일 재료업체로부터 공급받는다고 가정하자. 원칙적으로 세금계산서 교부시기는 재화를 공급하는 공급시기와 일치하므로 매일매일 당일 공급한 물량에 대하여 세금계산서를 교부하여야 할 것이다.

그러나 이렇게 되면 공급자와 공급받는 자 모두 업무량이 증가하게 되고 세금계산서 양이 늘어남에 따라 과세관청에서도 관리해야 할 사항들이 많아진다. 이러한 경우 납세의무자와 과세관청 모두 행정적인 부담을 덜기 위해서 월합계세금계산서를 발행할 수 있도록 하는 것이다. 월합계세금계산서라는 양식이 별도로 존재하는 것이 아니라, 1역월 동안의 거래액 합계를 세금계산서 1장으로 발행할 수 있도록 해주는 것이다. 1역월은 달력에 표기된 한 달 동안의 일자로 1일에서 31일까지를 의미한다. 1역월 이내에 발생한 거래는 사업자가 임의로 정한 기간의 거래액을 합하여 그 기간의 말일을 발행일자로 하여 세금계산서를 교부할 수 있는 것이다.

또한 먼저 발행하는 것을 인정하는 경우도 있다. 만약 매입자가 재화나 용역을 제공받기 전에 대금을 먼저 지급하면서 세금계산서의 교부를 원할 경우 세금계산서를 발행할 수 있는 것이다. 이러한 선발행세금계산서는 대금수령과 동시에 발행할 수도 있고, 세금계산서 발급 후 7일 이내에 대금을 수령할 수도 있다. 또한 세금계산서 발급 후 30일 이내 대금을 수령하여도 계약상 대금 청구시기와 지급시기가 명시되어 있다면 발행이 가능하다. 전기나 가스와 같이 단발성 공급이 아닌 계속적 공급의 경우에도 약정일자에 세금계산서를 교부할 수 있다.

| 그림 8-7 | 예외적인 세금계산서 발행

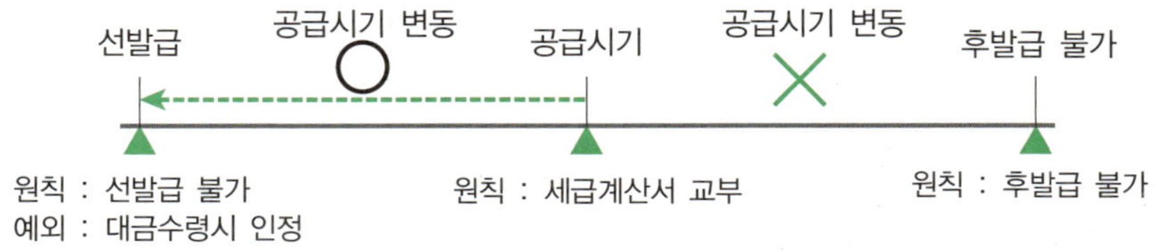

선발행세금계산서

- 대금수령과 동시에 세금계산서 발급(영수)
- 세금계산서 발급 후 7일 이내 대금수령
- 세금계산서 발급 후 30일 이내 대금수령, 다만 계약서상 대금의 청구와 지급시기가 명시되어 있을 것(청구 후 30일 이내 지급 관련 내용)
- 계속적 공급(전기, 가스, 부동산임대 등)의 경우 약정된 일자에 세금계산서 교부시

월합계세금계산서

- 1역월 기간합계액 : 해당월 말일자
  - 1일~31일 : 31일 교부(1~31일자 합계액)
- 1역월 이내의 기간합계액 : 그 기간 종료일자
  - 1일~15일 : 15일 교부(1~15일자 합계액)
  - 16일~31일 : 31일 교부(16~31일자 합계액)
- 1역월을 벗어나는 일자에 발생한 거래에 대해서는 합산할 수 없으며 해당 공급시기에 세금계산서 교부하여야 함
  - 거래명세서 등의 표기된 일자 유의

두 번째 유의할 점은 교부대상이다. 세금계산서 교부대상은 사업자가 부가가치세 과세대상인 재화 또는 용역을 공급하는 경우이다. 따라서 면세 품목을 공급하는 경우에는 세금계산서를 교부해서는 안 된다. 또한 과세사업자가 아닌 간이과세자나 폐업자가 재화나 용역을 공급한 경우에는 세금계산서를 교부할 수 없다. 만약 이러한 경우에 세금계산서가 발행되었다고 하더라도 매입한 사업자는 매입세액공제를 받을 수 없으므로 주의해야 할 필요가 있다.

세 번째 유의할 점은 작성요령이다. 앞서 살펴본 필요적 기재사항이 잘 적혀 있는 세금계산서를 공급자와 공급받는 자가 각각 보관해야 하므로 2매가 1조로 편성되어 있다. 재화나 용역을 공급하는 사업자는 재화를 판매 또는 용역을 제공하는 때에 세금계산서 2매를 작성하여 공급자 보관용은 본인이 보관하고 공급받는 자 보관용은 공급받는 자에게 교부하는 것이다. 이 부분은 전자세금계산서 제도가 도입되면서 중요도가 낮아졌지만 지켜지지 않았을 경우 부가가치세 신고에 영향을 줄 수 있는 것이기 때문에 주의할 필요가 있다.

다만 세금계산서를 발행할 수 없거나 발행이 불필요한 경우에는 세금계산서를 발행하지 않아도 된다. 세금계산서는 재화와 용역을 공급하는 사업자가 공급받는 사업자에게 발행하는 것이다. 그런데 공급받는 사업자가 없는 경우가 있다. 앞서 우리가 살펴보았던 재화나 용역의 자가소비, 면세전용 등으로 부가가치세법상 공급으로 의제되는 경우에는 거래상대방이 존재하지 않는다. 예를 들어 제과점을 운영하는 사업자가 종업원들 야유회에서 자신이 만든 빵을 소비하였다면 이는 과세재화의 자가소비이므로 소비한 빵의 시가 상당액을 과세표준에 산입하여야 하는데 이 경우 공급받은 사업자는 존재하지 않는다. 따라서 세금계산서를 발행할 수 없다. 또한 임대보증금의 간주임대료도 이에 해당한다. 간주임대료란 임대보증금에 대한 이자상당액을 임대료로 보아서 과세표준에 산입하는 것이다. 하지만 실제로 이자를 받은 것은 아니므로 임대용역을 공급받은 사업자에게 세금계산서를 발행할 수 없다. 또한 세금계산서는 부가가치세법상 납세의무자인 사업자에게만 필요한 것이지 부가가치세의 납세의무자가 아닌 소비자들은 세금계산서가 필요없다. 만일 재화와 용역을 공급받은 자가 사업자가 아닌 일반소비자라면 이들에게는 세금계산서가 필요하지 않으므로 세금계산서를 발행하지 않아도 된다. 그러나 소비자들에게도 거래증빙은 필요하기 때문에 이 경우에는 세금계산서가 아닌 영수증을 발행한다.

2. 전자세금계산서 제도의 도입

2010년 우리나라 부가가치세 역사상 큰 획을 그을 사건이 발생한다. 바로 전자세금계산서 제도의 도입이었다. 그 전에는 세금계산서를 모두 종이로 교부하고 있었는데 매번 출력하고, 수정하고, 전달하는 과정에서 시간과 비용이 발생하였다. 국세청은 종이세금계산서로 인한 사업자의 납세협력비용을 절감하고, 사업자 간 거래의 투명성을 제고하기 위하여 전자세금계산서 제도를 도입한다고 밝혔다.

전자세금계산서란 인터넷 등 전자적인 방법에 의해 세금계산서를 작성 및 발급(전자서명)하고 그 내역을 국세청에 전송하도록 한 것이다. 당시만 하더라도 이러한 제도의 도입은 매우 혁신적인 사건이었다. 사실 종이세금계산서 제도가 번거롭기는 하지만 납세자 입장에서 꼭 나쁜 점만 있는 것은 아니었다. 가장 대표적인 것이 교부시기의 문제이다. 전자세금계산서 도입 이후 전자적으로 발행할 일자가 나타나게 되어 교부시기로 인한 지연발급, 지연전송에 대한 가산세가 실제 발생하게 되었다. 특히 교부기한 규정은 종이세금계산서 시절에도 있었지만 사실상 과세관청에서 실제 발급일자에 대한 확인이 불가하여 유명무실한 조항이었다. 그러나 전자세금계산서가 도입되면서 납세자들이 가장 압박을 느끼게 된 규정 중에 하나가 된 것이다.

또한 전자세금계산서는 한번 발급되어 국세청으로 전송이 되면 수정이 불가하다. 따라서 수정세금계산서를 발급해야 하는 것이다. 수정세금계산서 발급에 대한 규정도 유형별로 다양하여 납세자들 입장에서는 불편해진 것이 사실이다. 그럼에도 불구하고 전자세금계산서 제도는 도입 후 10년이 지나는 동안 안정적으로 정착되었고, 이로 인하여 납세자의 투명성도 개선되고 세금계산서 발급문화도 많이 바뀌었다. e메일로 세금계산서를 주고받으면서 수동으로 작성 및 보관, 신고하는데 발생했던 납세협력비용이 절감되었고, 종이세금계산서 시절 신고 직전 소급발급 등 거짓 세금계산서를 발급하는 방법으로 세금을 탈루하는 등의 사례도 이제는 찾아보기 어려워지면서 세무거래 투명성도 확보되었다.

[사례] 전자세금계산서의 우수성

전자세금계산서-홈택스 등… '한국 IT세정' 각국에 소개

한승희 국세청장이 27일 칠레 산티아고에서 열린 제12차 경제협력개발기구(OECD) 국세청장회의에 참석해 정보기술(IT)을 접목시킨 한국의 전자세정 추진 상황을 직접 발표했다.

특히 한 청장은 전자세금계산서, 홈택스, 현금영수증 등 IT를 바탕으로 한 한국의 세정 업무를 소개했다. 지난해에만 10개국 174명의 해외 국세 공무원이 국세청을 방문했을 만큼 세계 시장에서 이름을 알린 한국의 전자세정을 해외에 접목하기 위해서이다.

실제 베트남은 지난해 7월 한국의 전자세금계산서 제도를 시범 실시한 뒤 내년에 본격적으로 도입할 예정이다. 베트남에 진출한 한국 기업이 전자세금계산서로 세액공제 혜택을 빠짐없이 받을 수 있게 될 것으로 전망된다. 이는 한국 전산시스템 관련 기업의 수출에도 도움을 줄 수 있다고 국세청은 설명했다. 한 청장은 "디지털과 기술 발달은 더 이상 피할 수 없는 물결"이라고 강조했다.

〈동아일보, http://www.donga.com, 2019.3.29. 기사 중 발췌〉

표 8-4 전자세금계산서와 종이세금계산서 차이

구분	전자세금계산서	종이세금계산서
발급의무자	• 법인사업자 • 직전연도 공급가액(과・면세) 합계 3억원 이상 개인사업자(2014.7.1.부터 3억원 이상으로 확대 시행)	공급가액(과・면세) 3억원 미만 개인사업자
발급시기	• 부가가치세법 제15~17조(공급시기)에 발급 • 월합계세금계산서 등 특례의 경우 익월 10일까지 발급	좌동

발급 및 보관형태	• 전자적 방법으로 발급 • 보관의무 없음	종이로 발급 종이로 보관
발급방법	• 국세청 홈택스를 이용하여 발급 • 발급대행시스템(ERP, ASP)을 이용하여 발급	수동
수신방법	• 이메일(e-mail) 등으로 수신	직접 또는 우편수신
전송의무	• 발급일 다음날까지 전송	신고시 합계표 제출
혜택	• 합계표 개별 명세 작성의무 면제	-
불이익	• 미(지연)발급 : 공급가액의 2%(1%) • 미(지연)전송 : 공급가액의 0.5%(0.3%)	좌동
서명	• 공인인증서 또는 보안카드로 전자서명	실제인감 (필수요건 아님)

출처 : 국세청

물론 이러한 제도 정착은 당근과 채찍이 함께 존재했기 때문에 가능했다. 전자세금계산서 제도 도입 당시 납세의무자들은 실시간으로 모니터링되는 것에 대한 부담도 상당했다. 그러나 국세청은 이러한 납세의무자들을 달래고 제도의 빠른 정착을 위해서 전자세금계산서 발급 및 전송에 대하여 세액공제를 해주기도 하였다. 동시에 발급과 전송을 지연하거나 회피하는 경우 가산세를 부과하여 납세의무자들이 빠르게 제도를 받아들일 수 있도록 유도하였다.

표 8-5 전자세금계산서 관련 가산세 규정

<table>
<tr><th colspan="2">구분</th><th>내용</th><th>발급자</th><th>수취자</th></tr>
<tr><td rowspan="3">발급</td><td>미발급</td><td>발급시기가 지난 후 공급시기가 속하는 과세기간에 대한 확정신고기한 내에 발급하지 않은 경우</td><td>2%</td><td>매입세액 불공제</td></tr>
<tr><td>지연 발급</td><td>발급시기가 지난 후 공급시기가 속하는 과세기간에 대한 확정신고기한 내에 발급한 경우</td><td>1%</td><td>0.5%</td></tr>
<tr><td>종이 발급</td><td>발급시기에 전자세금계산서 외의 세금계산서 발급</td><td>1%</td><td rowspan="3">해당없음</td></tr>
<tr><td rowspan="2">전송</td><td>지연 전송</td><td>발급일의 다음 날이 지난 후 공급시기가 속하는 과세기간에 대한 확정신고기한까지 전송</td><td>0.3%</td></tr>
<tr><td>미전송</td><td>발급일의 다음 날이 지난 후 공급시기가 속하는 과세기간에 대한 확정신고기한까지 미전송</td><td>0.5%</td></tr>
</table>

출처 : 국세청

전자세금계산서 제도가 도입되면서 활성화된 것이 수정세금계산서 발행이다. 종이세금계산서 시절에는 수정세금계산서라는 것이 사실상 무의미했다. 왜냐하면 신고 전까지 종이세금계산서를 바꾸어도 국세청에서 확인이 불가했기 때문이다. 그러나 이제는 실시간으로 전자세금계산서를 국세청으로 전송해야 하기 때문에 수정사항이 발생하게 되면 반드시 수정전자세금계산서를 발급해야 한다. 수정에 대한 사유도 여러 가지라서 아래와 같이 다양한 방법으로 수정 발급을 해야 가산세를 피할 수 있는 것이다.

표 8-6 수정세금계산서 발급사유와 방법

<table>
<tr><th colspan="3" rowspan="2">구분</th><th colspan="3">작성 · 발급 방법</th><th rowspan="2">발급기한</th></tr>
<tr><th>방법</th><th>작성연월</th><th>비고란</th></tr>
<tr><td rowspan="6">당초 작성 일자</td><td rowspan="2">기재사항 등이 잘못 적힌 경우</td><td>착오</td><td rowspan="3">당초발급 건 음(−)의 세금계산서 1장과 정확한 세금계산서 1장 발급</td><td rowspan="6">당초 세금 계산서 작성일자</td><td rowspan="5">−</td><td>착오사실을 인식한 날</td></tr>
<tr><td>착오 외</td><td>확정신고 기한까지 발급</td></tr>
<tr><td colspan="2">세율을 착오로 잘못 작성한 경우</td><td>착오사실을 인식한 날</td></tr>
<tr><td colspan="2">착오에 의한 이중발급</td><td rowspan="2">당초발급 건 음(−)의 세금계산서 1장 발급</td><td>착오사실을 인식한 날</td></tr>
<tr><td colspan="2">면세 등 발급대상이 아닌 거래</td><td>착오사실을 인식한 날</td></tr>
<tr><td colspan="2">내국신용장 등 사후발급</td><td>음(−)의 세금계산서 1장과 영세율 세금계산서 1장 발급</td><td>내국 신용장 개설일</td><td>내국신용장 개설일 다음달 10일까지 발급 (과세기간 종료 후 25일 이내에 개설된 경우 25일까지 발급</td></tr>
<tr><td rowspan="3">새로운 작성 일자 생성</td><td colspan="2">공급가액 변동</td><td>증감되는 분에 대하여 정(+) 또는 음(−)의 세금계산서 1장 발급</td><td>변동사유 발생일</td><td>처음 세금 계산서 작성일</td><td>변동사유 발생일 다음달 10일까지 발급</td></tr>
<tr><td colspan="2">계약의 해제</td><td>음(−)의 세금계산서 1장 발급</td><td>계약 해제일</td><td>처음 세금 계산서 작성일</td><td>계약해제일 다음달 10일까지 발급</td></tr>
<tr><td colspan="2">환입</td><td>환입 금액분에 대하여 음(−)의 세금계산서 1장 발급</td><td>환입된 날</td><td>처음 세금 계산서 작성일</td><td>환입된 날 다음달 10일까지 발급</td></tr>
</table>

출처 : 국세청

Chapter 09

부가가치세 II: 면세 · 영세율의 차이와 부가가치세 신고 · 납부

앞선 장에서는 부가가체세의 개념에 대해서 살펴보았다. 이번 장에서는 부가가치세 산출방법에 대하여 구체적으로 알아본다. 이번 장에서 매출세액과 매입세액의 개념을 이해하고 공급가액과 공급시기에 대한 개념을 정리할 수 있다. 따라서 부가가치세 산출과정에서 여러분이 숙지해야 할 기본적인 것들이 무엇인지 확인하고, 그에 따른 실제 부가가치세 산출이 어떤 방식으로 이루어지는지 살펴볼 것이다. 또한 면세와 영세율, 간이과세 등의 개념을 이해하여 향후 여러분들이 세무전문가로서 부가가치세의 개념을 정확히 구분하여 설명할 수 있을 것이다.

| 학습목표 |

- 면세와 영세율은 어떻게 구분되는가? : 면세, 영세율
- 부가가치세 공급가액과 공급시기를 알고 있는가? : 부가가치세 과세표준
- 매입세액불공제 항목을 알고 있는가? : 납부세액
- 간이과세제도는 무엇인가? : 간이과세

제1절 면세와 영세율

Ⅰ. 면세

1. 면세의 의의

우리나라 부가가치세 제도에서는 일부 재화나 용역에 대해서 면세를 규정하고 있다. 면세는 단순하게 부가가치세를 납부하지 않아도 되는 것이 아니라 납세의무자로서의 의무를 면제한다는 것을 뜻한다. 이런 점에서 부가가치세 면제는 앞에서 배웠던 영세율과 다르다. 즉 영세율은 해당 재화나 용역에 대해서 납세의무자로서의 모든 의무는 유지되면서 단지 세율만 '0'%라는 것이지만 면세는 해당 재화나 용역에 대해서는 납세의무자로 보지 않는 것이다.

예를 들면 재화를 수출하는 사업자는 비록 '0'%의 세율을 적용받지만 부가가치세 납세의무자이므로 부가가치세를 적법하게 신고해야 한다. 그러나 면세재화를 공급하는 면세사업자는 부가가치세 납세의무자가 아니기 때문에 부가가치세를 신고해야 할 의무가 없다. 따라서 면세사업자는 단순히 부가가치세를 납부할 의무가 없을 뿐만 아니라 면세사업과 관련된 매입세액을 공제받을 수도 없다. 이런 점에서 볼 때 부가가치세법상 면세사업자는 사업자가 아닌 소비자와 마찬가지이다. 즉 부가가치세를 면세한다는 것은 사업자로서의 지위를 면한다는 의미이므로 이는 곧 사업자에서 소비자로 지위가 바뀐다는 것을 의미하는 것이다.

2. 면세의 유형

부가가치세가 면세되는 재화나 용역에는 어떤 것들이 있을까? 부가가치세법이나 조세특례제한법에 열거된 면세재화나 용역은 엄청나게 많아서 일일이 기억할 수도 없다. 따라서 면세재화나 용역을 모두 기억하기보다는 도대체 왜 이런 재화나 용역을 면세로 규정했는지에 대해서 생각해보는 것이 좋을 것이다. 여기에는 두 가지가 있을 수 있는데 하나는 정책적인 필요성이며 다른 하나는 재화나 용역의 특성이다.

표 9-1 면세란 무엇인가

면세
• 면세제도는 매출에 대해서는 영세율과 마찬가지로 매출 부가가치세를 과세하지 않으나, 매입시 부담한 부가가치세는 공제하여 주지 않는 **부분 면세제도**임 → 매입시 불공제된 매입 부가세액은 그 자산의 취득원가나 비용에 가산 처리됨 예) 미가공식료품, 수돗물, 의료보건용역, 교육용역, 금융・보험용역, 주택 등의 임대용역, 토지조특별상의 국민주택 및 당해 주택의 건설 및 설계용역(리모델링 용역 포함) 등
※ 부가가치세는 사업자가 공급하는 대상 재화 또는 용역의 과세/면세 거래 해당 여부에 따라, 즉 **매출의 과세/면세 여부에 의하여, 해당 매출에 연관된 매입세액의 공제/불공제 여부가 결정**

매출	매입세액	매출자의 세금부담 효과
과세	공제	• 매출세액은 매입자에게 전가하고, 매입시 부담한 매입세액도 전액 공제되므로 매출자는 이론상 세금 부담이 전혀 없음
면세	불공제	• 매출세액은 면제되나, 매입시 부담한 매입세액은 공제되지 않으므로 이론상 매출자는 매입세액을 부담하게 됨

첫째, 우선 정책적인 필요성에 의하여 부가가치세를 면제한다. 부가가치세는 재화나 용역의 소비에 대해서 부과되는 소비세이다. 따라서 부가가치세가 부과되면 그만큼 재화나 용역의 가격이 인상된다. 재화나 용역의 가격 인상은 해당 재화나 용역이 누구에게나 반드시 필요한 필수품인 경우에 그리고 특히 저소득층에게 부담을 증가시키게 된다. 따라서 특정한 재화나 용역의 가격이 부가가치세로 인상되는 것을 피하기 위해서 면세로 지정한다.

이런 정책적 목표하에서 필수품인 수돗물, 의료용역이나 교육용역을 면세로 지정하고 또한 저소득층이 주로 소비하는 연탄, 지하철이나 버스와 같은 재화나 용역에 대해서도 면세로 지정한다. 그리고 필수품은 아니지만 소비를 권장해야 할 필요가 있는 도서, 신문과 같은 재화 혹은 도서관, 박물관 등의 용역에 대해서도 면세로 지정하고 있다. 이러한 정책적인 목적하에서 지정된 면세재화와 용역을 열거해보면 아래와 같다.

부가가치세법 제26조(재화 또는 용역의 공급에 대한 면세)
수돗물, 연탄과 무연탄, 의료보건용역(수의사의 용역을 포함한다)과 혈액, 교육용역, 여객운송용역(항공기, 고속버스, 전세버스, 택시, 고속철도용역은 제외), 도서(도서대여용역을 포함한다), 신문, 방송(광고 제외), 도서관, 과학관, 박물관, 미술관, 동물원, 식물원 등의 입장, 주택과 이에 부수되는 토지의 임대용역, 일정규모 이하의 주택 및 그 주택의 건설용역

둘째, 부가가치세를 면세하는 또 다른 이유는 정책적인 목표보다는 재화나 용역의 특성상 부가가치세를 부과하는 것이 어렵기 때문이다. 예를 들어 쌀의 경우를 생각해 보자. 벼농사를 대규모로 지어서 누가 보더라도 사업상 농사를 짓는 것이 분명한 경우도 있겠지만 상당수의 농브들은 농사를 지어서 스스로 소비하거나 아니면 가족친지들에게 무상으로 나누어주고 남은 것을 시장에 내다 파는 것이다. 또한 때로는 단순히 여가시간을 활용하여 틈틈이 농사를 짓는 사람들도 있다. 따라서 만일 쌀을 과세대상으로 규정한다면 쌀을 시장에서 사다 먹는 소비자들만이 과세될 것이고 본인이 직접 재배해서 먹거나 부모, 형제들이 무상으로 공급해준 쌀을 먹는 소비자들은 과세하기 어렵다. 또한 쌀을 공급하는 농부들에게 부가가치세법상의 납세의무를 지우는 것도 현실적으로 어렵다. 따라서 쌀에 대해 부가가치세를 부과하는 것은 현실적으로 매우 어려운 일이 된다. 또 다른 예로는 토지를 들 수 있다. 토지는 근본적으로 공장에서 제조되는 것이 아니므로 누구나 토지를 구입하고 공급할 수 있다. 또한 토지는 소비되어 없어지는 것이 아니어서 토지를 과세대상으로 규정하고 부가가치세를 부과하더라도 그 금액만큼은 나중에 반드시 공제해주어야 하므로 굳이 부가가치세를 과세할 필요가 없는 것이다. 따라서 이런 경우는 굳이 부가가치세를 징수하는 것보다 부가가치세를 징수하는 비용이 더욱 크다고 판단되는 상황이라고 할 수 있다. 이러한 이유로 부가가치세가 면세되는 재화나 용역은 다음과 같다.

부가가치세법 제26조(재화 또는 용역의 공급에 대한 면세)
가공되지 아니한 식료품 및 우리나라에서 생산되어 식용으로 제공되지 아니하는 농산물, 축산물, 수산물과 임산물, 예금, 대출과 같은 금융 · 보험용역, 토지, 저술가 · 작곡가나 그 밖의 자가 직업상 제공하는 인적(人的)용역

[사례] 부가가치세 면세 여부

대법 "소형 주거용 오피스텔도 부가가치세 부과 대상"

주거용으로 분양된 소형 오피스텔도 건축물대장에 주택이 아닌 오피스텔로 등록됐다면 부가가치세 과세 대상이라는 대법원 판단이 나왔다.

A씨는 2013년 지하 2층 · 지상 14층 규모의 주상복합 건물을 신축해 분양했다. 분양한 부동산 중 소형 오피스텔 36세대도 있었지만, 부가가치세는 신고하지 않았다. 주거용으로 짓고 분양해 부가가치세가 면제되는 '85㎡ 이하 국민주택'에 해당한다고 본 것이다.

2심은 비록 건축물대장상 오피스텔로 등록됐어도 애초 주거용으로 지어졌고 주거용으로 분양됐다면 법 취지에 따라 부가가치세를 면제받을 수 있다고 판단했다.

판결은 대법원에서 다시 뒤집혔다. 재판부는 부가가치세 면세 대상을 판단하는 기준은 원칙적으로 건축물 공급 당시 건축물대장의 용도를 기준으로 판단해야 한다고 지적했다. 재판부는 "공급 당시 건축물의 용도가 업무시설인 오피스텔이어서 부가가치세 면세 대상에서 제외된 이상 실제 주거 용도로 사용되고 있다고 해도 다르게 볼 수 없다"고 판시했다.

〈연합뉴스, http://www.yna.co.kr, 2021.2.19. 기사 중 발췌〉

3. 면세의 효과

재화나 용역을 면세로 지정하는 두 가지 이유에 대해서 살펴보았다. 재화와 용역을 면세로 정하는 것은 어떤 효과가 있을까? 우선 가격을 낮추기 위한 목적으로 재화나 용역을 면세로 지정한 경우를 보면 최종소비자의 판매가격이 낮아지는 만큼 해당 재화나 용역의 소비가 증가할 것이며 대신 국세청은 면세사업자가 창출한 부가가치에 대한 세금을 거두지 못하게 될 것이고 면세사업자는 매입세액을 공제받지 못하게 된다. 따라서 낮아진 가격으로 소비자가 보는 혜택만큼을 국세청과 면세사업자가 나누어 부담한 것이다. 물론 면세사업자는 자신이 공급하는 재화나 용역의 가격이 낮아져서 매출이 늘어날 수도 있고 자신이 공제받지 못하는 매입세액만큼을 판매가격에 포함시켜 보전받을 수도 있겠지만 부가가치세를 전혀 부담하지 않는 일반사업자에 비하여 면세사업자는 매입세액 불공제로 인한 부담이 생긴다.

두 번째로 재화나 용역의 특성 때문에 어쩔 수 없이 부가가치세를 면제하는 경우라면 이 재화나 용역이 최종소비재인지 아니면 중간재인지 따라서 부가가치세의 세수나 소비에 미치는 영향이 달라질 것이다. 만일 이 재화나 용역이 중간재로서 다른 재화나 용역을 생산하는데 투입되는 것이라면 부가가치세를 부과하더라도 어차피 매출세액과 매입세액 공제가 서로 상계될 것이므로 세수에 미치는 효과는 없을 것이고 최종제품의 가격에도 영향을 주지 않는다. 다만 이 재화나 용역이 최종소비자에게 공급되는 경우에는 면세로 인하여 가격이 낮아지는 효과가 있을 것이고 이에 따라 소비가 증가하고 세수가 감소하는 효과가 나타날 것으로 예상된다.

이러한 면세의 효과는 앞서 살펴본 영세율과는 다르다. 영세율에서는 최종소비자에게 전혀 부가가치세가 부담되지 않으며 소비자가 부담하지 않는 부가가치세만큼 세수손실로 귀착되지만 면세에서는 사업자가 공제받지 못하는 매입세액의 일부를 암묵적으로 최종소비자에게 전가시킬 수도 있어서 소비자가 암묵적으로 부가가치세의 일부를 부담하게 될 가능성이 있으며 또한 면세금액만큼 세수손실이 나타나는 것이 아니라 사업자가 일부의 세금을 부담하게 된다. 따라서 우리가 생각하는 진정한 면세재화는 오히려 영세율 재화라고도 볼 수 있다.

Ⅱ. 영세율

표 9-2 영세율이란 무엇인가

영세율
• 영세율 제도는 매출에 대해서 영세율을 적용하여 매출 부가가치세를 전혀 과세하지 않고, 매입에 대해서도 매입시 부담한 부가가치세를 전액 공제(환급)하여 줌으로써, 그 대상 재화 또는 용역을 공급받는 자의 부가가치세 부담을 완전히 면제하는 제도임 예) 수출하는 재화, 국외에서 제공하는 용역, 선박 또는 항공기의 외국항행용역, 정부 및 지자체, 도시철도공사, 한국철도시설공단, 사회기반시설에 대한 민간투자법에 의한 사업시행자 등에게 직접 제공하는 조특법상의 도시철도건설용역 등

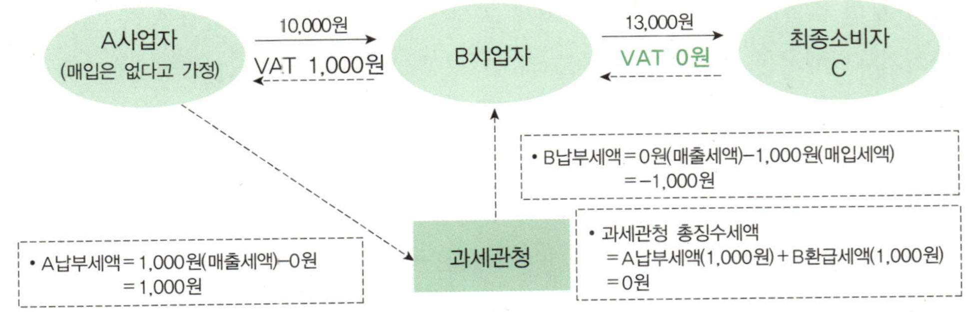

1. 재화의 수입과 수출

앞서 부가가치의 합계는 소비금액과 같다고 하였다. 그런데 우리나라로 지역을 한정해보면 우리나라에서 창출된 부가가치의 합계가 우리나라 소비자의 소비금액과 같을 것인가? 국내 소비자들이 소비하는 모든 재화는 반드시 국내에서 생산된 것들이고 국내에서 생산된 재화는 모두 국내에서만 소비된다면 우리나라에서 소비되는 금액과 우리나라에서 창출된 부가가치의 합계는 같아질 것이다. 그렇지만 만일 재화가 수입되거나 수출이 된다면 국내에서 창출된 부가가치 합계는 국내에서 소비된 금액과 달라진다. 이는 다음과 같은 식으로 표현될 수 있다.

국내 부가가치 합계 − 재화의 수출 + 재화의 수입 = 국내 소비 (1)

위 식 (1)을 보면 부가가치세가 소비세로서의 역할을 하려면 부가가치에서 재화의 수입을 더하고 수출을 차감해주어야 한다는 것을 알 수 있다. 수입된 재화는 국내에서 소비될 것이므로 재화를 수입하면 이는 국내에서 창출된 부가가치 합계보다 소비가 많아지는 것이다. 따라서 수입된 재화에 대해서는 부가가치세가 과세되어야 한다. 앞에서 보았던 우리나라 부가가치세법에서도 부가가치세의 과세대상을 재화나 용역의 공급과 재화의 수입으로 규정하고 있다는 것을 알 수 있다.

2. 영세율의 유형

반대로 국내에서 생산된 재화라고 하더라도 수출이 된다면 이 재화는 국내에서 소비되는 것이 아니므로 부가가치세가 부과되어서는 안 된다. 그런데 앞선 부가가치세법 규정을 보면 수출하는 재화를 부가가치세 과세대상에서 제외하고 있지 않다. 우리나라 부가가치세법에서는 수출하는 재화를 과세대상에 포함시키되 대신에 영세율, 즉 '0'%의 세율을 적용하는 것으로 해서 사실상 과세하지 않고 있다.

수출에 대해서 영세율을 적용하는 것과 과세대상에서 제외하는 것 간에는 어떤 차이가 있을까? 얼핏 생각해보면 아무런 차이도 없을 것 같지만 제법 큰 차이가 있다. 만일 수출하는 재화를 부가가치세 과세대상에서 제외한다면 수출사업자가 수출하는 재화를 생산하기 위하여 외부에서 매입한 재화에 대해 납부한 부가가치세를 환급받지 못한다.

그러나 영세율을 적용하게 되면 세율만 0이 될 뿐 사업자가 납부한 부가가치세는 환급받을 수 있다. 이에 대해서는 다음 절에서 면세제도를 설명하면서 다시 한 번 설명하도록 한다.

앞서 부가가치세는 재화뿐만 아니라 용역에 대해서도 부과한다고 하였다. 따라서 용역의 수입에 대해서도 부가가치세는 과세되어야 하며 용역의 수출에 대해서는 비록 과세대상으로 포함시키지만 영세율을 적용한다. 다만 재화와는 달리 용역의 경우에는 부가가치를 창출한 장소와 소비되는 장소가 동일할 수밖에 없기 때문에 수출이라는 용어를 사용하지 않는다는 점에 주의해야 한다. 마찬가지로 용역의 경우에도 수입이라는 용어를 사용하지 않는다. 수출이라는 용어를 직접 사용하지는 않지만 해외에서 제공되는 용역에 대해서 영세율을 적용하고 있으며 또한 수입이라는 용어를 사용하고 있지는 않지만 외국인으로부터 제공받은 용역에 대해서는 부가가치세를 과세한다.

주의해야 할 것은 수출과 수입의 개념은 반드시 사업상 수출이나 수입에 국한되지 않는다는 것이다. 예를 들어 우리는 수출이라고 함은 기업이 재화를 생산하여 컨테이너에 실어서 큰 배로 운송하는 것만을 상상하기 쉽지만 외국인 관광객들이 직접 우리나라에 와서 구매해서 자기 나라로 돌아간다면 이것도 수출하는 것과 효과가 동일할 것이므로 영세율을 적용해주어야 한다. 또한 수입의 경우도 마찬가지이다. 여러분이 해외여행에서 재화를 구입하고 국내로 돌아온다면 이것도 수입이 되는 것이므로 원칙적으로 부가가치세 과세대상이다.

영세율은 이론상 수출하는 재화나 용역에 대해서 적용되는 것이기는 하지만 때로는 조세특례로 적용되기도 한다. 만일 수출하는 재화나 국외에서 공급되는 용역이 아님에도 영세율을 적용한다면 이는 일종의 조세특례가 될 것이다. 가장 대표적인 것이 방위산업업체가 군대에 공급하는 재화 그리고 농어민에게 공급하는 기자재 등이다. 이런 재화의 공급은 비록 수출하는 재화는 아니지만 영세율을 적용함으로써 최종소비자인 군대 혹은 농어민들에게 혜택을 주면서도 사업자들에게는 추가적인 세부담을 주지 않는다.

예를 들어 사업자 홍길동이 건빵을 20,000원에 구입하여 30,000원의 가격을 받고 일반소비자에게 판다면 홍길동은 건빵을 판매하면서 매출세액 3,000원을 거래 징수하여 건빵 구입에 따른 매입세액 2,000을 공제한 후 1,000원의 부가가치세를 납부한다. 그리고 최종소비자는 33,000원에 건빵을 소비하게 될 것이고 3,000원의 세금을 부담한다. 반면 홍길동이 건빵을 군대에 납품한다면 영세율이 적용되므로 거래 징수할 세액은 없으며 반면 매입세액 2,000원을 공제받게 되어서 2,000원을 환급받는다. 그리고 최종소비자인 군인들은 30,000원에 건빵을 소비하게 되어서 실제로 부가가치세를 부담하지 않는다. 따라서 이 경우에는 국세청에서 3,000원의 세수손실을 보게 되는데 이는 순수한 조세혜택이다. 또한 이런 영세율 적용은 처음부터 부가가치세를 부과하지 않은 것과 마찬가지가 된다. 이런 면에서 조세특례로서의 영세율을 완전한 면세라고도 부른다.

제2절 부가가치세 신고와 납부

Ⅰ. 절차적 규정

1. 부가가치세 신고 및 납부시기

표 9-3 부가가치세 신고 및 납부

과세기간	과세대상기간		신고납부기간	신고대상자
제1기 1.1~6.30	예정신고	1.1~3.31	4.1~4.25	법인사업자
	확정신고	1.1~6.30	7.1~7.25	법인·개인일반 사업자
제2기 7.1~12.31	예정신고	7.1~9.30	10.1~10.25	법인사업자
	확정신고	7.1~12.31	다음해 1.1~1.25	법인·개인일반 사업자

출처 : 국세청

사업자에 대한 부가가치세는 1년에 두 번씩 신고하고 납부한다. 과세기간은 제1기와 제2기로 구분하는데 제1기는 1월 1일부터 6월 30일까지이며 제2기는 7월 1일부터 12월 31일까지이다. 사업자는 각 과세기간에 대한 과세표준과 납부세액(또는 환급세액)을 그 과세기간이 끝난 후 25일 이내에 관할 세무서장에게 신고하여야 한다. 따라서 제1기의 부가가치세 신고는 7월 25일까지 해야 하며, 제2기의 부가가치세 신고는 다음해 1월 25일까지 해야 한다. 사업자는 과세표준을 신고하고 세액을 납부하는 것은 물론이고 앞서 말한 바와 같이 세금계산서 합계표를 제출해야 한다.

하나의 사업자가 여러 곳에 사업장을 두고 있다면 각 사업장별로 사업자등록을 해야 한다고 말한 바 있다. 이렇게 사업장별로 사업자등록을 했다면 신고와 납부도 각 사업장별로 해야 한다. 다만 사업자는 본점 또는 주사무소에서 각 사업장별로 납부해야 할 세액을 모두 총괄하여 납부할 것을 신청할 수 있다. 이를 주사무소 총괄납부 신청이라고 한다. 예를 들어 두 곳에 사업장을 두고 있는데 하나의 사업장에서는 1천만원의 납부세액이 있는 반면, 다른 사업장에서는 1천만원의 환급세액이 있다면 1천만원을 납부하고 또 1천만원을 환급받는 번거로움이 있을 수 있는데 만일 주사업장 총괄납부를 신청했다면 서로 상계되어 납부세액이나 환급세액이 없어지므로 굳이 납부하고 환급받는 번거로움을 피할 수 있을 것이다.

Ⅱ. 과세표준

1. 공급가액

부가가치세의 과세표준은 해당 과세기간에 공급한 재화나 용역의 공급가액을 합한 금액이다. 이 경우 공급가액은 다음과 같다.

> 부가가치세법 제29조(과세표준)
> 재화 또는 용역의 공급에 대한 부가가치세의 과세표준은 해당 과세기간에 공급한 재화 또는 용역의 공급가액을 합한 금액으로 한다. 공급가액은 다음 각 호의 가액을 말한다. 이 경우 대금, 요금, 수수료, 그 밖에 어떤 명목이든 상관없이 재화 또는 용역을 공급받는 자로부터 받는 금전적 가치 있는 모든 것을 포함하되, 부가가치세는 포함하지 아니한다.
> 1. 금전으로 대가를 받는 경우 : 그 대가
> 2. 금전 외의 대가를 받는 경우 : 자기가 공급한 재화 또는 용역의 시가
> 3. 폐업하는 경우 : 폐업시 남아있는 재화의 시가
> 4. 무상공급, 자가소비, 면세전용으로 재화 또는 용역을 공급한 것으로 보는 경우 : 자기가 공급한 재화 도는 용역의 시가
> 5. 직매장 반출로 재화를 공급하는 것으로 보는 경우 : 해당 재화의 취득가액 등을 기준으로 정하는 가액
> 6. 외상거래, 할부거래 등 그 밖에 재화 또는 용역을 공급하는 경우 : 공급형태 등을 고려하여 대통령령으로 정하는 가액

위 규정을 보면 우선 부가가치세 과세표준은 재화나 용역의 공급으로 받는 부가가치

세를 제외한 대가라는 것을 알 수 있다. 이런 대가가 금전일 경우에는 그 가치를 측정하는 것이 쉽겠지만 그렇지 않다면 가치 측정의 어려움이 있다. 위 규정을 보면 금전외의 대가를 받은 경우에는 공급한 재화 또는 용역의 시가로 정하고 있다. 앞에서 우리가 살펴보았던 재화와 용역의 공급의제가 여기에 해당한다. 물론 재화나 용역의 시가도 측정하는 것이 쉽지는 않겠지만 그래도 시가가 하나의 기준은 될 수 있을 것으로 본다.

재화나 용역을 공급할 때 에누리, 할인 등은 공급가액에서 제외하여야 한다. 예를 들어 원래 가격이 10,000원인 상품을 팔면서 상품의 하자 등이 있어서 1,000원을 에누리해주고 실제로 9,000원을 받았다면 부가가치세법상 공급가액은 10,000원이 아닌 9,000원이 되어야 한다.

주의해야 할 것은 위 규정의 가장 마지막에 있는 외상거래, 할부거래 등을 통해 재화나 용역을 공급한 경우이다. 이는 공급시기와 관련된 문제이다. 이에 대해서는 다음에서 설명한다.

[사례] 부가가치세 과세표준

[판결] 대법원 "OK캐시백 포인트는 에누리액 아니다"

통신사가 요금에 비례해 고객에게 지급한 포인트는 실제 요금을 감면해 준 것이 아니므로 부가가치세 환급 대상이 아니라는 대법원 판결이 나왔다.
SK텔레콤은 고객이 납부한 통신요금 전액을 과세표준으로 삼아 부가가치세를 신고·납부했다. 부가가치세는 소비자가 재화·용역 등을 구매할 때 내야 할 세금이지만 판매자가 미리 거둬 1년에 2회에 걸쳐 한꺼번에 과세 당국에 신고·납부한다. 그런데 2017년 1월 세무당국을 상대로 "통신요금에 비례해 고객에게 적립해 준 OK캐시백(포인트)만큼 부가가치세 과세표준을 줄여야 한다"며 2011년부터 2013년까지 납부한 부가가치세 중 포인트 적립대금 부분에 대한 환급을 요구했다. 재판에서는 OK캐시백 포인트 적립대금이 이동통신 요금에서 제외되는 '에누리액'으로 볼 수 있는지 여부가 쟁점이 됐다.
대법원도 "SK텔레콤은 이동통신 용역의 공급에 대한 대가로 통신요금을 지급받았으므로 특별한 사정이 없는 한 그 통신요금 전부를 공급가액으로 봐야 한다"며 "OK캐시백 포인트는 단순히 원고가 이동통신 용역을 공급할 때 고객에게 약속한 할인 등 약정의 내용을 수치화해 표시한 것에 불과하다"고 봐 원고패소 판결한 원심을 확정했다.

〈법률일보, http://www.lawtimes.co.kr, 2020.1.31. 기사 중 발췌〉

2. 공급시기

그림 9-1 재화 또는 용역의 공급시기

인도일

• **재화공급, 공급자가 주요자재 부담하여 가공하는 거래 등**
  – 재화의 공급, 주요자재 부담 가공거래는 인도일이 공급시기로 세금계산서 교부일이 되는 것임

선적일

• **직수출 및 중계무역방식의 수출**
  – 직수출 및 중계무역방식의 수출은 선적일이 공급시기로 세금계산서 교부일이 되는 것임

용역제공완료일

• **용역 제공**
  – 용역의 경우 원칙적으로는 용역제공완료일이 공급시기로 세금계산서 교부일이 되는 것임
  – 중간지급, 완성도기준 등은 별도로 세법에 정함(추후 설명)

과세표준을 정함에 있어서는 금액도 중요하지만 그 시점도 중요하다. 즉 과세표준에 언제 산입하는가의 문제도 생각해보아야 한다. 이는 공급시기를 정하는 문제로 볼 수 있다. 만일 재화나 용역을 판매한(혹은 인도한) 즉시 대가를 수령한다면 공급시기는 명확하다. 그렇지만 재화나 용역을 판매 혹은 인도한 시점과 공급대가를 수령한 시점이 다른 경우에는 어떻게 해야 하는가? 따라서 이는 인도시점과 대가수령시점 간에 어느 시점을 공급시기로 할 것인가를 정하는 것과 같다. 우리나라 부가가치세법에서는 재화나 용역의 공급시기를 다음과 같이 정하고 있다.

> 부가가치세법 제15조(재화의 공급시기)
>
> ① 재화가 공급되는 시기는 다음 각 호의 구분에 따른 때로 한다. 이 경우 구체적인 거래 형태에 따른 재화의 공급시기에 관하여 필요한 사항은 대통령령으로 정한다.
>
> 1. 재화의 이동이 필요한 경우 : 재화가 인도되는 때
> 2. 재화의 이동이 필요하지 아니한 경우 : 재화가 이용가능하게 되는 때
> 3. 제1호와 제2호를 적용할 수 없는 경우 : 재화의 공급이 확정되는 때
>
> ② 제1항에도 불구하고 할부 또는 조건부로 재화를 공급하는 경우 등의 재화의 공급시

기는 대통령령으로 정한다.

부가가치세법 제16조(용역의 공급시기)
① 용역이 공급되는 시기는 다음 각 호의 어느 하나에 해당하는 때로 한다.
1. 역무의 제공이 완료되는 때
2. 시설물, 권리 등 재화가 사용되는 때
② 제1항에도 불구하고 할부 또는 조건부로 용역을 공급하는 경우 등의 용역의 공급시기는 대통령령으로 정한다.

위 규정에 따르면 재화의 경우, 인도시점과 대가수령시점 간에서 인도시점을 공급시기로 하는 것이 원칙이라는 것을 알 수 있다. 이런 기준을 외상판매나 할부판매의 경우에 적용하면 과세표준은 공급대가가 아닌 받기로 한 총공급가액이 된다.

여기서 인도라는 용어의 의미는 물리적으로 재화가 이전했다는 것보다는 실질적으로 재화에 대한 모든 권리와 의무가 이전되는 것을 의미한다고 생각해야 한다. 따라서 반환조건부 판매, 동의조건부 판매, 그 밖의 조건부 판매, 기한부 판매의 경우에는 물리적으로 재화가 이전된 시점이 아닌 그 조건이 성취되거나 기한이 지나 판매가 확정되는 때를 공급시기로 본다. 또한 백화점 등에서 상품권을 판매하고 나중에 상품권이 실제로 상품과 교환되는 경우에는 상품권 판매시점이 아닌 실제로 상품과 교환되는 시점에서 재화가 인도된 것이다.

인도시점이 중요한 것은 용역의 경우도 마찬가지이다. 물론 용역은 형체가 없으므로 물리적으로 이전시킬 수는 없지만 사실상 인도의 개념을 적용하는 것은 가능하다. 따라서 용역은 비록 물리적으로 이전할 수는 없지만 용역제공이 완료한 때나 용역을 사용했을 때를 공급시기로 정한다.

이렇게 대가수령시점보다는 인도시점을 더욱 중요시하는 이유는 만일 대가수령시점을 공급시기로 정하게 되면 판매자와 매입자 간에 임의로 대가수령시점을 정하고 이에 따라 세금의 납부시기가 정해지는 문제점이 있기 때문이다. 그러나 이렇게 인도시점으로 공급시기를 정한다면 문제가 생긴다. 예를 들어 재화를 인도한 후에 시간이 상당히 흘러서 대가를 받는다고 하자. 그러면 사업자는 실제로 대가를 받지도 않았는데 부가가치세를 납부해야 하고 혹시 이를 매입한 사업자가 있다면 대가를 주지도 않았는데 매입세액을 공제받게 될 것이다. 이런 문제는 인도시점과 대가수령시점 사이의 차이가 클수록 커질 것이다. 또한 수시로 재화가 인도되지만 대가를 한꺼번에 수령하는 경우를 생각해보자. 이런 경우라면 재화의 인도시점마다 세금계산서를 교부하고 과세표준을 계산하기보다는 대가의 수령시점에서 한꺼번에 세금계산서를 교부하고 과세표준을 산출하는 것이 훨씬 편리할 것이다.

예를 들어 매일 매일 재화를 인도하고 그 대가는 6개월마다 한꺼번에 합쳐서 받는 거래형태가 있다고 하자. 이런 거래형태에도 굳이 인도기준을 고집하게 되면 이 사업자는 6개월 동안 매일 매일 세금계산서를 작성하고 교부하여 과세표준을 신고하겠지만 만일 대가의 수령시점을 공급시기로 정한다면 6개월마다 한번만 세금계산서를 교부하고 과세표준을 신고하면 될 것이다. 가장 대표적인 것은 전기요금이나 휴대전화 사용요금이다. 우리는 매일 매일 전기를 사용하고 휴대전화를 사용하지만 사용할 때마다 요금을 납부하지 않고 매달 일정한 날을 정해서 요금을 납부한다. 따라서 이런 경우 사업자는 매번 과세표준을 계산하지 않고 요금을 수령하는 시점에서 과세표준을 산출한다. 이런 점을 감안하여 예외적으로 대가의 수령시점을 공급시기로 정하는 다음과 같은 규정을 두고 있다.

부가가치세법 시행령 제28조(구체적인 거래 형태에 따른 재화의 공급시기)

③ 다음 각 호의 어느 하나에 해당하는 경우에는 대가의 각 부분을 받기로 한 때를 재화의 공급시기로 본다. 다만, 제2호와 제3호의 경우 재화가 인도되거나 이용가능하게 되는 날 이후에 받기로 한 대가의 부분에 대해서는 재화가 인도되거나 이용가능하게 되는 날을 그 재화의 공급시기로 본다.

1. 장기할부판매의 경우
2. 완성도기준지급조건부로 재화를 공급하는 경우
3. 중간지급조건부로 재화를 공급하는 경우
4. 전력이나 그 밖에 공급단위를 구획할 수 없는 재화를 계속적으로 공급하는 경우

위의 규정에 따르면 장기할부판매의 경우에는 각 시기별로 받기로 한 공급대가를 과세표준으로 정한다. 또한 건물에 대한 장기건설용역의 경우에는 건물이 완공될 때가 공급시기가 아니라 계약에 의거하여 대가를 지급받기로 한 날을 공급시기로 정하는 것이다. 위 규정을 표로 다시 정리하면 아래와 같다.

표 9-4 회수기일 도래기준의 정의 : 대가의 각 부분을 받기로 한 때

1. 완성도기준조건부(도급공사)	2. 중간지급조건부(분양계약/단기용역)

• 도급공사 계약의 대부분이 해당하는 것으로 청구시기 조항에 따라 세금계산서의 교부시기가 결정되는 것임
• 계약상 선수금 조항이 있는 경우에는 대금을 수령하는 때에 세금계산서를 교부할 수 있음
• 역무제공완료일 이후 받기로 한 대가는 "역무제공완료일"이 공급시기
  – 관련 예규. 부가226_20100224 등 참고
	• 수분양자에게 직접 공급하는 아파트 공급계약이 해당함
	  –개인에게 주택공급시 세금계산서, 계산서 교부는 면제가능
	• 조건 : 기간 6개월 이상+대금 3회 이상 분할
	• 상기 조건을 충족하지 못할 경우(계약금~잔액 기간이 6개월 미만, 대금 2회 납부 등)에는 중간지급조건부에 해당하지 아니하므로 잔금 지급시에 일괄 세금계산서, 계산서 교부
	  –조건 충족 여부가 불확실한 경우 담당자와 반드시 상의요망

3. 계속적 공급	**4. 준공시 주의사항**

• 부동산 임대용역, 유지보수용역
  –부동산 임대는 임대기간 동안 계속적으로 부동산 임대용역을 제공하는 것으로 보아 계약서에 명시된 청구시기에 세금계산서를 교부한는 것임
• 주택임대를 제외한 부동산 임대용역 제공시 월임대료 이외에 보증금을 수령하였다면 간주임대료를 계산하여야 함
	• 준공기성 청구는 준공시 도급액을 기준으로 청구해야 하며 미확정 증감액(C/O 예정, 설계변경 예정 등)은 향후 실제 증감이 확정되는 시기에 수정세금계산서를 교부하는 것임.
	  –수정세금계산서 교부사유 : 공급가액 변동(작성일자 : 변경일)
	예) 준공시 도급잔액 100, 미확정 설계변경 진행액 200
	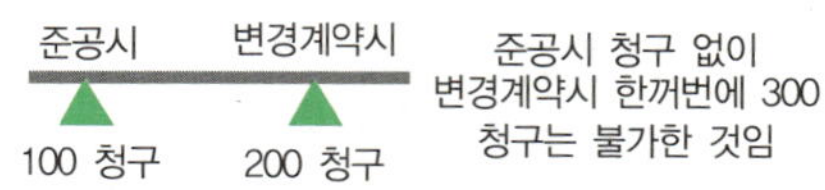

3. 공통재화공급 안분계산

▌그림 9-2 ▌ 과면세 공통사업 과세표준 안분

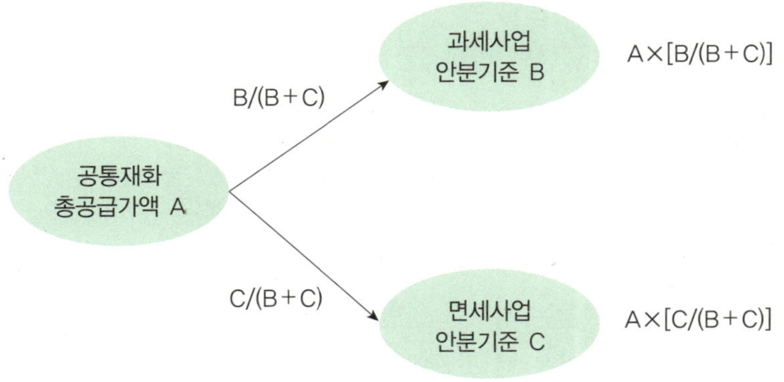

부가가치세 과세표준은 재화나 용역의 공급대가이지만 부가가치세 면세재화는 과세표준에 포함되지 않는다. 따라서 과세표준을 집계하면서 과세재화의 공급대가만을 포함시켜야 하고 면세재화의 공급재화는 과세표준에 포함시키면 안 된다. 대부분의 재화나 용역의 공급대가는 과세공급가액인지 아니면 면세공급가액인지가 명확하게 구분되지만 일부 재화의 경우에는 과세와 면세 여부가 분명하게 구분되지 않는 경우가 있다. 이런 경우에는 적절한 기준을 가지고 공급대가 중 과세표준에 산입해야 할 비율을 구하고 이를 가지고 과세공급가액과 면세공급가액을 구분하게 되는데 이를 안분계산이라고 한다. 이를 그림으로 나타내면 [그림 9-2]와 같다.

[그림 9-2]에서는 공통재화를 과세사업과 면세사업으로 안분하는 과정을 그림으로 보여준다. 그림을 보면 공통재화의 총공급가액을 과세사업과 면세사업에 공통되는 안분기준을 정해서 이를 기준으로 비례적으로 안분한다는 것을 알 수 있다. 이때 안분의 기준이 무엇인가는 상황에 따라서 달라질 것이다.

안분계산이 필요한 첫 번째 경우는 사업자가 면세사업과 과세사업에 동시에 사용하던 재화(즉 공통재화)를 공급하는 경우이다. 과세사업자가 자신의 과세사업에 사용하던 재화를 공급하면 공급대가 전액이 과세표준에 포함되어야 한다. 반면 면세사업에 사용하던 재화를 공급하면 공급대가는 과세표준에 포함되지 않는다. 그런데 면세사업과 과세사업에 동시에 사용하던 재화를 공급하게 되면 이는 공급대가 중 얼마를 과세표준에 포함시켜야 할지가 불분명해진다. 예를 들어 포도와 와인을 운반하던 트럭을 팔게 되는 경우를 생각해보자. 포도는 면세재화이고 와인은 과세재화이므로 운반용 트력의 공급대가 중 얼마를 과세표준에 포함시켜야 할지가 명확하지 않게 된다.

이런 경우 부가가치세법에서 정한 일차적인 안분기준은 직전과세기간의 과세공급가액비율이다. 예를 들어 직전과세기간 중 과세공급가액이 5백만원이고 면세공급가액이 5백만이라면 과세공급가액 비율이 50%이므로 공통재화의 공급대가 중 50%를 과세표준에 산입해야 하는 것이다. 다만 면세공급비율이 5% 미만이거나 50만원 미만인 경우 혹은 당기에 사업을 개시하여 직전과세기간이 없는 경우에는 공통재화의 공급가액 전액을 과세표준으로 한다.

안분계산이 필요한 두 번째 경우는 사업자가 토지와 건물을 동시에 공급하는 경우이다. 토지는 면세재화이고 건물은 과세재화인데 통상 토지와 건물을 공급하면서 토지가액과 건물가액이 구분되지 않는 경우가 일반적이다. 따라서 토지와 건물의 공급가액이 별도 구분되지 않고 공급되었을 때 공급대가 중 얼마가 과세표준에 포함되어야 하는지는 명확하지 않다. 이 경우에 사용하는 일차적인 안분기준은 기준시가이다. 그런데 토지와 건물의 기준시가가 존재하지 않는다면 그 다음으로는 감정평가액과 장부가액 순서로 적용하여 안분하여 계산한다.

4. 간주임대료

부동산을 임대하면 임대료와 함께 전세금 혹은 보증금을 받는다. 전세금이나 보증금을 받는 목적은 임대료를 제대로 받지 못할 위험에 대비하면서 임대료의 일부를 대체하고자 함이다. 집을 구하고자 다녀본 경험이 있는 독자들이라면 보증금과 임대료는 서로 대체관계에 있다는 것을 쉽게 이해할 것이다. 즉 부동산을 임대하면서 보증금으로 1억원을 받고 월세로 1백만원을 받든가 아니면 보증금으로 2억원을 받고 월세는 50만원을 받는 방안 중에 선택하는 경우가 흔하다. 이런 경우라면 보증금 1억원과 월세 50만원은 동일한 가치를 갖는 것이고 서로 대체 관계에 놓인 것이다. 따라서 부가가치세 과세표준을 정하기 위해서는 부동산을 임대하면서 받은 임대보증금을 임대료로 환산하여야 한다. 이렇게 임대보증금을 임대료로 환산한 금액을 간주임대료라고 부른다. 간주임대료의 계산방법은 다음과 같다.

$$\text{간주임대료} = \text{임대보증금} \times \text{과세기간 일수} \times \frac{\text{정기예금이자율}}{\text{365일(윤년은 366일)}}$$

위 공식에서 과세기간 일수란 임대보증금을 받은 이후 경과한 과세기간의 일수를 말한다. 예를 들어 4월 15일부터 임대를 시작하면서 보증금을 받았다면 제1기의 경과된 일수는 4월 15일부터 6월 30일까지의 일수 합계인 15일+31일+30일=76일이 된다. 그리고 정기예금이자율은 과세기간 종료일 현재의 1년 만기 정기예금이자율이다. 따라서 위 공식을 보면 임대보증금을 은행에 정기예금을 했다고 가정했을 때 받을 수 있는 이자를 계산한 것임을 알 수 있다.

Ⅲ. 납부세액

표 9-5 납부세액 계산 방식

	1) 매출세액	• 과세표준(공급가액)×세율(10% 또는 0%) (세금계산서 교부분+기타 교부 면제분)
(−)	2) 매입세액	• 세금계산서 수취분+예정신고 누락분 +기타공제 매입세액−공제받지 못할 매입세액
	3) 납부세액	
(−)	4) 경감공제세액	• 전자신고세액공제 등 매입자 납부특례 기납부세액 등(구리스크랩)
(+)	5) 가산세액	
	6) 차가감 납부할 세액	

1. 매출세액

매출세액은 과세표준에 세율을 곱해서 구한다. 우리나라 부가가치세법에서 세율은 10%로 정해져 있다. 그러나 이미 공부한 바와 같이 영세율도 있다는 것을 잊어버리면 안 된다. 영세율은 '0'의 세율을 의미하는 것이기 때문에 세율의 의미를 갖는다. 그렇지만 영세율은 국외에 공급하는 재화나 용역의 부가가치세를 부과하지 않는다는 목적이 있는 것이기 때문에 일반적인 세율로 보지 않는다.

2. 매입세액

납부세액을 구하기 위해서는 매출세액에서 매입세액을 공제한다. 매출세액에서 공제되는 매입세액은 사업자가 자신의 사업에 사용하였거나 사용할 목적으로 공급받은 재화와 용역의 부가가치세이다. 그러나 다음의 [표 9-6]과 같은 경우에는 매입세액을 공제받을 수 없다(부가가치세법 제39조).

표 9-6 매입세액불공제 항목

매입세액불공제 항목
① 세금계산서 미수취/부실기재, 합계표의 미제출/부실기재분
② 등록 전 매입세액
③ 사업 무관 매입세액
④ 비영업용 소형승용차 관련 매입세액
⑤ 접대비(교제비) 관련 매입세액
⑥ 면세사업 관련 매입세액
⑦ 토지의 자본적 지출 관련 매입세액

위 규정을 보면 부가가치세 매입세액을 공제받기 위해서는 다음과 같은 조건이 필요하고 이를 충족하지 못하면 공제받을 수 없다.

첫째, 사업자만이 부가가치세 매입세액을 공제받을 수 있다. 당연한 말이지만 사업자가 아닌 소비자는 매입세액을 공제받을 수 없다. 면세사업자는 부가가치세법상 소비자와 마찬가지이므로 비록 법적으로는 사업자라고 하더라도 매입세액을 공제받을 수 없다. 또한 사업자는 사업자등록을 해야만 하므로 사업자등록을 하지 않은 사업자는 부가가치세 매입세액을 공제받을 수 없다.

둘째, 자신의 사업에 사용하였거나 사용할 목적으로 공급받은 재화나 용역이어야 한다. 사업자라고 하더라도 자신의 사업과 무관하게 공급받은 재화나 용역에 대해서는 매입세액을 공제받을 수 없다. 예를 들어 자신의 취미생활을 위해 구입한 물품에 대한 매입세액은 공제받을 수 없다.

셋째, 사업과 관련이 있다고 하더라도 비영업용 소형승용차나 접대비와 관련된 지출에 대한 매입세액은 공제받지 못한다. 비영업용 소형승용차는 아무리 사업용이라고 하더라도 개인적 목적에 이용되기 쉽고 또한 개인적 목적으로 이용했다 하더라도 사업용으로 이용한 것과 구분되지 않는다. 예를 들어 회사의 승용차를 이용해서 친구를 만나러 갔다고 하더라도 어떻게 이를 알 수 있겠는가? 이런 이유로 비영업용 소형승용차와 관련된 지출에 대한 매입세액은 공제하지 않는다. 접대비도 유사한 사유에서 공제받지 못한다고 생각하면 될 것이다.

넷째, 면세사업에 사용하였거나 사용할 목적으로 공급받은 재화나 용역에 대한 부가가치세는 공제받지 못한다. 마찬가지로 토지는 면세재화이기 때문에 부가가치세를 공제받지 못한다.

다섯째, 부가가치세 매입세액은 수취한 세금계산서로 입증이 되어야 하고 적법하게 매입처별 세금계산서 합계표에 기재하여 신고하여야 한다. 만일 세금계산서를 수취하지 않았거나 매입처별 세금계산서 합계표에 기재되지 않은 매입세액은 공제받을 수 없다.

3. 공통매입세액 안분

앞서 살펴본 바와 같이 매입세액은 과세사업에 사용했거나 사용할 목적으로 공급받은 재화나 용역의 매입세액을 의미하는 것이며 면세사업에 사용할 목적으로 공급받은 재화나 용역의 매입세액은 공제받지 못한다. 따라서 부가가치세 과세사업과 면세사업을 공통으로 영위하는 사업자가 공급받은 재화나 용역의 매입세액은 가급적 과세사업용과 면세사업용으로 명확하게 구분하여야 한다. 그런데 공급받은 재화나 용역의 특성상 과세사업과 면세사업으로 구분하기 어려운 경우가 있다.

예를 들어 과수원에서 포도를 매입하여 곧바로 시장에 팔기도 하고 포도주스를 만들어 팔기도 하는 사업자의 경우를 생각해보자. 포도는 면세재화이므로 포도를 직접 공급하는 사업은 면세사업이지만 포도주스는 과세재화이므로 포도주스를 제조하여 공급하는 것은 과세사업이다. 그런데 이때 과수원으로부터 포도를 운반하는 운반용 트럭을 구입하였다면 이 트럭은 본질적으로 과세사업(주스제조)과 면세사업(포도판매)으로 정확하게 구분하는 것이 불가능하다. 이런 예에서의 트럭처럼 과세사업과 면세사업으로 구분할 수 없는 재화를 공통재화라고 한다.

이러한 공통매입세액은 적절한 기준을 세워서 안분 계산해야 한다. 공통재화의 매입세액을 안분할 때 일차적으로 이용하는 기준은 공통재화를 공급받은 기간의 공급가액비율이다. 그러나 건물의 경우에는 공급가액비율보다는 면적비율을 안분기준으로 사용하도록 하는데, 그 이유는 건물의 경우에는 공급가액비율보다는 면적비율이 더 적합한 안분기준이기 때문이다.

| 표 9-7 | 안분계산 방법

안분계산방법 원칙
① 과세사업에 관련된 매입세액은 공제 가능 ② 과세사업에 관련된 매입세액은 공제 불가능(매입불공제) ③ 과세사업과 면세사업에 공통으로 사용된 **공통매입세액**은 아래와 같이 계산 **공통매입세액×(*면세공급가액/총공급가액)=불공제 매입세액** * 현장면세비율 : 과세와 면세가 있는 현장(건축)의 경우 초기에 현장면세비율을 계산하여 미리 시스템에 반영해 놓아야 함
예) 과세매출 공급가액 10,000원, 면세매출 공급가액 40,000원(현장면세비율 80%) A현장에서 1,000원의 공통매입세액이 있을 때, **1,000(공통매입세액)×80%(면세비율)=800(불공제 매입세액)이며** → 1,000원의 VAT 중 800원만큼은 공제되지 않고 원가로 대체됨

공통재화를 안분계산한 이후에 안분기준이 변동하였다면 어떻게 해야 할까? 공통재화가 단기간 내에 사용되는 것이라면 안분기준이 변동하였더라도 문제가 없겠지만 만일 공통재화가 장기간 사용하는 감가상각대상 자산이라면 문제가 생긴다. 예를 들어 사업자가 공통재화인 트럭을 매입하고자 하는데 과세공급가액 비율이 제1기 80%이고 제2기는 40%로 예상한다고 하자. 그렇다면 사업자는 당연히 과세공급가액 비율이 높은 제1기에 트럭을 매입하고자 할 것이다. 또한 약간 극단적인 사례일 수도 있지만 공통매입세액 금액이 클 경우에는 고의적으로 매입일이 속하는 과세기간의 공급가액비율을 조정할 수도 있을 것이다. 이렇게 공급가액비율이 변동하게 되면 감가성 공통재화는 매입시점에 따라 매입세액 공제 금액이 달라지는 문제가 생기는 것이다.

이런 문제점을 완화하기 위해서 우리나라 부가가치세법에서는 감가상각대상 자산의 공통매입세액을 일단 안분계산한 이후에라도 안분계산 기준이 크게 변동하게 되면(예를 들면 5% 이상) 다시 안분계산하여 증가하거나 감소한 매입세액을 추가로 공제하거나 공제를 취소하여 납부세액에 가산한다. 이를 공통매입세액 재계산이라고 한다.

감가상각대상 자산에 대해서 공통매입세액을 재계산하는 경우에는 감가상각을 반영하여 계산한다. 즉 감가상각이 된 부분은 재계산에서 제외한다. 또한 감가상각비율은 건물은 과세기간마다 5%, 기타 자산의 경우에는 과세기간마다 25%로 일률적으로 정한다.

4. 의제매입세액

사업자가 부가가치세를 면제받아 공급받거나 수입한 농산물·축산물·수산물 또는 임산물(면세농산물 등)을 원재료로 하여 제조·가공한 재화 또는 창출한 용역의 공급에 대하여 부가가치세가 과세되는 경우에는 면세농산물 등을 공급받거나 수입할 때 매입세액이 있는 것으로 보아 매입세액으로 공제할 수 있는데 이를 의제매입세액공제라고 한다.

면세재화인 농산물 등에는 부가가치세가 부과되지 않는다. 따라서 면세농산물 등의 공급가액에는 명시적으로 부가가치세가 포함되어 있지 않다. 따라서 면세농산물 등을 공급받아 과세되는 재화나 용역을 공급하는 사업자의 경우에는 매입세액을 공제받을 수 있는 자격은 있지만 명시적으로 부담한 부가가치세가 없으므로 실제로 공제받는 매입세액은 없다.

그렇지만 암묵적으로는 면세농산물 등의 공급가액에도 부가가치세가 포함되어 있을 수도 있다. 왜냐하면 면세농산물 등을 공급한 면세사업자들이 본인들이 공제받을 수 없는 부가가치세 매입세액을 공급가액에 전가시킬 수 있기 때문이다. 따라서 이런 면세농산물 등을 공급받은 과세사업자는 매입세액은 공제받지 못하면서 본인이 공급하는 재화나 용역에 대해서는 부가가치세를 거래 징수해야 하는 부담을 지게 된다. 이런 과세사업자들의 부담을 낮추어주기 위해서 농산물 등에 대해서는 비록 면세로 공급받았다고 하더라도 어느 정도 부가가치세가 암묵적으로 포함되어 있다고 보고 매입세액을 공제해주는데 이를 의제매입세액공제라고 부른다.

이렇게 의제매입세액을 공제받을 수 있는 대표적인 사업으로는 음식점이 있다. 음식점을 경영하는 사업자는 공급받은 면세농산물 등의 공급가액에 대해 8/108을 공제받을 수 있다. 공제율을 5% 혹은 10%와 같이 단순하게 정하지 않고 8/108로 다소 복잡하게 정한 것은 공급가액에 이미 포함된 부가가치세를 역산하여 공제하는 것이기 때문이다. 이외에도 면세농산물 등을 원재료 삼아 가공하는 사업자들도 의제매입세액 공제를 받을 수 있으며 공제율은 2/102부터 8/108까지 다양하다.

5. 대손세액공제

사업자가 외상으로 재화나 용역을 공급하더라도 해당 공급가액은 과세표준에 포함되고 이에 따라 사업자는 공급가액에 해당하는 부가가치세를 신고·납부한다. 따라서 이 경우 사업자는 실제로는 공급받은 자로부터 부가가치세를 거래 징수하지 않았음에도 불구하고 공급받은 사업자가 내야 할 부가가치세를 자신의 자금으로 납부한 것이다. 그런데 이 채권을 회수하지 못하게 된다면 사업자는 자신이 대신 납부한 부가가치세도 회수하지 못하게 된다. 이렇게 매출채권에 대한 부가가치세는 매출채권을 회수하지 못할 것이 확정된 시점(즉 대손확정시점)에 부가가치세 납부세액에서 공제한다. 이를 대손세액공제라고 한다.

대손세액으로 공제받을 금액은 대손이 확정된 매출채권의 10/110이다. 10/110을 곱하는 이유는 매출채권가액에 이미 부가가치세가 포함되었다고 보는 것이기 때문이다. 예를 들어 사업자 홍길동이 재화를 10,000원에 외상으로 공급하고 1,000원의 부가가치세를 신고·납부하였다고 하자. 홍길동은 재화의 공급가액뿐만 아니라 자신이 납부한 부가가치세도 받아야 하므로 홍길동이 계상하는 매출채권은 10,000원이 아닌 11,000원이다. 만일 이 채권을 회수하지 못하게 되어서 대손이 발생하였다면 홍길동이 대손세액으로 공제받아야 할 금액은 11,000원×10/110=1,000원이 되는 것이다.

Ⅳ. 간이과세

부가가치세 납세의무자인 사업자는 부가가치세를 거래징수하고 세금계산서를 발행해야 하며 세금계산서합계표를 작성하여 신고해야 한다. 이렇게 부가가치세 납세의무를 이행하는 것은 영세한 소규모 개인사업자에게는 큰 부담이 될 수 있다. 따라서 규모가 작은 사업자들에게는 좀 더 간편한 방법으로 부가가치세를 납부할 수 있도록 해준다. 이렇게 간편화된 방식으로 부가가치세 납세의무를 이행할 수 있는 사업자를 간이과세자라고 부른다.

간이과세자는 부가가치세를 거래 징수하지 않고 세금계산서를 발행하지 않아도 된다는 점에서 일반과세자에 비하여 부담이 덜하다. 세금계산서를 발행하지 않기 때문에 세금계산서 합계표도 제출할 필요가 없다. 그리고 단순하게 공급대가의 일정비율만큼만 부가가치세로 납부한다.

간이과세는 영세한 사업자들에게 도움이 된다는 점에서는 긍정적이지만 부가가치세 제도의 취지에 역행한다는 점에서 부정적이다. 부가가치세 제도의 핵심은 사업자 간

세금계산서를 주고받음으로써 거래의 투명성을 제고하고 조세포탈을 방지한다는 것인데, 간이과세자는 세금계산서를 발행하지 않기 때문에 제도의 핵심적인 기능이 작동하지 않는다. 따라서 이런 간이과세자가 많아질수록 부가가치세 제도는 원래 취지를 살리지 못하게 될 것이다.

표 9-8 일반과세자와 간이과세자 구분

구분	기준금액	세액계산
일반과세자	1년간의 매출액 8,000만원 이상	매출세액(매출액의 10%) − 매입세액 = 납부세액
간이과세자	1년간의 매출액 8,000만원 미만 (과세유흥장소 및 부동산임대 사업자는 4,800만원 미만)	(매출액 × 업종별 부가가치율 × 10%) − 공제세액 = 납부세액 ※ 공제세액 = 세금계산서에 기재된 매입세액 × 해당업종의 부가가치율

출처 : 국세청

간이과세를 적용받기 위해서는 두 가지 조건을 충족해야 하는데 하나는 직전 연도의 재화와 용역의 공급에 대한 대가(부가가치세가 포함된 대가)의 합계액이 8,000만원보다 적어야 하며 다른 하나는 부가가치세법에서 규정하고 있는 업종에 속하지 않아야 한다는 것이다. 간이과세가 배제되는 업종은 광업, 제조업, 부동산매매업이나 부동산임대업이며 변호사, 공인회계사, 세무사, 의사 등의 서비스업도 간이과세를 적용받을 수 없다. 또한 간이과세자는 개인사업자에게만 적용되는 것으로 법인에게는 적용되지 않는다.

간이과세는 사업자별로 판단하는 것이기 때문에 만일 하나의 사업자가 2개 이상의 사업장을 갖고 있다면 2개 사업장을 합쳐서 간이과세의 적용 여부를 판단한다. 예를 들어 한 사업자가 2개 사업장을 갖고 있고 사업장별로 각각 직전연도 공급대가가 4,500원이라면 간이과세는 2거 사업장을 합친 금액으로 판단하므로 직전사업연도 공급대가는 9천만원이 되므로 이 사업자는 간이과세를 적용받을 수 없다. 또한 2개 사업장이 있는데 한 사업장은 간이과세가 적용되는 소매업이지만 다른 사업장은 간이과세가 배제되는 업종인 부동산매매업이라고 한다면 이 사업자에게도 간이과세는 적용되지 않는다.

간이과세의 취지는 부가가치세 납세의무를 간소화하는 것이므로 매출세액과 매입세액도 간편하게 결정한다. 간이과세자의 납부세액은 다음과 같이 계산한다.

> 납부세액=과세기간의 공급대가합계×업종별 부가가치율×10%

위에서 업종별 부가가치율은 업종의 특성을 고려하여 세법에서 정하는데, 예를 들면 음식점은 15%이고 부동산임대업은 40%이다. 만일 간이과세를 적용받는 음식점 사업자가 제1기 과세기간에 부가가치세를 포함하여 총 3천만원의 매출을 올렸다면 이 사업자는 3천만원×15%×10%=450,000원의 부가가치세를 납부해야 한다.

간이과세자도 매입세액을 공제받을 수 있다. 간이과세자는 해당 과세기간에 발급받은 세금계산서에 적힌 매입세액에 해당 업종의 부가가치율을 곱한 금액을 매입세액으로 공제받는다. 다만 일반과세자와는 달리 매입세액이 납부세액을 초과할 수 없다. 따라서 간이과세자는 부가가치세를 환급받을 수 없다.

표 9-9 | 간이과세자 업종별 부가가치율

업종	부가가치율
소매업, 재생용 재료수집 및 판매업, 음식점업	15%
제조업, 농·임·어업, 소화물 전문 운송업	20%
숙박업	25%
건설업, 운수 및 창고업(소화물 전문 운송업은 제외), 정보통신업	30%
금융 및 보험 관련 서비스업, 전문·과학 및 기술서비스업(인물사진 및 행사용 영상 촬영업은 제외), 사업시설관리·사업지원 및 임대서비스업, 부동산 관련 서비스업, 부동산임대업	40%
그 밖의 서비스업	30%

출처 : 국세청

간이과세자의 해당 과세기간에 대한 공급대가의 합계액이 4,800만원 미만(부동산임대업 및 과세유흥장소는 3,000만원 미만)이면 부가가치세 납부의무를 면제한다. 납부의무의 면제는 세금을 납부할 의무가 면제되는 것이고 과세표준의 신고의무는 계속 존재한다. 이렇게 신고의무는 존재한다는 점에서 신고와 납부의무 모두가 면제되는 면세와 다르다.

Chapter 10

소득세 Ⅰ: 소득과 종합소득세

세무학의 이해

우리나라에 거주하고 있는 갑이 어느 날 로또복권을 구입하여 1등에 당첨되었다. 1등 당첨금이 20억원임을 확인하였고, 갑은 기쁜 마음으로 당첨금을 받기 위하여 은행을 방문하였는데, 은행 직원과의 대화를 통하여 이 1등 당첨금 20억원을 받기 위하여는 세금을 내야 한다는 사실을 알게 되었다.

1등 당첨자 : "1등 당첨금이 20억원 아닌가요? 왜 내 통장에 입금된 금액은 20억원보다 적은 것인가요?"

은행 직원 : "고객님, 고객님 1등 당첨금은 20억원이 맞습니다. 하지만 우리나라 소득세법에서는 이 로또복권 당첨금에 대하여 세금을 내야 하고 당첨금을 받으실 때 이 세금을 떼도록 하고 있습니다. 고객님의 이 당첨금에 대한 세금은 626,999,670원[1]이고, 따라서 고객님이 받으실 금액은 이 세금을 뺀 1,373,000,330원입니다."

사실 실제로는 복권 당첨 확률이 매우 낮기 때문에 현실에서는 좀처럼 볼 수 없기는 하지만, 어쨌든 복권에 당첨되었을 경우에도 소득세라는 세금을 내야 한다. 이러한 경우와 더불어서 직장인이 근무에 대한 대가로 받는 월급이나 개인사업을 하고 얻는 사업에서 얻는 소득, 돈을 빌려주는 대가로 얻는 이자나 주식투자에 대한 대가로 얻는 배당 등에 대해서도 세금을 부담하여야 한다. 또한 법에서 열거하고 있는 재산의 양도로 인하여 발생한 이익과 퇴직금, 연금 등의 소득에 대하여도 소득세 세금을 부담하여야 한다.

이렇듯 흔히 우리가 '소득세'라고 부르는 세금은 '법인세'와는 달리 '개인'의 '소득'을 대상으로 세금을 매기고, '개인'으로 하여금 그 세금을 납부하게 한다. 뒷부분에 좀 더 자세히 나오겠지만, 개인의 소득을 대상으로 하는 '소득세'는 법에서 열거하는 종류의 '소득'에 대하여 세금을 납부하는 것이 원칙이다.[2]

1) 복권 당첨금에 대한 세금 계산은 다음과 같다.

① [2,000,000,0000 − 1,000(복권구입비용)] × 세율 = 626,999,670원
② 세율 : 3억원 이하 22%, 3억원 초과 33% 적용(소득세 및 지방소득세 포함)
③ 2,000,000,000 − ① = 1,373,000,330원

이 경우에는 소득세와 더불어 지방소득세도 같이 부담해야 한다.

2) 단 이자나 배당, 사업소득 같은 소득은 완전한 열거주의가 아니고, 유형별 포괄주의라고 하여 비슷한 종류의 소득이 있다면 세금을 내야 한다.

앞에서 예시로 들었던 복권당첨금은 우리나라 소득세법에서 열거하고 있는 소득으로서, 그 소득에 대하여 소득세를 당첨자가 부담해야 한다. 이 장에서는 이러한 소득의 정의와 소득세의 기원 및 역사, 우리나라 소득세법의 개괄적 소개, 우리나라 소득세법의 소득 종류와 종합소득세라고 불리는 세금의 계산구조에 대하여 알아보도록 하겠다.

| 학습목표 |

- 소득세는 무엇을 대상으로 매기는 세금인가? : 소득의 정의
- 소득세의 기원과 역사
- 납세의무자와 과세기간, 과세단위와 인적공제 및 소득세의 과세방법
- 과세소득의 분류와 계산
  (1) 금융소득 종합과세
  (2) 종합소득의 계산

제1절 소득세는 무엇을 대상으로 매기는 세금인가? : 소득의 정의

본절에서는 소득의 정의에 대하여 알아보고자 한다. 소득세는 소득에 대하여 매기는 세금이므로, 그 소득이라는 것의 정의를 알아야 할 필요가 있다. 그러므로 자세한 소득세에 대한 설명을 위해서 소득을 어떻게 정의할 수 있는지를 간략히 알아보는 것이 앞으로 전개될 소득세 설명 이해를 위하여 도움이 될 것이다.

Ⅰ. 소득세는 무엇을 대상으로 매기는 세금인가? : 소득의 정의

1. 헤이그-사이먼즈의 소득의 정의

소득(所得)이란 무엇일까? 소득세는 소득을 대상으로 세금을 매기는 것이라는 점은 쉽게 알 수 있지만, 과연 소득세의 대상인 '소득'이 무엇인지에 대하여는 답하기가 쉽지 않다. 그런데 헤이그(R. Haig)와 사이먼즈(H. Simons)는 소득에 대하여 무언가를 벌고 획득한다고 생각하기 쉬운 통상적인 생각에서 벗어나서 벌고 획득하는 반대 측면, 즉 소비(消費) 측면에서 소득을 생각해보았다. 즉 납세자의 소비능력이 소득을 나타낸다고 생각하였는데, 이를 표현하면 다음과 같다.

> 소득[3] =두 시점 사이에서 발생하는 경제적 능력 순증가의 화폐가치
> =소비+순가치(net worth)의 변화

이 소득 정의에 관한 식을 살펴보면, 소득의 개념을 소비하는 개념으로 바꾸어 생각하고 있음을 알 수 있다. 특히 유념할만한 것으로는 소비할 수 있는 능력을 측정할 때, 그 능력이 실현(realization)되었는지 여부는 관계하지 않고 모두 소득에 포함[4]하고 있

3) 이준구 · 조명환, 『재정학』(5th edition), 문우사, 2016.2., 514면

4) 이준구 · 조명환, 『재정학』(5th edition), 문우사, 2016.2., 514면. 이러한 헤이그-사이먼즈의 소득 정의에 따르면 다음과 같은 장점이 있다고 한다. 첫째, 이러한 포괄적인 소득의 정의에 따라서 소득세 세금을 매기면, 소비능력에 따른 과세가 가능해지므로 능력원칙에 더욱 충실한 과세가 가능해진다. 둘째, 현행 소득세 과세대상보다 넓은 소득세의 세원(稅源)이 가능해지므로, 세원잠식 현상을 해결하는 근본적인

음을 알 수 있다. 예를 들어 어떤 사람이 소유하고 있는 주택가격이 5억원에서 6억원으로 상승하였다면, 그 주택 소유자가 주택을 팔아서 1억원(=6억원-5억원)이라는 소득을 실현하지 않더라도, 위의 소득 정의식에 따르면 주택가격의 증가분 1억원이 소득으로 계산된다. 실현가능성이나 다른 요인들을 생각하지 않고 개개인의 세금부담능력(즉 담세력)만을 고려하여 이러한 순자산증가설에 의하여 이상적(理想的)으로 세금을 공평하게 매길 수만 있다면, 헤이그-사이먼즈의 소득 정의에 따라 세금을 매기는 것이 일견 합리적으로 보이기도 한다.

그런데 이러한 헤이그-사이먼즈의 소득에 대한 포괄적인 정의에 입각하여 소득세를 매기고자 하면 대두되는 문제[5]들이 있다. 첫째, 자산의 가격이 계속적으로 변화함에 따라 각 납세자들의 경제적 능력의 순증가를 어떻게 파악하여 이에 세금을 매길 것인지가 문제이다. 자산가격을 일일이 따라가면서 가격 변동을 추적하고, 경제적 능력의 변화를 개개인마다 파악하며, 게다가 실현되지 않은(이를 테면 앞서 사례의 보유 중인 주택가격) 자본이득[6]까지 파악하여 이를 소득세 과세대상으로 삼는다는 것은 거의 불가능에 가깝다. 둘째, 이중과세 문제가 있을 수 있는데, 이는 자본이득에 대하여 먼저 세금을 매긴 후에 나중에 동일한 자산에 대하여 소득이 발생하면 또다시 세금을 매기는 경우에 발생한다. 그리고 세 번째로는 소비할 수 있는 능력을 측정하여 소득에 포함하는 것이 어려운 경우가 발생할 수 있다. 이를테면 가정 안에서의 생산·소비되는 재화와 서비스, 여가의 가치 등이 소비할 수 있는 능력에 포함되는 것은 맞지만, 이러한 것들의 소비능력을 어떻게 측정하여 소득에 포함시킬 것인지를 생각해보면 그 측정 방법이 매우 어려움을 알 수 있다.

하나의 방법일 수 있다. 셋째, 이 소득 정의하에서는 모든 종류의 소득이 동등한 대우를 받으므로 본질적으로 같은 소득임에도 불구하고 다른 대우를 함에 따른 교란을 회피할 수 있게 함으로써 효율성 측면에서 장점을 갖는다(이준구·조명환, 『재정학』(5th edition), 문우사, 2016.2., 514~515면).

5) 이준구·조명환, 『재정학』(5th edition), 문우사, 2016.2., 515면

6) 자본적 자산(capital asstes)의 가치상승에 따라 얻는 보유이익으로, 실현된 자본이익과 미실현 자본이익으로 나누어진다(임상엽·정정운, 『세법개론 Ⅱ』(26판), 상경사, 2020., 644면). 개인이 자신의 정상적인 영업과정에서 판매를 위해 보유하거나 생산 중인 자산, 그리고 생산 또는 서비스를 위해 보유하고 있는 원재료나 소모품을 재고자산이라고 하는데, 이러한 재고자산 이외의 자산 양도로 인하여 발생하는 이득을 자본이득(capital gain)이라고 한다(이태로·한만수, 『조세법강의』(신정12판, 2016년), 박영사, 2016.3., 273면). 그러나 현실적으로 이러한 자본적 자산과 일반자산의 구별은 쉽지 않은데, 이는 소유자와 해당 자산이 제공되고 있는 용도 및 소유자의 주관적 의도 등에 의해 영향을 받기 때문이다(김완석·정지선, 『소득세법론』(24판), 삼일인포마인, 2018.3., 101~102면).

2. 우리나라의 소득세법상 소득

앞서 살펴본 헤이그-사이먼즈의 소득 개념을 포괄적 소득개념이라고 한다면, 이와 반대되는 개념으로 소득원천설이라고 불리는 소득 개념이 있다. 소득원천설 입장에서는 일정한 원천에서 계속적·반복적으로 발생하는 소득에 대하여만 세금을 매겨야 한다는 것이고, 일시적·우발적인 소득은 지속성이 없으므로 생활수단으로 의존할 것이 못되기 때문에 세금을 매겨서는 안 된다는 입장이다.[7)]

우리나라의 소득세법은 위의 두 가지 입장 중 어느 것에 해당할까? 우리나라 소득세법 제4조 제1항은 소득을 다음과 같이 구분하여 열거하고 있다.

> ① 거주자의 소득[8)]은 다음 각 호와 같이 구분한다.
>
> 1. 종합소득 : 이 법에 따라 과세되는 모든 소득에서 제2호 및 제3호에 따른 소득을 제외한 소득으로서 다음 각 목의 소득을 합산한 것
>   가. 이자소득
>   나. 배당소득
>   다. 사업소득
>   라. 근로소득
>   마. 연금소득
>   바. 기타소득
> 2. 퇴직소득
> 3. 양도소득

열거된 소득의 의미는 뒷부분에서 다시 언급하기로 하고, 여기에서는 소득의 종류를 우리나라 소득세법에서 열거하고 이러한 소득에 대하여 세금을 매기는 형식을 취하고 있다는 사실을 알고 넘어가도록 하자. 이러한 특징에 따라서 일반적으로 우리나라 소득세법은 소득원천설의 입장에 있다고 한다.[9)]

---

7) Richard Goode, The Individual Income Tax, rev. ed. (1975), S. 180.(이태로·한만수, 『조세법강의』(신정12판, 2016년), 박영사, 2016.3., 201~202면 재인용)

8) 금융투자소득도 있으나, 2023년부터 적용된다. 금융투자소득은 주식, 채권 등 금융자산의 양도 등에서 발생하는 소득이다. 현재는 양도소득 등으로 과세되고 있으나, 2023년부터는 별도의 소득으로 과세된다.

9) 반드시 모든 소득세가 그렇게 과세된다는 것은 아니다. 예외적으로 앞서 구분한 소득 종류 중 이자소득과 배당소득의 경우에는 법에서 규정하지 않은 경우에도 이러한 소득과 유사한 경우에는 세금을 매기도록 하고 있어 포괄주의 입장을 가미하고 있다. 그리고 우리나라 소득세법은 자본이득에 세금을 매기고

제2절 소득세의 기원과 역사

이 절에서는 소득세의 출발과 역사에 대하여 간략히 알아보고자 한다. 소득세가 어떠한 계기에서 비롯되었고 우리나라에서의 소득세 출발과 발전연혁을 간략히 살펴보고자 한다.

I. 소득세의 기원과 연혁[10)]

개인의 소득에 세금을 매기는 소득세의 출발은 언제부터일까? 소득세는 나폴레옹 전쟁 당시 영국으로부터 시작되었다고 한다. 나폴레옹전쟁 당시인 1799년 1월에 누진세 형태의 근대적인 소득세제도가 영국에서 시행되었다고 하는데, 당시 영국 수상이었던 윌리엄 피트(William Pitt)가 전쟁비용을 충당하기 위함이었다고 한다. 이 전쟁에서 영국이 소모한 전쟁비용이 10억 파운드를 넘는 금액이었다고 하고, 관세와 물품세로 모자라는 부분을 이 소득세를 통해 충당하였다고 한다.

영국에서 이 당시에 시행된 소득세제의 특징은 영국에 거주하지 않는 비거주자가 소유한 영국 내 재산에서 발생한 소득에 세금을 매겼고, 영국 거주자는 재산의 소재지에 불문하고 모두 과세하였다. 그리고 전문직 소득과 사무소, 봉급, 연금, 근로소득과 영업 및 직업에서 얻은 소득에 모두 세금을 과세하였다고 한다. 소득세 세율은 200파운드 이상 소득자에게는 10%, 60파운드 이상 200파운드 이하 소득자에게는 10%보다 낮은 세율로 다양하게 적용하여 적용하여 세금을 매겼고, 60파운드 이하의 소득자에 대하여는 세금을 감면하였다. 영국의 이러한 당초 소득세제는 1802년 에딩턴(Addington)에 의해 잠시 폐지되었다가 1803년 나폴레옹과의 전쟁이 다시 개시되자 소득세가 부활하였고, 1816년 6월까지 약 15년간 계속 유지되다가 폐지되었다. 이 당시 사람들의 생각은 누진세[11)] 방식인 소득세가 악법이므로 다시 도입되어서는 안 된다는 입장이었다

있는데(양도소득과 일부 기타소득), 원칙적 소득원천설에 의하면 이러한 자본이득에는 세금을 매길 수 없기 때문에 우리나라 소득세법이 소득원천설에 철저한 제도는 아니라고 한다(이태로 · 한만수, 『조세법강의』(신정12판, 2016년), 박영사, 2016.3., 202면).

10) 이 부분은 '문점식, 인권 전쟁 그리고 세금 『역사 속 세금이야기』, 세경사, 2012.4., 181~204면'을 주로 참조하였다.

고 한다. 이 당시 사람들은 이러한 누진세 방식의 세금제도는 과세의 공평성을 해하는 제도라고 여겼다고 하고, 전쟁으로 인해 어쩔 수 없이 도입한 것이니만큼 재도입되어서는 안 된다고 생각했다.[12] 이렇듯 나폴레옹전쟁은 근대적인 누진세 형태의 소득세제도를 영국에서 제도화하는 계기가 되었다. 그리고 프러시아와 리투아니아에서도 영국처럼 소득세제도를 도입하였다가 전후 잠시 폐지한 후 다시 부활시켰다고 한다.

미국 또한 전쟁으로 인하여 소득세제도를 도입하게 되었다. 미국의 남북전쟁이 1861년 발발하여 1865년 종전하였는데, 그 전쟁 중인 1861년 전비 충당의 일환으로 먼저 북부 측 연방정부에서 각 개인소득이 800달러를 초과할 경우 3%의 세금을 부담하게 하는 단순한 체계의 소득세를 입안 및 시행하였다. 그 후 몇 차례의 개정이 있었고, 1865년 개정 세법에 의하면 소득이 600~5,000달러 구간에 있으면 5%, 5,000달러 초과 소득에 대하여는 10% 세금을 부담하게 하는 누진세제도[13]가 도입되었다. 아울러 남부연합정부에서도 이러한 소득세제도를 도입하여 전비를 조달하였고(1863년), 남부연합정부는 북부 연방정부보다는 높은 세율을 적용하였다.[14] 그리고 이 남북전쟁 당시에 미국의 국세청에 해당하는 IRS(Internal Revenue Service)가 설립되어 세금 징수를 담당하게 되었고, 원천징수제도[15]가 도입되는 계기가 되었다고 한다.

---

11) 경제학에서는 '누진적(progressive)'이라는 말을 납세자의 소득수준이 높아짐에 따라 그가 직면하게 되는 평균세율이 올라가는 성격을 갖는 조세제도를 '누진적(progressive)'이라고 부른다. 즉 소득수준이 높아질수록 소득에서 세금이 차지하는 비중이 더 커지도록 만든 세금제도라고 이해하면 될 듯하다. 단 이러한 '누진적' 조세제도를 소득이 1원 증가할 때 세금부담이 얼마나 증가하는지(한계세율)를 '누진성'이라고 하는 사람도 있는데, 전자인 평균세율 개념으로 누진성을 정의하는 접근법이 보편적이라고 한다(이준구 · 조명환, 『재정학』(5th edition), 문우사, 2016.2., 499면).

12) 소득세 과세를 위해서는 필연적으로 개개인의 소득을 국가가 들여다 볼 수밖에 없고, 소득세가 제대로 매겨졌는지를 검증하기 위해서도 어쩔 수 없이 개인정보를 국가가 일정부분 볼 수밖에 없다. 소득세 도입 당시 사람들은 이러한 국가에 의한 사생활 침해 부분을 민감하게 받아들였고 이에 대한 반감이 매우 컸다고 한다(홍회계사's 해설이 있는 세법강의, https://m.blog. naver.com/kalavine, #1. 소득세는 어떻게 시작되었을까?[소득세법 총론])

13) Edwin R.A. Seligman, The Income Tax, The Lawbook Exchange, Ltd. 2004, p.486., 문점식, 인권 전쟁 그리고 세금『역사 속 세금이야기』, 세경사, 2012.4., 202면 재인용

14) 남부연합정부에서는 누진세제도를 채택하였는데, 500달러 이하는 면세, 500~1,500달러 사이는 5%, 1,500~3,000달러 사이는 1,500달러 초과분에 10%+75달러, 3,000~5,000달러 구간에 대하여는 소득의 10%, 5,000~10,000달러 구간에 대하여는 12.5%, 소득이 10,000달러 초과할 경우에는 15%를 과세하였다.

15) 원천징수대상 소득을 지급하는 자(국가, 법인 및 개인사업자, 사업자가 아닌 자를 포함)가 소득을 지급할 때 소득자의 세금을 징수하여 국가에 납부하는 제도(https//m.nts.go.kr, 국세청 홈페이지 세목별종보〉 원천징수 참조)를 말한다. 여러분이 무엇인가 일시적으로 회사에 일을 해주고 어떤 회사로부터 30만원을 받아야 한다고 해보자. 회사는 여러분에게 여러분의 소득인 30만원을 지급할 때 2만원을 뗀 후 그 차액인 28만원을 지급하였다고 가정하자. 이때 회사가 공제한 2만원이 바로 회사가 여러분에게 소득 30만원을 지급할 때 여러분의 세금을 징수하여 국가에 납부하는 세금이고, 이것이 바로 원천징수세액이다. 이러한 원천징수제도는 국가가 세금을 거두는 행정비용을 아낄 수 있게 하고, 세금을 어느 정

한편 미국 또한 영국 등 유럽과 마찬가지로 소득세는 전쟁이라는 특수한 상황에서만 필요할 뿐이고 바람직하지도 않다고 생각된 것은 마찬가지여서 1872년에 폐지되었다고 한다. 그러나 1894년에 영구적으로 소득세가 다시 도입되었는데, 이때의 소득세는 위헌판결이 있어서 수정헌법 제16조가 개정된 이후 오늘날과 유사한 누진세 형태의 소득세가 1913년 제정되어 현재에 이르고 있다고 한다.[16)]

Ⅱ. 우리나라의 소득세

우리나라에서 개인에 대한 소득세제가 도입된 것이 시초는 1934년으로서, 이 당시는 일제 강점기로 일본 제국주의 세력이 중일전쟁과 태평양전쟁에 소요되는 전비를 확충하기 위하여 각종 세목을 창설하여 과세하기 시작한 때의 몇 년전이라고 한다.[17)] 그 전까지는 법인에 대한 소득에는 세금을 부과하였으나, 개인에게는 세금을 부과하지 않았는데, 1934년에 개정된 일제 강점기의 세법인 조선소득세령에 의하여 우리나라에서 개인의 소득에 대한 개인소득세를 징수하게 되었다. 이 당시 세법에 의하면 법인의 소득(제1종 소득)과 개인의 소득(제2종 및 제3종 소득)으로 전체 소득세를 구분하였고, 이 중 제2종 및 제3종 소득을 개인소득세로 하여 부과하였다고 한다. 이 당시의 소득세 제도는 현재와 같은 신고납부제도가 아니었고 정부가 부과하여 각 개별 납세자에게 고지하는 부과고지제도를 채택하고 있었다. 이러한 부과고지제도는 광복 이후 미군정을 거쳐 1949년 7월 제정된 소득세법에서도 계속 유지되었다.[18)]

도 미리 거두게 하여 세금 미납으로 인한 국가의 손실을 줄일 수 있게 한다.

16) Joel Slemrod and Jon Baskija, Taxing Ourseves(3rd edition), MIT Press, 2004, p.19.(문점식, 인권 전쟁 그리고 세금 『역사 속 세금이야기』, 세경사, 2012.4., 204면 재인용)

17) 서희열 · 조연엽, 우리나라 소득세 행정의 역사적 변천과정 연구, 경영사학 제32집 제3호, 사단법인 한국경영사학회, 2017.9., 54면

18) 현행 우리나라의 소득세법은 신고납부제도를 원칙으로 하므로 개개인의 납세자들이 자신의 소득세를 자진신고하여야 한다. 이러한 신고납부제도가 성공하려면 개개인 납세자들이 높은 수준의 납세의식과 납세도의를 토대로 성실한 신고납부가 이루어져야 하고, 탈루소득을 적출할 수 있는 징세기술과 사회적 여건이 전제되어야 하기 때문에 개발도상국이나 후진국 등의 경우 현실적으로 소득세 위주의 조세체계를 갖출 수가 없다고 한다(서희열 · 조연엽, 우리나라 소득세 행정의 역사적 변천과정 연구, 경영사학 제32집 제3호, 사단법인 한국경영사학회, 2017.9., 56면). 한편 부과고지제도는 개인이 납부할 세금을 국가에서 결정하고 이를 각 개인에게 고지하면 고지받은 각 개인이 이를 납부하게 하여 이행하도록 하는 제도로서, 우리나라의 소득세 제도 또한 1994년까지는 이러한 부과고지제도를 근간으로 하여 보완적인 제도로 납세자의 신고제도를 병행한 바 있다.

이후 1975년부터 소득세법의 전면 개편을 통하여 소득세에 종합소득세[19]가 도입되었다. 이 당시 종합소득세는 퇴직소득, 산림소득, 양도소득[20]을 제외한 나머지 소득을 초과누진세율로 과세하는 구조였고, 이때부터 양도소득세가 신설되어 시행되었다고 한다. 그리고 1994년 12월 31일에 개정되고 1995년부터 시행된 소득세법에 의하여 비로소 현재의 신고납부제도에 따른 소득세제도가 시행되었다.

한편 우리나라 소득세법에서는 금융소득(즉 이자와 배당소득)은 원칙적으로 누진세율에 의하여 종합과세하도록 하고 있는데, 이러한 제도가 1996년부터 시행되었다고 한다. 그 이전에는 금융소득(즉 이자와 배당)의 경우에는 이자와 배당을 지급하는 곳에서 원천징수를 하고 난 후의 소득을 소득자에게 지급하면 세금문제가 종결되었지만,[21] 1996년 이후로는 금융소득을 모두 합산하여 종합소득에 포함하여 누진과세를 하는 것이 원칙이 된 것이다. 다만 1997년 외환위기를 맞이하여 전면 실시는 유보하였다가 2001년부터 전면적인 재실시를 하였고, 여러 차례의 개정을 거쳐 현행 소득세법의 모습을 갖추게 되었다.

19) 개인의 소득을 모두 합산하여 과세하는 종합소득과세(global taxation, 순자산증가설에 의한 소득)와 소득의 원천에 따라 구별하여 과세하는 분류소득과세(schedular taxation, 소득원천설에 따른 소득)의 두 가지 소득 구분 중 개인의 담세력은 그 개인의 소득을 모두 합산하여 평가하는 것이 타당하므로 종합소득과세 방식이 이상적이라고 한다(이태로 · 한만수, 『조세법강의』 (신정12판, 2016년), 박영사, 2016.3., 201면). 그렇지만 우리나라의 소득세법이 완전한 순자산증가설에 의한 종합소득세를 채택한 것도 아니라는 점에 유의하자. 우리나라의 소득세법은 앞서 언급하였던 이자 · 배당 · 사업 · 근로 · 연금 · 기타소득을 묶어서 '종합소득'이라는 소득으로 구분하고 있는 것이고, 이것과 개인의 소득을 모두 합산한다는 원칙적인 종합소득의 개념과는 차이가 있다. 여기에서의 종합소득의 의미는 이자소득 등의 소득을 묶어서 종합소득으로 구분하고 있다는 개념과 가깝다.

20) 우리나라 소득세법은 개인이 법에서 규정하는 자산의 양도로 발생하는 소득을 양도소득으로 구분하고, 이러한 양도소득에 대하여 매기는 세금을 양도소득세라고 부른다. 흔히 부동산이라고 부르는 토지나 건물, 주택 등은 이러한 법에서 규정하는 자산의 종류에 포함되고, 그러한 자산을 팔아서 발생하는 이익에 대하여 양도소득세가 매겨진다. 이러한 양도소득은 '자본이득(capital gains)'이라고도 하는데, 자본이득에 대하여는 앞서 설명한 바 있다.

21) '이자와 배당소득에 대한 과세를 원천징수에 의하여 분리과세하였다'는 표현을 사용한다.

제3절 납세의무자와 과세기간, 과세단위와 인적공제 및 소득세의 과세방법

본절에서는 현행 소득세법이 세금을 매기는 방법(과세방법)과 개인소득세의 과세대상인 소득의 종류를 어떻게 구분하고 있는지, 그리고 이러한 소득세를 납부해야 하는 자(납세의무자)와 세금을 매기는 대상기간(즉 과세기간) 등의 개괄적인 사항을 알아보고자 한다. 이러한 사항들은 소득세 계산에 앞서서 소득세를 계산하는 대상과 그 범위를 정하는 데 그 목적이 있다.

Ⅰ. 신고납부제도

우리나라 소득세법은 각 개개인의 소득세를 세금을 납부해야 할 자 스스로가 신고 및 납부하는 제도를 채택하고 있다(신고납부제도). 소득세법 제70조 제1항은 다음과 같이 규정하고 있다.

> 제70조(종합소득과세표준 확정신고) ① 해당 과세기간의 종합소득금액이 있는 거주자(종합소득과세표준이 없거나 결손금이 있는 거주자를 포함한다)는 그 **종합소득 과세표준을 그 과세기간의 다음 연도 5월 1일부터 5월 31일까지** 대통령령으로 정하는 바에 따라 **납세지 관할 세무서장에게 신고**하여야 한다.
> ③ 제1항에 따른 신고를 '**종합소득 과세표준확정신고**'라 한다.

여기서 중요한 것은 바로 '**납세지 관할 세무서장에게 신고**'하여야 하고, 이러한 신고를 '**종합소득 과세표준확정신고**'라고 하는 말의 의미이다. 이러한 제도에 따르면 세금을 납부할 자는 스스로 세무서에 소득과 납부할 세액을 신고하여야 하고, 원론적으로는 정부 등 국가기관의 결정을 필요로 하지 않는다.[22] 그리고 이 종합소득세는 위의 법령에

22) 신고납부제도와 달리 부과고지제도는 정부 등 국가기관이 결정하여 세금을 낼 자에게 고지하는 제도라고 설명한 바 있다('Ⅱ. 우리나라의 소득세' 참조).

기술된 바와 같이 과세기간의 다음연도 5월 1일부터 5월 31일까지 납세지 관할 세무서장에게 신고하여야 한다.

Ⅱ. 소득세 납세의무자와 과세기간

앞서 살펴본 소득세법 제70조 제1항을 보면 '해당 과세기간'과 '종합소득금액이 있는 거주자'가 종합소득과세표준을 신고해야 한다는 말이 나온다. 여기에서 '종합소득이 있는 거주자'가 바로 소득세 납세의무자(즉 소득세를 내야 하는 의무가 있는 사람)이고, '과세기간'이 소득세를 계산하는 단위 기간(즉 언제부터 언제까지의 소득에 대하여 소득세를 계산해야 하는 지)을 지칭한다.

1. 소득세 납세의무자

소득세법 제2조 제1항은 소득세의 납세의무자를 **개인[23)]인 거주자와 개인인 비거주자로서 국내원천소득이 있는 자**라고 규정하고 있다.

| 표 10-1 | 소득세 납세의무자의 구분[24)]

구분	개념	납세의무의 범위
거주자	국내에 주소(住所)[25)]를 두거나 183일 이상 거소(居所)[26)]를 둔 개인	국내원천소득과 국외원천소득 모두에 대해 소득세 납세의무를 진다.
비거주자	거주자가 아닌 개인	국내원천소득에 대하여 소득세 납세의무를 진다.

23) 개인은 다시 자연인(自然人)과 법인이 아닌 단체로 나뉜다. 자연인은 보통 여러분과 같은 일반적인 사람으로서 자연히 권리와 의무의 주체가 될 수 있다. 한편 법인(法人)이 아닌 단체는 단체성의 강약에 따라 상대적으로 단체성이 짙은 단체는 법인으로, 그 밖의 법인 아닌 단체는 개인으로 취급한다(김완석 · 정지선, 『소득세법론』(개정24판), 삼일인포마인, 2018.3., 128면)고 한다. 다만 현 단계에서 이러한 법인이 아닌 단체의 구분과 정의에 큰 신경을 쓰지 않도록 한다.

24) 임상엽 · 정정운, 『세법개론 Ⅱ』(26판), 상경사, 2020., 284면

25) 주소(住所)에 대하여 소득세법 시행령 제2조 제1항에서는 '국내에서 생계를 같이하는 가족 및 국내에 소재하는 자산의 유무 등 생활관계의 객관적 사실에 따라 판정한다'고 하고 있다. 그런데 민법 제18조에서는 주소를 '생활의 근거가 되는 곳'을 말하며, 주민등록법 제23조는 '다른 법률에서 특별한 규정이 없는 한 이 법에 의한 주민등록지를 공법관계에 있어서의 주소로 한다'고 규정함에 따라 **주민등록법에**

이러한 구분에 따르면 우리나라에 주소를 두거나 1년에 183일 이상의 거소를 둔 개인이 아닌 자를 비거주자라고 하고, 이러한 비거주자에 대하여는 국내에서 발생한 소득에 대하여만 소득세 납세의무를 지운다. 반면 우리나라 거주자에 해당할 경우에는 소득 발생지가 국내외인지를 불문하고 모두 소득세 납세의무를 진다.

2. 소득세 과세기간

세금을 매기고자 하면 대상이 되는 소득이 있어야 하고, 소득을 측정하는 기간이 있어야 한다. 언제부터 언제까지 개인이 번 소득에 대하여 세금을 매겨야 한다는 기준이 있어야 세금을 계산할 수 있다.

우리나라의 소득세는 원칙적으로 역년주의(曆年主義)를 채택하며, 과세기간은 다음과 같다.

① 원칙 : 소득세는 1월 1일부터 12월 31일까지의 1년간의 소득금액에 대하여 과세한다.

② 거주자가 사망한 경우에는 1월 1일부터 사망한 날까지의 소득금액에 대하여 소득세를 과세한다.

③ 거주자가 주소 또는 거소의 국외이전으로 인하여 비거주자가 되는 경우에는 1월 1일부터 출국한 날까지의 소득금액에 대하여 소득세를 과세한다.

법인세법과 달리 소득세법은 원칙적인 과세기간을 매년 1월 1일부터 12월 31일까지의 1년으로 법정하고 과세기간의 축소나 연장을 허용하지 않는다. 그러나 법인세법은 법인의 과세기간을 1년의 범위 내에서 법령 또는 정관이 정하는 바에 따라 선택할 수 있게 하고 있다(법인세법 제6조 제1항). 그러므로 개인은 법인과 같이 과세기간의 시작과 종료일을 선택할 수 없다.

의한 거주지로 등록한 장소(주민등록지)를 주소나 거소로 보는 경우가 일반적이라고 하겠다(김완석 · 정지선, 『소득세법론』(개정24판), 삼일인포마인, 2018.3., 134면).

26) 거소(居所)란 주소지 외의 장소 중 상당기간에 걸쳐 거주하는 장소로서 주소와 같이 밀접한 일반적 생활관계가 형성되지 아니한 장소로 한다(소득세법시행령 제2조 제2항). 현 단계에서는 큰 의미를 부여하지 말고 거주하는 곳 정도로 이해하자.

예제

한국에서 태어났지만 현재 국적은 홍콩인 마카오 김씨는 한국에서 의류사업을, 그리스에서 해운사업을 하고 있으며, 20×2년 1월 1일부터 7월 30일까지 국내의 거주지에서 체류하였고 실제 사업에 대한 경영감독을 한 것으로 확인되었다. 의류사업의 소득은 1,000억원이고 해운사업의 소득은 5,000억원이다. 마카오 김씨가 한국 국세청에 과세대상소득으로 신고해야 할 소득은 얼마인가?

|해설|

한국의 경우 국내에서 183일 이상 거소를 두고 있는 자는 국적에 관계없이 거주자로 보고 있으므로 20×2년에 우리나라에 212일의 거소를 둔 마카오 김씨는 국내외 원천소득에 대하여 전부 신고를 해야 한다. 따라서 6,000억원의 소득을 모두 과세대상 소득으로 신고해야 한다. 단, 그리스에서 과세된 해운사업 소득에 대한 그리스 과세당국 납부세액의 경우 외국납부세액으로 보아 공제해주게 된다.

III. 소득세 과세단위와 인적공제

소득세는 원칙적으로 개인단위 과세를 하고 있으며 부부 또는 가족의 소득을 합산하여 과세를 하지 않고 있다. 단, 공동사업의 사업자에 가족구성원이 포함되어 있으며, 조세회피를 목적으로 손익분배비율을 거짓으로 정하는 사유가 있는 경우 공동사업 합산과세 방식을 채택하고 있고, 양도소득세 비과세 규정에서 1세대를 기준으로 1주택 보유까지만 비과세를 시행하는 등의 예외는 존재한다.

이렇게 개인단위별로 과세를 하고 있기 때문에 가족부양의 부담정도를 고려한 인적공제를 적용하고 있고, 개인이 근로소득자인 경우와 그렇지 않은 경우의 소득공제, 세액감면 등을 차별적으로 규정하고 있는 등의 인적 사정을 고려한 과세를 시행하고 있다.

또한 소득세는 개인의 소득정도에 따른 누진세율 과세를 시행함으로써 소득재분배 기능을 가지고 있다. 종합소득과 양도소득의 경우 6~45%의 단계별 초과누진세율 구조를 채택하고 있어 소득이 높은 개인은 소득이 낮은 개인에 비해 더 높은 세율을 적용받게 된다.

Ⅳ. 종합과세와 분리과세

소득들을 함께 묶어서 세금을 매기는지 아니면 분리하여 별도로 세금을 매기는지에 따라서 과세구간에 따른 초과누진세율 제도를 채택하고 있는 우리나라의 경우에는 개인소득세 부담액의 차이가 발생할 것이다. 우리나라 소득세법은 거주자의 소득의 원천별 구분에 따라 이자·배당·사업·근로·연금·기타소득을 묶어서 '종합소득'이라는 이름하에 하나의 소득처럼 세금을 매긴다. 그리고 '퇴직소득'과 '양도소득'을 각각 별도로 분류하여 분류과세하고 있다.

종합소득의 경우 하나의 소득처럼 묶어서 세금을 매김에 따라 소득이 높아지면 높은 구간의 세율이 적용됨에 따라(초과누진세율) 개인소득자가 부담할 세금이 높아진다. 다만 종합소득으로 분류되는 6가지 소득 중에서도 종합과세가 되지 아니하고, 그 소득이 지급될 때 소득을 지급해주는 자가 소득세를 원천징수하여 국가에 소득을 받는 자 대신 납부함으로써 과세를 종결하는 형태로 과세가 이루어지는 소득이 존재한다. 이를 분리과세라 한다. 분리과세소득에 대해 원천징수가 이루어지는 경우 원천징수로서 모든 납세의무가 종결되므로 해당 소득에 대해서 더 이상 신고를 할 필요가 없다. 거주자의 소득 중 이자소득, 배당소득, 연금소득, 기타소득 중 분리과세 대상소득, 근로소득 중 일용근로자의 급여, 비거주자의 소득 중 원천징수특례의 대상이 되는 소득이 이에 해당한다.

퇴직소득과 양도소득의 경우 여러 해 동안 누적된 이득이 처분·실현되는 해에 한꺼번에 실현됨에 따라 세부담이 급격히 높아지는 효과[27]가 발생하기 때문에 다른 소득과 함께 묶어서 세금을 매기지 않고 각각 별도로 과세하되, 누적된 세부담을 경감시키는 장치(퇴직소득세의 퇴직소득공제[28] 및 평균과세[29] 방법에 따른 산출세액 계산, 양도소득세의 장기보유특별공제)를 두고 있다.

---

27) 이러한 효과를 결집(結集)효과(bunching effect)라고 한다. 보유기간이 장기일 경우 그러한 자산을 처분할 때에 처분이익이 한꺼번에 과세된다. 따라서 초과누진세율을 적용하면 발생기준에 따라 매년 증가한 이익에 대해 과세하는 경우보다 세부담이 급격히 증가한다. 즉 보유기간 전체에 걸쳐 매년마다 발생한 이익에 대하여 과세되었다면 낮은 세율이 적용됨에도 불구하고 보유기간 전체에 걸쳐 증가한 이익 전액에 대해 한꺼번에 과세함으로써 높은 세율이 적용되게 되는 것이다(김완석·정지선, 『소득세법론』(개정24판), 삼일인포마인, 2018.3., 109면).

28) 김완석·정지선, 『소득세법론』(개정24판), 삼일인포마인, 2018.3., 423면

29) 김완석·정지선, 『소득세법론』(개정24판), 삼일인포마인, 2018.3., 424면

예제

거주자인 김을병 씨는 20×2년 동안 근로소득 3천만원, 기타소득 2천만원이 있었고, 보유 중인 상가건물을 매각하여 1억원의 양도소득이 발생하였다. 다른 공제가 전혀 없어서 소득금액과 과세표준이 일치한다고 가정한다.

종합소득과 양도소득을 각각 분류과세하였을 때의 소득과 종합소득과 양도소득을 합산하여 과세하였을 때의 세부담은 어느 경우가 클 것인지 계산하여라. 그리고 현행 세법은 종합소득과 양도소득을 분류과세하는가 아니면 종합과세하는가?

단, 세율은 종합소득세율과 양도소득세율은 다음과 같다(두 세율은 같다).

과세표준구간	세율	누진공제
1,400만원 이하	6%	-
1,400만원 초과 ~ 5,000만원 이하	15%	126만원
5,000만원 초과 ~ 8,800만원 이하	24%	576만원
8,800만원 초과 ~ 1억 5,000만원 이하	35%	1,544만원
1억 5,000만원 초과 ~ 3억원 이하	38%	1,994만원
3억원 초과 ~ 5억원 이하	40%	2,594만원
5억원 초과 ~ 10억원 이하	42%	3,594만원
10억원 초과	45%	6,594만원

|해설|

근로소득과 기타소득은 종합소득이므로 종합소득은 5천만원이고 양도소득 1억원이다.

종합소득과 양도소득을 합산하였을 때 : 두 소득의 합계는 1억 5천만원

소득세=1억 5천만원×35%−15,940,000원=36,560,000원

종합소득에 대한 소득세와 양도소득세를 분류과세하여 계산할 경우

종합소득세=5천만원×24%−5,760,000원=6,240,000원

양도소득세=1억원×42%−35,940,000원=6,060,000원

두 소득세의 합계는 13,380,000원

따라서 종합소득과 양도소득을 분류과세할 경우 24,260,000원만큼 소득세부담이 절감된다. 현행 국내 세제는 종합소득세와 양도소득세를 분류과세한다. 이유는 양도소득의 경우 여러 해 동안의 보유자산의 가치증가분이 실현시점에서 과세되어 높은 누진세율을 적용받는 결집효과가 나타나므로 이를 분리해서 과세하기 위함이다.

제4절 과세소득의 분류와 계산

세금을 매기고자 할 때 그 세금을 어디에 매겨야 하는지가 중요하다. 소득세는 개인의 소득에 세금을 매기는 세금제도이고, 그 개인의 소득의 범위를 어떻게 정할 것인지에 관한 논의에 대하여는 앞서 'Ⅰ. 소득세는 무엇을 대상으로 매기는 세금인가? : 소득의 정의'에서 잠시 언급한 바 있다. 여기에서는 우리나라의 현행 소득세법에서 세금을 매기는 대상으로 정한 소득의 범위와 분류에 관하여 좀 더 자세히 알아보고자 한다. 앞서 설명하였듯이 우리나라 소득세법은 이자・배당・사업・근로・연금・기타소득을 종합소득으로, 퇴직소득과 양도소득을 별도의 소득으로 분류하고 이에 따라 개인의 소득세를 계산하고 있다. 이 중 종합소득으로 분류되는 소득에 관하여 먼저 알아보도록 하겠다.

Ⅰ. 종합소득세의 계산구조

이자・배당・사업・근로・연금 및 기타소득을 종합소득이라고 부르고, 이들을 합산하여 종합소득세액을 계산하는 구조임은 이미 언급하였다. 그런데 종합소득세액 계산을 위해서는 이자소득금액 등 각 소득금액을 계산하여 합하여야 한다.

표 10-2 종합소득세으 계산구조[30)]

이자소득		배당소득		사업소득		근로소득		연금소득		기타소득
(−)비과세소득 (−)분리과세소득		(−)비과세소득 (−)분리과세소득		(−)비과세소득		(−)비과세소득 (−)분리과세소득		(−)비과세소득 (−)분리과세소득		(−)비과세소득 (−)분리과세소득
총수입금액		총수입금액 (+)귀속법인세		총수입금액 (−)필요경비		총수입금액 (−)근로소득공제		총수입금액 (−)연금소득공제		총수입금액 (−)필요경비
이자소득금액	+	배당소득금액	+	사업소득금액	+	근로소득금액	+	연금소득금액	+	기타소득금액
종합소득금액										

30) 임상엽・정정운, 『세법개론 Ⅱ』(26판), 상경사, 2020., 291면 참조

위 표에서 알 수 있듯이 이자소득부터 기타소득에 이르기까지 6가지 소득으로부터 출발하여 비과세소득과 분리과세소득을 빼고 필요경비 등을 차감하여 각 소득의 소득금액을 먼저 계산하여야 함을 알 수 있다. 그리고 이러한 소득금액을 모두 합하여 종합소득금액을 산정하여야 한다. 따라서 종합소득금액이 커질수록 단계별 초과누진세율 구조인 종합소득세액이 커지므로 고소득자일수록 세부담이 커짐을 알 수 있다.

Ⅱ. 종합소득의 종류와 분류

1. 금융소득(이자 및 배당소득)

현행 우리나라 소득세법은 금융소득이라는 용어를 사용하지 않고 이자소득과 배당소득을 합하여 '이자소득 등'이라는 용어를 사용하고 있다(다만 2023년부터는 금융투자소득세를 별도로 구분하나, 현재는 아직 시행되지 않고 있다). 그런데 금융소득 종합과세에 관한 내용에서 이자소득과 배당소득을 합하여 보통 '금융소득'이라는 용어를 사용함에 따라 여기에서도 이자소득과 배당소득을 합하여 '금융소득'이라는 용어하에서 설명하도록 하겠다.

(1) 이자소득

우리나라 소득세법 제16조는 이자소득의 범위를 다음과 같이 규정하고 있다.

① 국가나 지방자치단체가 발행한 채권 또는 증권의 이자와 할인액
② 내국법인이 발행한 채권 또는 증권의 이자와 할인액
③ 국내에서 받는 예금(적금・부금・예탁금 및 우편대체를 포함한다. 이하 같다)의 이자
④ 상호저축은행법에 따른 신용계(信用契) 또는 신용부금으로 인한 이익
⑤ 외국법인의 국내지점 또는 국내영업소에서 발행한 채권 또는 증권의 이자와 할인액
⑥ 외국법인이 발행한 채권 또는 증권의 이자와 할인액
⑦ 국외에서 받는 예금의 이자
⑧ 소정의 채권 또는 증권의 환매조건부 매매차익
⑨ 소정의 저축성보험의 보험차익. 다만, 다음 각 목의 어느 하나에 해당하는 보험의

보험차익은 제외한다.
가. 최초로 보험료를 납입한 날부터 만기일 또는 중도해지일까지의 기간이 10년 이상으로서 대통령령으로 정하는 요건을 갖춘 보험
나. 일정한 요건을 갖춘 종신형 연금보험
⑩ 소정의 직장공제회 초과반환금
⑪ 비영업대금(非營業貸金)의 이익
⑫ 위 ①~⑪의 소득과 유사한 소득으로서 **금전 사용에 따른 대가**로서의 성격이 있는 것
⑬ 위 ①~⑫에 해당하는 소득을 발생시키는 거래 또는 행위와 자본시장과 금융투자업에 관한 법률 제5조에 따른 파생상품(이하 '파생상품'이라 한다)이 대통령령으로 정하는 바에 따라 결합된 경우 해당 파생상품의 거래 또는 행위로부터의 이익[31)]

다소 많은 사항을 열거하고 있지만, 마지막 부분 ⑫에서는 앞서 열거한 소득과 유사한 소득으로서 '**금전 사용에 따른 대가**'로서의 성격이 있다면 이자소득으로 본다고 규정함으로써 이자소득의 전반적인 성격에 대하여 언급하고 있다. 즉 **자금을 빌려주고 받은 대가적 성격**이라면 이자소득으로 보겠다는 의미인 것이다. 몇 가지 구체적인 예를 들면 다음과 같다.

31) 선물(futures), 옵션(option), 스와프(swap) 등의 용어를 들어본 적이 있다면 그것들이 바로 파생상품(derivatives)의 한 종류이다. 파생상품에 대한 내용은 이 책의 범위를 넘어서므로 언급하지 않기로 하고, 관심이 있는 독자는 해당 전문서적을 참조하도록 권한다. 참고 목적으로 회계상 파생상품의 정의를 말하자면 다음과 같다.
① 기초변수 또는 계약단위의 수량이 있어야 함 : 파생상품의 '파생'이라는 말은 기초가 되는 자산이나 변수가 있어서 이를 기초로 하여 파생되었다는 의미임. 주가, 환율, 금이나 석유 등 현물자산 가격 등이 기초변수 또는 계약단위가 됨.
② 최초 계약시 순투자금액이 없거나 다른 거래보다 적은 순투자금액을 필요로 함 : 기초자산이나 계약 자체를 사고 파는 것이 아니므로 최초 계약 당시에는 적은 금액으로 계약 체결이 가능함.
③ 차액 결제가 가능해야 함 : 기초자산이나 변수를 사는 경우와 파는 경우를 각각 총액으로 결제하는 것이 아니라, 사는 경우와 파는 경우를 서로 상계하여 대금을 결제할 수 있어야 함.
아울러 2023년부터는 일정한 파생결합사채로부터의 이익도 이자소득으로 과세된다. 다만 이러한 용어에 너무 신경쓰지 말기 바란다.

예제

① 은행에 예치한 정기예금 또는 정기적금의 이자

⇒ 개인인 갑이 은행에서 원금 10,000,000원에 연 이자율 2.0%의 정기예금에 가입하였다. 갑은 1년 후 은행으로부터 원금과 이자를 합하여 총 10,200,000원(=10,000,000+10,000,000×2.0%)을 수령하였다. 이때 이자소득은 200,000원(=10,200,000−10,000,000)이다.

② 저축성 보험계약 중 가입기간 10년 미만의 저축성 보험계약으로부터 얻는 보험차익

⇒ 개인인 을은 보험회사가 판매하는 저축성 보험상품에 가입하였는데, 보험가입금액은 일시불로 1억원이고, 보험가입기간은 5년이며. 5년 후 1억 1천만원을 을에게 보험회사가 돌려주기로 하였다. 이때 이자소득은 1천만원(=1억 1천만원−1억원)이다.

③ 채권[32] 또는 증권의 이자

⇒ 병 회사는 100억원의 자금을 조달하기 위하여 회사채(會社債) 100억원을 발행하였고, 이 회사채를 전액 정(개인)이 인수하였다. 이 회사채의 이자율은 연 5.0%이고, 매년 이자를 지급하며, 만기는 3년이다. 이때 이자소득은 3년 동안 매년마다 5억원(=100억원×5.0%)이다.

④ 타인에게 돈을 빌려주는 활동을 사업(事業)으로 하지 않는 자가 타인에게 돈을 빌려주고 받는 이자(비영업대금 이익)[33]

⇒ 대부업을 사업으로 하지 않는 평범한 회사원인 무가 자신이 알고 있는 기 회사에 일시적으로 1억원을 대여하였고, 1년 후 연 이자율 4.0%의 이자와 함께 원금을 반환받기로 약정하였다. 이 경우 기 회사로부터 1년 후 반환받기로 한 때에는 총 1억 4백만원(=1억원+1억원×4.0%)를 반환받아야 하고, 이 중 이자소득은 4백만원(=1억원 4백만원−1억원)이다.

---

32) 채권(債券, bond)이라는 말은 쉽게 말해서 돈을 빌렸다는 뜻을 표시하는 증권 정도로 일단 이해하도록 한다. 보통 돈을 빌리게 되면 언제까지 갚겠다는 뜻('만기')과 얼마를 빌렸으니 갚을 때 얼마를 갚겠다는 뜻('원금', 빌린 돈), 그리고 빌린 돈에 대한 대가로 얼마의 이자를 언제 지급하겠다는 뜻(이자와 이자지급시기), 그리고 돈을 빌려준 자(차주)와 빌린 자(대주)를 적은 차용증을 작성한다. 보통 국가나 기업이 돈을 빌릴 때 이러한 성격의 문서를 작성하는데, 일반적인 차용증과 달리 돈을 빌린 자를 기재하지 않고 해당 문서를 소지한 자에게 이자와 만기시 원금을 갚겠다는 표시를 기재한 증권을 말한다. 이해하기 어렵다면 일단 돈을 빌렸다는 차용증 정도로 이해하고 있도록 한다.

33) 대부업을 하는 사람과 같이 타인에게 돈을 빌려주는 것을 영업으로 하는 사람이 아닌 사람이 돈을 빌려주고 받는 이자를 '비영업대금(非營業貸金) 이익'이라고 한다. 보통 일시적·우발적으로 돈을 빌려주고 그 대가로 이자를 받는 경우를 말하는데, 원칙적으로는 친구 간이나 동료 간에 개인적으로 돈을 빌려주고 받는 이자 또한 비영업대금 이익에 포함된다. 한편 대부업과 같이 계속적·반복적으로 타인에게 돈을 빌려주고 이자를 받는 것을 사업으로 영위하는 개인에게는 금융업을 영위하는 것으로 보아 후술할 사업소득으로 과세한다.

한편 금전 사용의 대가로 지급하는 이자이지만, 국가의 조세정책 목적상 이자소득으로 보지 않고 세금을 매기지 않는 비과세 이자소득이 있다. 이러한 비과세 이자소득에는 공익신탁[34]의 이익(소득세법 제12조)과 조세특례제한법[35]에서 규정하는 여러가지 종류의 것이 있다.

(2) 배당소득

현행 소득세법 제17조는 배당소득의 범위를 다음과 같이 규정하고 있다.

① 내국법인으로부터 받는 이익이나 잉여금의 배당 또는 분배금
② 법인으로 보는 단체로부터 받는 배당금 또는 분배금
③ 법인세법 제5조 제2항에 따라 내국법인으로 보는 신탁재산(이하 '법인과세 신탁재산'이라 한다)으로부터 받는 배당금 또는 분배금
④ 의제배당(擬制配當)
⑤ 법인세법에 따라 배당으로 처분된 금액[36]
⑥ 국내 또는 국외에서 받는 소정의 집합투자기구[37]로부터의 이익
⑦ 외국법인으로부터 받는 이익이나 잉여금의 배당 또는 분배금
⑧ 국제조세조정에 관한 법률 제17조에 따라 배당받은 것으로 간주된 금액
⑨ 제43조에 따른 공동사업에서 발생한 소득금액 중 같은 조 제1항에 따른 출자공동사업자의 손익분배비율에 해당하는 금액
⑩ 위 ①~⑧의 소득과 유사한 소득으로서 **수익분배의 성격이 있는 것**
⑪ 위 ①~⑩ 중 어느 하나에 해당하는 소득을 발생시키는 거래 또는 행위와 파생상품이 소정의 방식에 따라 결합된 경우 해당 파생상품의 거래 또는 행위로부터의 이익[38]

---

34) 공익신탁이란 공익사업을 목적으로 하는 신탁법에 따른 신탁으로서 법무부장관의 인가를 받은 신탁(공익신탁법 제2조 제2호)을 말하는데, 신탁에 관한 설명은 '상속세 및 증여세' 부분을 참조하도록 한다. 여기에서는 공익 목적의 신탁에 관련된 이자소득에는 소득세가 과세되지 않는다는 점만 기억하도록 하자.

35) 조세특례제한법은 법인세, 소득세, 부가가치세 등 세금의 감면 또는 중과(重課, 세금을 보다 무겁게 매기는 것) 같은 세금의 특례적 사항을 별도로 정한 법이다.

36) 법인세편을 참조바라고, 간략히 말하자면 법인세법에서 주주에 대한 배당으로 보는 지출을 말한다.

37) 집합투자기구란 2인 이상에게 투자권유를 하여 모은 금전 등을 투자자로부터 일상적인 운용지시를 받지 않으면서 재산적 가치가 있는 투자대상자산을 취득처분, 그 밖의 방법으로 운용하고 그 결과를 투자자에게 배분하여 귀속시키는 것을 말한다(임상엽 · 정정운, 『세법개론 Ⅱ』 (6판), 상경사, 2020., 305면). 우리가 알고 있는 펀드(fund)는 이러한 집합투자기구의 일종이고, 이 펀드로부터 받는 이익이 바로 배당소득의 범위에 포함된다.

배당소득 또한 이자소득과 마찬가지로 위 ⑩에서 앞서 규정에 따른 소득과 유사한 소득으로서 수익분배적 성격을 지닌 것을 배당소득으로 규정하고 있어서 '배당(配當)'의 의미를 짐작할 수 있게 하고 있다. 즉 이자가 금전 사용의 대가로 지불되는 것을 의미한다면, 배당은 어떠한 수익을 대상으로 그 수익을 받아가야 할 사람에게 배분하는 것을 의미한다고 할 수 있다. 위에서 열거하고 있는 사항들을 살펴보면 대부분 수익이나 이익을 분배받는 것을 배당소득으로 열거하고 있음을 알 수 있다. 이러한 배당소득의 대표적인 예로는 주식회사의 주주가 받는 배당금을 들 수 있다.

그런데 위의 배당소득의 종류 중 한 가지 짚고 넘어가야 할 것이 바로 ④의 '의제배당'이다. 이것은 실제 배당은 아니나, 배당과 같은 성격을 가지고 있다고 보아 배당으로 보겠다는 의미인데, 여기에서는 그 개략적인 개념만을 언급하도록 하겠다.

이해하기 편하게 주식회사를 예로 들면, 주식회사에는 주주와 채권자가 존재하고, 주주의 몫을 보통 '자본'이라고 하고, 채권자의 몫을 '부채'라고 한다. 그리고 회계적으로는 '자산=부채+자본'이라는 항등식이 성립한다. 달리 말하자면 주식회사에서 주주는 그 주식회사의 주식을 소유한 주인으로서 회사의 자본을 소유하고, 채권자는 그 주식회사에 돈을 빌려준 자로서 회사의 부채를 보유한다고 볼 수 있다. 이 '의제배당'이라는 것은 자본을 소유한 회사 주인인 주주가 자본 소유를 위해 지불한 돈을 초과하여 회사로부터 자신의 몫을 가져갈 때, 그 초과하는 부분을 회사가 주주에게 분배한 배당으로 보겠다[39]는 의미이다. 예를 들면 주식회사의 주주인 갑이 최초에 그 주식회사의 주주가 되기 위하여 지불한 돈이 1백만원인데, 어떠한 이유[40]로 인하여 갑이 주주인 회사로부터 총 5백만원을 수령하고 자신의 주식 또는 지분을 회사에 반납하고 그 주식 또는 지분이 세상에서 사라졌다고 가정하자. 이러한 거래로 주주 갑은 최초 자신이 지불한 1백만원에 더하여 4백만원의 이익을 얻었는데, 이 초과이익 4백만원을 바로 회사가 주주에게 분배한 이익이라고 보아 '의제배당'[41]으로 보겠다는 의미이다.

38) 배당소득에서의 파생상품의 의미 또한 이자소득에서와 마찬가지로 이 책의 범위를 넘는다고 판단되어 자세히 설명하지는 않는다. 관심 있는 독자는 전문서적을 참고하기 바란다.

39) 다른 표현으로는 '법인의 잉여금이 배당 이외의 다른 형태로 출자자에게 이전되는 것을 의미(이태로·한만수, 『조세법강의』(신정12판, 2016년), 박영사, 2016.3., 228면)'한다. 잉여금은 자본의 세부 구성항목 중 하나를 의미하는데, 회계적 지식을 필요로 하므로 자세한 설명은 생략한다. 그리고 여기에서의 의제배당은 회사의 주식 또는 지분을 사기 위해 지출한 금액을 초과한 금액을 의미한다.

40) 여기에서 예로 든 경우는 '감자(減資)'에 해당한다. 주식회사에는 주주가 회사에 넣은 투자금이 있는데, 그 투자금을 주주에게 돌려주는 것을 보통 '감자'라고 한다. 그리고 회사가 투자금을 돌려줄 때 반드시 투자한 원금만을 돌려주지는 않고 투자수익을 원금에 가산하여 돌려줄 때도 있는데, 이때 주주는 자신이 투자한 당초 투자금을 초과하여 분배받을 수 있고, 그 초과하여 분배받은 몫이 바로 의제배당의 한 종류가 된다.

한편 배당소득도 이자소득과 마찬가지로 비과세하는 것들이 있는데, 공익신탁[42]의 이익(소득세법 제12조)과 더불어, 이자소득과 마찬가지로 조세특례제한법에서도 비과세소득을 정하고 있다.

(3) 금융소득 종합과세

1) 금융소득 종합과세의 개괄

이자 및 배당소득을 금융소득(이하 '금융소득)이라고 하여 종합소득에 합산하여 세금을 매기는 방법이 있는데 이를 보통 '금융소득 종합과세'라고 한다. 이자 및 배당소득의 합계액이 2천만원을 초과하는 소득자에 대하여는 이 이자 및 배당소득과 함께 다른 종합소득(사업소득, 근로소득, 연금소득 및 기타소득)을 묶어서 하나의 종합소득으로 보아 과세하되, 다만 이자 및 배당소득 합계액이 2천만원 이하인 경우에는 원천징수[43]로 분리과세[44]하는 것으로 종결하는 방식이다.

기본적으로 금융소득이 2천만원 이하까지는 14% 세율을 적용하고, 2천만원 초과분에 대하여는 종합소득에 합산하여 기본적인 종합소득에 적용되는 세율(단계별 초과누진세율, 6~45%)을 적용하여 종합소득세액을 계산하는 구조이다. 따라서 만약 금융소득이 2천만원 이하이면 14%의 소득세율이 적용되도록 하기 위하여 원천징수로 분리과세되는 것으로 세금납부 의무가 종결되는 것이다. 이것을 그림으로 표현하면 다음과 같다.

41) 소득세법 제17조 제2항에서 의제배당의 종류를 열거하고 있는데, 주식소각이나 감자·법에서 정한 잉여금의 자본 전입·법인 해산·합병 및 분할 등 사유로 받은 몫이 당초 투자금 또는 지분을 사기 위해 든 금액보다 큰 경우 그 초과하는 부분을 의제배당으로 규정하고 있다.

42) 이자소득 부분에서 설명한 공익신탁과 같다.

43) 원천징수(tax withholding)는 납세의무자(소득자) 자신이 직접 과세관청에 세액을 납부하지 아니하고 납세의무자에게 소득금액 등을 지급하는 제3자가 소득금액 등을 지급할 때 그 납세의무자의 세액을 징수하여 과세관청에 납부하는 제도이다(김완석·정지선, 『소득세법론』(개정24판), 삼일인포마인, 2018.3., 799면). 예를 들어 은행 예금이자가 100만원이라면 은행에서는 소득세 원천징수세액으로 140,000(=100만원×14%)원과 14,000원(=100만원×0.14%)의 합계인 154,000원을 떼고 846,000원을 예금주에게 지급하는데, 이때 이 중 140,000원이 바로 소득세 원천징수세액이다(14,000원은 지방소득세로서 소득세 원천징수세액과 같이 징수한다). 이자 및 배당소득에는 보통 지급하는 소득액의 14%의 소득세 원천징수세율을 적용하는데, 다만 앞서 설명한 비영업대금 이익에 대하여는 25%의 세율을 적용한다.

44) 종합소득에 합산하여 과세하는 것이 아니라 원천징수 자체로 세금 납부 의무가 종결되는 것을 말한다.

▌그림 10-1 ▌금융소득 종합과세의 개념도[45)]

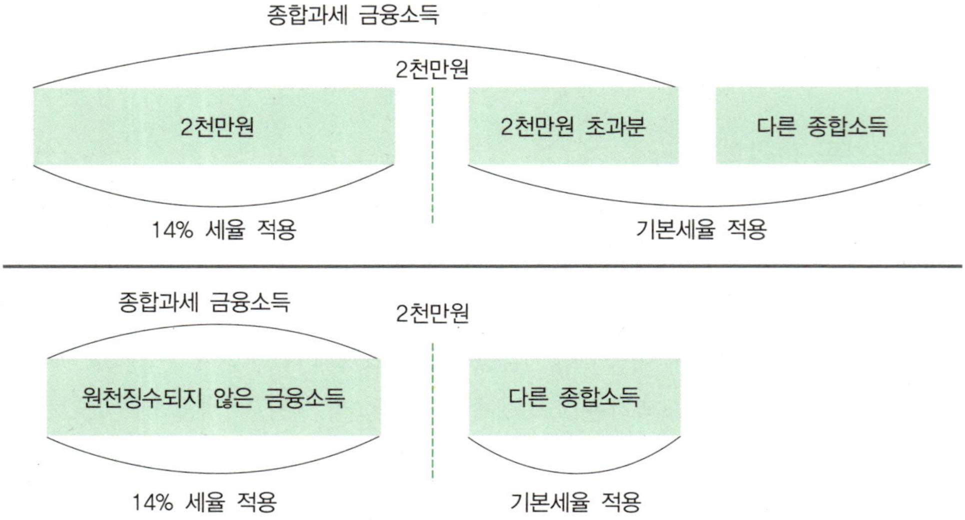

금융소득이 2천만원을 초과하여 종합과세되는 경우에 2천만원 이하의 금융소득 또한 종합과세 대상 금융소득이고, 다만 그 적용세율이 14%[46)]라는 점이다. 이는 2천만원 이하의 금융소득에서는 14%의 원천징수로 분리과세되어 소득세 납세 의무가 종결되는 경우의 세부담과 비교해보면 이해가 쉽다. 2천만원 이하 구간에서 세율을 같게 해주어야 금융소득 종합과세 대상자의 2천만원 초과 구간에서의 세부담이 급격히 증가하는 상황이 발생하지 않기 때문에 분리과세 대상자와의 형평성 차원에서 2천만원 이하 구간의 적용세율을 동일하게 해주는 것이다.[47)]

한편 금융소득 중 무조건 분리과세되는 이자 및 배당소득이 있는데, 이러한 무조건 분리과세되는 금융소득[48)]은 금융소득 종합과세의 대상이 아니다. 따라서 이러한 무조건 분리과세되는 금융소득이 있는 경우에는 그 금융소득을 빼고 금융소득 종합과세소득금액을 계산하여야 한다. 그리고 우리나라에서 원천징수되지 않은 금융소득이나 외

45) 임상엽 · 정정운, 『세법개론 Ⅱ』(26판), 상경사, 2020., 315면

46) 일반적인 경우 14% 세율을 적용하나, 이자소득의 비영업대금 이익에는 25% 세율을 적용한다. 이는 비영업대금 이익의 원천징수세율이 25%이기 때문이다.

47) 임상엽 · 정정운, 『세법개론 Ⅱ』(26판), 상경사, 2020., 315면. 즉 종합과세되는 금융소득 전액에 대해 기본세율(6~45%)을 적용하면 2천만원을 분기점으로 하여 세부담이 급격히 증가하는 '문턱효과(threshold effect)'가 발생하는 문제점이 있다고 한다.

48) 무조건 분리과세 금융소득에는 직장공제회 초과반환금, 실명이 확인되지 않는 이자 및 배당소득, 법원에 납부한 보증금 및 경락대금에서 발생하는 이자소득, 법인이 아닌 단체가 금융기관으로부터 받는 이자 및 배당소득, 조세특례제한법상 분리과세 이자 및 배당소득 등이 있다.

국에서 발생한 금융소득 등은 금융소득의 크기를 불문하고 무조건 종합과세한다. 이러한 이유는 우리나라에서 원천징수(즉 납부한 세금이 없다)가 이루어지지 않았으므로 이러한 소득을 종합과세하지 않으면 이 소득에 대한 소득세를 제대로 우리나라에서 매길 수 없기 때문이다.

2) 이중과세 조정 : 귀속법인세(Gross－up)의 가산 및 배당세액공제

배당소득의 경우 배당을 해주는 주체인 법인이 소득을 창출하면 이 소득에 대하여 법인세를 납부한 후 세후 순이익을 주주에게 배당하게 된다. 그리고 주주는 배당을 받을 때 배당소득으로 소득세를 다시 부담하게 된다. 즉, 배당소득은 법인이 창출한 소득에 대해서 법인이 법인세를, 주주가 소득세를 부담하게 되어 이중과세 문제가 발생한다.

만일 주주가 법인을 설립하고 사업을 운영하지 않고, 개인사업체로 직접 사업을 운영했다면 사업을 통해 창출한 소득에 대해서 사업소득에 대한 소득세만을 부담했을 것이다. 즉, 사업을 직접 운영하였을 경우와 법인을 설립한 후 법인을 통해 사업을 한 후 배당을 받았을 경우와 세부담이 다르게 된다.

이러한 배당소득의 이중과세 문제를 해결하기 위해 소득세법은 귀속법인세 가산 및 배당세액공제 제도를 두고 있다. 귀속법인세 가산 및 배당세액 공제를 해주는 이유는 거주자가 주주로 있는 법인으로부터 받는 배당소득 총수입금액은 이미 법인이 법인세를 납부한 후 세후 순이익에서 배당을 받는 것이므로, 이 효과를 없애주기 위한 것이다. 즉, 배당소득 총수입금액에 다시 법인세 납부에 해당되는 금액인 귀속법인세 해당금액을 더해서 계산한 배당소득 총수입금액을 합산한 소득세 과세표준과 산출세액을 계산하고, 해당 배당소득에 대한 법인세 부과액을 종합소득세 산출세액에서 공제해줌으로써 이중과세 효과를 제거하는 방식이다.

① **배당소득 총수입금액에 귀속법인세금액 가산** : 법인단계에서 세금을 부과하지 않고 이익이 주주에게 직접 배당되었을 금액을 도출하기 위해 배당소득 수입금액에 가산하는 법인단계의 과세금액인 귀속법인세금액(Gross－up 금액)을 배당소득 총수입금액에 가산하여 배당소득금액을 계산하여 종합소득에 합산한다.

② **종합소득세 산출세액에서 배당세액공제 차감** : 이렇게 산정된 종합소득세 과세표준에 세율을 곱하여 소득세를 부과하고, 해당 배당소득에 대한 법인세 부과액을 기납부세액으로 보아 종합소득세에서 공제(배당세액공제)한다.

당연히 이러한 귀속법인세 조정은 종합과세되고 종합소득 기본세율이 적용되는 배당소득에 대해서만 시행하는 것이다. 분리과세되거나 종합과세가 되더라도 원천징수세율인 14%의 세율이 적용되는 배당소득의 경우에는 이러한 이중과세 조정을 해줄 이유가 없다. 이것은 14% 세율로 분리과세되는 경우와의 형평을 맞추기 위함으로써, 만일 14% 세율 적용 배당소득에까지 이러한 귀속법인세 조정을 해준다면 금융소득 2천만원 이하 구간에서 분리과세될 경우에 비해 세부담이 상대적으로 적어지게 되기 때문이다.

귀속법인세(Gross-up) 제도는 배당소득이 종합과세됨에 따라 발생하는 이중과세 문제에 대한 해결방안으로 적용되는 것이다. 따라서 귀속법인세 조정대상 배당소득은 다음의 적용요건을 모두 충족시켜야 한다.

[요건 1] 내국법인으로부터 받은 배당일 것 : 우리나라의 법인세가 과세된 잉여금을 재원으로 하여야 하고, 외국법인과 같이 외국에서 과세된 잉여금이 재원인 배당까지 고려 대상이 될 수 없다.

[요건 2] 법인단계에서 법인세가 과세된 재원(잉여금)이 배당될 것 : 법인세가 과세되지 않는다면 이중과세 문제가 발생할 수 없다.

[요건 3] 종합과세되는 배당일 것 : 분리과세 대상자와의 형평성을 위함이다.

[사례 1] 갑 법인의 세전이익이 10,000원이고 법인세율이 20%이며, 이 법인은 신설 법인으로서 당기순이익이 과세표준이고, 당기순이익만을 배당할 수 있다고 가정하자. 갑 법인은 법인세로 2,000원을 납부할 것이고 당기순이익은 8,000원(=10,000원-2,000원)이다. 당기순이익의 50%인 4,000원을 갑 법인 주주인 개인 을에게 배당하였고, 을은 배당에 대하여 소득세율 30%가 적용되어 소득세로 1,200원(=4,000원×30%)을 납부하였다. 을은 갑 법인의 100% 주식을 소유하고 있다.

⇒

① 법인의 이익의 사내 유보액 : 4,000원[=8,000원(당기순이익)-4,000원(배당)]

② 개인 을의 세후 소득 : 4,000원(배당)-1,200원(=4,000원×30%(소득세율))=2,800원

③ ①+②=6,800원(갑 법인과 개인 을이 소유하는 부의 총합계이다)

[사례 2] [사례 1]에서 갑 법인이 아닌 개인 을이 직접 개인사업을 하여 세전이익 10,000원을 기록하였고 소득세율은 30%이다. 이 경우에는 개인 을은 세후이익으로 10,000×(1-30%)=7,000원을 기록할 것이다.

[사례 3] 모든 경우는 [사례 1]과 동일하되, 다만 개인 을의 배당소득에 대하여 이중과

세 조정을 해주는 차이가 있다. 즉 법인단계에서 과세된 법인세액을 개인 을이 배당을 받는 시점에 조정해서 이중과세 조정을 하기로 한다.

⇒

① 법인의 이익의 사내 유보액 : 4,000원[=8,000원(당기순이익) − 4,000원(배당)]

② 법인세율이 20%이고 세후 배당액이 4,000원이므로, 세전 배당액에 대한 법인세액은 4,000원÷(1−20%)×20%=1,000원이다.

③ 개인 을의 소득세액 : [4,000원(배당)+1,000원(이중과세 조정액)]×30%−1,000원 =500원

④ 개인 을의 세후 소득 : 4,000원(배당)−500원(=③)=3,500원

⑤ ①+④=7,500원(갑 법인과 개인 을이 소유하는 부의 총합계이다)

[사례 1]과 [사례 3]의 차이는 어디에서 기인한 것일까? [사례 1]은 법인세와 소득세가 모두 과세되고 이중과세 조정이 없기 때문에 가장 낮은 6,500원의 세후 부(富)를 기록하였다. [사례 3]는 [사례 1]과 달리 배당한 4,000원에 해당하는 법인세 1,000원을 가산한 후 세액에서 그 1,000원을 빼줌으로써 법인세와 소득세 이중과세를 조정하였다. 한편 [사례 2]는 법인을 통하지 않고 개인사업을 할 경우 소득세가 과세될 경우인데, [사례 2]와 [사례 3]의 세후 부의 차이가 500원(=7,500원−7,000원)이 발생한다. 이 500원의 차이로 인하여 [사례 2]가 [사례 3]보다 반드시 유리하다고 말할 수 있을까? 그렇지 않다. 이 차이는 배당으로 개인 을에게 유출되지 않은 이익(잉여금)인 4,000원 때문에 발생한 차이이다. 4,000원이 배당되지 않고 아직 법인 내부에 남아있기 때문에 배당으로 인한 소득세가 과세되지 않아서 그렇게 보일 따름이다. 만약 50%가 아니라 100%를 배당으로 개인 을에게 내보냈다면 [사례 2]와 [사례 3]의 부의 총합계는 모두 7,000원으로 동일할 것이다.

위 사례에서는 법인세율과 소득세율을 단순화하여 각각 20%와 30%의 단일세율이라고 가정하였다. 그러나 실제 법인세율은 구간별 초과누진세율로서 하나의 단일세율이 아니다. 소득세법의 귀속법인세(Gross−up) 금액은 이러한 구간별 초과누진세율을 반영한 실제 법인세율이 아니라, 법인세율 10%의 단일세율을 가정하여 산정한다.[49] 즉 귀속법인세 금액은 배당소득 총수입금액에 11%(=10%÷(1−10%))를 곱한 금액이다.

49) 과세표준 2억원 미만의 법인세율이 10%이다. 실제 법인세부담률을 적용하면 이중과세 조정이 보다 합리적일 수 있지만, 세율이 계속 변동하고 잉여금이 여러 연도에 걸쳐서 발생된 잉여금이 누적된 것이므로 실제 법인세부담률 산정이 실무적으로 매우 어렵다. 이에 실제 법인세부담률을 적용한 배당가산율을 적용하지 않고 일률적으로 일정한 가산율을 적용하도록 하였다고 한다(이철재 · 정우승 · 유은종, 『세법강의2』(32판), 세경사, 2020.5., 41면).

3) 금융소득 종합과세 산출세액의 계산

금융소득이 종합과세될 경우 금융소득과 다른 종합소득을 모두 합산한 종합소득과세표준에서 2천만원을 차감한 금액에 기본세율을 적용하고, 2천만원까지는 14%의 세율을 적용하는 방식으로 종합소득산출세액을 계산하되, ① 금융소득을 종합과세할 경우의 산출세액과, ② 금융소득을 분리과세할 경우의 산출세액을 비교하여 둘 중의 큰 금액을 산출세액으로 하고 있다. 즉, 금융소득이 2천만원을 초과할 경우 다음 두 금액 중 큰 금액을 산출세액으로 한다.

종합소득산출세액 = max[①, ②]

① (종합소득과세표준 − 2천만원) × 기본세율 + 2천만원 × 14%*

② (종합소득과세표준 − 금융소득) × 기본세율 + 금융소득 × 14%**

* 고배당기업 주식의 배당소득은 9%

** 고배당기업 주식의 배당소득은 9%, 비영업대금의 이익은 25%

이렇게 금융소득을 종합과세할 경우의 산출세액과 금융소득을 분리과세할 경우의 산출세액을 비교하여 둘 중의 큰 금액으로 종합소득산출세액으로 적용하는 이유는 2천만원 이하의 금융소득의 원천징수세율인 14%보다 종합소득 기본세율이 더 낮은 거주자가 있을 경우 금융소득을 종합과세하게 되면 분리과세할 때보다도 오히려 조세부담이 감소하기도 하기 때문이다.

예제

거주자 김성일 씨와 이영진 씨의 20×2년 종합소득 자료는 각각 다음과 같다.

소득의 종류	김성일 씨	이영일 씨
사업소득금액	₩100,000,000	₩100,000,000
이자소득금액	25,000,000	20,000,000

두 사람 모두 위 소득 외의 소득은 없으며 종합소득공제는 10,000,000원으로 같다고 가정한다. 현행 소득세법 규정에 따라 김성일 씨와 이영진 씨가 20×2년도 소득에 대하여 부담할 총세액을 계산하시오. 단, 종합소득세율표의 일부는 다음과 같다.

과세표준구간	세율	누진공제
8,800만원 초과 ~ 1억 5,000만원 이하	35%	1,490만원

|해설|

구분		김성일 씨	이영일 씨
종합과세	사업소득금액	₩100,000,000	₩100,000,000
	이자소득금액	25,000,000	–
	종합소득금액	125,000,000	100,000,000
	종합소득공제	10,000,000	10,000,000
	종합소득과세표준	115,000,000	90,000,000
	산출세액	21,150,000*	16,600,000**
분리과세		–	2,800,000***
총 부담세액		₩21,150,000	₩19,400,000

* 금융소득 종합과세시 산출세액=max(①, ②)=21,150,000원

① (115,000,000−25,000,000)×기본세율+25,000,000×14%=16,600,000+3,500,000=20,100,000원

② (115,000,000−20,000,000)×기본세율+20,000,000×14%=18,350,000+2,800,000=21,150,000원

** 90,000,000×35%−14,900,000=16,600,000원

*** 20,000,000×14%=2,800,000원

2. 사업소득

(1) 사업소득의 개념

'사업(事業)소득'이란 영리(營利)를 목적으로 자기의 계산과 책임하에 계속적·반복적으로 행하는 활동을 통하여 얻는 소득[50]이다. 어려운 표현으로 썼지만 풀어 설명하면 다음과 같다.

1) 개인이 영리(榮利)를 목적으로 행하는 활동에서 발생하는 소득

자신의 이익(보통 금전적 이익, 즉 돈을 벌기 위함일 것이다)을 위해서 수행하는 활동에서 발생하는 소득이다. 예를 들어 개인이 식당을 운영할 때 일반적으로는 그 개인의 이익을 위해, 즉 돈을 벌기 위해서 식당을 운영할 것이다. 만약 식당 운영의 목적이

50) 소득세법 제19조 제1항 제21호

명백하게 이익추구가 아니라 자선사업을 위한 것으로서 음식 제공에 대한 대가를 받지 않는다면 그것은 사업이 될 수 없다.

2) 자기의 계산과 책임하에 행하는 활동에서 발생하는 소득

사업을 수행하는 개인 자신이 그 수행하는 활동에 대한 위험(보통 손해를 보는 위험일 것이다)을 감내해야 하고, 사업의 결과에 대한 책임 또한 사업을 행하는 개인 자신이 부담한다. 독립성 요건이라고 하는데, 자기가 수행하는 사회적 활동의 내용과 모습을 본인이 스스로 결정하고 그와 같은 활동의 성과를 본인이 누림과 아울러 그 위험부담도 스스로 진다는 의미[51]이다. 개인 본인이 돈을 벌 목적으로 식당을 창업하여 운영하면 손해를 보든 이익을 보든 그 결과는 본인이 책임져야 함은 당연하다. 그리고 그 창업자 개인은 식당 운영에 관한 사항을 본인이 스스로 결정할 것이다. 그런데 개인 본인이 아닌 다른 사람의 계산과 책임하에 그 식당이 운영된다면 이는 사업이 아니다. 만약 식당 운영의 결과가 개인 본인이 아니라 다른 사람에게 귀속된다면(즉 식당 운영의 결과로 나타난 손해나 이익이 본인이 아니라 다른 사람에게 주어진다면), 당연히 그 개인 본인은 사업을 행하는 것이 아니다. 식당 종업원(근로소득)과 식당 주인(사업소득)을 생각해보면 이 의미를 알 수 있을 것이다.

3) 계속적 · 반복적 수행 활동에서 발생하는 소득

일시적 또는 1회성으로 행하는 활동에 사업성이 있다고 보아야 할까? 개인이 사업 목적으로 식당을 운영할 때 식당 운영자인 개인이 한 번만 식당을 운영하고 그만둘까? 일반적으로는 그렇지 않고 계속 식당을 운영하여 돈을 벌고자 할 것이다. 이처럼 사업소득은 반복적으로 꾸준히 지속되는 특징이 있다. 다만 1회만의 행위라고 할지라도 반복의 의도를 가지고 있다면 계속성과 반복성 요건을 만족하는 것으로 보아야 한다.[52]

앞서 소득이 사업소득으로 분류될 요건을 소득의 영리성 여부와 소득 발생이 자기의 계산과 책임하의 활동에서 발생하였는지 여부, 그리고 계속적 · 반복적 수행 활동에서 소득이 발생하였는지 여부로 판단한다고 하였다. 이러한 사업소득으로 판단하는 기준이 현실세계에서 어떻게 적용되는지 다음의 사례들을 한번 살펴보도록 하자.

---

51) 김완석 · 정지선, 『소득세법론』(개정24판), 삼일인포마인, 2018.3., 204면
52) 김완석 · 정지선, 『소득세법론』(개정24판), 삼일인포마인, 2018.3., 204면

[사례 1] 연구용역 제공을 사업활동으로 본 사례

OO대학교 외래교수로 5년간 총 8곳에 연구용역을 제공하고 받은 대가를 계속적 · 반복적 사업활동의 일환으로 보고 사업소득으로 본 사례임. 납세자는 발주처 요구와 책임연구원의 지휘하에 용역이 수행되었으므로 납세자 자신의 계산과 책임하에 이루어지지 않은 점과 토목공학 박사로서 전문적 지식을 제공함으로써 수익 목적의 사업활동이 아니라고 하였으나 조세심판원에서 기각된 사례임(조심2020인2842, 2021.3.11).

[사례 2] 근로소득자와 사업소득자의 병행

회사와 '사업가형 근로자 위촉계약'을 체결하고 사업본부장으로 취임 후 고액 대출모집 활동, 대출모집인과 팀장 리쿠르팅, 세미나와 광고 영업지원 등의 업무를 독자적으로 수행하였다고 인정받은 납세자가 월 300만원의 고정급을 수령하되, 매출실적 중 일정 비율의 인센티브 내지 성공수수료 형태로 수령하는 금액 중 위 월 300만원의 고정급을 차감하여 수령하는 계약을 맺음. 행정법원은 이 인센티브 또는 성공수수료를 불확실한 실적조건에 따른 것으로 대표이사직 또는 본부장직 근로제공 자체에 대한 대상적 성격의 대가인 임금으로 보지 않은 사례임(서울행정법원 2020.3.26., 선고 2019구합58155).

[사례 3] 특허권 대여 대가를 사업소득으로 본 사례

납세자가 탈모방지 및 탈모조성물을 함유한 샴푸특허권을 취득하여 어느 법인에 대여하고 2005~2007년 중 지급받은 특허권 사용료를 사업소득으로 본 사례임. 이 사례에서는 특허권 대여 대가를 매출액의 7% 또는 10%로 계산하여 3년 이상 계속적 · 반복적으로 지급받은 점을 들어 기타소득이 아닌 사업소득으로 과세한 사례임(조심2009중2545, 2010.10.6).

[사례 4] 특허권 1개 양도시 기타소득으로 본 사례

질의자가 특허청에 등록한 1개 특허권을 어느 법인에 대여하고 매년 특허권 대여료를 수취하고 그 대여료를 사업소득으로 신고하였음. 그런데 이 질의자가 위의 특허권 1개를 대여 법인에 양도하고 양도대가를 5년 이내 분할 수취할 계획일 때 이 양도대금의 소득구분을 과세당국에 질의하였는데, 과세당국은 이를 사업소득이 아닌 기타소득으로 답변한 사례임(소득세과-357, 2020.3.22).

[사례 5] 광고모델 전속계약금

1년에 수차례 광고모델 전속계약을 하고 계약금을 받는 경우, 사업소득으로 본 사례임. 이 당시 소득세법 시행령은 전속계약금을 기타소득으로 분류하는 규정을 두고 있었고 납세자는 이를 근거로 기타소득으로 보고자 하였음. 그러나 감사원은 전속계약금의 성격이 계속적 · 반복적으로 지급받고 있고 사실상의 출연료도 포함되어 있어 명칭만 전속계약금이지 그 실질이 사업소득에 해당한다고 본 사례임(심사종소98-0474, 1998.10.9).

(2) 사업소득의 종류

소득세법 제19조는 다음과 같이 사업소득의 종류를 열거하고 있다.

① 농업(작물재배업 중 곡물 및 기타 식량작물 재배업은 제외한다. 이하 같다) · 임업 및 어업에서 발생하는 소득
② 광업에서 발생하는 소득
③ 제조업에서 발생하는 소득
④ 전기, 가스, 증기 및 공기조절공급업에서 발생하는 소득
⑤ 수도, 하수 및 폐기물 처리, 원료 재생업에서 발생하는 소득
⑥ 건설업에서 발생하는 소득
⑦ 도매 및 소매업에서 발생하는 소득
⑧ 운수 및 창고업에서 발생하는 소득
⑨ 숙박 및 음식점업에서 발생하는 소득
⑩ 정보통신업에서 발생하는 소득
⑪ 금융 및 보험업에서 발생하는 소득
⑫ 부동산업에서 발생하는 소득. 다만, 공익사업을 위한 토지 등의 취득 및 보상에 관한 법률 제4조에 따른 공익사업과 관련하여 지역권 · 지상권(지하 또는 공중에 설정된 권리를 포함한다)을 설정하거나 대여함으로써 발생하는 소득은 제외한다.
⑬ 전문, 과학 및 기술서비스업(소정의 연구개발업은 제외한다)에서 발생하는 소득
⑭ 사업시설관리, 사업 지원 및 임대 서비스업에서 발생하는 소득
⑮ 교육서비스업(소정의 교육기관은 제외한다)에서 발생하는 소득
⑯ 보건업 및 사회복지서비스업(소정의 사회복지사업은 제외한다)에서 발생하는 소득
⑰ 예술, 스포츠 및 여가 관련 서비스업에서 발생하는 소득
⑱ 협회 및 단체(소정의 협회 및 단체는 제외한다), 수리 및 기타 개인서비스업에서 발생하는 소득
⑲ 가구내 고용활동에서 발생하는 소득
⑳ 제160조 제3항에 따른 복식부기의무자[53]가 차량 및 운반구 등 소정의 사업용 유형자산을 양도함으로써 발생하는 소득. 다만 제94조 제1항 제1호에 따른 양도소득에 해당하는 경우는 제외한다.[54]
㉑ ①~⑳의 소득과 유사한 소득으로서 영리를 목적으로 자기의 계산과 책임하에 계속적 · 반복적으로 행하는 활동을 통하여 얻는 소득

53) 복식부기의무자란 과세연도의 수입금액이 업종별로 정해진 일정 규모 이상이 되는 사업자에게 법인처럼 복식부기 회계장부를 갖추고 작성할 의무를 부과하는 대상이 되는 사업자를 말한다(소득세법 제160

우리나라의 소득세법이 기본적으로 소득원천설에 따르고 있으므로 열거한 소득만을 사업소득으로 보기는 하지간, 앞서 설명하였듯이 ㉑과 같은 사업소득을 포괄적으로 정의하였기 때문에 사업으로 볼 수 있는 것에서 발생한 소득이면 사업소득으로 보아야 한다(유형별 포괄주의).

(3) 사업소득의 계산

1) 사업소득 계산구조

이자소득과 배당소득과 달리, 사업소득은 사업에서 발생한 수익 전체에 세금을 매기는 것이 아니고 사업활동을 위해 지출하는 비용을 수익에서 빼고 사업소득을 계산한다. 음식점을 운영하는 개인을 생각하면, 음식판매를 위하여 음식 재료들을 사와야 하고, 음식점 영업을 위해 종업원도 고용해야 한다. 이때 발생하는 비용들, 재료비와 종업원 급여 등 사업을 위해 지출되는 비용을 음식점에서 음식을 판매하여 버는 전체 수익에서 빼준 금액(즉 수익－비용)을 사업소득으로 보고 있다.

그렇다면 도대체 무엇을 수익으로 보고 무엇을 비용으로 보아야 하는가? 직관적으로 생각하면 사업을 통하여 얻는 수익(즉 판매나 서비스 제공 등을 통해 벌어들이는 수입)에서 사업에 필요한 비용(즉 사업을 위해 지출되는 종업원 급여, 재료비, 임대료, 수수료 등)을 차감하여 사업소득을 계산하면 될 듯하다. 이러한 구조는 법인세에서 각 사업연도소득금액을 계산하는 구조와도 비슷하다.

조 제3항).

54) 이러한 사업용 유형자산 처분에 따른 소득은 자본이득(capital gain)에 해당할 가능성이 높고, 소득원천설 입장에서는 계속적·반복적으로 발생하는 사업소득으로 분류될 수 없을 가능성 또한 높다. 2018년 전에는 이러한 유형자산 처분에 따른 소득을 소득원천설 입장을 반영하여 사업소득으로 과세하지 않았으나(업무용승용차 처분손익은 소득세를 과세하고 있었음), 2018년부터는 사업소득 범위를 조정하여 모든 사업용 유형자산 처분손익에 대하여 과세하고 있다. 단 양도소득으로 과세되고 있는 부동산은 제외하도록 하고 있다.

❚ 그림 10-2 ❚ 사업소득의 계산구조[55]

결산서	세무조정	소득세법
수익	(+)총수입금액산입 (−)총수입금액불산입	총수입금액
(−)		(−)
비용	(+)필요경비산입 (−)필요경비불산입	필요경비
(=)		(=)
당기순이익(손실)	(+)총수입금액산입・필요경비불산입 (−)총수입금액불산입・필요경비산입	사업소득

법인세 과세표준 계산시 각사업연도소득금액을 산정함에 있어서 결산서상 당기순손익에서 출발하여 (+)익금산입・손금불산입/(−)손금산입・익금불산입 과정을 거치는 것과 유사하게 사업소득 계산에 있어서도 (+)총수입금액산입・필요경비불산입/(−)총수입금액불산입・필요경비산입이라는 유사한 과정을 거치게 된다.

2) 총수입금액의 계산

사업소득 계산시 총수입금액에 산입하는 항목(총수입금액 산입)과 산입하지 않는 항목(총수입금액 불산입)을 보면 법인세의 각 사업연도소득금액 계산에서와 매우 유사하다. 총수입금액은 일반적으로 대부분 개인사업자가 영위하는 사업에서 발생하는 수입금액이 될 것이고, 회계적으로는 대부분 매출액이 될 것이다. 결국 사업과 관련있는 수익이 발생하면 이것이 사업소득의 총수입금액을 구성한다. 다만 우리나라 소득세법은 총수입금액 계산과 관련하여 여러 가지 사항을 규정하고 있는데, 그 중 몇 가지만 살펴보면 다음과 같다.

55) 임상엽・정정운, 『세법개론 Ⅱ』(26판), 상경사, 2020., 351면

A. 총수입금액 산입[56)]

총수입금액 산입 항목	내용
사업에서 발생한 수입금액	• 소득세법 제19조에서 열거하고 있는 사업에서 발생한 수입금액 • 법인세법에서와 마찬가지로 매출에누리와 매출환입, 매출할인은 수입금액에서 제외
지급하는 판매장려금과 대손금[57)]	• 거래수량과 금액에 따라 지급하는 장려금과 대손금은 총수입금액에서 빼지 않음 • 단 총수입금액에서 차감하지 않는 대신 필요경비에 가산함
거래상대방으로부터 받는 장려금 및 이와 유사한 성질의 금액	• 상대방으로부터 받은 장려금은 총수입금액에 포함
관세환급금 등 필요경비로 지출된 세액의 환입액	• 이미 지출되어 필요경비로 인정되어 사업소득 계산에서 차감된 것을 돌려받을 경우에는 총수입금액에 산입함
사업과 관련하여 무상으로 받은 자산가액 및 채무면제·소멸로 인한 부채 감소액	• 사업과 관련하여 자산을 무상으로 받은 자산수증이익 및 채무면제이익은 총수입금액에 산입함
사업과 관련된 수입금액으로서 사업자에게 귀속되었거나 귀속될 금액	• 열거한 항목 이외에도 사업과 관련된 수입금액으로서 사업자가 받았거나 받을 금액은 총수입금액에 포함함

사업소득을 구성하는 총수입금액에 포함하는 항목들을 살펴보면 사업자의 사업과 관련된 수입금액이면 총수입금액에 포함하도록 하고 있음을 알 수 있다.

56) 소득세법 시행령 제51조 규정 중 발췌

57) 대손금(貸損金)을 쉽게 말하자면 외상으로 판매하거나 서비스를 제공하고 차후에 그 대가를 받기로 하였으나, 그 대가를 회수하지 못한 금액을 말한다. 매출이나 수익은 판매할 때 또는 서비스를 제공할 때 발생(발생주의)하여 이에 대한 세금은 이미 냈으나, 외상대금을 받지 못한다면 대금은 회수하지 못한 채 세금만 내게 된다. 이러한 불합리한 점을 조정하기 위하여 소득세법은 판매대금 또는 서비스 대가를 받지 못할 경우에는 이미 낸 세금을 돌려주기 위하여 받지 못할 것이 확정되었을 때 필요경비에 그 못 받은 금액을 가산하여 준다. 따라서 필요경비에 가산하기 때문에 총수입금액에서 빼지 않는 것이다.

B. 총수입금액 불산입[58)]

총수입금액 불산입 항목	내용
환급받은 소득세 또는 개인지방소득세 중 다른 세액에 충당한 금액	• 법인세 계산시 법인세 및 법인지방소득세는 손금이 아니듯이 소득세 및 개인지방소득세는 필요경비 지출액이 아님 • 반대로 소득세 및 개인지방소득세 환급액은 총수입금액에서 제외되고, 다른 세액에 충당되었더라도 소득세 또는 개인지방소득세를 환급받은 것이므로 총수입금액에서 제외함
이전 과세기간으로부터 이월된 소득금액	• 이전 과세기간에 수입금액에 산입되어 소득세가 매겨진 소득이 다음 과세기간에 다시 수입금액에 포함된 경우를 말함[59)]
자기가 생산한 제품 등을 자기가 생산한 다른 제품의 원재료 또는 제조용 연료 등으로 사용한 경우	• 자신이 생산한 물품 등을 판매하는 것이 아니라 다른 물품 등의 생산을 위해 사용된다면 이것은 판매를 통한 수익획득이 아니라 원재료 성격이므로 총수입금액에서 제외함
부가가치세 매출세액	• 부가가치세 매출세액은 소비자가 부담하고 거주자인 사업자는 부가가치세 매출세액을 걷어서 납부할 뿐이므로 총수입금액에 포함하지 않음
국세환급가산금, 지방세환급가산금, 그 밖의 과오납금 환급금 이자	• 법인세와 마찬가지로 국세 및 지방세환급가산금과 과오납금 환급금 이자는 총수입금액에서 제외함

3) 필요경비의 계산

총수입금액에 포함되는 사업에서 발생한 수익을 창출하기 위하여 지출된 비용은 그 수익에서 차감하여야 합리적이다. 사업소득금액을 계산할 때 필요경비에 산입할 금액은 해당 과세기간의 총수입금액에 대응하는 비용으로서 일반적으로 용인되는 통상적인 것의 합계액으로 한다(소득세법 제27조 제1항). 법인세와 마찬가지로 소득세 또한 수

58) 소득세법 제26조에서 몇 가지 발췌

59) 예를 들어 20×0년에 외상대금을 받지 못하여 개인사업자 갑의 장부에 기재되어 있지 않은 매출 100원이 있고 이 매출에 대한 대금은 20×1년에 받았다고 가정하자. 이 경우 외상대금의 회수 여부는 20×0년의 수입금액에 포함되는지 여부와 무관하다(발생주의). 장부에 기재되어 있지 않은 매출 100원은 20×0년의 총수입금액에 포함하여 소득세를 계산하여야 하는데, 문제는 20×1년에 개인사업자 갑이 장부에 외상대금 회수 시점인 20×1년의 매출로 이 100원을 인식할 것이기 때문에 조정을 하지 않는다면 20×1년 총수입금액에 20×0년 매출 100원이 다시 포함되게 되므로 매출 100원에 대한 소득세를 20×0년과 20×1년에 걸쳐 2번 내게 되는 결과가 초래된다. 이전 과세기간으로부터 이월된 소득금액이란 이러한 매출 100원을 의미하고, 따라서 이 매출 100원을 20×1년의 총수입금액에서 빼주어야 한다. 물론 이러한 과정은 소득세 세무조정을 통하여 조정될 것이다.

익창출 목적으로 지출하였거나 지출할 비용을 필요경비로 집계하여 총수입금액에서 제외해준다.

A. 필요경비 산입[60)]

필요경비 산입 항목	내용
판매한 상품·제품에 대한 원료 매입액과 그 부대비용	• 법인세와 마찬가지로 판매한 상품과 제품에 대응하는 원재료 매입액과 그 매입 부대비용을 필요경비에 산입함
판매한 상품·제품의 판매와 관련한 부대비용	• 판매를 위해 지출한 보관료, 포장비, 운반비, 판매장려금 및 판매수당 등 판매와 관련한 부대비용은 필요경비에 산입함 • 지급하는 판매장려금이나 판매수당의 경우 총수입금액에서 차감하지 않고 필요경비에 산입함
종업원의 급여	• 사업을 위해 지출한 종업원 급여는 필요경비에 산입함
사업용 자산에 대한 비용	• 사업용 자산에 지출한 수선비, 관리비와 유지비, 임차료, 손해보험료 등은 필요경비에 산입함
복식부기의무자가 사업용 유형자산의 양도가액을 총수입금액에 산입한 경우 해당 사업용 유형자산의 양도 당시 장부가액	• 총수입금액에 사업용 유형자산 처분으로 인한 소득을 총수입금액에 포함하므로, 이에 대응하는 그 처분 유형자산의 양도 당시 장부가액을 필요경비에 산입함
그 밖의 필요경비	• 사업과 관련있는 제세공과금 • 근로자퇴직급여보장법에 따라 사용자가 부담하는 부담금 • 총수입금액을 얻기 위해 직접 사용된 부채에 대한 지급이자 • 사업용 유형자산과 무형자산의 감가상각비 • 대손금 • 거래수량 또는 거래금액에 따라 지급하는 장려금과 이와 유사한 지출 • 종업원을 위한 직장체육비·직장문화비·가족계획사업지원비·직원회식비 등 복리후생적 지출 • 광고선전비 등

60) 소득세법 시행령 제55조 제1항에서 몇 가지 발췌

B. 필요경비 불산입[61)]

필요경비 불산입 항목	내용
소득세와 개인지방소득세	• 법인세와 마찬가지로 소득세와 개인지방소득세는 필요경비에서 제외함
벌금과 과태료	• 의무불이행에 따른 징벌적 성격의 지출이므로 필요경비로 인정하지 않음
가사(家事) 관련 경비	• 사업이 아닌 개인적 목적을 위해 지출한 경비는 사업을 위해 지출하지 않았으므로 필요경비에서 제외함
부가가치세 매입세액	• 부가가치세 매입세액은 부가가치세 신고시 부가가치세 매출세액에서 공제하므로 필요경비로 인정하지 않음
업무와 관련성이 없는 지출	• 사업을 위해 지출한 것이 아닌 지출들은 사업의 필요경비에서 제외함이 타당함 • 사업과 관련이 없다고 인정되는 지출은 그 명목과 관계없이 필요경비로 불인정함

(3) 법인사업자와 개인사업자

법인사업자에게 적용되는 법인세법이 규정하는 각 사업연도소득 계산과 개인사업자에게 적용되는 소득세법에서 규정하는 사업소득 계산에 관한 부분은 상당 부분 유사하다. 그러나 법인세법이 순자산증가설에 따라서 법인의 순자산을 증가시키는 소득을 모두 과세대상 소득에 포함시키는 반면, 소득세법의 사업소득은 소득원천설에 따라 사업과 관련이 있는 계속적·반복적으로 발생하는 소득을 사업소득 과세대상 소득에 포함하는 차이가 있다. 이러한 차이로 인하여 유가증권 처분손익이나 이자·배당의 과세소득 포함 여부[62)] 등 몇 가지 차이가 발생한다.

한편 법인과 개인은 법적인 실체가 다르고 성격 또한 다르므로 그 근본적인 차이 때문에 몇 가지 차이가 발생한다. 그 차이점 중 몇 가지를 살펴보면 다음과 같다.

61) 소득세법 제33조 제1항에서 몇 가지 발췌

62) 순자산을 증가시키거나 감소시키는 모든 거래가 원칙적으로 법인의 소득을 구성하므로 유가증권 처분에 따른 손익이나 이자 및 배당 등 법인의 순자산을 변동시키는 것들이 법인의 각 사업연도소득에 포함된다. 그러나 개인사업자의 경우에는 소득원천설을 기초로 과세소득을 계산하기 때문에, 유가증권 처분손익이 사업소득을 구성하지 않고 별도의 양도소득으로 과세되거나 과세되지 않을 수 있고, 이자나 배당의 경우에는 별도의 이자소득과 배당소득에 각각 포함되므로 사업소득을 구성하지 않는다.

▌표 10-3 ▌법인과 개인의 차이[63]

구분	법인(법인세법)	개인(소득세법)
실체의 차이	법인이 출자자 또는 주주와 독립된 별개의 실체임	사업주 개인이 개인기업의 실체를 구성함
실체로부터 이익의 분배	법인 외부로 이익을 분배(배당)하는 법정 절차가 필요	이익분배 절차가 불필요. 사업주 개인이 직접 사업소득의 귀속 주체가 됨
대표자・사업주의 급여	대표자의 급여는 손금(비용)으로 인정	사업주의 급여는 사업 관련 필요경비(비용)가 아님
세무조정금액의 사외유출의 경우	사외유출된 소득의 귀속자를 밝혀 그 귀속자의 소득으로 처분함. 따라서 그 귀속자의 소득세 납세의무가 발생함	개인기업 밖으로 사외유출된 경우에도 그 귀속자의 소득으로 보지 않고 사업주가 인출하여 증여한 것으로 봄

한편 법인을 설립하여 사업을 영위하는 것과 개인사업자로서 사업을 영위하여 사업소득에 대한 소득세를 납부하는 것은 어떠한 장・단점이 있을까? 법인을 설립하여 사업을 영위할 경우 법인의 형태에 따라 다르지만, 일반적으로 사업자는 사업에 의해 발생하는 책임을 출자금 범위로 한정할 수 있으며(유한책임), 법인의 지분을 매각하는 형태로 자금을 조달하므로 사업상 필요한 외부자금을 조달하기에 용이하고, 법인세의 경우 일반적으로 소득세보다 세율이 낮은 장점이 있다. 그러나 법인에서 창출된 사업이익을 출자자가 회수하기 위해 법인세와 배당소득세를 납부해야 하므로 이중과세의 문제가 있고 배당세액공제[64]로 일부 이 문제를 해결하고 있지만 완전히 이중과세 문제가 해결되지 않는다. 또한, 법인을 설립하고 운영하기 위한 여러 가지 상법 등 법률적인 의무를 이행하여야 하는 단점도 존재한다. 일반적으로는 사업규모가 작은 경우 개인사업자 형태로 사업을 운영하다가 사업규모가 커져, 사업위험부담을 유한책임으로 한정하거나 사업자금을 조달하기 위해 법인으로 전환하는 경우가 많다.

63) 임상엽・정정운, 『세법개론 II』(26판), 상경사, 2020., 386~387면에서 발췌
64) 후술할 금융소득종합과세 및 배당세액공제를 참조바람.

예제

의류도매업을 영위하는 거주자 김정남 씨의 2021년의 손익계산서와 관련자료이다. 김정남 씨의 사업소득금액을 계산하시오.

1. 손익계산서

Ⅰ. 매출액	₩300,000,000
Ⅱ. 매출원가	200,000,000
Ⅲ. 매출총이익	₩100,000,000
Ⅳ. 판매비와 관리비	50,000,000
Ⅴ. 영업외수익	
1. 이자수익	10,000,000
2. 창고건물 처분이익	5,000,000
Ⅵ. 영업외비용	
1. 유가증권처분손실	30,000,000
Ⅶ. 당기순이익	₩35,000,000

단, 판매관리비에는 김정남 씨의 급여 30,000,000원이 포함되어 있음.

|해설|

결산서상 당기순이익	35,000,000원	
(가산) 총수입금액 산입 또는 필요경비 불산입항목		
유가증권 처분손실	30,000,000	(유가증권 처분손실은 양도소득에서 조정함)
판매관리비(대표자급여)	30,000,000	(대표자 급여는 사업소득의 필요경비가 아님)
(차감) 총수입금액 불산입 또는 필요경비 산입항목		
이자수익	10,000,000	(이자수익은 이자소득으로 분류함)
창고건물 처분이익	5,000,000	(건물처분이익은 양도소득으로 분류함)
사업소득금액	80,000,000	

3. 근로소득

(1) 근로소득의 개념

근로소득은 근로자 등이 비독립적 지위에서 근로를 제공하고 받는 대가를 말한다.[65]

65) 김완석 · 정지선, 『소득세법론』(개정24판), 삼일인포마인, 2018.3., 208면

'비독립적'이라는 말은 사업소득의 '독립성'과 대비되는 말인데, 이 말의 의미는 근로자는 자기의 계산과 위험 아래에서 활동을 하지 않으므로, 그 활동의 성과와 실패에 따른 위험부담을 지지 않는다는 의미이고, 수행하는 활동의 내용과 모습을 자신이 스스로 결정하지 않는다는 의미[66]이다. 식당을 운영하는 사업주(사업소득)와 식당의 종업원(근로소득)의 모습을 대비해본다면 이해되리라 생각된다.

(2) 근로소득의 범위

소득세법 제20호 제1항은 근로소득의 범위를 다음과 같이 하고 있다.

> **제20조(근로소득)** ① 근로소득은 해당 과세기간에 발생한 다음 각 호의 소득으로 한다.
> 1. 근로를 제공함으로써 받는 봉급·급료·보수·세비·임금·상여·수당과 이와 유사한 성질의 급여
> 2. 법인의 주주총회·사원총회 또는 이에 준하는 의결기관의 결의에 따라 상여로 받는 소득
> 3. 법인세법에 따라 상여로 처분된 금액[67]
> 4. 퇴직함으로써 받는 소득으로서 퇴직소득에 속하지 아니하는 소득[68]
> 5. 종업원 등 또는 대학의 교직원이 지급받는 직무발명보상금(소정의 직무발명보상금은 제외한다)

근로소득은 원칙적으로 근로를 제공하고 받는 모든 소득을 의미한다.

(3) 근로소득의 계산

근로소득의 계산은 어떻게 할까? 사업소득과 마찬가지로 총수입금액에서 필요경비를 빼주어서 계산하면 합리적일 것이지만, 문제는 근로소득의 필요경비를 일일이 찾기가 어려울 것이라는 점이다. 이에 필요경비에 해당하는 금액을 규정으로 정해놓고 이 금액을 총수입금액에서 빼주는 방식을 채택하고 있다. 그리고 근로소득의 총수입금액은 보통 '총급여액'이라는 용어를 사용한다.[69] 총급여액은 보통 근로자가 근로제공의

66) 김완석·정지선, 『소득세법론』(개정24판), 삼일인포마인, 2018.3., 209면
67) 법인세편을 참조하도록 한다.
68) 퇴직하고 받는 퇴직금 중 퇴직소득으로 보지 않고 근로소득으로 보는 소득이 있다. 대표적으로 임원의 퇴직금 한도를 초과하여 받는 퇴직금 등이 있다.

대가로 받는 연간 급여 및 보수 총액을 의미하는데, 비과세 근로소득[70]은 제외한다. 그리고 필요경비에 해당하는 근로소득공제는 총급여액에 따라 공제율과 공제금액을 달리 정하고 있다.

표 10-4 | 근로소득공제

총급여액	공제액
500만원 이하	총급여액×70%
500만원 초과 ~ 1,500만원 이하	350만원+(총급여액−500만원)×40%
1,500만원 초과 ~ 4,500만원 이하	750만원+(총급여액−1,500만원)×15%
4,500만원 초과 ~ 1억원 이하	1,200만원+(총급여액−4,500만원)×5%
1억원 초과	1,475만원+(총급여액−1억원)×2%

이 근로소득공제액은 연간 2천만원을 한도로 한다.

(4) 원천징수와 연말정산[71]

근로자의 근로소득에 세금을 매기고 징수하는 과정은 보통 원천징수[72]와 연말정산의 과정을 거치게 된다. 물론 사업소득이나 다른 소득이 있다면 모든 과세소득을 합하여 소득세액을 계산하는 종합소득세 계산과정을 거치게 되겠지만, 보통의 급여생활자들은 급여 하나만이 종합소득세 계산 대상이 되는 것이 일반적이므로 연말정산에서 끝나는 경우가 많을 것이다.

이러한 과정을 개인사업주 A가 급여를 지급하는 종업원 B의 입장에서 1년간의 소득을 지급받고 정산하는 과정을 통하여 알아보도록 하자.

---

69) 소득세법 제20조 제2항에서는 근로소득 계산방식을 '총급여액−근로소득공제'로 규정하고 있다. 이 총급여액은 '(2) 근로소득의 범위'에서 열거한 수입금액을 의미한다.

70) 소득세법 제12조 제3항에서 비과세소득을 열거하고 있는데, 복무 중인 병(兵)의 급여, 유족급여 등 각종 법률에 따라 받는 급여, 실비변상적 성질의 급여 등 여러 종류가 있다.

71) 일용근로소득자 등을 제외한 일반적인 국내 근로소득자를 가정하였다.

72) 원천징수(tax withholding)는 납세의무자(소득자) 자신이 직접 과세관청에 세액을 납부하지 아니하고 납세의무자에게 소득금액 등을 지급하는 제3자가 소득금액 등을 지급할 때 그 납세의무자의 세액을 징수하여 과세관청에 납부하는 제도이다(김완석 · 정지선, 『소득세법론』(개정24판), 삼일인포마인, 2018.3., 799면). 예를 들어 회사가 종업원에게 월급여 2백만원 지급할 때 정해진 세액 2만원(가상의 수치임)을 떼고 종업원에게 지급하는데, 이때 정해진 세액 2만원을 떼는 것이 바로 원천징수이고, 그 정해진 세액 2만원이 원천징수세액이다.

예제

① 개인사업주 A는 종업원 B에게 매달 25일에 그 달의 급여 3백만원을 지급한다. 1월부터 12월까지 연간 총급여액은 36,000,000이다.

② 개인사업주 A는 종업원 B의 매달 급여 3백만원 지급시 원천징수세액 8만 5천원을 뺀 금액인 2,915,000원을 지급한다. 그리고 원천징수세액 8만 5천원은 급여를 지급한 날이 속한 달의 다음달 10일까지 세무서에 납부한다. 1년간 총 원천징수세액은 1,020,000원(=8만 5천원×12개월)이고, 원천징수세액을 뺀 종업원 B가 실제 수령한 금액의 연간 합계는 34,980,000원(=2,915,000원×12개월)이다.

③ 종업원 B는 개인사업주 A로부터 받은 1년간 소득을 통산할 때 근로소득 금액은 다음과 같다.

구분	금액
Ⅰ. 총급여액	36,000,000원
Ⅱ. 근로소득공제	10,650,000원
Ⅲ. 근로소득금액(=Ⅰ－Ⅱ)	25,350,000원

④ B가 급여를 받은 연도의 다음연도 2월에 연말정산을 통하여 B 자신의 근로소득에 대한 소득세를 정산하고자 한다. B는 1년 동안 총 1,020,000원을 원천징수를 통하여 소득세로 납부하였고, 종합소득공제 및 세액공제를 통하여 최종적으로 B가 납부하여야 할 세액은 총 1,150,000원(가상의 세액)으로 계산되었다.

⑤ B가 부담하여야 할 총소득세액과 원천징수세액의 차이는 다음과 같다.

구분	금액
Ⅰ. B가 부담할 총소득세액	1,150,000원
Ⅱ. 원천징수세액	1,020,000원
Ⅲ. 추가납부세액(=Ⅰ－Ⅱ)	130,000원

⑥ B는 연말정산을 등하여 최종적으로 부담하야여 할 소득세 1,150,000원과 원천징수를 통하여 이미 납부한 세액 1,020,000원과의 차액 130,000원을 추가로 납부하면 된다.

4. 연금소득

(1) 연금소득의 개념

우리나라가 사회구성원의 고령화가 심화되는 고령화 사회로 진입하였고, 따라서 사회보장제도 중 연금의 중요성이 점점 증가하고 있다. 연금은 국민연금, 공무원연금, 군인연금, 사립학교 교직원 연금 등의 공적연금과 은행이나 보험회사가 관리하는 사적연금으로 구분된다. 사적연금은 다시 개인 스스로 금융회사 등에 설정하여 운영하는 연금저축계좌와 퇴직연금을 관리하는 퇴직연금계좌로 구분된다.

우리나라의 현행 소득세법에서는 납입 및 운용단계에서는 연금에 대한 소득세를 비과세(exemption)하고, 급부단계에서 과세를 하는 방식(taxation)인 EET 방식을 취하고 있다. 즉, 공적연금에 대한 소득자의 연금납입액, 즉 기여금 또는 개인부담금의 경우 전액 종합소득공제로 소득금액에서 빼준다. 단 이렇게 소득금액에서 빼준 연금부담금에 해당하는 연금을 나중에 수령할 때 그 부분에 해당하는 연금소득에 대하여 소득세를 매겨 과세한다.

표 10-5 우리나라의 공적연금소득과세제도

구분	내용
사용자의 보험료 납입	과세하지 않음
근로자의 보험료 납입	과세하지 않음, 소득공제 허용
연금기금의 운용수익	과세하지 않음
연금의 인출	① 연금수령 : 연금소득 ② 연금외수령 : 기타소득

한편 사적연금에 대한 과세제도를 요약하면 다음과 같다.

표 10-6 우리나라의 사적연금과세제도

구분	내용
이연퇴직소득 또는 연금계좌세액공제 받은 금액	과세하지 않음
연금기금의 운용수익	과세하지 않음
연금의 인출	① 연금수령 : 연금소득 ② 연금외수령 : 퇴직소득 또는 기타소득

공적연금과 사적연금 모두 초기단계의 불입단계와 그 연금불입액의 운용단계에서는 과세하지 않고, 연금을 인출하는 시점에서 세금을 매기고 있음을 알 수 있다. 우리나라에서는 납입단계에서 개인이 연금기금에 불입하는 금액에 대하여 소득공제나 세액공제를 적용받게 되므로, 보다 많은 금액을 연금기금에 불입할 수 있는 유인을 세제가 제공

하게 된다. 또한 운영단계에서도 매년 발생하는 투자이익에 대하여 과세를 하지 않으므로 연금기금 내에서 재투자되는 투자이익의 규모가 커진다. 그리고 연금을 수령하는 급부단계에서 비로소 연금에 대한 과세를 시행하는 것이다. 통상 연금을 수령하는 시점에서는 은퇴 이후가 되기 때문에 납세자의 소득이 낮아져 한계세율이 낮게 된다. 따라서 생애주기 전체를 감안하면 EET 방식은 일반적인 경우 세부담이 작아진다고 볼 수 있다.

(2) 연금소득의 분류

연금을 수령하는 방식은 퇴직일시금으로 수령하는 방식과 연금형태로 수령하는 방식이 있다. 퇴직일시금으로 수령할 경우 퇴직소득으로 분류과세되며, 퇴직연금 형태로 수령할 경우 연금소득으로 과세하되, 다른 소득과 합산하여 종합소득으로 과세한다.

비과세되는 연금소득으로는 공적연금 관련법에 따라 받는 유족연금, 장애연금, 장해연금, 상이연금, 연계노령연금, 연계퇴직유족연금, 산업재해보상보험법에 따라 받는 각종 연금, 국군포로의 송환 및 대우 등에 관한 법률에 따라 국군포로가 받는 연금이 있다.

한편 연금소득금액은 총연금액에서 연금소득공제를 적용한 후의 금액으로 한다. 연금소득공제액은 지급받는 연금액 크기에 따라 결정되며, 연금소득공제액이 900만원을 초과하는 경우에는 900만원까지만 공제한다.

(3) 연금소득의 과세방식

연금소득 또한 근로소득과 마찬가지로 연금소득 지급자가 해당 소득세를 원천징수하여 그 지급하는 날이 속한 달의 다음달 10일까지 세무서에 그 원천징수세액을 납부하여야 한다. 다만 원천징수세액이 얼마인가 하는지는 공적연금과 사적연금에 따라 그 기준이 다르다.[73]

그리고 근로소득과 동일하게 연금소득도 연말정산을 통하여 원천징수된 기납부세액과 납부하여야 할 세액의 차이를 정산하는 경우가 있다. 공적연금소득은 연금소득을 지급받은 그 과세연도의 다음연도 1월 공적연금소득을 지급할 때 연말정산을 하고, 공

73) 공적연금소득은 연금소득 간이세액표에 따라서, 사적연금소득은 연금 실제 수령연차(이연퇴직소득) 또는 연금소득자의 나이(세액공제 받은 연금계좌 납입액 또는 연금계좌 운용 실적에 따라 증가된 금액)에 따라서 원천징수한다.

적연금소득만 있는 경우에는 연말정산만 하고 종합소득 확정신고는 하지 않을 수 있다. 그러나 사적연금소득은 원칙적으로 종합소득 확정신고를 하여야 하고, 단 분리과세가 가능하거나 무조건적으로 분리과세 하여야 하는 경우가 있다.

| 표 10-7 | 사적연금소득의 분리과세[74]

구분	내용
무조건 분리과세	① 이연퇴직소득을 연금수령하는 연금소득 ② 의료목적, 천재지변이나 그 밖에 부득이한 사유로 인출하는 연금소득
선택적 분리과세	위의 무조건 분리과세 이외의 사적연금소득 합계액이 1,200만원 이하인 경우의 연금소득(분리과세와 종합과세 중 과세방법 선택)

한편 연금소득의 개념적 이해를 돕기 위하여 세금 부담의 이연 효과를 다음과 같은 예제를 통하여 알아보도록 하자.

예제

거주자 갑은 20×2년에 200만원의 현금을 연금계좌에 불입하여 세액공제를 받은 후 이를 20년 후에 돌려받는 [대안 1]과 200만원을 일반정기예금계좌에 불입하여 20년 후에 원금과 이자를 돌려받는 [대안 2] 중 무엇을 선택할지 여부를 고민하고 있다, 각 대안의 20년 후의 세후현금유입액은 얼마인가? 단, 거주자 갑의 소득세 한계세율은 20×2년이나 20년 후 모두 20%이며, 연금계좌 세액공제율도 불입액의 20%라고 가정한다. 연금계좌와 일반예금계좌의 세전이자율(연)은 5%라고 가정한다. 두 계좌 모두 이자가 다시 원금에 산입되는 복리 방식의 투자가 가능하다고 가정한다.

|해설|

[대안 1]

연금계좌의 경우 200만원까지 세액공제를 적용받으므로 공제로 인한 감세효과까지 고려한 투자액은 200만원/(1−0.2)=250만원이다.

연금계좌의 경우 연간이자에 대한 소득세는 발생하지 않으며 세전이자율로 복리로 계산된다. 따라서 20년 후에 돌려받는 금액은 다음과 같다.

$$250\text{만원} \times (1+5\%)^{20} \times (1-20\%) = 5{,}306{,}595\text{원}$$

[대안 2]

일반예금계좌의 경우 매년 이자에 대한 세금을 납부한 후의 세후이자를 복리로 불입한 후

74) 이철재・정우승・유은종, 『세법강의2』 (32판), 세경사, 2020.5., 132면

20년 후인 2038년에 돌려받는 금액은 다음과 같다.

$$200\text{만원} \times (1 + 5\% \times (1 - 20\%))^{20} = 4{,}382{,}246\text{원}$$

따라서 만일 이자율 수준이 동일하다면 연금계좌에 불입하여 소득공제를 통한 감세효과를 누린 후 이를 면세 이자율로 복리로 투자할 수 있는 연금계좌 상품이 매년 이자에 대하여 소득세를 부담하는 일반예금보다 더 유리하다. 연금과세제도는 이러한 조세혜택을 부여함으로써 거주자들의 노후 생활을 안정시키기 위한 목적으로 설계된 것이다.

5. 기타소득

(1) 기타소득의 개념과 범위

소득세법 제21조는 기타소득을 '이자소득 · 배당소득 · 사업소득 · 근로소득 · 연금소득 · 퇴직소득 및 양도소득 이외의 소득으로서 동조 동항에서 열거하고 있는 소득[75]'을 기타소득으로 하고 있다. 이것의 의미는 이자소득 외 6가지 소득 유형에 속하지 아니하는 모든 소득이 기타소득이라는 의미가 아니라, 이자소득 외 6가지 유형의 소득에 해당하고 동시에 기타소득에도 해당하는 경우에는 우선적으로 이자소득 외 6가지 소득으로 먼저 구분한다는 취지이다.[76]

이러한 기타소득으로 세법에서 열거하고 있는 주요 항목[77]은 다음과 같다.

① 상금, 현상금, 포상금 등
② 복권, 경품권, 그 밖의 추첨권에 당첨되어 받는 금품
③ 광업권 등 권리[78]를 양도하거나 대여하고 받는 금품
④ 저작자 또는 실연자(實演者) · 음반제작자 · 방송사업자 외의 자가 저작권 또는 저작인접권의 양도 또는 사용의 대가로 받는 금품
⑤ 계약의 위약 또는 해약으로 받는 소득으로서 위약금 · 배상금 및 부당이득 반환금
⑥ 문예 · 학술 · 미술 · 음악 · 사진 창작품의 원작자의 원고료 · 저작권사용료인 인세 ·

75) 금융투자소득도 있으나 2023년부터 적용된다.
76) 김완석 · 정지선, 『소득세법론』 (개정24판), 삼일인포마인, 2018.3., 226면
77) 소득세법 제21조 제1항에서 발췌 · 열거하고 있는 기타소득의 종류는 더 많다. 그리고 2023년부터는 비트코인이나 이더리움 등 소위 '가상자산(특정 금융거래정보의 보고 및 이용 등에 관한 법률 제2조 제3호에 따른 가상자산)'을 양도하거나 대여함으로써 발생하는 소득도 기타소득으로 과세한다.

창작품에 대한 대가
⑦ 인적용역을 일시적으로 제공하고 받는 대가, 고용관계 없이 다수인에게 강연을 하고 강연료 등 대가를 받는 용역, 라디오 등 매체를 통한 심사나 해설 등을 하고 대가를 받는 용역 등
⑧ 세액공제 받은 연금계좌 납입액, 연금계좌의 운용실적에 따라 증가된 금액을 그 소득의 성격에 불구하고 연금외 수령한 소득
⑨ 뇌물, 알선수재 및 배임수재에 따라 받은 금품
⑩ 서화·골동품의 양도로 발생하는 소득. 양도가액 6천만원 이상인 것에 한한다.
⑪ 종교인소득(종교인 소득의 경우 근로소득으로도 소득세를 신고할 수 있다)

(2) 기타소득의 계산

기타소득 역시 총수입금액에서 필요경비를 빼고 기타소득 금액을 계산한다. 필요경비는 '해당 과세기간의 총수입금액에 대응하는 비용으로서 일반적으로 용인되는 통상적인 것의 합계액을 필요경비에 산입한다(소득세법 제37조 제2항)'고 규정하여 기타소득의 총수입금액에 대응하는 필요경비를 원론적으로는 인정하고 있으나, 다음과 같이 실제 필요경비 지출 여부와 관계없이 필요경비를 정해 놓는 경우도 있다.

표 10-8 기타소득 필요경비

구분	필요경비
• 광업권 등 권리를 양도하거나 대여하고 받는 금품 • 문예·학술·미술·음악·사진 창작품의 원작자의 원고료·저작권사용료인 인세·창작품에 대한 대가 • 인적용역을 일시적으로 제공하고 받는 대가	max[①, ②] ① : 거주자가 받은 금액×60% ② : 실제 소요된 필요경비
서화·골동품의 양도로 발생하는 소득	① 거주자가 받은 금액이 1억원 이하 : 거주자가 받은 금액×90% ② 거주자가 받은 금액이 1억원 초과 : 거주자가 받은 금액×80% 단, 보유기간 10년 이상인 경우에는 90%

78) 광업권·어업권·양식업권·산업재산권·산업정보, 산업상 비밀, 상표권·영업권(대통령령으로 정하는 점포 임차권을 포함한다), 토사석(土砂石)의 채취허가에 따른 권리, 지하수의 개발·이용권, 그 밖에 이와 유사한 자산이나 권리를 양도하거나 대여하고 그 대가로 받는 금품

단, [표 10-8]에서 열거한 기타소득에 대한 필요경비로 지출된 금액이 법에서 정한 금액을 초과한 것이 확인될 경우에는 그 초과한 금액도 필요경비로 인정한다.

(3) 기타소득의 과세방법

기타소득은 종합소득에 합산하여 과세하되, 경우에 따라서는 무조건적으로 분리과세하거나 종합과세하는 경우도 있고, 선택적으로 납세자가 분리과세 방법을 택할 수도 있다. 무조건적 분리과세 또는 분리과세 선택시에는 원천징수로 세금신고 및 납부의무가 종결되나, 종합과세를 하거나 선택하는 경우에는 종합소득과세표준을 신고하여야 한다.

표 10-9 종합과세와 분리과세[79)]

구 분	해당 기타소득	원천징수세율
무조건 분리과세	① 연금계좌에서 연금외 수령한 기타소득	15%
	② 서화·골동품의 양도로 발생하는 소득	20%
	③ 복권당첨소득 등	20%(30%)[80)]
무조건 종합과세	① 뇌물	–
	② 알선수재 및 배임수재에 따라 받은 금품	–
선택적 분리과세	위의 무조건 분리과세 또는 무조건 종합과세 외의 기타소득으로서, 기타소득금액이 300만원 이하이면서 다음에 해당하는 소득	
	① 원천징수된 기타소득 : 원천징수 분리과세	20%[81)]
	② 계약의 위약 또는 해약으로 받은 위약금과 배상금(계약금이 위약금과 배상금으로 대체되는 경우에만 해당)으로서 원천징수대상이 아닌 소득 : 신고납부 분리과세	20%[82)]

선택적 분리과세가 가능한 기타소득의 경우 납세자가 종합과세와 분리과세 중 세금최소화 방안의 선택이 가능하다. 납세자 자신의 한계세율에 따라서 세금최소화 방안이 결정되는데, 보통 기타소득의 원천징수 세율이 20%이므로 이 세율과 개인납세자의 한

79) 임상엽·정정운, 『세법개론 Ⅱ』(26판), 상경사, 2020., 433면
80) 복권당첨금 등의 경우에는 소득금액이 3억원 초과분의 경우에는 30% 세율 적용
81) 기타소득의 종류로 언급하지는 않았지만 '소기업·소상공인 공제부금의 해지일시금'은 15%
82) 원천징수를 하지 않았으므로 신고납부시 20%의 세율을 적용함.

계세율을 비교하여 세금최소화 방안의 의사결정이 이루어지게 된다.

예제

다음 자료는 K대학교에 교수로 근무하는 거주자 김이영 교수의 20×2년도 소득내역이다. 거주자 김이영 교수가 20×3년 5월말까지 신고해야 할 종합소득금액은 얼마인가? 단, 김이영 교수는 가급적 조세부담을 최소화하고자 한다. 김이영 교수의 종합과세시 적용받는 소득세 한계세율은 30%라고 가정한다.

1년간 급여	50,000,000원
신문에 일시적으로 글을 기고하고 받은 원고료	2,000,000원
급여로 분류되지는 않았지만 학교에서 받은 휴가비	3,000,000원

|해설|

근로소득은 비독립적인 고용관계에서 업무를 수행하고 받은 일체의 경제적 지원을 포함하므로 급여와 휴가비 53,000,000원은 근로소득이다. 단, 김이영 교수가 신문에 글을 기고하고 받은 원고료 2,000,000원은 학교의 고용관계와 관련없는 기고행위에서 얻은 소득이므로 기타소득이다.

근로소득금액 = 근로소득 총수입금액 53,000,000원 − 근로소득공제(12,000,000 + (53,000,000 − 45,000,000) × 5% = 40,600,000원

기타소득금액은 일시적 인적용역의 제공은 필요경비를 60%를 인정해주므로

기타소득금액 = 기타소득 총수입금액 3,000,000원 − 필요경비 간주액 (3,000,000 × 60%) = 1,200,000원

기타소득금액이 3,000,000원 미만이므로 김이영 교수는 종합소득금액에 이를 포함시켜도 되고 분리과세를 선택해도 된다. 기타소득금액의 분리과세시 적용받는 한계세율은 20%이고, 종합과세시 적용받는 한계세율은 30%이므로 조세최소화를 위해서는 분리과세를 선택하는 것이 현명하다. 그러므로 20×3년 5월말에는 종합과세되는 종합소득금액만 신고의무가 있고 분리과세는 원천징수로 납세의무가 종결된다. 따라서 종합과세되는 종합소득금액은 근로소득금액 40,600,000원이 된다.

Chapter 11

소득세 Ⅱ: 종합소득세 계산과 양도소득세 및 퇴직소득세

제1절 종합소득세는 어떻게 계산하고 신고할 것인가?
: 종합소득세 과세표준 및 세액의 계산과 신고·납부

제2절 양도소득세란 무엇인가?
: 양도소득세의 개념과 기본적인 계산구조

제3절 퇴직소득세

각 세목별 신고내용 확인 실적[1]

(단위 : 건, 억원)

구분		합계	양도세	법인세	소득세	부가세
2015	선정건수	33,735	1,577	6,607	12,049	13,502
	추징세액	9,944	706	6,760	1,099	1,379
2016	선정건수	22,682	1,470	5,358	6,852	9,002
	추징세액	8,852	644	6,215	985	1,008
2017	선정건수	23,217	2,145	5,077	6,998	8,997
	추징세액	6,526	847	3,705	1,095	879
2018	선정건수	12,187	1,854	1,333	3,000	6,000
	추징세액	2,844	783	1,226	392	443
2019	선정건수	12,202	2,488	1,714	3,000	5,000
	추징세액	3,223	1,533	1,042	398	250

국세청이 2019년 양도소득세 신고내용 확인으로 1,533억원을 추징한 것으로 나타났다.
… 국세청은 2019년 양도소득세 신고 관련 2,488건을 선정하여 신고내용을 확인한 후 1533억원을 추징했다.
다음으로 법인세가 1,714건 선정하여 1,042억원 추징했고, 소득세 3,000건 · 398억원, 부가가치세 5,000건 · 250억원 순이다.
… 후략

위의 기사에서 보면 2019년 양도소득세 신고내용을 2,488건을 선정하여 1,533억원을 추징(세금을 추가로 징수하였다는 의미로, 정상적인 신고 뒤에 사후적으로 이 신고내역을 검증하고 잘못 신고된 내용을 수정하게 하거나 추가 납부해야 할 세금을 고지하여 세금을 추가적으로 더 걷었다는 의미)하였다는 내용을 볼 수 있다. 그리고 2019년의 선정 1건당 평균 추징세액을 살펴보면 양도소득세가 선정된 1건당 평균적으로 약 61.6천만원이 추징되어 1건당 추징세액 역시 양도소득세가 법인세와 소득세 및 부가세보다 많음을 알 수 있다.

그렇다면 도대체 양도소득세가 무엇이길래 이처럼 2019년 국세청의 추징세액이 많은 것일까? 양도소득세는 앞 장에서 간략히 살펴보았던 자본이득(capital gain)에 매기는 세금이다. 우리나라에서 한창 문제가 되었고 현재도 문제가 되고 있는 주택, 토지 및 건물 등 부동산 거래와 직접 관련된 세금(물론 부동산만이 양도소득세 납세 대상은 아니다)으로, 이러한 자본이득에 대하여 과세하기 때문에 여러 해에 걸쳐 누적된 자본이득이 한꺼번에 실현됨에 따라 납세자와 과세관청 간 다툼이 많은 세금이다. 특히 우리나라의 양도소득세에 관한 법령이 여러 번 개정됨에 따라 자칫 잘못하면 세금폭탄을 맞을 수도 있는 무서운(?) 세금이기도 하다.

1) Daily NTN, 국세청, 2019년 양도소득세 신고내용 확인으로 1,533억원 추징, 2020.8.21.
(일간 NTN, http://www.intn.co.kr, HOME>조세행정>내국세)

앞의 '각 세목별 신고내용 확인 실적' 기사에서 보듯이 양도소득세는 신고내용 검증 선정 건 1건당 평균 추징세액이 같은 편이고, 2019년뿐 아니라 다른 연도도 법인세를 제외하면 선정 1건당 평균 추징세액도 비교적 높은 편에 속한 것에서 알 수 있듯이, 잘못하면 세금폭탄을 맞을 수 있다는 이야기가 근거가 없는 이야기는 아니다. 실제 여러분의 주위에서도 부동산 등 양도소득세 신고 및 납부를 잘못하여 추징된 사례들을 왕왕 찾아볼 수 있을 것이다.

이번 장에서는 이러한 양도소득세에 대하여 알아보고자 한다. 다만 '제10장 소득세 I'에서 종합소득의 계산까지 알아보았으므로, 이에 이어서 종합소득세를 산정하는 흐름을 먼저 알아보고 뒤이어 양도소득세를 알아보고자 한다. 그리고 마지막으로 소득세의 남은 부분인 퇴직소득세를 간략히 알아보고 이 장을 마무리 하고자 한다.

| 학습목표 |

- 종합소득세를 어떻게 계산하고 신고할 것인가?
- 양도소득세란 무엇이고 어떻게 계산하고 신고할 것인가?
- 퇴직소득세란 무엇이고 어떻게 계산하고 신고할 것인가?

제1절 종합소득세는 어떻게 계산하고 신고할 것인가? : 종합소득세 과세표준 및 세액의 계산과 신고 · 납부

'제10장 소득세 Ⅰ'에서는 종합소득 내의 각 소득별 구분과 각 소득금액의 계산에 대하여 알아보았다. 이자와 배당소득을 합한 금융소득의 개념과 금융소득 종합과세시 소득금액의 크기를 계산하고, 그 외 사업 · 근로 · 연금 · 기타소득의 개념과 소득금액을 어떻게 계산하는지를 살펴보았다. 본절에서는 이에 이어서 종합소득세 과세표준과 세액을 어떻게 계산하는지 그 흐름을 살펴보고, 마지막으로 종합소득세 신고 및 납부방법에 대하여 살펴보고자 한다.

Ⅰ. 종합소득세 계산의 흐름

금융소득(이자 및 배당소득)과 사업 · 근로 · 연금 · 기타소득의 각 소득금액을 모두 합하여 종합소득금액이라고 한다. 이 종합소득금액에서 소득세법과 조세특례제한법[2]에서 정한 소득공제를 빼주면 이것이 바로 종합소득과세표준이 된다. 그리고 법인세와 동일하게 이 종합소득과세표준에 소득세법에서 정한 세율을 곱하여 종합소득 산출세액을 계산하고, 이 산출세액에서 공제 · 감면세액을 차감하면 종합소득 결정세액이 산출된다. 다시 이 결정세액에 납세자가 세법에서 정한 의무를 불이행 또는 위반한 경우에 납세자가 부담하는 가산세를 더하고, 이미 낸 세금(원천징수세액이나 중간예납세액 등)을 차감하면 바로 종합소득과세표준 신고시 국가에 납부할 차감납부세액이 계산된다. 이러한 흐름은 법인세와도 유사하다.

2) 조세특례제한법은 법인세나 소득세, 부가가치세 등 개별 세법에서 정하지 않은 조세의 감면 또는 중과 등 조세특례와 이의 제한에 관한 사항을 별도로 규정한 법률이다(조세특례제한법 제1조 '목적' 참조). 세액을 감면해주거나 공제해주는 많은 경우의 근거 법령이 바로 이 조세특례제한법에 있는 경우가 많다.

▌그림 11-1 ▌ 종합소득세 계산 흐름도

종합소득금액	
−	
종합소득공제	
=	
종합소득과세표준	
×	
기본세율	8단계(6~45%) 누진세율
=	
산출세액	
−	
세액감면 · 세액공제	
=	
결정세액	
+	
가산세	
−	
기납부세액	중간예납세액, 원천징수세액 수시부과세액, 예정신고납부세액
=	
차감납부할세액	

Ⅱ. 종합소득공제

우리가 여러 가지 종류의 종합소득들을 합산하여 종합소득금액을 구하고, 여기에서 종합소득공제를 빼주면 이것이 바로 종합소득과세표준이 된다고 하였다. 그런데 이미 종합소득을 구성하고 있는 각 소득들을 계산할 때 필요경비 등을 빼서 종합소득금액을 계산했는데, 또다시 종합소득공제라는 이름으로 빼주는 이유가 무엇일까? 이러한 종합소득공제와 각 종합소득금액 계산시 필요경비는 그 성질이 다르기 때문이다. 필요경비는 각 소득의 수입금액을 얻기 위하여 지출한 비용 성격이 강하다. 반면 이러한 종합소득공제는 크게 인적공제와 물적공제로 나누어지는데, 인적공제는 세금을 납부하는 의무를 부담하는 납세의무자의 최저생계비에 해당하는 소득을 과세표준 계산시 빼주는 제도로서 납세의무자의 최저생활을 보장하고 부양가족 상황에 따라 세부담에 차별을 두어 세금부담능력(담세력)에 따른 과세를 하고자 하는 목적[3]을 지닌다. 물적공제는 해당 지출(건강보험료, 고용보험료 등)을 과세표준 계산시 빼주어서 사회보장제도 등을 세제면에서 지원하기 위한 목적을 지닌다.[4]

표 11-1 인적공제와 물적공제

구분	종류	공제대상 거주자
인적공제	① 기본공제(소법 50)	종합소득자
	② 추가공제(소법 51)	종합소득자
물적공제	① 특별소득공제(소법 52) : 보험료공제와 주택자금공제	근로소득자
	② 연금보험료공제(소법 51의3)	종합소득자
	③ 주택담보노후연금 이자비용공제(소법 51의4)	연금소득자
	④ 조세특례제한법에서 정하는 공제 : ⇒ 신용카드 등 사용금액에 대한 소득공제, 주택청약종합저축 등에 대한 소득공제, 장기집합투자증권저축에 대한 소득공제, 소기업·소상공인 공제부금 소득공제 등	근로소득자 또는 종합소득자

1. 인적공제

인적공제는 앞서 납세의무자의 최저생계비 보장 목적을 위해 있다고 하였다. 따라서 우리나라 소득세법은 본인과 배우자, 부양하는 가족수에 따라서 일정 금액의 기본공제를 해준다. 그리고 추가공제는 기본공제에 더하여 본인이나 그 가족에 특수사정(장애인, 연로자, 배우자 없는 한부모 가정, 부녀자 세대주 또는 취업주부)이 있는 경우에 추가적으로 공제를 해주는 제도이다.

3) 임상엽 · 정정운, 『세법개론 Ⅱ』 (26판), 상경사, 2020., 495면. 이 외에도 인적공제 제도는 소득세의 소득 재분배 기능을 강화하는 수단으로 기능하고 있다(김완석 · 정지선, 『소득세법론』 (24판), 삼일인포마인, 2018., 403면).

4) 임상엽 · 정정운, 『세법개론 Ⅱ』 (26판), 상경사, 2020., 495면

(1) 기본공제

종합소득이 있는 거주자에 대하여 다음 어느 하나에 해당하는 자의 수에 1인당 150만원을 곱하여 기본공제 금액을 산정하고 이 산정된 금액을 종합소득금액에서 빼준다.

표 11-2 기본공제 요건[5)]

구분	공제대상자	요건	
		나이[6)]	연간 소득금액[7)] 합계
본인공제	거주자 본인	–	–
배우자공제	거주자 본인의 배우자	–	100만원 이하 (근로소득만 있는 배우자는 총급여액 500만원 이하)
부양가족공제	거주자 본인과 생계를 같이하는 부양가족 ① 직계존속[8)] ② 직계비속[9)]과 입양자 ③ 형제자매 ④ 국민기초생활보장법에 따른 수급권자 ⑤ 아동복지법에 따른 가정위탁을 받아 양육하는 아동(위탁아동)	 60세 이상 20세 이하 20세 이하 또는 60세 이상 – –	부양가족별로 각각 100만원 이하 (근로소득만 있는 부양가족은 총급여액 500만원 이하)

5) 임상엽 · 정정운, 『세법개론 II』(26판), 상경사, 2020., 495면 참조
6) 부양가족이 장애인인 경우에는 나이 제한을 받지 않으나 소득금액의 제한은 받는다.
7) 행정해석에 따르면 종합소득금액과 퇴직소득금액 및 양도소득금액의 합계로 보고 있다(소득 46012-371, 2001.2.16).
8) 직계존속이 재혼한 경우에는 그 배우자도 포함. 직계존속은 조상으로부터 직계로 내려와 자기에 이르는 사이의 혈족으로서 부모, 조부모, 증조부모나 고조부모 등을 일컫는 용어이다(표준국어대사전 참조).
9) 거주자 본인이 재혼한 경우에는 그 배우자의 직계비속도 포함. 직계비속이란 자기의 직계로 이어져 내려가는 혈족으로, 아들 · 딸, 손자 · 손녀, 증손자 · 증손녀 등을 일컫는 말이다(표준국어대사전 참조).

(2) 추가공제

추가공제는 기본공제 적용 대상자 중 다음 어느 하나에 해당할 경우에 기본공제 이외에 추가적으로 소득공제를 해준다.

| 표 11-3 | 추가공제 요건 및 공제금액[10)]

구분	추가공제 요건	추가공제액
경로우대자공제	기본공제대상자가 70세 이상인 경우	1인당 100만원
장애인공제	기본공제대상자가 장애인인 경우	1인당 200만원
한부모공제	해당 거주자가 배우자가 없는 사람으로서 기본공제대상자인 직계비속 또는 입양자가 있는 경우	연 100만원
부녀자공제	종합소득금액이 3,000만원 이하인 거주자가 다음 중 하나에 해당할 경우 ① 배우자가 없는 여성으로서 부양가족이 있는 세대주일 경우 ② 배우자가 있는 여성인 경우	연 50만원

단, 한부모공제와 부녀자공제에 모두 해당할 경우에는 한부모공제를 적용한다.

2. 물적공제

물적공제 제도는 사회보장보험의 세제면 지원 등의 목적 달성을 위하여 인적공제에 더하여 추가적으로 종합소득에서 공제해주는 제도이다. 이러한 물적공제는 소득세법상 공제제도와 조세특례제한법상 공제제도가 있는데 그 내용을 간략히 살펴보면 다음과 같다.

10) 임상엽 · 정정운, 『세법개론 II』 (26판), 상경사, 2020., 497면 참조

표 11-4 물적공제

근거법령	공제제도	내용
소득세법	보험료공제	근로소득이 있는 거주자가 건강보험료, 고용보험료 및 노인장기요양보험료 근로자 부담분을 지급한 경우 이들 보험료를 근로소득금액에서 공제함
	주택자금공제	근로소득이 있는 거주자가 다음의 어느 하나에 해당하는 경우 ⓐ 무주택 세대 세대주가 주택 임차를 위해 주택임차자금 차입금 원리금 상환액을 지급하는 경우 : 원리금 상환액의 40% 공제. 단, 주택청약종합저축 등에 대한 소득공제와의 공제금액 합계 300만원까지만 공제 ⓑ 무주택 세대 또는 1세대 1주택 세대의 세대주가 주택 취득을 위해 그 주택에 저당권을 설정하고 금융회사나 주택도시기금으로부터 장기주택저당차입금의 이자를 지급하였을 때 : 이자 상환액 공제. 단, 주택청약종합저축 등에 대한 소득공제와의 합계 500만원까지만 공제
	연금보험료공제	종합소득이 있는 거주자가 공적연금 관련법에 따른 연금보험료(국민연금, 공무원연금, 군인연금 및 사립학교교직원연금 등)를 납입한 경우 : 납입한 연금보험료
	주택담보노후연금 이자비용공제	연금소득이 있는 거주자가 주택담보노후연금을 받은 경우 : min(이자비용 상당액, 200만원)
조세특례제한법	주택청약종합저축 등에 대한 소득공제	근로소득이 있는 거주자로서 총급여액 7천만원 이하이고 무주택 세대의 세대주인 경우 : min(저축납입액의 40%, 240만원)
	신용카드 등 사용금액에 대한 소득공제[11]	근로소득이 있는 거주자가 신용카드·직불카드·현금영수증 등 법에서 정한 지출증명 서류를 받은 경우 그 지출증명서류를 받은 금액의 일정 금액을 종합소득에서 공제함
	기타	장기집합투자증권저축 소득공제, 소기업·소상공인 공제부금 소득공제 등

11) 신용카드나 직불카드, 현금영수증 등의 적격증명서류를 받을 경우에는 재화나 용역을 공급하는 사업자의 판매금액(수입금액) 누락이 어려워져 탈세가 힘들어지므로 적격증명서류를 받기를 장려하기 위하여 만들어졌다.

예제

다음 자료는 근로소득자인 거주자 김희수(남) 씨의 20×2년 종합소득세 신고에 필요한 자료이다.

(1) 김희수 씨의 총급여액 100,000,000원
(2) 김희수 씨의 근로소득 외의 소득은 국내은행 예금이자 2,000,000원과 비상장법인으로부터 받은 배당소득 10,000,000원이 있음.
(3) 김희수 씨의 부양가족 현황은 다음과 같음.

가족관계	연령	소득 여부	동거 여부
배우자	46	총급여 3,000,000원의 근로소득이 있음	김희수 씨와 동거
부친	71	국내 은행예금이자 6,000,000원이 있음	주거형편상 별거
모친	66	소득없음	주거형편상 별거
장남	21	소득없음	김희수 씨와 동거
장녀	15	소득없음	김희수 씨와 동거

(4) 김희수 씨는 국민건강보험료 본인부담분 2,300,000원과 국민연금보험료 본인부담분 2,000,000원을 부담하고 있음.
(5) 김희수 씨의 근로소득공제액은 14,750,000원으로 가정한다.

김희수 씨의 종합소득과세표준을 계산하시오.

|해설|

근로소득 : 급여액 100,000,000원
근로소득금액 = 종합소득금액 = 100,000,000 − 14,750,000 = 85,250,000원
2천만원 이하인 이자, 배당소득은 분리과세되므로 근로소득금액 85,250,000원이 종합소득금액과 일치함.

종합소득공제 = 12,800,000(= ① + ② + ③ + ④)

① 기본공제 : 기본공제대상자는 본인, 배우자, 부친, 모친, 장녀임.
　5인 × 1,500,000원 = 7,500,000원
② 추가공제(경로우대공제) : 부친 1,000,000원(70세 이상)
③ 보험료공제 : 건강보험 2,300,000원
④ 연금보험료공제 : 국민연금 2,000,000원

종합소득과세표준 = 85,250,000 − 12,800,000 = 72,450,000원

III. 종합소득산출세액과 세액공제 및 세액감면

종합소득금액에서 종합소득공제액을 차감하면 종합소득과세표준이 계산되고, 여기에 종합소득에 적용되는 소득세율을 곱하면 산출세액이 계산된다. 이 산출세액에서 세액공제 및 감면사항을 빼주면 종합소득결정세액이 계산되고, 이 세액이 1년간 종합소득세 신고 및 납부의무가 있는 거주자가 총 부담해야 할 세액이 된다.

1. 산출세액의 계산

종합소득세 산출세액은 다음의 구간별 초과누진세율을 적용하여 계산된다.

표 11-5 종합소득세 세율[12)]

과세표준 구간	세율	누진공제
1,400만원 이하	6%	–
1,400만원 초과 ~ 5,000만원 이하	15%	126만원
5,000만원 초과 ~ 8,800만원 이하	24%	576만원
8,800만원 초과 ~ 1억 5,000만원 이하	35%	1,544만원
1억 5,000만원 초과 ~ 3억원 이하	38%	1,994만원
3억원 초과 ~ 5억원 이하	40%	2,594만원
5억원 초과 ~ 10억원 이하	42%	3,594만원
10억원 초과	45%	6,594만원

예를 들어 과세표준이 6억원이라면 6억원×42%−3,594만원=216,060,000원의 방식으로 산출세액을 계산한다. 즉 이러한 구간별 초과누진세율 구조는 과세표준 금액이 일정 구간의 금액 한도를 넘어서는 경우에 있어서 그 넘어서는 금액에 대하여만 해당 구간의 세율을 적용한다.

12) 소득세법 제55조 참조. 원래 세율표에는 이와 같은 누진공제 방식으로 기술되어 있지 않다. 그렇지만 위와 같은 방식을 사용하면 계산 시간을 단축할 수 있다.

2. 세액감면 및 세액공제

종합소득세 산출세액이 계산된 후에 이 산출세액에서 특정 목적 달성 등을 위해 일정 금액의 세액을 빼주는 경우가 있는데 이것이 세액감면 또는 세액공제이다. 세액감면과 세액공제는 모두 산출세액에서 차감하므로 신고 및 납부할 세금을 줄여준다는 점에서 동일하다.

통상적으로 세액감면은 산출세액을 기준으로 종합소득금액에서 감면대상소득이 차지하는 비율과 적용할 감면비율을 고려하여 세액감면액을 계산한다. 세액공제는 산출세액을 줄여준다는 점은 세액감면과 동일하지만, 감면대상소득의 비율아 아닌 다른 정해진 방식으로 계산하여 공제금액을 계산한다.

(1) 세액감면

세액감면은 세제상 우대조치의 일종으로 기술개발, 산업구조조정 장려, 인구의 지방분산, 중소기업의 보호육성 등을 위해 설정된 세제상 장치이다.[13] 세액감면은 일반적으로 다음 산식에 의하여 계산한다.

$$세액감면 = 종합소득산출세액 \times \frac{감면대상소득금액}{종합소득금액} \times 감면비율$$

이 산식을 보면 세액감면은, 첫째 감면대상소득금액 또는 종합소득금액이 없으면(즉 '0'이면) 감면세액이 계산되지 않는 구조를 지니고 있음을 알 수 있고, 둘째 감면비율을 조정하면 0~100%까지 감면세액을 조정할 수 있음을 알 수 있다. 그리고 이러한 세액감면은 후술할 세액공제와 달리 이월공제[14]가 허용되지 않는다. 소득세법과 조세특례제한법에서 이러한 세액감면을 규정하고 있는데, 자세한 설명은 하지 않도록 한다.

---

13) 김완석 · 정지선, 『소득세법론』(24판), 삼일인포마인, 2018., 471~472면

14) 예를 들어 20×1년에 100만원의 세액을 깎아주는 제도에 따라서 100만원의 세액을 깎아달라고 신청하였는데, 어떠한 이유로 50만원만 깎아주고 100만원 중 나머지 50만원은 20×1년에 사용하지 못하였다고 가정해보자. 이때 100만원의 깎아줄 세액 중 50만원은 20×1년에 사용하지 못하였지만, 다음 연도인 20×2년과 그 이후 연도에 사용하여 세금을 깎을 수 있게 하는 것을 이월공제라고 한다. 세액감면은 이러한 이월공제가 허용되지 않지만, 세액공제는 이월공제가 가능한 것들이 있다.

(2) 세액공제

종합소득세액을 줄여준다는 점에서 세액감면과 동일하나, 감면대상소득금액이 있을 것을 필요로 하지 않고, 계산 방법도 위의 세액감면과 다르다. 세액공제 역시 소득세법과 조세특례제한법에서 규정하고 있는데, 조세특례제한법의 세액공제는 지면 관계상 다루지 않고 소득세법의 세액공제제도만 간략히 내용 위주로 서술하기로 한다.

표 11-6 종합소득세 세액공제

종류	관련규정	적용대상자	내역
① 배당세액공제	소법 56	배당소득자	배당소득의 이중과세 문제 해결
② 기장세액공제	소법 56의2	간편장부대상자	간편장부대상자의 복식부기 적용시 적용
③ 전자계산서 세액공제	소법 56의3	사업자	사업자가 전자계산서 발급시 적용
④ 외국납부세액공제	소법 57	국외원천소득자	국외원천소득의 이중과세 문제 해결
⑤ 재해손실세액공제	소법 58	사업자	천재지변, 재해로 손실발생시 적용
⑥ 근로소득세액공제	소법 59	근로소득자	근로소득자에게 산출세액의 일정률 공제
⑦ 자녀세액공제	소법 59의2	종합소득자	기본공제대상자 자녀수별로 일정액 공제
⑧ 연금계좌세액공제	소법 59의3	종합소득자	연금계좌납입금액의 일정액 공제
⑨ 보장성보험료 세액공제	소법 59의4 ①	근로소득자	보장성보험료 지출시 공제
⑩ 의료비세액공제	소법 59의4 ②	근로소득자	기본공제대상자에 의료비지출시 공제
⑪ 교육비세액공제	소법 59의4 ③	근로소득자	기본공제대상자에 교육비지출시 공제
⑫ 기부금세액공제	소법 59의4 ④	종합소득자	기본공제대상자가 기부금지출시 공제
⑬ 표준세액공제	소법 59의4 ⑨	종합소득자	종합소득자로서 근로소득이 없을 경우

이 중 소득세법 제59조의4에 규정된 위의 ⑨~⑫항목을 묶어서 '특별세액공제'라는

이름으로 부르고 있다. 상기 세액공제 항목 중 주요한 항목에 대하여 아래에서 설명하도록 하겠다.

1) 배당세액공제

'제10장 소득세 Ⅰ'에서 금융소득 종합과세를 설명하면서 배당소득 계산시 귀속법인세를 가산하여야 함은 이미 설명한 바 있다. 그리고 가산한 귀속법인세를 합쳐서 배당소득을 계산하고, 이중과세 조정을 위하여 이미 낸 귀속법인세액 해당분은 종합소득세액에서 차감하여야 하는데, 이것이 바로 배당세액공제이다.

개념적으로는 가산한 귀속법인세액을 그대로 종합소득세액에서 빼주어야 한다. 그러나 금융소득 종합과세가 종합과세와 분리과세가 혼합되어 있고, 금융소득금액 2천만원을 기점으로 하여 적용되는 세율이 달라지며(2천만원 이하 : 14%(25%), 2천만원 초과 : 구간별 초과누진세율), 금융소득을 종합과세할 경우보다 금융소득을 분리과세할 때 오히려 세금이 줄어드는 경우를 방지하기 위하여 현행 소득세법은 종합과세할 때와 금융소득을 분리과세할 때를 비교하여 큰 세액을 산출세액으로 하고 있다. 그러므로 배당세액공제의 한도를 다음과 같이 두고 있다.

> 배당세액공제액=min[ⓐ, ⓑ]
> ⓐ 귀속법인세 → 귀속법인세 가산 대상 배당소득금액×11%
> ⓑ 한도 → 종합소득산출세액－비교산출세액

여기에서 비교산출세액이라 함은 금융소득을 분리과세하였다고 가정하고 14%(25%)의 원천징수세율을 적용하여 계산한 세액이라고 이미 '제10장 소득세 Ⅰ'에서 설명한 바 있다.

예제

개인인 김성기 씨가 100% 단독주주로 있는 법인인 ㈜서울로부터 배당을 받았다. ㈜서울의 20×2년 세전이익은 1백만원이며 법인세율은 10%라고 가정한다. 김성기 씨의 소득세율은 20%라고 가정한다. ㈜서울은 세후이익 900,000원 전액을 김성기 씨에게 배당하였다. 배당소득 이중과세조정을 위한 Gross－up금액은 ㈜서울이 부담한 법인세 100,000원 전액이라고 가정한다(현행 세법상은 900,000원×11%=99,000원임).

① 배당소득에 대한 이중과세 조정을 하지 않을 경우,
② 배당소득에 대한 이중과세 조정을 할 경우 각각에 대한 ㈜서울과 김성기 씨가 부담하는 세금 총액을 계산하시오(지방세 무시함).

|해설|

배당소득에 대한 이중과세 조정을 하지 않을 경우 세부담은 총 280,000원임
① ㈜서울의 법인세 부담액 100,000원
② 김성기 씨의 소득세 부담액＝배당소득금액 900,000원×20%＝180,000원

배당소득에 대한 이중과세 조정을 할 경우 세부담은 총 200,000원임
① ㈜서울의 법인세 부담액 100,000원
② 김성기 씨의 소득세 부담액은 다음과 같이 계산되며 100,000원

배당소득	900,000
+) 법인세 상당액(Gross－up)	100,000
세전소득	1,000,000
산출세액(20%)	200,000
－) 배당세액공제(Gross－up)	(100,000)
소득세 부담액	100,000

김성기 씨는 배당소득세 이중과세 조정을 하지 않았을 경우 소득세를 180,000원을 부담했을 것이나 배당소득세 이중과세 조정을 통해 100,000원만 부담하게 되었음.

2) 외국납부세액공제

외국납부세액 역시 이중과세 조정을 위해 세액공제를 해주고 있고, 법인세편에서 설명한 외국납부세액공제와 개념이 동일하다. 다시 한 번 언급하자면 외국에서 발생한 국외원천소득이 있을 경우 그 외국에서 발생한 소득에 대한 세금을 해당 국가에서 이미 세금을 매겼기 때문에, 동일한 소득에 대하여 우리나라에서 다시 세금을 매기면 이중과세가 되므로 외국에서 납부한 소득에 대한 세금을 우리나라에서 계산한 세금에서 빼주기 위해 만든 제도이다.

이 외국납부세액공제에서도 배당세액공제와 같이 이미 납부한 외국납부세액에 해당하는 금액을 종합소득금액에 포함하여야 하고, 산출세액에서 외국에 이미 납부한 세금을 빼주는 방식으로 외국납부세액공제를 계산한다.[15)]

15) 예를 들어 외국에서 발생한 세전소득이 1,000원이고 이 중 10%인 100원을 외국에서 소득세로 납부하였다고 가정하자. 우리나라로 들여오는 소득은 순액으로 900원(＝1,000－100원(소득세))일 것이다. 이

아울러 배당세액공제와 마찬가지로, 개념적으로는 외국에서 납부한 세금 전체를 산출세액에서 빼주어야 하지만, 우리나라에서 발생한 소득이 양(+)이 아니라 음(−)(즉 손실을 봄)이 되어 우리나라에서 납부하지도 않은 외국납부세액을 우리나라에서 돌려주거나 빼주어야 하는 경우 등이 발생할 수 있으므로, 외국납부세액공제 또한 공제할 수 있는 한도를 정해 놓았다.

외국납부세액공제액 = min[ⓐ, ⓑ]

ⓐ 외국의 소득을 원천[16]으로 하는 **소득에 대하여 납부하였거나 납부할 세액**

ⓑ 한도 → 종합소득산출세액 − 국외원천소득/종합소득금액

예제

거주자 김영진의 20×2년 소득 및 소득공제 자료이다. 거주자 김영진의 20×2년 외국납부세액공제액과 종합소득에 대한 결정세액을 구하여라.

구분	금액	비고
국내사업소득금액	₩50,000,000	−
국외사업소득금액	50,000,000	외국납부세액 10,000,000원이 포함
종합소득공제	10,000,000	−

단, 종합소득세 기본세율은 다음과 같다.

과세표준구간	세율	누진공제
8,800만원 초과 ~ 1억 5,000만원 이하	35%	1,490만원

| 해설 |

ⓐ 종합소득금액 100,000,000원

ⓑ 종합소득공제 (−)10,000,000원

ⓒ 종합소득과세표준 90,000,000원

ⓓ 종합소득산출세액 90,000,000 × 35% − 14,900,000원 = 16,600,000원

ⓔ 외국납부세액공제* 8,300,000원

ⓕ 종합소득결정세액 8,300,000원

때 외국에서 발생한 소득은 순액인 900원이 아니라 총액인 1,000원으로 하여 종합소득금액에 포함하여야 한다는 의미이고, 나중에 종합소득산출세액을 계산한 후 이 외국납부세액인 100원을 그 산출세액에서 빼주는 방식을 의미한다.

16) 외국을 그 소득의 원천으로 하는 외국에서 발생한 소득에 관한 세금이어야 함에 유의하자.

* 외국납부세액공제=min[1), 2)]
1) 외국납부세액 : 10,000,000원
2) 한도 : 16,600,000×(50,000,000/100,000,000)=8,300,000원

3) 자녀세액공제

종합소득이 있는 거주자에게 기본공제대상자에 해당하는 자녀가 있을 경우 그 자녀 1인당 소정의 세액공제를 해주고, 출산 또는 입양하였을 경우 그 출산 또는 입양한 자녀에 따라 소정의 세액을 공제해주는 제도이다.

먼저 자녀수에 따른 자녀세액공제는 자녀 2인까지는 1인당 15만원, 3인 이상의 경우에는 '30만원+30만원×(자녀수−2)'로 계산한 금액을 공제하되, 자녀세액공제 대상인 자녀는 7세 이상이어야 한다. 그리고 해당 과세기간에 출산 또는 입양한 자녀가 있을 경우에도 세액공제를 해주는데, 첫째는 30만원, 둘째는 50만원 그리고 셋째는 70만원을 세액공제해준다.

4) 연금계좌세액공제

연금계좌세액공제는 종합소득이 있는 거주자가 해당 과세기간 동안 연금계좌에 납입한 금액의 12%(또는 15%)를 종합소득산출세액에서 공제하는 것이다. 앞장에서 살펴본 연금소득 과세체제에서 설명한 바와 같이 우리나라의 경우 연금계좌에 납입할 때 연금계좌세액공제를 적용하여 세금을 절감해주고, 연금계좌에서 이자가 발생할 때 이를 과세하지 않으며, 연금계좌 납입기간이 종료하여 연금수령을 할 때 연금소득으로 과세가 된다고 하였다. 그런데 연금계좌 납입시 세금 혜택은 과세표준에서 차감되는 소득공제가 아닌 일정한 금액을 세금에서 차감하는 세액공제방식으로 되어 있어 종합소득 한계세율이 12%보다 낮은 거주자의 경우 유리하지만, 종합소득 한계세율이 12%보다 높은 거주자의 경우 불리한 측면이 있다.

5) 특별세액공제 : 보장성보험료 · 의료비 · 교육비 · 기부금세액공제 및 표준세액공제

① 보장성보험료 · 의료비 · 교육비세액공제

이 3가지 특별세액공제는 모두 근로소득자만을 대상으로 적용되고, 기본공제대상자를 위해 지출한 보장성보험료 · 의료비 · 교육비를 대상으로 한다.

보장성보험료 세액공제는 근로소득이 있는 거주자가 해당 과세기간에 보장성 보험

을 가입하고 보험료를 지급한 경우 장애인 전용 보장성 보험의 보험료는 지급액의 15%(연 100만원 한도), 일반보장성보험의 경우 지급액의 12%(연 100만원 한도)를 적용하여 세액공제를 계산한다.

의료비세액공제는 근로소득이 있는 거주자가 기본공제대상자(**나이와 소득의 제한을 받지 않음**)를 위하여 의료비를 지출한 경우 총급여액의 3%를 초과하는 의료비의 15%(난임시술비의 경우 20%)를 해당 과세기간의 종합소득산출세액에서 공제한다.

교육비세액공제는 근로소득이 있는 거주자가 본인 또는 기본공제대상자(**나이 제한이 없음**)를 위해 교육비를 지출한 경우 일정 한도 범위 내에서 지출한 교육비의 15%를 해당 과세기간의 종합소득산출세액에서 공제하는 것이다.

② 기부금세액공제

기부금세액공제는 거주자 등이 기부금을 지출하는 경우에 일정한 지출한도 내의 기부금 지출액의 15%(1천만원 초과분에 대해서는 30%)를 종합소득산출세액에서 공제하는 것이다. 단, 사업소득만 있는 자의 경우에는 기부금세액공제를 적용받을 수 없고 기부금 지출액은 사업소득금액을 계산할 때 필요경비에 산입해야 한다. 기부금세액공제는 기부금의 종류에 따라 세액공제 한도액이 달라진다.

③ 근로소득세액공제

근로소득세액공제는 근로소득이 있는 거주자에 대해서 근로소득에 대한 종합소득산출세액에서 일정금액을 공제한다.

우선 근로소득에 대한 종합소득산출세액은 다음과 같은 방법으로 구한다.

$$종합소득산출세액 \times \frac{근로소득금액}{종합소득금액}$$

그리고 근로소득에 대한 종합소득산출세액 크기별로 다음의 금액을 세액에서 공제한다.

▌표 11-7 ▌근로소득세액공제

근로소득에 대한 종합소득산출세액	세액공제액
130만원 이하	근로소득에 대한 종합소득산출세액×55%
130만원 초과	715,000+130만원 초과액×30%

단, 일용근로자의 근로소득에 대해서 원천징수를 하는 경우에는 해당 근로소득에 대한 산출세액의 55%를 그 산출세액에서 공제한다.

④ 재해손실세액공제

재해손실세액공제는 사업자가 천재지변이나 그 밖의 재해로 자산총액의 20% 이상에 해당하는 자산을 상실하여 납세가 곤란하다고 인정되는 경우 사업소득에 대한 소득세액에 재해상실비율을 곱한 금액을 세액에서 공제한다. 단, 재해손실세액공제는 재해로 인해 상실된 사업용 자산가액을 초과할 수 없다. 이 상실된 사업용 자산가액에는 토지는 포함되지 않는다.

Ⅳ. 종합소득세의 신고 및 납부

'제10장 소득세 Ⅰ'에서도 언급한 바와 같이 원칙적으로 종합소득이 있는 거주자는 그 종합소득과세표준을 해당 과세기간의 다음연도 5월 1일부터 5월 31일까지 납세지 관할 세무서장에게 신고하고 계산된 세금을 납부하여야 한다. 이를 종합소득과세표준 확정신고라고 한다.

다만 원천징수 대상인 분리과세 대상 소득만 있다면 원천징수로 소득에 대한 납세의무가 끝나므로 위의 확정신고를 할 필요가 없다. 그리고 근로소득만 있는 경우에는 대부분 연말정산을 통하여 근로소득에 대한 종합소득세의 신고 및 납부가 끝나게 되므로 역시 확정신고를 할 필요가 없다. 다만 기타소득금액이 300만원 이상이거나 금융소득종합과세 대상인 금융소득이 있거나 사업소득이 있는 등 근로소득 이외의 다른 소득이 있는 경우 등 확정신고가 필요하므로 유의하여야 하고, 이 확정신고 의무를 이행하지 못하면 의무불이행에 대한 패널티인 가산세를 확정신고 의무가 있는 거주자가 부담하여야 한다.

제2절 양도소득세란 무엇인가? : 양도소득세의 개념과 기본적인 계산구조

'제10장 소득세 I'에서 잠깐 언급한 '자본이득(capital gain)'이란 용어가 기억나는가? 이 자본이득은 '자본적 자산(capital asset)'의 처분으로 실현된 이익과 보유 중에 발생한 미실현 이익으로 구분되고, 자본적 자산의 개념이 실제로는 구분하기가 매우 어렵다는 점도 설명하였다. 이 자본적 자산이란 매매 목적의 재고자산 또는 소비 목적으로 구입한 자산을 제외하고 소득획득 목적으로 취득하여 보유하고 있는 자산[17]인데, 이 자본적 자산을 처분함으로써 실현된 이익(즉 실현된 자본이득)에 대하여 세금을 매기는 것이 바로 양도소득세이다.

우리나라 소득세법은 이러한 자본적 자산에 해당하는 자산의 종류를 열거하고 있고, 이 열거된 자본적 자산의 처분으로 실현된 자본이득에 대하여 양도소득세라는 세금을 매기고 있다. 그런데 자본적 자산인지 아닌지 여부에 따라 소득의 종류가 달라지게 되고, 자본적 자산의 범위도 다를 수 있어서 그 구분에 유의할 필요가 있다. 예를 들어 다음과 같은 의문이 들 수 있을 것이다.

① 일반인인 개인이 구입하여 출퇴근 용도로 사용하는 자동차를 팔았는데 자동차를 판 후 발생한 이익에 대하여 세금을 매기는가?
  ⇒ 자동차는 우리나라 소득세법에서 세금을 매기는 대상으로 정하지 않고 있기 때문에 양도소득세를 매기지 않는다.

② 사업을 하지 않는 개인이 주택을 판매하는 경우(ⓐ)와 주택을 신축하여 판매하는 사업을 하는 개인이 사업 목적으로 지은 주택을 판매하는 경우(ⓑ)에 있어서 각각의 소득에는 어떠한 세금이 매겨지는가?
  ⇒ ⓐ는 사업을 하지 않는 개인이 보유한 자본적 자산인 주택을 팔아 얻은 이익이므로 양도소득세가 매겨진다. 그러나 ⓑ는 주택을 새로 지어 판매하는 사업을 하는 개인이 그 사업에서 얻은 이익이므로 종합소득의 일부인 사업소득으로 세금이 매겨진다.

이 절에서는 위와 같은 의문점 해소를 위하여 우리나라 소득세법의 양도소득세에 관

---

17) 김완석 · 정지선, 『소득세법론』 (24판), 삼일인포마인, 2018., 102면

하여 개념과 계산 흐름을 살펴보고자 한다. 다만 우리나라 양도소득세에 관한 규정이 세부적으로 들어가면 대단히 복잡하고, 자세한 설명을 위해서는 많은 지면이 할애되어야 하는 한계가 있으므로, 개략적인 틀과 개념 위주로 설명함에 대하여 독자 여러분의 양해를 구한다.

I. 양도소득이란 무엇인가? : 양도의 정의와 과세대상의 범위

양도소득세의 계산구조를 살피기에 앞서, 양도소득세가 과세대상으로 삼는 것이 과연 무엇인지를 살펴야 한다. 우리나라 소득세법은 양도소득세가 세금을 매기는 대상과 범위, 그리고 양도의 정의에 관하여 다음과 같이 규정하고 있다.

1. 양도(讓渡)란 무엇인가?

소득세법 제88조 제1호는 양도의 정의에 대하여 다음과 같이 규정하고 있다.

> '양도'란 자산에 대한 등기 또는 등록과 관계없이 매도, 교환, 법인에 대한 현물출자[18) 등을 통하여 그 자산을 **유상으로 사실상 이전**하는 것을 말한다

이 '양도'의 정의를 자세히 살펴보면 여러 가지 유의점들이 있지만, 중요한 점은 '유상'이라는 점이다. 즉 무상(공짜)이 아닌 대가를 받고 자산을 타인에게 이전해야 한다는 점이 중요하다. 무상으로 자산이 이전되었다면 이것에 대하여는 상속세 또는 증여세가 매겨져야 하지, 양도소득세가 매겨지지는 않는다.

그리고 자산이 유상으로 '사실상' 이전된 것을 양도로 보고 있음에 유의해야 한다. 해당 자산의 법적인 소유권이 반드시 파는 사람(보통 양도자 또는 매도자라 한다)으로부터 사는 자(보통 양수자 또는 매수자라 한다)에게 이전되어야 양도소득세를 매길 수 있는 것이 아니다. 실질적으로 해당 자산이 양도자로부터 양수자에게 넘어갔다고 볼

18) 보통 법인에 대한 출자는 법인의 주주 또는 주주가 아닌 제3자가 법인에게 자본금을 납입하여야 하므로 금전(즉 일반적으로 돈)으로 출자가 이루어진다. 그런데 상법은 재산적 가치가 있는 금전이 아닌 유형·무형의 물건을 법인에 납입하고 주식을 받는 행위를 할 수 있도록 하고 있다. 이를 현물출자라고 하는데, 상법에서는 이러한 현물출자는 법원의 허가가 있어야 할 수 있도록 하고 있다.

수 있다면 양도소득세를 매길 수 있다.[19)]

한편 이 양도소득세는 원칙적으로는 거주자인 개인이 사업목적이 아닌 자본적 자산을 매매한 경우에 매겨지는 것으로서, 사업목적의 자산 양도라면 여기에는 사업소득으로 하여 종합소득세가 매겨져야 한다. 앞서 사업목적인지 아닌지에 따라 주택 판매에 따른 세금이 달라지게 된다는 점을 예로 들어 설명한 바 있다.

2. 양도소득세의 과세대상 : 양도소득세는 어떠한 자산의 양도에 대하여 세금을 매기는가?

앞서 언급한 바와 같이, 소득세법은 양도소득세를 매길 수 있는 자산의 범위를 법에서 정하고 있다.

표 11-8 양도소득세 과세대상 자산의 범위

구분	과세대상 자산
부동산	① 토지 ② 건물(건물에 부속된 시설물과 구축물 포함)
부동산에 관한 권리	① 부동산을 취득할 수 있는 권리 ② 지상권 ③ 전세권[20)]과 등기된 부동산임차권
주식 및 출자지분[21)]	① 주권상장법인의 주식 중 다음에 해당되는 것 • 대주주가 양도하는 것 • 증권시장에서의 거래에 의하지 아니하고 양도하는 것 ② 비상장법인주식 ③ 외국법인이 발행하였거나 외국에서 상장된 주식
기타자산	① 사업용 토지 · 건물 · 부동산에 관한 권리와 함께 양도하는 영업권 ② 특정시설물 이용권 · 회원권 ③ 일정 요건을 충족하는 부동산과다보유법인주식 ④ 이축권(단, 이축권을 별도로 평가 및 신고시에는 기타소득)
파생상품[22)]	파생상품 등의 거래 또는 행위로 발생하는 소득

19) 예를 들어 1억원의 토지를 개인이 팔고 그 대금을 받아야 하는데, 그 매매대금 중 9천9백만원을 계약에 따라 양도자가 받았고 나머지 1백만원만 받지 않은 상황이므로 법적인 소유권은 양수자에게 이전되지 않았으나, 양수자가 그 토지를 실질적으로 사용하고 있다고 가정하자. 그렇다면 계약에 따른 대금을 전부 지급하지 않았고 법적인 소유권도 양수자에게 넘어가지 않았다고 하여 토지의 양도가 아직 이루어지지 않았다고 할 수 있을 것인가? 이러한 경우가 존재하기 때문에 양도의 개념에 '사실상'이라는 문구가 존재한다.

(1) 부동산과 부동산에 관한 권리

대표적인 양도소득세 과세대상이 바로 부동산, 특히 토지와 건물이다. 직관적으로 토지와 건물의 개념에 대하여는 파악이 가능한데, 부동산을 취득할 수 있는 권리는 무엇일까? 예를 들면 아파트 분양권 같은 것이 있을 수 있다. 현재는 아파트(부동산)가 아니나, 재개발・재건축이 끝난 후에 아파트를 분양받을 수 있는 권리가 아파트 분양권이므로 이러한 것들이 부동산을 취득할 수 있는 권리[23]가 될 수 있다. 그 밖에 전세권이나 등기된 부동산 임차권,[24] 지상권[25]의 양도로 발생한 소득도 양도소득세의 대상이다.

(2) 주식 및 출자지분

비상장법인 주식, 대주주[26]가 양도하는 주식, 증권시장에서 거래되지 아니하고 양도되는 주식은 양도소득세 과세대상 자산으로 열거되어 있으나 그 외의 자산은 열거되어 있지 않아서, 소액주주가 한국거래소에서 거래하는 주식[27]들은 양도소득세가 과세되

---

20) 전세권자는 전세금을 지급하고 타인의 부동산을 점유해 그 부동산의 용도를 좇아 사용・수익하며, 그 부동산 전부에 대해 후순위권리자 기타 채권자보다 전세금의 우선변제를 받을 권리가 있다(민법 제303조 제1항). 설명하자면, 전세금을 떼이지 않게 하기 위하여 임차인이 전세권을 설정하여 임차하는 부동산을 담보로 잡은 것과 비슷한 효과를 내게 하기 위한 것이다. 주택이나 아파트 등기부등본을 살펴보면 가끔 '전세권'이라는 용어가 나올 때가 있는데, 담보 등을 설정하지 않은 다른 채권자나 그 전세권을 설정한 일자 이후의 근저당 등 담보 설정에 앞서서 해당 전세금을 우선하여 받을 수 있게 하는 제도이다.

21) 22) 2023년부터 주식과 출자지분 양도와 파생상품 거래/행위에 따른 이익에는 '금융투자소득세'라는 새로운 이름으로 세금을 매긴다. 2022년까지는 기존의 양도소득세에서 주식과 출자지분의 양도로 발생한 이익에 대하여 세금을 매기므로 기존의 개정 전 법령을 그대로 기술한다.

23) 이외에도 토지상환채권・주택상환채권・재개발 또는 재건축주택입주권(조합원입주권)・주택청약예금증서・이주자 택지분양권 및 부동산에 관한 매매계약 체결 후 계약금 또는 계약금 이외의 대가 입부를 지급한 상태에서 매수계약자가 해당 부동산에 대해 갖는 권리 등이 있다(김완석・정지선, 『소득세법론』(24판), 삼일인포마인, 2018., 564면).

24) 보통의 임차권은 등기를 하지 않더라도 임대차의 효력이 생긴다고 한다. 그러나 임대차 계약이 끝났음에도 불구하고 임차보증금을 돌려 받지 못하고 이사나 이전을 해야 하는 경우가 발생할 수 있고, 이때 임차권을 등기하지 않으면 임차보증금을 받을 수 있는 권리가 없어질 수도 있다.

25) 지상권자는 타인의 토지에 건물, 기타 공작물이나 수목을 소유하기 위하여 그 토지를 사용하는 권리가 있다(민법 제279조). 토지의 소유권과 별개로 그 토지를 이용하는 권리를 말하고, 보통은 임대차계약을 하고 지상권을 설정하지는 않는다.

26) 소득세법 시행령 제157조 제4항에서 제6항에서는 대주주의 범위를 규정하고 있다. 주권의 상장 여부와 상장 시장 등에 따라 대주주 요건이 모두 다른데, 기준은 '주식 양도일의 직전 사업연도종료일'을 기준으로 '주식소유 비율'과 '주식의 시가총액'으로 대주주를 판단한다.

27) 여러분이 알고 있는 삼성전자나 LG전자, 현대자동차 등의 주식이 바로 한국거래소에서 거래되는 상장주식이다. 한국거래소에서 거래되는 주식은 거래시장에 따라서 KOSPI(코스피, 유가증권시장)와 KOSDAQ

지 않는다.

한편 우리나라가 아닌 미국 등 외국의 주식시장에서 거래되는 주식이나 외국의 법인에서 발행한 주식을 양도하는 경우에는 무조건 양도소득세 과세대상이다.

(3) 기타자산

토지 또는 건물, 부동산을 취득할 수 있는 권리와 함께 영업권을 양도[28)]하여 얻는 이익에 대하여는 양도소득세가 매겨진다. 영업권만을 분리하여 별도로 양도할 경우에는 기타소득으로 과세되지만, 영업권을 별도로 분리하지 않고 부동산 등과 함께 묶어서 양도하여 발생하는 이익은 영업권만을 따로 분리할 수 없는 경우가 대부분이므로, 양도하는 부동산에서 발생하는 이익으로 보아 양도소득세를 과세한다.

그리고 골프회원권이나 콘도미니엄 회원권 등 특정한 시설물을 이용할 수 있는 권리를 나타내는 이용권이나 회원권의 양도로 발생하는 이익에 대하여 역시 양도소득세를 과세하고, 사실상 부동산의 양도로 볼 수 있는 부동산과다보유법인[29)]의 주식 양도에 따른 이익에도 양도소득세를 과세한다.

(4) 양도소득세 비과세

조세정책적인 목적 또는 다른 목적 등에 따라서 양도소득세를 매겨야 하는 대상임에

(코스닥, 코스닥시장), 그리고 KONEX(코넥스, 코넥스시장)로 나뉘는데, 모두 주식 거래를 위해 만들어진 시장이고, 이 두 가지 시장에서 거래되는 주식 모두 상장주식으로 대주주가 아닌 이상 양도소득세를 내지 않는다. 그리고 이러한 상장법인 이외의 법인에서 발행한 주식이 주권비상장법인의 주식이다.

28) 상가 1호를 가지고 여기에서 장사를 하고 있는 개인이 이 상가 1호를 3억원에 팔았다고 가정해보자. 양도대가인 3억원에는 부동산(즉 상가의 토지와 건물)의 판매 대가와 장사에 따른 영업권이 포함되어 있지만, 실제 영업권과 부동산 판매 대가를 구분하기는 사실상 어렵다. 이러한 이유로 부동산 등과 함께 양도하는 영업권을 부동산 양도와 함께 묶어서 양도소득세로 과세한다. 단 영업권 대가가 명확히 구분된다면 그 영업권 양도 대가는 기타소득으로 과세한다.

29) 자산총계가 100억원인 비상장법인 A가 있는데, 그 법인의 자산 대부분이 90억원이 토지와 건물이라고 생각해보자. 이 법인의 유일한 주주인 개인 갑이 A법인의 주식 전량을 팔고자 하는데, 일반적인 주식의 양도소득에 매겨지는 양도소득세율은 20~30%이므로 이 주식 양도소득세율을 적용하여 양도소득세를 신고 및 납부하면 될 것인가? 생각해보면 법인 A가 부동산을 가지고 있기는 하지만, 실질적으로는 개인 갑이 부동산을 판 것과 유사하다. 그런데 주식에 적용되는 양도소득세율인 20~30%를 적용하면 개인이 직접 부동산을 소유하다가 판 경우와 실질적으로는 유사하다고 볼 수도 있음에도 불구하고, 개인이 직접 소유한 부동산을 팔았을 때 적용되는 세율인 구간별 초과누진세율(6~45%)을 적용할 때 계산되는 세금과 달라서 불합리하다고 생각할 수도 있다. 이에 부동산과다보유법인의 주식 양도에는 일반적인 주식에 적용되는 세율을 적용하지 않고 일반적인 양도소득에 적용되는 구간별 초과누진세율을 적용한다.

도 불구하고 법에서 양도소득세를 매기지 않는다고(즉 비과세) 명시한 것들이 있다. 소득세법 제89조 제1항은 양도소득세 비과세 대상을 다음과 같이 규정하고 있다.

① 파산선고에 의한 처분으로 발생하는 소득
② 농지의 교환 또는 분합으로 발생하는 소득
③ 일정한 요건을 만족하는 1세대 1주택의 양도로 발생하는 소득

이 중 1세대[30] 1주택의 양도로 발생하는 소득에 대한 비과세를 살펴보면, 이 1세대 1주택 양도소득 비과세는 국민 주거생활의 안정과 거주·이전의 자유를 보장하기 위하여 인정되고 있다[31]고 한다. 단 이 1세대 1주택의 양도소득이 비과세되려면 법에서 정한 요건들을 갖추어야 하는데, 복잡한 내용을 일일이 세부적으로 논의하기는 어려우므로 몇 가지 주요한 요건들을 중심으로 알아보고자 한다.

1) 1세대가 양도일 현재 기준으로 1주택을 일정기간 이상 보유 및 거주할 것

현행 세법은 2년 이상 1주택을 보유해야 비과세 양도소득으로 본다. 다만 투기과열 억제 등을 위해 일정지역(조정대상지역) 소재 주택의 양도소득은 3년 이상 보유 및 2년 이상 거주해야 비과세된다.

2) 일시적인 1세대 2주택의 경우

① 국내에 1주택을 소유한 1세대가 그 주택을 양도하기 전에 다른 새로운 주택을 취득하여 일시적으로 2주택이 된 경우, 그 새로운 주택 취득일로부터 3년(또는 1년) 이내에 기존 주턱을 처분하면 기존 주택을 1세대 1주택으로 보아 비과세함.

30) '1세대'란 거주자 및 그 배우자(법률상 이혼을 하였으나 생계를 같이하는 등 사실상 이혼한 것으로 보기 어려운 관계에 있는 사람을 포함한다)가 그들과 같은 주소 또는 거소에서 생계를 같이하는 자[거주자 및 그 배우자의 직계존비속(그 배우자를 포함한다) 및 형제자매를 말하며, 취학, 질병의 요양, 근무상 또는 사업상의 형편으로 본래의 주소 또는 거소에서 일시 퇴거한 사람을 포함한다]와 함께 구성하는 가족단위를 말한다. 다만, 대통령령으로 정하는 경우에는 배우자가 없어도 1세대로 본다(소득세법 제88조 제6호).

31) 대법원 1993.1.19. 선고 92누12988. 1세대 1주택을 가진 사람이 그 집을 팔고 다른 집으로 이사갈 때 양도소득세를 내고 나면 기존 주택과 동일한 수준의 주택으로 가지 못하고 오히려 그보다 떨어지는 집으로 이사가야 하는 경우가 있을 수 있고, 그러한 세금으로 인하여 이사를 가지 못하는 경우도 발생할 수 있어 이를 방지하기 위함이다. 즉 세금 때문에 주거생활의 안정성과 거주 및 이전이 자유롭지 못할 수 있어 1세대 1주택에 대하여는 양도소득세를 과세하지 않는다.

② 직계존속의 동거봉양, 혼인 및 상속, 근무상 형편 등 부득이한 사유에 의한 1세대 2주택 보유의 경우에도 1채 주택의 양도소득세를 비과세한다.

그러나 일부 예외가 있으나, 1세대가 주택과 조합원입주권 또는 분양권을 함께 보유하다가 그 주택을 양도하는 경우에는 1세대 1주택으로 보지 않는다.

한편 1세대 1주택의 양도로 인한 소득은 비과세가 원칙이나, 소위 '고가주택'이라고 불리는 양도가액 12억원 이상의 주택은 비과세가 아니다. 다만 양도가액 12억원을 초과하는 부분에 해당하는 부분에만 양도소득세를 매기고, 양도가액 12억원 이하에 해당하는 부분은 세금을 매기지 않는다.

Ⅱ. 양도소득세는 어떻게 계산하는가? : 양도소득세의 계산구조

양도소득세를 계산하는 흐름도는 다음과 같다.

표 11-9 양도소득세의 계산구조

	양도가액	
−	필요경비	취득가액, 자본적지출, 양도비용
=	양도차익	
−	장기보유특별공제	보유기간이 3년 이상인 토지·건물, 조합원입주권
=	양도소득금액	
−	양도소득기본공제	3개의 자산 그룹별로 연 250만원 공제
=	양도소득과세표준	
×	세 율	자산별·보유기간별로 양도소득세율이 다름
=	양도소득산출세액	
−	세액감면세액공제	조세특례제한법상의 세액감면
=	양도소득결정세액	
+	가산세	
=	양도소득총결정세액	
−	기납부세액	예정신고납부세액, 수시부과세액
=	차감납부할세액	

1. 양도차익의 계산

[표 11-9]에서 보면 양도가액에서 필요경비를 빼면 이것이 양도차익이다. 보통 판 가격(양도가액)에서 취득할 때 산 가격(취득가액)을 빼면 대부분의 이익이 계산되는데, 이 '양도가액-취득가액'의 차액에서 추가적으로 팔 때 소요되는 비용(양도비용)과 자본적지출에 지출된 금액을 빼면 이것이 바로 양도차익이다.

(1) 양도가액과 취득가액

종합소득의 총수입금액에 대응되는 것이 양도소득세의 양도가액이다. 즉 양도소득세 계산 대상이 되는 자산을 판매한 가격이다. 그리고 종합소득과 마찬가지로 필요경비가 있고, 이 필요경비는 취득가액과 자본적지출 및 양도비용으로 구성됨은 앞서 설명하였다. 일반적으로 필요경비 중 가장 큰 부분을 차지하는 것이 취득가액이고, 먼저 양도가액과 취득가액을 어떻게 산정하는지에 대하여 알아보고자 한다.

이 양도가액과 취득가액 모두 실제 거래된 가격(실지거래가액[32])으로 계산함이 원칙이다. 다만 이 실지거래가액을 확인할 수 없는 부득이한 경우[33]에는 [표 11-10]의 순서에 따라서 순차적으로 확인되는 가격을 적용한다.

먼저 적용 순서에서 가장 마지막에 적용하도록 하고 있는 기준시가란 무엇인지를 알아보고자 한다. 이 기준시가의 의미는 '양도소득세 과세대상자산의 양도 또는 취득 당시의 기준이 되는 가액을 말하며, 토지・건물 등과 같은 자산의 양도가액과 취득가액을 계산하기 위한 기준이 되는 가액으로서 국세청장이 결정한 것 또는 결정한 방법에 따라 평가한 가액[34])'이다. 이 기준시가는 과세관청이 과세의 기준을 위해 인위적으로 설정해 놓은 가격으로 실지거래가액하고는 다소 거리가 있다. 토지, 건물, 부동산을 취득할 수 있는 권리나 주식 등 자산의 종류에 따라 기준시가를 산정하는 방법이 정해져 있고, 이 중 주요한 몇 가지 자산의 기준시가 산정방법을 살펴보면 [표 11-11]과 같다.

32) 자산의 양도 또는 취득 당시에 양도자와 양수자가 실제로 거래한 가액으로서 해당 자산의 양도 또는 취득과 대가관계에 있는 금전과 그 밖의 재산가액을 말한다(소득세법 제88조 제5호).

33) 양도 또는 취득당시의 실지거래가액 확인을 위하여 필요한 장부・매매계약서・영수증 기타 증빙서류가 없거나 그 중요한 부분이 미비된 경우, 장부・매매계약서・영수증 기타 증빙서류의 내용이 감정가액 등에 비추어 거짓임이 명백한 경우(소득세법 시행령 제176조의2 제1항)

34) http://www.samili.com(삼일아이닷컴, 세무>자료실>세무용어사전)

▌표 11-10 ▌양도가액과 취득가액의 적용 순서

순위	구분	내용
1	실지거래가액	자산의 양도 또는 취득 당시에 양도자와 양수자가 실제로 거래한 가액으로서 해당 자산의 양도 또는 취득과 대가관계에 있는 금전과 그 밖의 재산가액을 말한다(소득세법 제88조 제5호).
	⇓	
2	매매사례가액	양도일 또는 취득일 전후 각 3개월 이내에 해당 자산(주권상장법인의 주식등은 제외한다)과 동일성 또는 유사성이 있는 자산의 매매사례가 있는 경우 그 가액
	⇓	
3	감정가액	원칙적으로 양도일 또는 취득일 전후 각 3개월 이내에 해당 자산(주식 등을 제외한다)에 대하여 둘 이상의 감정평가업자가 평가한 것으로서 신빙성이 있는 것으로 인정되는 감정가액(감정평가기준일이 양도일 또는 취득일 전후 각 3개월 이내인 것에 한정한다)이 있는 경우에는 그 감정가액의 평균액
	⇓	
4	환산가액 : 취득가액에만 적용	
	⇓	
5	기준시가	

▌표 11-11 ▌자산별 기준시가 산정방법[35)]

구분	기준시가
토지	• 일반지역 : 개별공시지가 • 지정지역 : 개별공시지가×배율
건물	국세청장 고시가격
주택(부수토지 포함)	개별주택가격 또는 공동주택가격
지정지역 내 오피스텔과 상업용 건물	국세청장 고시가격
상장주식	양도일 또는 취득일 이전 1개월간의 최종 시세가격 평균액

그리고 환산가액은 자산의 취득가액의 확인이 어려울 경우에 감정가액 다음 순서로

35) 이철재 · 정우승 · 유은종, 『세법강의2』(32판), 세경사, 2020.5., 305~306면 참조

적용되는 가액으로서, 다음 산식에 의하여 계산한다.

$$\text{환산(취득)가액} = \text{양도당시 실지거래가액 등}^{36)} \times \frac{\text{취득당시의 기준시가}}{\text{양도당시의 기준시가}}$$

이 산식의 의미는 양도당시의 실제 거래된 가격을 자산을 양도할 때와 취득할 때의 기준시가 비율을 적용하여 취득 당시의 실지거래가격으로 추정하겠다는 의미이다.

(2) 자본적지출 및 양도비용

양도가액에서 공제되는 자본적지출은 양도자산의 보유기간 동안 지출한 금액으로서 해당 자산의 내용연수를 연장시키거나 그 가치를 현실적으로 증가시키는 지출을 말한다. 양도자산의 용도변경, 개량, 이용편의를 위해 지출한 비용, 개발부담금 또는 재건축 부담금 등이 여기에 해당된다. 양도비용은 자산을 양도하기 위해 직접 지출한 비용으로서 양도계약서 작성비용, 공증비용, 중개수수료비용 등이 여기에 해당된다.

그런데 이러한 자본적지출과 양도비용을 계산함에 있어서 유의하여야 할 점이 있다. 취득가액을 실지거래가액으로 하여 양도차익을 계산하는 경우에만 자본적지출과 양도비용을 실제 지출한 비용으로 계산해야 한다는 점이다. 만약 취득가액을 매매사례가액이나 감정가액, 환산가액 또는 기준시가로 계산하는 경우에는 자본적지출과 양도비용 역시 개산(概算)공제방식을 사용하여 계산하여야 하지, 실제 지출된 비용으로 계산해서는 안 된다.

표 11-12 필요경비 개산공제액

구분	필요경비 개산공제액
토지 · 건물	취득당시의 기준시가×3% (미등기양도자산의 경우에는 0.3%)
지상권 · 전세권과 등기된 부동산임차권	취득당시의 기준시가×7%
위를 제외한 나머지 자산	취득당시의 기준시가×1%

36) 양도 당시 실지거래가액 등은 실지거래가액 이외에 매매사례가액이나 감정가액이 적용될 경우에는 적용되는 그 매매사례가액이나 감정가액 각각을 의미한다.

단, 취득가액을 환산가액으로 하는 경우에 다음 산식에 따라 필요경비를 계산한다.

필요경비＝max[①, ②]
① 환산취득가액과 필요경비 개산공제액과의 합계
② 자본적지출액과 양도비 등의 합계

2. 장기보유특별공제

자본이득(capital gain)은 그 이익의 실현시점에 장기간에 걸친 보유이익이 한꺼번에 실현됨에 따라 우리나라와 같은 초과누진세율을 적용하는 나라에서는 자본이득에 대한 세금 역시 높게 계산되는 소위 '결집효과(bunching effect)'가 발생한다. 이러한 결집효과의 완화를 위하여 우리나라 소득세법은 장기보유특별공제 제도를 두어 이러한 자본이득에서 일정 부분을 빼고 양도소득세를 계산하게 함으로써 거주자의 세부담을 완화하고 있다.

이러한 장기보유특별공제는 다음과 같이 계산하여 양도차익에서 빼주고 있다.

장기보유특별공제＝양도차익×공제율

장기보유특별공제는 양도차익에 곱하는 공제율이 중요한데, 이 공제율은 일반적인 토지・건물과 같은 일반자산인지, 아니면 1세대 1주택에 해당하는지 여부에 따라 다음과 같이 달리 적용[37)]한다.

37) 장기보유특별공제는 토지와 건물, 주택 및 조합원입주권(조합원으로부터 취득한 것은 제외)에만 적용되고, 주식 등 다른 양도소득세 과세대상 자산에는 적용하지 않는다.

표 11-13 일반자산의 장기보유특별공제

보유기간	공제율	보유기간	공제율
3년 이상 ~ 4년 미만	6%	10년 이상~11년 미만	20%
4년 이상 ~ 5년 미만	8%	11년 이상~12년 미만	22%
5년 이상 ~ 6년 미만	10%	12년 이상~13년 미만	24%
6년 이상 ~ 7년 미만	12%	13년 이상~14년 미만	26%
7년 이상 ~ 8년 미만	14%	14년 이상~15년 미만	28%
8년 이상 ~ 9년 미만	16%	15년 이상	36%
9년 이상 ~ 10년 미만	18%	–	–

일반적인 토지와 건물, 조합원입주권의 경우에는 이와 같이 3년 이상의 보유기간을 가진 자산에 대하여 보유기간별로 공제율을 달리하여 장기보유특별공제를 계산한다.

한편 1세대 1주택에 적용되는 장기보유특별공제율은 보유기간과 거주기간을 모두 고려하여 계산하고, 그 계산방식은 다음과 같다.

장기보유특별공제 = 양도차익[38] × (보유기간별 공제율 + 거주기간별 공제율)

표 11-14 1세대 1주택 장기보유특별공제

보유기간	공제율	거주기간	공제율
3년 이상 ~ 4년 미만	12%	2년 이상 ~ 3년 미만 (보유기간 3년 이상에 한함)	8%
		3년 이상 ~ 4년 미만	12%
4년 이상 ~ 5년 미만	16%	4년 이상 ~ 5년 미만	16%
5년 이상 ~ 6년 미만	20%	5년 이상 ~ 6년 미만	20%
6년 이상 ~ 7년 미만	24%	6년 이상 ~ 7년 미만	24%
7년 이상 ~ 8년 미만	28%	7년 이상 ~ 8년 미만	28%
8년 이상 ~ 9년 미만	32%	8년 이상 ~ 9년 미만	32%
9년 이상 ~ 10년 미만	36%	9년 이상 ~ 10년 미만	36%
10년 이상	40%	10년 이상	40%

38) 1세대 1주택에 해당하나 양도가액 12억원을 초과하는 고가주택에는 비과세가 적용되지 않고, 다만 양도가액 12억원을 초과하는 부분에 해당하는 양도차익에 대하여만 양도소득세가 매겨진다고 하였다. 그러므로 1세대 1주택인 고가주택의 장기보유특별공제를 계산할 때 양도차익은 양도가액 중 12억원을 초과하는 부분에 해당하는 양도차익이다.

3. 양도소득기본공제

양도소득이 있는 거주자의 해당 과세기간의 양도소득금액에서 각각 연 250만원을 공제한다. 다만 각 소득별로 각각 연 250만원의 양도소득기본공제를 적용하므로 동일한 과세기간에 토지와 건물을 순차적으로 각각 양도한 경우 토지와 건물에서 각각 250만원을 공제하는 것이 아니라, 먼저 양도한 토지에 대해서만 양도소득기본공제를 적용한다. 그리고 동일한 과세기간 동안 토지와 주식을 순차적으로 양도한 경우라면 토지와 주식은 서로 다른 그룹이기 때문에 토지와 주식의 양도소득금액에서 각각 250만원을 공제한다는 점을 유의하여야 한다.

4. 양도소득세 세율

양도소득세의 세율은 자산별, 보유기간별로 다른 복잡한 세율 구조를 가지고 있다. 또한 양도소득세 세율은 부동산 투기가 우려되는 조정대상지역인 경우에도 세율 구조가 달라지는 등 복잡다단한 구조를 지니고 있다. 그러므로 실제 양도소득세 계산을 위해 어떠한 세율을 적용하여야 하는지를 결정하기 위해서는 세심히 검토해야 한다. 여기에서는 세세한 부분까지 적용세율을 보지 않고 중요하다고 생각되는 항목 위주로 살펴보기로 한다.

표 11-15 양도소득세 세율

<table>
<tr><th colspan="3">구분</th><th>적용세율</th></tr>
<tr><td rowspan="7">토지・건물
부동산에
관한 권리</td><td colspan="2">원칙</td><td>기본세율(6~45%)
(분양권은 60%)</td></tr>
<tr><td rowspan="2">보유기간이 1년 이상
2년 미만</td><td>주택, 조합원입주권
및 분양권</td><td>60%</td></tr>
<tr><td>기타</td><td>40%</td></tr>
<tr><td rowspan="2">보유기간이 1년 미만</td><td>주택, 조합원입주권
및 분양권</td><td>70%</td></tr>
<tr><td>기타</td><td>50%</td></tr>
<tr><td colspan="2">비사업용 토지</td><td>초과누진세율(16~55%)</td></tr>
<tr><td colspan="2">미등기 양도자산</td><td>70%</td></tr>
</table>

<table>
<tr><td rowspan="2">기타자산</td><td colspan="2">원칙</td><td>기본세율(6~45%)</td></tr>
<tr><td colspan="2">부동산보유법인주식 중 비사업용 토지가 전체 자산의 50% 이상을 차지하는 법인의 주식</td><td>초과누진세율(16~55%)</td></tr>
<tr><td rowspan="4">주식과 출자지분39)</td><td rowspan="2">대주주가 양도하는 주식</td><td>1년 미만 보유주식 등으로서 중소기업 외의 법인주식</td><td>30%</td></tr>
<tr><td>그 주식</td><td>양도소득과세표준 3억원 이하 20%
양도소득과세표준 3억원 초과
6천만원+(3억원 초과액×25%)</td></tr>
<tr><td rowspan="2">대주주가 아닌 자가 양도하는 주식</td><td>중소기업의 주식</td><td>10%</td></tr>
<tr><td>중소기업 외의 주식</td><td>20%</td></tr>
</table>

Ⅲ. 양도소득세의 신고 및 납부

1. 양도소득 예정신고

양도소득세 과세대상 자산을 양도한 거주자는 양도소득세 과세표준을 다음의 기간 내에 납세지 관할 세무서장에게 예정신고하여야 한다. 양도차익이 없거나 양도차손이 발생한 경우에도 신고를 해야 한다.

① 토지와 건물, 부동산에 관한 권리 및 기타자산의 양도 : 양도일이 속하는 달의 말일부터 2개월 이내에 예정신고

② 주식 및 출자지분 : 양도일이 속하는 반기의 말일부터 2개월 이내에 예정신고

2. 양도소득세 확정신고

양도소득금액이 있는 거주자는 해당 과세기간의 다음연도 5월 1일부터 5월 31일까지 납세지 관할 세무서장에게 양도소득과세표준을 신고하여야 한다. 과세표준이 없거나 양도차손이 발생한 경우에도 신고의무는 있다. 다만, 양도소득세 예정신고를 한 자는 해당 소득에 대한 확정신고를 하지 않아도 된다.

39) 2023년부터 양도소득세가 아닌 금융투자소득세로 과세된다.

예제

거주자 김영일 씨는 20×2년에 상업용 건물과 비상장주식을 양도하였다. 각각의 물음에 대하여 답하여라. 김영일 씨가 양도소득세 확정신고기한까지 신고를 하지 않았고, 정부가 양도소득세 과세표준과 세액을 결정한다.

김영일 씨는 20×2년 4월 1일에 상업용 건물을 양도하였다. 양도일 현재 건물 보유기간은 9~10년 사이이고, 취득시점의 실지거래가액은 150,000,000원이었다. 보유기간 중 건물에 대한 자본적지출이 20,000,000원이 있었고 양도시점에서 중개사수수료 등 양도비용은 10,000,000원이 발생하였다. 동 자본적지출과 양도비용은 모두 적격지출증명서류로 그 지출이 확인된다. 양도시점의 실지거래가액은 400,000,000원이다.

또한, 김영일 씨는 2021년 5월 1일에 비상장주식을 양도하였다. 해당 비상장주식의 보유기간은 양도일 현재 12~13년 사이이다. 취득시점의 해당 비장상주식의 실지거래가액을 신뢰할 수 있는 자료를 통해 파악할 수 없었다. 다만 해당 비상장주식의 감정평가액은 양도시 100,000,000원이고, 취득시 50,000,000원이었으며, 기준시가는 양도시점에서 30,000,000원이었고, 취득시점에서 20,000,000원이었다. 양도시점의 실지거래가액과 양도비용도 확인되지 않는다.

두 양도에 대한 김영일 씨의 20×2년 양도소득세 과세표준은 각각 얼마인가?

|해설|

구분	건물		비상장주식	
	금액	비고	금액	비고
양도가액	400,000,000	실지거래	30,000,000	기준시가
취득가액	150,000,000	실지거래	20,000,000	기준시가
필요경비	30,000,000		200,000	취득시 기준시가의 1%
자본적지출	20,000,000	실제발생공제	–	–
양도비용	10,000,000	실제발생공제	–	–
양도차익	220,000,000		9,800,000	
장기보유특별공제	39,600,000	양도차익의 18%	–	–
양도소득기본공제	2,500,000	기본공제적용	2,500,000	기본공제 적용
양도소득과세표준	37,100,000		7,300,000	

제3절 퇴직소득세

근로를 제공한 개인[40]이 직장에서 퇴직 또는 퇴사하는 경우에 일반적으로 퇴직금을 수령한다. 이 퇴직금 수령액이 퇴직소득에 포함되는데, 이러한 퇴직소득은 장기간의 근무에 대한 근속보상적 급여로서 장기간(재직기간)에 걸쳐서 조성 및 집적된 소득이 일시에 실현되는 특색(즉 결집효과)이 있을 뿐 아니라 퇴직 후 생활자금이 되는 점을 고려하여 종합소득이 아닌 퇴직소득으로 별도로 과세한다.[41]

Ⅰ. 퇴직소득이란 무엇인가? : 퇴직소득의 범위

소득세법 제22조 제1항에 의하면 퇴직소득은 다음의 소득으로 한다.

① 공적연금 관련법에 따라 받는 일시금
② 사용자 부담금을 기초로 하여 현실적인 퇴직을 원인으로 지급받는 소득
③ 그 밖에 제1호 및 제2호와 유사한 소득으로서 대통령령으로 정하는 소득

먼저 '공적연금 관련법에 따라 받는 일시금'이란 국민연금 등의 공적연금제도로부터 연금 방식으로 받지 않고 한꺼번에 일시금 형태로 받는 경우 그 수령한 일시금을 말한다. 그리고 제2항의 '현실적인 퇴직[42]을 원인으로 지급받는 소득'이 일반적으로 말하

40) 근로를 제공하는 개인에는 종업원은 물론 법인의 임원도 포함된다. 그런데 법인 임원의 퇴직소득세 계산은 종업원과 다른 점이 있고 규정의 변화로 인하여 계산하는 방법이 종업원보다 복잡하다. 여기에서는 임원의 퇴직소득세 계산방법은 다루지 않고, 개략적인 계산구조 학습을 통하여 개념을 이해하는데 치중하고자 한다.

41) 김완석·정지선, 『소득세법론』(24판), 삼일인포마인, 2018., 238면. 즉 퇴직소득을 다른 종합소득과 합산할 경우 초과누진세율 적용으로 세부담이 증가하는 것을 방지하고자 별도로 과세하는 것이고, 퇴직소득공제 및 평균과세 채택 등을 통하여 다른 소득보다 퇴직소득을 우대하여 세금을 매기고 있다(김완석·정지선, 앞의 책, 같은 면).

42) '현실적인 퇴직'이란 임의퇴직·정년퇴직·해고·면직 등의 사유로 근로관계가 근무관계 등이 사실상 종료됨을 말한다(김완석·정지선, 『소득세법론』(24판), 삼일인포마인, 2018., 238면). 즉 근로자가 근로를 그만둔다는 의미로 이해하면 될 것이고, 원칙적으로는 직장을 그만두지 않으면 퇴직금을 받을 수 없다. 그렇지만 근로자가 목돈을 긴급히 필요로 할 경우에 퇴직금을 중간에 정산하여 지급하지 못하도록 하면 그 목돈 마련이 어려울 수 있다. 이러한 이유로 긴급한 필요성이 인정되면 퇴직금을 중간정산

는 퇴직할 때 지급받는 퇴직금 수령액을 의미한다.

Ⅱ. 퇴직소득세는 어떻게 계산하는가? : 퇴직소득의 계산구조

▌표 11-16 ▌퇴직소득세 계산구조

	퇴직소득금액	
−	근속연수공제	근속연수에 따라 정한 금액
	환산급여	(퇴직소득금액 − 근속연수공제) × $\frac{12}{근속연수}$
−	환산급여공제	환산급여에 따라 정한 금액
	퇴직소득과세표준	
×	기본세율	
	산출세액	퇴직소득과세표준 × 기본세율 × $\frac{근속연수}{12}$

앞서 퇴직소득세는 결집효과가 발생하기 때문에 소득세 부담이 한꺼번에 집중된다고 언급하였다. 그러므로 이러한 결집효과를 줄이기 위하여 소득세법은 퇴직소득공제와 평균과세를 채택하여 낮은 세율을 적용하는 혜택을 부여하고 있다.

1. 퇴직소득공제

소득세법은 퇴직소득공제를 두 가지로 구분하여 적용하고 있다. 근속연수공제와 환산급여공제로 나누는데, 근속연수공제는 근속기간별로 공제액을 증가시켜서 장기근속자를 우대하고 있고, 환산급여에서도 그 환산급여 수준에 따라 정해진 금액을 공제하고 있다.

하여 받을 수 있도록 하고 있는데, 이러한 사유에는 무주택 근로자의 주택구입 또는 전세금 부담 · 질병 또는 부상으로 6개월 이상 요양 · 파산이나 개인회생 등이 있다.

표 11-17 근속연수공제

근속연수[43]	공제액
5년 이하	30만원×근속연수
5년 초과 ~ 10년 이하	150만원+50만원×(근속연수−5년)
10년 초과 ~ 20년 이하	400만원+80만원×(근속연수−10년)
20년 초과	1,200만원+120만원×(근속연수−20년)

표 11-18 환산급여공제

환산급여	공제액
800만원 이하	환산급여의 100%
800만원 초과 ~ 7,000만원 이하	800만원+800만원 초과액×60%
7,000만원 초과 ~ 1억원 이하	4,250만원+7,000만원 초과액×55%
1억원 초과 ~ 3억원 이하	6,170만원+1억원 초과액×45%
3억원 초과	1억 5,170만원+3억원 초과액×35%

2. 평균과세

퇴직소득금액에서 근속연수공제를 한 후의 금액을 근속연수로 나눈 후 12를 곱한 금액을 환산급여라고 한다. 이렇게 하는 이유는 역시 결집효과를 완화하기 위함인데, 근속연수 1년당 평균퇴직소득금액을 계산한 후 12를 곱한 금액을 대상으로 퇴직소득세를 계산한 후, 다시 '12/근속연수' 비율을 곱함으로써 근속연수 기간에 걸쳐 평균적으로 과세하는 효과를 얻기 위함이다.

III. 퇴직소득세의 과세방법

일반적인 경우 퇴직소득의 수입시기[44]는 퇴직한 날로 한다. 국내에서 거주자나 비거주자에게 퇴직소득을 지급하는 자는 퇴직소득세를 원천징수하여 다음 달 10일까지

43) 근속연수 계산시 1년 미만의 기간은 1년으로 본다.
44) 퇴직소득을 언제 받은 것으로 볼 것인지 여부를 판단하는 것이 퇴직소득의 수입시기이다. 이 수입시기가 정해져야 그 수입시기에 따른 퇴직소득세에 대한 소득세 계산 대상 기간과 소득세 신고 및 납부시기가 정해진다.

납부하여야 하며 원천징수세율은 기본세율을 적용하여 계산한다. 그러나 근로자가 퇴직금을 연금으로 수령하는 것을 독려하기 위해 퇴직금을 연금계좌에 입금하는 경우는 해당 퇴직자가 이를 연금외 수령, 즉 연금소득 관련 법령에서 정하는 방법 이외의 방식으로 수령을 하기 전까지는 원천징수하지 않는다.

원칙적으로 퇴직소득금액이 있는 거주자는 그 퇴직소득 과세표준을 다음연도 5월 1일부터 5월 31일까지 납세지 관할 세무서장에게 확정신고해야 하지만, 원천징수를 통해 퇴직소득세를 납부한 경우에는 이러한 과세표준 확정신고를 하지 않아도 된다.

예제

거주자 김영수 씨는 ㈜강성에 20×2년 7월 1일에 입사하여 20×6년 12월 31일에 기획부장으로 퇴직하였다. 김영수는 퇴직금으로 1억원을 퇴직일에 수령하였다.

(1) 퇴직소득 산출세액을 계산하시오.

(2) 만일 이 소득이 퇴직소득이 아닌 근로소득으로 지급받은 것이고 김영수 씨가 다른 소득이 없었다면 20×6년 종합소득세 산출세액은 얼마인가? 이 경우 종합소득공제는 10,000,000원이라고 가정한다.

(3) 두 경우의 세부담 차이를 계산하시오.

단, 종합소득세 기본세율은 다음과 같다.

과세표준구간	세율	누진공제
4,600만원 초과 ~ 8,800만원 이하	24%	522만원
8,800만원 초과 ~ 1억 5,000만원 이하	35%	1,490만원

그리고 총급여액이 1억원일 경우 근로소득 공제액은 14,750,000원이다.

|해설|

(1) 퇴직소득산출세액

퇴직소득금액 1억원

근속공제 : 20×2년 7월 1일부터 20×6년 12월 31일까지 4년 6개월 근속하였으며 근속연수 계산시 1년 미만의 기간이 있는 경우는 1년으로 본다. 따라서 근속연수는 5년임.

30만원×근속연수(5년)=1,500,000원

환산급여 : $(100{,}000{,}000-1{,}500{,}000)\times\frac{12}{5}=236{,}400{,}000$원

환산급여공제 : 61,700,000+(236,400,000−100,000,000)×45%=123,080,000원

퇴직소득과세표준 : 236,400,000−123,080,000=113,320,000원

산출세액 : $113{,}320{,}000 \times 기본세율 \times \frac{5}{12} = 10{,}317{,}500$원

(2) 근로소득일 경우 종합소득세 산출세액

종합소득금액＝근로소득금액 : 1억원－14,750,000＝85,250,000원

종합소득과세표준 : 85,250,000－10,000,000＝75,250,000원

종합소득산출세액 : 75,250,000×24%－5,220,000＝12,840,000원

(3) 퇴직소득으로 분류될 경우 세부담은 2,522,500원만큼 줄어든다.

Chapter 12

상속세와 증여세

[사례 1] 롯데그룹 상속세

롯데 신격호 '1조원' 유산분할 합의… 신동빈 등 상속세 4,500억원 낸다

지난 1월 별세한 신격호 롯데그룹 명예회장의 유족들이 약 1조원에 달하는 유산 분할에 합의했다. 신 명예회장의 유산 상속인은 신영자 전 롯데장학재단 이사장과 신동주 SDJ코퍼레이션 회장(전 일반 롯데홀딩스 부회장), 신동빈 롯데그룹 회장, 신유미 전 호텔롯데 고문 등 자녀 4명이다.

29일 재계에 따르면 유족 4인은 전날 신 명예회장의 유산을 정리하는 방식에 동의한다고 서명했다. 이들은 앞으로 한국과 일본 양국에 4,500억원 가량의 상속세를 납부할 예정이다.

〈Chosun Biz > 산업 > 기업, http://news.chosun.com, 2020.7.29. 기사 중 발췌〉

[사례 2] 직계 증여재산

한해 직계 증여재산 30조원 돌파… 1억원 넘는 증여도 5만 건

지난해 직계존비속에 증여된 재산이 30조원을 넘은 것으로 나타났다. 1억원 넘게 증여받은 건수도 5만여 건으로 집계됐다.

국세청은 17일 지난해 증여세 신고 현황 등 2019년도 신고 세목 가운데 95개 국세통계 항목을 조기 공개했다. 공개된 통계에 따르면 지난해 증여 신고는 15만 1,000여 건으로 '증여재산가액 등'은 42조 2천억원으로 나타났다. 이 가운데 직계존비속 증여가 8만 6,000여 건, 증여재산가액은 30조 6,000억원이다.

〈Chosun Biz > 정책, http://news.chosun.com, 2020.7.17. 기사 중 발췌〉

여러분이 이런 언론기사를 보았을 때 가지게 되는 생각은 무엇인가? 상속과 증여, 상속세와 증여세가 무엇인지는 잘 모르더라도, 아무래도 기사 내용처럼 상속세와 증여세가 거액의 재산가들이나 내는 세금이고, 여러분과 관계없는 세금이라는 생각이 들 수 있다. 실제 2020년 국세통계연보[1]를 보면 2019년 상속인수(상속재산을 받은 자)는 9,555명으로 10,000명이 채 되지 않고, 신고된 증여건수도 151,399건에 불과하기 때문에, 그러한 생각이 충분히 일리가 있을 수 있음을 수 있다. 그리고 이러한 상속세와 증여세가 세수에서 차지하는 비중이 2019년 전체 내국세 세수의 3.21%(상속세와 증여세 세수는 8,329,158백만원)[2]에 불과하여 내국세에서는 큰 비중을 차지하는 세목이 아님도 알 수 있다.

그럼에도 불구하고 여러 세목 중 상속세와 증여세가 가지는 사회경제적 의의는 결코 작지 않다. 먼저 상속세의 의의에 대하여는 어떤 이는 '상속세가 부의 집중을 완화하여 국민들의 경제적 균등을 도모하고자 하는 사회정책적 의의를 지닌 제도'[3]라고 하고, 또 다른 이는 '개인의 사망을 원인으로 하여 그의 상속재산에 대해 과세하여 그 부의 일부를 사회에 환원하여

1) 국세청, 『국세통계연보』 (2020년 국세통계 조기공개 1차) (http://www.nts.go.kr, 국세정보 > 국세통계)
2) 국세청, 『국세통계연보』 (2020년 국세통계 조기공개 1차) (http://www.nts.go.kr, 국세정보 > 국세통계)
3) 이태로 · 한만수, 『조세법강의』 (신정12판), 박영사, 2016, 723면

부의 편중을 억제하는 경제 · 사회적 기능'을 갖는 동시에 '피상속인(상속재산을 물려주는 자, 대부분의 경우 돌아가신 고인(故人)이 됨)이 생전에 받았던 사회적 · 경제적 특전이나 기타 조세회피 등에 의한 부담의 경감을 청산한다는 의미를 갖는다'[4]고도 한다. 이해하기 어려울 수 있는 표현들이지만, 이러한 주장들이 가지는 의미는 첫째 상속세는 개인의 사망 때문에 발생하는 재산이 아무런 대가없이 이전되는 것에 대하여 세금을 매김으로써, 공짜로 물려받는 재산의 일부를 사회에 환원시키거나 부(副)의 재분배를 의도한다는 의의를 가지고, 둘째 고인(故人)이 생전에 국가 또는 사회로부터 받았던 여러 가지 혜택(이를테면 복지제도나 국가의 보호 등)에 대한 대가를 사망 후에 추가로 납부하게 하거나 생전에 미처 내지 못하였거나 덜 낸 세금을 사후에 내게끔 하게 한다는 의미로 이해될 수 있다.

한편 소유재산의 사후이전이냐 생전이전이냐는 차이만 있을 뿐, 상속과 증여는 재산의 무상이전이라는 점에서는 사실상 그 의미가 같다. 따라서 증여에 대한 세금이 없다면 살아있을 때 재산을 모두 증여하면 상속세 회피가 가능하다는 등의 이유로 증여세가 상속세의 보완적 의미를 지닌다고 하기도 한다.[5] 그리고 소득을 순자산증가설의 입장에서 본다면 증여세가 소득세와 상호보완적 관계로도 볼 수 있기 때문에, 증여세가 반드시 상속세의 보완적 성격만을 지녔다고는 볼 수 없다고 한다.[6]

이번 장에서는 이러한 의미를 지닌 상속세와 증여세에 대하여 살펴보고자 한다. 다만 여러분들이 상속세와 증여세의 의미가 이해되지 않는다고 하여 여기에서 실망할 필요는 전혀 없다. 이제부터 시작될 상속세와 증여세에 대한 설명을 보고 나면 자연스럽게 이해될 것이다. 그러나 한정된 지면과 시간 내에서 상속세와 증여세의 모든 면을 살펴본다는 것은 불가능하므로, 본장에서 상속세와 증여세의 전체 흐름과 중요하다고 생각하는 항목 위주로 살펴보는 점에 대하여 여러분들의 양해를 구하고자 한다.

| 학습목표 |

- 상속과 증여, 상속세와 증여세란 무엇인가? : 용어의 정의
- 상속세와 증여세는 왜 존재하는가? : 상속세와 증여세의 역사와 과세근거
- 상속세와 증여세를 어떻게 과세하는가? : 상속세와 증여세의 과세방식
- 상속세와 증여세가 세금을 부과하는 대상의 가치를 얼마로 산정할 것인가? : 과세대상 재산 및 재산의 평가방법
- 상속세와 증여세는 어떻게 계산하는가? : 상속세 및 증여세의 계산구조
  (1) 상속세의 계산구조 (2) 증여세의 계산구조
- 증여로 예시하는 경우, 증여로 추정하거나 증여로 의제하는 경우는 무엇인가? : 증여예시 규정과 증여추정 및 의제

4) 백덕현, "상속세 및 증여세의 소득세에 대한 보완적 기능에 관한 연구", 건국대학교대학원 경제학과 박사학위 논문, 2007, 15면
5) 이태로 · 한만수, 『조세법강의』 (신정12판), 박영사, 2016, 763~764면
6) 이태로 · 한만수, 『조세법강의』 (신정12판), 박영사, 2016, 764~765면

제1절 상속과 증여, 상속세와 증여세란?

본절에서는 상속과 증여, 상속세와 증여세의 의미에 대하여 간단히 알아보고자 한다. 이러한 개념적 의미는 따지고 들면 복잡하고 이해하기 어려운 현학적 표현들로 구성될 수 있고, 여러 정책적 목적에 따라서 세법이 바뀌거나 새로이 제정되기 때문에 한 가지 표현으로만 단정하기 곤란할 수 있다. 그럼에도 불구하고 대략적인 개념에 대하여 짚고 넘어가야 앞으로 설명할 부분에 대한 이해가 가능하기 때문에 대략적이나마 소개하고자 한다.

Ⅰ. 상속과 증여의 개념

1. 상속(相續)

상속을 한자로 표현하면 相續(상속)으로 쓴다. 그 의미를 한자로 새기면 '서로 상(相)'에 '이을 속(續)'으로, '서로 간에 잇다'는 의미로 새길 수 있다. 이러한 기본적인 의미에 보태어 표준국어대사전은 상속의 의미를 다음과 같이 정의하고 있다.

"일정한 친족 관계가 있는 사람 사이에서, 한 사람이 사망한 후에 다른 사람에게 재산에 관한 권리와 의무의 일체를 이어 주거나, 다른 사람이 사망한 사람으로부터 그 권리와 의무의 일체를 이어받는 일"

이러한 정의를 풀어 설명하자면, 한 사람이 사망한 이후 다른 사람이 사망한 사람의 권리와 의무를 이어가는 것을 상속이라고 보면 될 것이고,[7] 보통의 경우에는 사망한

7) 상속세 부담을 해야 하는 자의 범위는 상속인과 수유자(受遺者, 유증 또는 사인증여에 의하여 유산인 재산을 받은 자)로 하고 있다(상속세 및 증여세법 제3조의2). 이 중 상속인이라 함은 법정상속인(민법 제1000조), 대습상속인(민법 제1001조), 피상속인(고인)의 배우자(민법 제1003조) 및 상속인의 결격사유가 있는 자(민법 제1004조)와 상속포기자(민법 제1019조 제1항), 그리고 특별연고자도 포함한다. 이 중 법정상속인은 민법에서 정한 상속인으로서, 피상속인인 고인(故人, 돌아가신 분)의 직계비속과 직계존속, 형제자매와 4촌 이내의 방계혈족을 말한다. 직계존속과 직계비속의 의미는 각주 16번을 참조하고, 4촌 이내 방계혈족은 4촌 이내 친척을 의미하는 것으로 일단 이해하자.

사람의 재산을 이어받는 것을 생각하게 된다.

그런데 우리나라 상속세 및 증여세법은 이러한 일반적인 형태의 상속에 추가하여 다음의 것을 포함한다고 한다.[8)]

① **유증**(遺贈) : 상대방 없는 단독행위인 유언(遺言)에 의한 재산의 무상증여. 즉 유언으로 재산을 무상으로 주는 것을 말한다.

② **사인증여**(死因贈與) : 증여자의 사망으로 인하여 효력이 생길 증여(민법 제562조). 한자의 의미로 풀면 한 사람의 죽음/사망(죽을 死)을 원인으로(이유 因)하는 증여(贈與)라는 의미가 될 수 있다. 즉 한 사람의 죽음에 따라 무상으로 권리와 의무가 주어지는 것을 말한다고 할 수 있다.

③ **특별연고자**(特別緣故者) : 민법 제1057조의2에서는 상속권을 주장하는 자가 없을 경우 피상속인(일반적으로 고인(故人), 즉 사망자로서 상속재산을 사망으로 넘겨주는 자)과 생계를 같이 하고 있던 자, 피상속인의 요양간호를 한 자, 기타 피상속인과 특별한 연고가 있던 자의 청구에 의하여 상속재산의 전부 또는 일부를 받는 자를 의미한다. 즉 친족 등 상속을 받을 권리를 주장하는 자가 없는 경우에는 피상속인과 생계를 같이 하였던 자, 피상속인을 요양 간호하여 돌보아 주던 자 및 기타 다른 특별한 연관이 있던 자가 상속재산을 받을 권리를 주장하여 상속재산을 청구하여 받는 자를 의미한다.

2. 증여(贈與)

증여를 한자로 표현하면 贈與(증여)라고 쓴다. 그 의미를 풀어보자면 '주다 증(贈)'에 '주다 여(與)'로, 무언가를 준다는 의미를 담고 있다. 민법 제554조는 다음과 같이 증여를 정의하고 있다.

"증여는 당사자의 일방이 자기의 무상으로 재산을 상대방에게 수여하는 의사를 표시하고 상대방이 이를 승낙함으로써 효력이 생긴다."

약간 어려운 말일 수 있지만, 결국 민법은 증여를 '공짜(무상)'로 재산을 상대방에게

8) 상속세 및 증여세법 제2조 제1호. 우리나라의 상속에 관한 법률은 민법(民法) 제5편에서 규정하고 있는데, 사실 이 민법에는 상속의 정의에 관한 언급은 없다. 그런데 위의 상속세 및 증여세법 제2조 제1호를 보면 기본적으로 '민법 제5편에 따른 상속을 말한다'라고 하고 있다.

준다는 의사를 표시하고, 재산을 받는 상대방이 받는다는 승낙을 함에 따라 효력이 발생하는 것을 의미한다고 볼 수 있다.

한편 민법과 약간 다르게 우리나라의 상속세 및 증여세법은 증여(贈與)의 의미를 민법상 증여보다 넓은 의미로 다음과 같이 정의하고 있다.

"증여란 그 행위 또는 거래의 명칭·형식·목적 등과 관계없이 직접 또는 간접적인 방법으로 타인에게 무상으로 유형·무형의 재산 또는 이익을 이전(移轉)(현저히 낮은 대가를 받고 이전하는 경우를 포함한다)하거나, 타인의 재산가치를 증가시키는 것을 말한다. 다만 유증과 사인증여는 제외한다.

우리나라의 상속세 및 증여세법 제2조 제6호에 의하면 민법상 증여의 의미를 기본으로 하여 재산을 '공짜(무상)'로 주는 것에 더하여, 재산 또는 이익이 어떠한 형태로 전달되든지를 따지지 않고 그 재산 또는 이익이 공짜로 전달되기만 하면 증여로 보겠다는 의미로 해석된다. 민법에서는 주는 자(증여자)와 받는 자(수증자)의 합의가 있어야 하지만(즉 받는 자의 승낙이 필요함), 상속세 및 증여세법상 증여는 그러한 승낙이 필요없는 것은 물론이거니와, 재산 또는 이익이 공짜(무상)로 전해졌다는 사실만 있다면 전해진 행위나 거래의 명칭·형식·목적이 무엇이든지 증여로 본다는 의미로 보인다.[9] 다만 유증과 사인증여는 상속세에서 다루고 있으므로 이를 증여에서 제외한 것으로 해석된다. 그리고 후술하겠지만 우리나라 세법상 증여의 개념에 '공짜(무상)'로 주는 것뿐 아니라 아주 낮은 대가(즉 매우 싼 대가를 받는 것)를 받고 재산을 남에게 이전하는 것과 자기 자신의 재산이 아닌 타인(他人, 자기를 제외한 자)의 재산가치를 증가시키는 행위 또한 증여의 개념에 넣고 있어, 이러한 행위들에 증여세를 매기고자 하는 의도를 알 수 있다.[10] 이해를 돕기 위해 예를 들어 보도록 하겠다.

---

9) 좀 더 현학적인 표현을 하자면 "민법상 증여는 재산의 무상 이전에 대한 증여자와 수증자의 합의가 있어야 하지만, 세법상으로는 이는 물론이고 단독행위든 합동행위이든 사실행위이든 법률행위이든 그 이전의 원인에 관한 사법상의 형식을 불문"(구옥서, 『사법과 세법』, 유로, 2010, 367~369면)한다고 하거나, "당사자의 일방이 무상으로 재산을 상대방에게 수여하는 의사를 표시하고 상대방이 이를 승낙함으로써 그 효력이 발생하는 계약(민법 제554조)을 통해서 이루어지는 재산의 이전에만 국한되는 것이 아니라, 여하한 법률행위나 사실행위에 의해 이루어지는 여하한 형태의 경제적 가치의 무상이전을 포괄하는 것"(이태로·한만수, 『조세법강의』 (신정12판), 박영사, 2016, 770면)으로 표현하고 있다.

10) 후술하겠지만 상속세 및 증여세법 제31조 제1항 제2호 및 제3호는 이러한 것에 증여세를 매기고자 한다. 이러한 규정들에서는 재산 또는 이익을 현저히 낮은 대가를 주고 이전하거나 현저히 높은 대가를 받고 이전하는 경우와 재산 취득 후 해당 재산의 가치가 증가하는 경우에 있어서 증여재산가액(즉 재산 또는 이익으로 얼마를 증여받았는지)을 규정한다. 다만 이해하기 어렵다면 현 단계에서는 과감히

아주 단순하게 현재 재산가치로 1채당 1억원인 집 2채와 10억원짜리 집 1채가 있다고 가정하자. 그리고 무슨 이유에서인지 1억원인 집 2채와 10억원인 집 1채를 서로 맞바꾸게 되었다고 하자. 1억원인 집 2채를 합하여 보았자 2억원에 불과하므로 정상적인 경우라면 10억원인 집 1채와 1억원짜리 집 2채를 맞바꾸는 거래는 일어날 수 없다. 굳이 바꾸고자 한다면 1억원인 집 2채를 주고, 그에 더하여 차액인 8억원(=10억원-2억원)을 추가로 10억원짜리 집을 소유한 집 주인에게 지불하여야만 계산이 맞다고 생각할 것이다. 그런데 1억원짜리 집 2채를 여러분의 친구가 소유하고 있고 10억원짜리 집은 그 친구의 아버지가 소유한 상황에서, 친구와 친구의 아버지가 각자가 소유한 집을 맞바꾸는데 집값의 차액인 8억원을 지불하지 않고 맞바꾼다면 어떻게 될 것인가?

일단 여러분의 친구는 위의 집을 맞바꾸는(교환) 거래를 통하여 엄청난 재산적 이익을 얻은 것이 사실이다. 세금을 전혀 고려하지 않는다면 여러분의 친구는 8억원의 교환에 따른 이익을 얻었고, 반대로 친구의 아버지는 8억원의 교환에 따른 손실을 입었다. 이를 달리 표현하면 여러분의 친구는 2억원 어치의 집을 주고 10억원의 집을 받았으므로 8억원의 재산적 이익을 아무런 대가없이(즉 공짜로) 아버지로부터 받은 것이다. 이 8억원이 위에서 잠깐 언급하였던 상속세 및 증여세법에서 이야기하는 증여[11]의 일부분이다.

이렇듯 세법상 '증여'의 개념을 민법과 달리 넓은 의미로 정의한 것은 나중에 설명할 증여세 '완전포괄주의'를 위한 것이다. 세법상 증여의 개념에 '완전포괄주의'를 도입함으로써 형식에 관계없이 직·간접적으로 무상으로 이전된 재산 또는 이익을 모두 증여로 보아 증여세를 매기고, 기존에 없던 새로운 유형의 증여 형태가 나타날 경우에도 세금을 매길 수 있게 하였다.[12]

넘겨도 좋을 것이다.

11) 현행 상속세 및 증여세법은 증여의 범위에 현저히 낮은 대가를 받고 이전하는 경우를 포함한다. 친구의 아버지는 10억원 가치의 집을 현저히 낮은 대가인 2억원을 받고 준 것이므로 이 경우에 해당한다.

12) 국회예산정책처, 『2016 조세의 이해와 쟁점』: ⑤ 상속세 및 증여세, 2016.6., 12면

생각해볼 문제

"남은 상속세 10조원" 부동산 팔고, 주식도 파는 삼성 일가 {뉴스원샷}

이건희 회장은 주식과 부동산, 미술품 등 26조원 규모의 유산을 남긴 것으로 알려졌다. 이 가운데 삼성 계열사 주식의 상속 재산가액은 18조 9,633억원이다. 이에 따른 상속세만 11조 3,000억원대에 이른다.

〈http://joongang.co.kr/article/25013628# home, 중앙일보 2021.10.10. 기사 중 발췌〉

삼성家, 상속세 내려 2조원대 삼성 주식 판다.

고 이건희 회장은 주식과 부동산, 미술품 등 약 26조원의 유산을 남긴 것으로 알려졌다. 삼성 일가는 지난 4월 용산세무서에 12조원이 넘는 상속세를 신고하면서 5년 연부연납을 신청했다.

〈http://etnews.com/20211009000008?m=1, 전자신문 2021.10.9. 기사 중 발췌〉

얼마 전 삼성그룹 이건희 회장이 별세했다는 소식 이후 몇 달 뒤에 각종 신문기사 등 언론에서는 삼성그룹의 상속세에 관한 기사들을 쏟아내기 시작했다. 삼성그룹의 상속세 문제는 사람들의 관심을 끌었고 사람들은 상속세의 규모에 다시 한번 놀랐을 것이다. 정확한 상속세액은 알 수 없지만, 약 26조원에 달하는 유산의 규모를 보면 상속세액 또한 어마어마할 것으로 짐작된다.

이러한 막대한 규모의 상속세를 납부하여야 하는 상속인 입장에서는 당연히 납부액을 줄이고 싶을 것이고, 납부기간도 여유있게 늘리고 싶을 것이다. 이러한 주장을 하는 측은 상속세 납부를 위해 기업 경영권에 직접적인 영향을 미칠 수 있는 주식이나 지분을 매각하여야 하는 등 부작용이 많고, 짧은 기간의 납부기간을 부여하여 충분한 준비없이 세금을 납부하여야 하는 어려움이 있는 등 현실적인 어려움을 주장하고, 아울러 OECD 가입국가들의 사례를 들어 상속세율이 과도하다고 주장한다. 반면에 막대한 부가 무상(無償, 즉 공짜)으로 상속인으로 이전되기 때문에, 이러한 무상 이전되는 부(富)를 재분배하여 사회에 환원하는 기능을 상속세가 계속 수행하여야 한다는 주장을 하면서 이러한 상속세가 문제되는 국민이 극소수에 불과하다는 점도 주장한다.

이러한 주장들에 대한 여러분들의 생각은 어떠한가? 과연 적정한 상속세율은 어떻게 정해야 할 것인가? 적정한 상속세율이란 것이 과연 존재하는 것일까? 상속세는 도대체 어떠한 성격의 세금이고 이 세금을 통하여 달성하고자 하는 목적은 무엇일까? 이러한 물음에 대한 여러분들의 의견은 무엇인가?

Ⅱ. 상속세와 증여세

1. 상속세

상속세를 간단히 말하자면 상속을 원인으로 발생하는 상속재산에 매겨지는 세금이다. 도입부의 [사례 1] 롯데그룹 상속세'를 보자. 롯데그룹 신격호 회장의 별세로 인하여 약 1조원에 달하는 재산을 물려받는 상속인들이 부담해야 할 상속세가 약 4,500억원에 이른다는 것을 알 수 있다. 여기에서 상속인들이 물려받게 되는 약 1조원에 달하는 재산이 상속재산이고, 상속세는 이러한 약 1조원의 재산에 매겨질 약 4,500억원의 세금인 것이다.

이러한 상속세의 의미를 좀 더 자세히 말하자면 '자연인의 사망을 계기로 무상으로 이전되는 재산을 과세물건으로 하여 그 취득자에게 과세하는 세목'[13]이라고 하고, '유산의 사후이전에 대해 과세하는 것으로서 피상속인의 사망에 따른 상속, 유증 및 사인증여에 의하여 무상으로 재산이 이전되는 경우 부과되는 조세'[14]로도 정의된다고 한다. 어려운 표현을 사용하여 이해가 잘 되지 않을 수 있지만, 풀이하자면 상속세란 한 인간의 사망(死亡), 즉 죽음으로 인하여 공짜(무상)로 물려주는 재산에 매기는 세금이 상속세이고, 우리나라 세법은 민법에 따른 상속뿐 아니라 유증과 사인증여에 의하여 공짜로 재산이 이전되는 경우에도 상속세가 매겨지는 것[15]으로 이해될 수 있다.

2. 증여세

상속세가 상속을 원인으로 발생하는 상속재산에 매겨지는 세금이라면, 증여세는 증여를 원인으로 발생하는 증여재산에 매겨지는 세금으로 이해할 수 있다. 도입부의 [사례 2] 직계 증여재산'을 한번 살펴보자. 2019년 직계 증여재산이 30조원을 돌파하였고, 증여재산액이 1억원을 넘는 건도 5만여 건에 이른다고 한다. 이 기사의 뜻은 무엇일까? 기사가 말하고자 하는 것은 '본인'이 '본인'의 위 조상인 '부모', '할아버지 · 할머니' 등(직계존속)에게, 또는 '본인'의 아래로 '자녀'나 '손자 · 손녀' 등(직계비속)[16]에게 증

13) 이태로 · 한만수, 『조세법강의』(신정12판), 박영사, 2016, 723면
14) 이광재, 『상속 · 증여세 이론과 실무』(2016개정판), 세경사, 2016, 99면
15) 'Ⅰ. 상속 · 증여의 개념'의 '1. 상속' 참조
16) 직계존비속이란 직계존속과 직계비속을 합하여 부르는 말이다. 원래 민법에 있는 용어인데, 직계존속은 조상으로부터 직계로 내려와 자기에 이르는 사이의 혈족으로서 부모, 조부모, 증조부모나 고조부모

여한 재산을 합하면 30조원을 넘는다는 의미이고, 1건의 증여시 증여하는 재산의 가치가 1억원을 넘는 건 또한 5만여 건에 이른다는 의미이다. 이러한 많은 재산들이 증여된 이유를 자세히 알 수는 없지만, 어쨌든 2019년에는 엄청난 액수의 재산이 공짜로 '본인'의 혈족 등에게 이전되었음을 알 수 있다. 그리고 증여세는 이러한 증여를 원인으로 발생한 증여재산에 매겨지는 세금으로서, 직계존비속 간 증여재산액인 약 30조원의 증여재산에 이미 증여세가 매겨졌을 것이다.

이러한 증여세의 뜻을 더 자세히 기술하자면 '증여세는 재산의 수증을 과세물건으로 하여 부과되는 국세'[17]라고 할 수 있고, '경제적 가치가 있는 재산의 생전 무상이전을 과세물건으로 하여 부과하는 국세'[18]라고 정의할 수도 있을 것이다. 이를 이해하기 쉽게 풀자면, '공짜(무상)'로 옮겨지는 증여재산에 매겨지는 세금으로, 상속과 달리 생전(生前)에 이루어지는 재산의 무상이전이라는 특징이 있다. 그리고 증여세가 없다면 세금부담 없이 재산을 생전에 이전할 것이기 때문에, 증여세 없는 상속세는 존립할 수 없다.[19] 이와 더불어 우리나라 세법이 '증여'의 의미를 민법보다 넓은 의미로 정의하고 있음은 앞서 언급한 바 있다.

상속세와 증여세에 대한 본격적인 설명에 앞서서 친족 계보도와 촌수에 대한 기본적인 사항을 알아보는 것이 좋을 듯하다.

등을 일컫는 용어이다. 그리고 직계비속이란 자기의 직계로 이어져 내려가는 혈족으로, 아들・딸, 손자・손녀, 증손자・증손녀 등을 일컫는 말이다(표준국어대사전 참조).

17) 이태로・한만수, 『조세법강의』(신정12판), 박영사, 2016., 763면

18) 최명근, 『과세상속론』, 세경사, 1990. 25면

19) 이태로・한만수, 『조세법강의』(신정12판), 박영사, 2016., 763면

친족 계보도

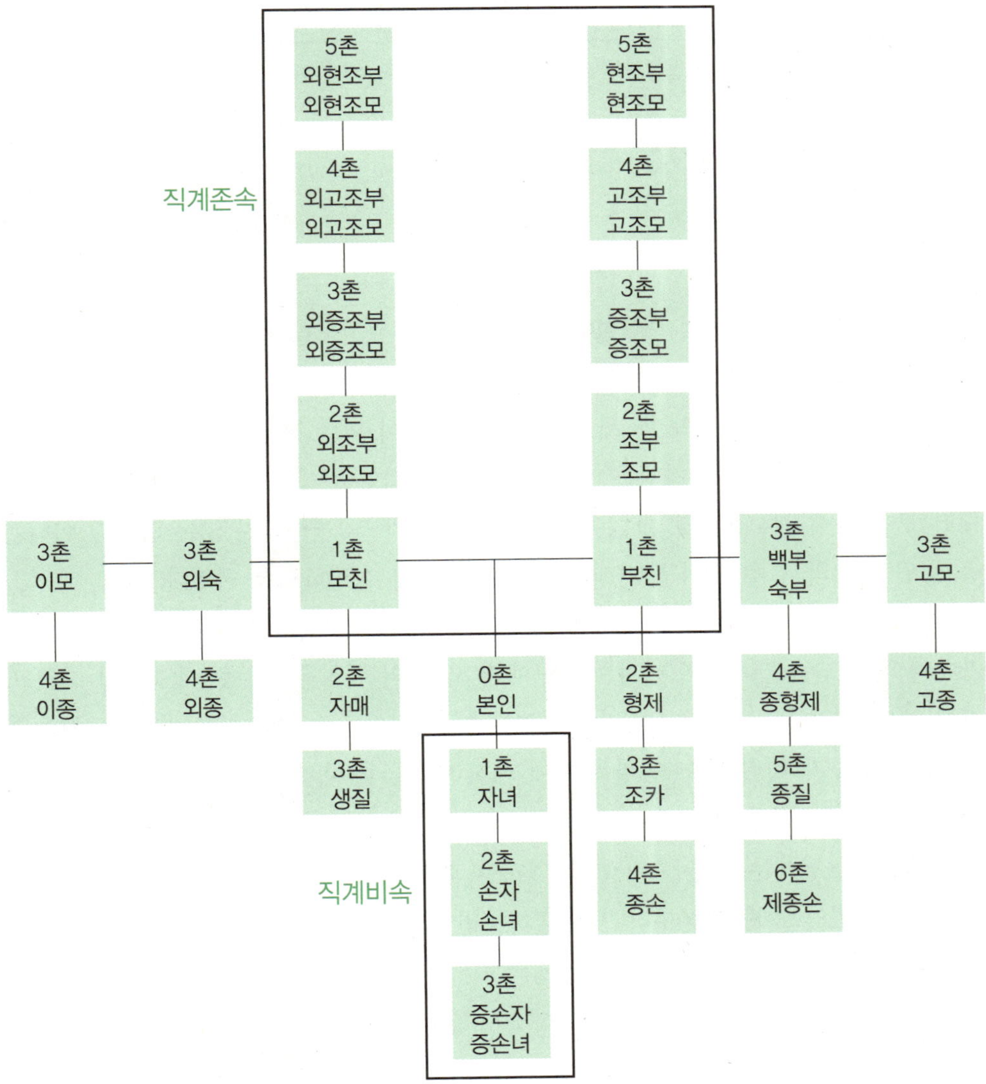

출처 : https://blog.naver.com/msamk329/222145807206, 세금이야기 "증여와 상속 이야기 제2탄-직계존속? 직계비속? 친족? 방계혈족?" 중 발췌 및 일부 수정

구분	내용
직계혈족	직계존속과 직계비속
방계혈족	① 본인의 형제자매 ② 형제자매의 직계비속 : 생질, 조카, 종손 등 ③ 직계존속의 형제자매 : 백부, 숙부, 고모, 외숙, 이모 등 ④ 직계존속 형제자매의 직계비속 : 종형제, 고종, 종질, 제종손, 이종, 외종 등

인척	혈족의 배우자, 배우자의 혈족 및 배우자 혈족의 배우자 ⇒ 장인, 장모, 처남, 처제, 형수, 계수, 매부, 숙모, 고모부 등

출처 : https://klri.re.kr, 한국법제연구원, 법령용어검색 참조

Ⅲ. 증여세 완전포괄주의

앞에서 '증여'의 정의에 관한 설명에서 증여세의 '완전포괄주의'를 잠깐 언급한 적이 있다. 우리나라의 현행 상속세 및 증여세법은 증여의 경우 '완전포괄주의'를 채택하고 있는데, 여기에서 '포괄주의'란 '세금을 매기는 대상이 되는 경제적 이익을 일일이 나열하여 규정하지 않고 모든 경제적 이익에 대하여 예외없이 세금을 매길 수 있도록 법을 제정한 것'[20]이라는 의미로 새길 수 있다. 이 의미가 잘 이해되지 않는 독자의 이해를 돕기 위해 위의 집을 맞바꾼 거래의 사례를 곁들어 설명하도록 하겠다.

앞서 든 사례에서는 친구 아버지의 10억원 가치의 집을 친구에게 주고 친구의 2억원 가치의 집을 받음으로써, 아버지는 친구에게 8억원의 이익을 아무런 대가없이 주었고, 현행 세법에 의하면 친구는 8억원의 증여를 받은 것이므로 이에 대한 세금을 내야 한다. 만약 친구가 이러한 8억원의 이익에 대하여 세금을 내지 않는다면 아마 세무서로부터 연락이 올 것이다!

그런데 오늘날에는 세금을 매길 수 있지만 과거에는 이러한 증여 거래에 모두 세금을 매길 수 있었을까? 결론부터 먼저 말하자면 과거에는 그렇지 못한 때가 있었다. 오늘날에는 '증여'의 개념을 포괄적으로 정의하였기 때문에(즉 완전포괄주의이기 때문에) 세금을 매길 수 있지만,[21] 지금으로부터 20여년 전만 해도 법에서 열거하고 있는 유형의 것에 대하여만 세금을 매길 수 있었다(열거주의). 설명을 위해 먼저 다음의 예를 한번 보도록 하자.

20) 국회예산정책처, 『2016 조세의 이해와 쟁점』 : ⑤ 상속세 및 증여세, 2016.6., 11면
21) 사실 엄밀한 의미에서 증여세에 완전포괄주의가 현재 완전히 적용되어 세금을 매길 수 있고, 그렇게 실제 세금이 매겨지고 있는가 하는 점에 대하여는 논란이 있다. 그러나 여기에서는 포괄주의에 대한 설명 과정의 편의상 그렇다고 한 것이다.

[사례]
① '잘나가' 회사의 현재 1주당 주식가치가 100,000원이고 총 5,000주의 주식을 발행한 상황이여서 이 회사의 총 주식가치는 500,000,000원이다(=@100,000원×5,000주).
② '잘나가' 회사의 주식 100%는 '잘나가' 회사의 대표이사인 '물려줘'의 소유이다.
③ '물려줘'는 '잘나가' 회사를 자신의 아들인 '다받아'에게 넘기고 싶어한다. 그런데 자신의 주식을 그대로 아들인 '다받아'에게 주면 증여세가 나올 것이 염려된다.
④ '물려줘'의 아들 '다받아'에게는 현재 수중에 50,000,000원의 돈밖에 없다. 이 50,000,000원으로 '잘나가' 회사를 주식을 세금 걱정 없이 물려주고 싶어한다.

'물려줘'는 5억원 재산을 무상으로 '다받아'에게 줄 경우 증여세가 걱정돼서 자신 소유의 주식 5,000주를 공짜로 '다받아'에게 주지는 못한다. 그런데 어떤 사람이 전환사채(Convertible Bond : CB)[22)]라는 것을 창안하였는데, 가만히 생각해보니 이 전환사채를 이용하면 세금없이 '다받아'에게 회사를 물려줄 수 있다는 것을 알게 된다. 그러면 어떻게 하면 될까?

'물려줘'는 다음 날 즉시 '다받아'와 '잘나가' 간 전환사채 발행에 대한 계약서를 작성하여 '잘나가'에게 '다받아'가 돈을 꿔주게 한다. 그리고 나중에 꿔준 돈 대신 '잘나가'의 주식으로 돈을 갚을 수 있게 하는 것이 핵심이다.

① '잘나가' 회사는 50,000,000원을 '다받아'로부터 빌리고, 3년 후에 갚기로 한다.
② '잘나가' 회사와 '다받아' 간 맺은 계약 내용은 다음과 같다.
- 50,000,000원을 3년 후에 갚되, 3년이 지나기 전에 '다받아'가 주식으로 돈 대신 갚기를 청할 경우에는 주식으로 빌린 돈을 갚는다.
- 주식으로 대신 갚는 조건은 전환가격[23)]을 1주당 1,000원으로 하여 계산한다.

---

22) 전환사채(轉換社債, Convertible Bond : CB)란 생소한 용어에 당황하지 말자. 여러분을 회사에 돈을 빌려준 이(채권자)라고 가정하면, 반대로 회사는 우리로부터 돈을 빌린 이(채무자)이고, 회사가 돈을 빌렸다는 의미에서 보통 회사채(會社債) 또는 사채(社債)란 말을 사용한다. 그리고 채권자가 돈을 빌려주면, 채무자는 약속한 기한이 되었을 때 돈으로 갚는 것이 일반적이다. 그런데 약속한 기한이 되어 돈으로 갚을 수도 있지만, 그 대신에 약속한 기한 전에 채권자가 '돈으로 갚는 대신 채무자인 당신 회사의 주식을 발행해서 대신 갚아달라'고 돈을 빌린 회사에게 청구할 수 있는 사채(社債)가 있는데, 이 사채가 바로 전환사채다. 전환사채는 채권자의 선택에 따라 빌려준 돈을 돈으로 받지 않고, 채무자인 회사의 주식으로 전환(轉換)시킬 수 있다(convertible)는 의미를 지닌다. 그리고 이러한 주식으로 전환시킬 권리를 '전환권(轉換權)'이라고 한다. 이러한 전환사채와 비슷한 것으로서 신주인수권부사채(Bond with Warrant)가 있는데 이것의 의미는 여러분들이 찾아보도록 하자.

23) 전환사채에 주식으로 전환할 수 있는 권리가 있다면 당연히 채권자는 '내가 빌려준 돈이 얼마의 주식

이제 모든 승계작업은 거의 끝났다. 남은 작업은 '다받'가 적당한 때에 '잘나가' 회사에 빌려준 돈을 주식으로 갚아 달라고 청구하는 일만 남았다. 1년 후 '다받아'가 전환사채를 주식으로 전환해 달라고 '잘나가' 회사에 청구하였고, '잘나가' 회사는 돈 5천만원을 갚는 대신에 주식 50,000주(=5천만원÷@1,000원)를 발행해서 돈 대신 갚았다. 이러한 행위가 어떠한 경제적 효과를 유발하였는지 살펴보면 다음과 같다.

▌표 12-1 ▌전환사채 전환 전

주주명	가. 보유주식수	나. 1주당 주가	다. 전환 전 주식가치 (가×나)
물려줘	5,000주	100,000원	500,000,000원
다받아	–	100,000원	–
합계	5,000주	–	500,000,000원

▌표 12-2 ▌전환으로 인한 효과

주주명	라. 전환으로 발행한 주식수	마. 전환가격	바. 전환으로 증가한 주식가치 (라×마)
물려줘	–	1,000원	–
다받아	50,000주	1,000원	50,000,000원
합계	50,000주	–	50,000,000원

▌표 12-3 ▌전환사채 전환 후

주주명	사. 전환 후 보유주식수	아. 전환 후 지분율	자. 전환 후 1주당 주가	차. 전환 후 주식가치 (사×자)
물려줘	5,000주	9%	10,000 원[24]	50,000,000원
다받아	50,000주	91%	10,000 원	500,000,000원
합계	55,000주	100%	–	550,000,000원

으로 전환될 수 있는가?'에 가장 관심이 있을 것이다. 그렇다면 받을 돈 대신 받을 주식의 가치가 얼마인지가 궁금할 것이고, 받을 주식의 가치는 1주당 주가에 받을 주식수를 곱한 것이다. 여기에서 1주당 주가는 조정이 불가능하다고 가정하면, 받을 주식의 수가 조정이 가능한 변수이고, 받을 주식의 수를 결정하기 위해서는 '1주당 몇 원 가치로 쳐서 사채를 전환하겠다'는 전환가격이 필요하다.

24) ① 500,000,000원+50,000,000원=550,000,000원(전환 전 주식가치+전환으로 증가한 주식가치)
② '①'÷55,000주(전환 후 총주식수)=10,000원

전환사채 전환 전에는 '물려줘'가 가지고 있던 '다받아' 주식의 가치가 5억원이었고, '다받아'는 회사 주식을 가지고 있지 않았으므로 주식가치가 '0'원이었다. 그런데 전환사채 전환 후에는 '다받아'가 소유한 주식의 가치가 5억원이고, '물려줘'가 소유한 주식가치가 5천만원으로 크게 줄어버렸다. '물려줘'는 가만히 앉은 자리에서 4억 5천만원을 손해보았는데, 그 손해 금액은 도대체 어디로 간 것일까? 게다가 '다받아'는 '잘나가' 회사의 주식을 5만주나 가지게 되어 '다받아'의 지분율이 91%에 이르게 되어 사실상 이 회사는 '다받아'의 회사가 되었다. 도대체 어떻게 된 것인가?[25)]

이 이상한 결과가 초래된 핵심적인 이유는 바로 '전환가격'에 있다. 위의 표들을 잘 보면 1주당 전환가격이 1,000원인데, 이 가격이 전환 전 1주당 주식가격 100,000원의 1%에 불과함을 알 수 있다. 상식적으로 보면 이 상황이 많이 이상한 상황이다. 원래 1주당 100,000원의 주식인데 '다받아'가 주식을 받을 때는 1주당 1,000원으로 쳐서 받는다니? 결과적으로 '다받아'는 5천만원을 주고 5억원을 받은 셈인데, 이러한 점이야말로 위에서 언급한 아버지와 아들 간 집 교환 거래의 본질과 동일하게 '비싼 물건(10억원)을 주고 싼 물건(2억원)을 받아와서 아버지가 아들에게 이익을 증여'한 거래와 그 본질이 같다. 그리고 당연히 오늘날 이러한 거래가 있었다면 세무서에서 세금 내라고 연락이 올 것이다!

그런데 분명히 '다받아'는 1주당 전환가격을 불공정하게 책정하여서 4억 5천만원의 이익(=5억원−0.5억원)을 보았음에도, 이러한 거래에 세금을 매길 수 없었던 시절이 있었다고 한다. 예전의 상속세 및 증여세법은 법에서 열거하고 있는 것만을 대상으로 세금을 매기는 '열거주의'를 채택하고 있었는데, 새로운 증여기법인 위의 불공정한 전환사채의 전환에 대하여 세금을 매기는 규정이 없었기 때문이다. 결국 이러한 불공정한 전환과 같은 사례와 같은 새로운 유형의 거래를 일일이 법에서 열거하는 방식으로는 기존에 없던 새로운 유형의 불공정한 거래가 나타날 경우에 세금을 매길 수 없게 된다. 설령 법에서 새로운 유형의 불공정한 거래를 증여세 과세대상으로 열거한다고 하여도, 법 개정에 시간이 걸리고 이미 이익을 본 사람들에게까지 개정된 법을 적용하여 세금을 매길 수 없다는 한계가 있기 때문에, 2004년부터는 '완전포괄주의' 증여개념을 도입하기에 이른다.[26)]

25) 여러분들이 잘 생각해보면 알 수 있을 것이다. 이것은 아버지가 아들에게 주식과 주식가치를 몰아준 것이다. 이러한 구조는 제로섬(zero−sum) 게임과 유사하게 총가치는 정해져 있지만, 주주의 지분율이 달라졌으므로 가치를 나누어 갖는 비율이 달라진 결과이다.

26) 자세한 설명은 생략했지만 이미 우리나라 상속세 및 증여세법은 1998년부터 '유형별 포괄주의'라는 '열거주의'와 '완전포괄주의'의 중간 형태의 포괄주의를 도입하였었다. 그러나 재벌 및 고액재산가들의 변

앞서 증여세 완전포괄주의를 도입함으로써 새로운 유형의 불공정 거래에 세금을 매길 수 있게 되었다고 이야기한 바 있다. 여러분들이 이해하기 쉽도록 하기 위해 2억원 가치의 집 2채와 10억원의 집 1채를 맞바꾼 예를 들어 설명한 바 있는데, 현실세계에서는 어떠한 방식으로 증여가 이루어지고 있는지 알아보도록 하자.

[사례 1] 교차증여 사례[27)]
개인 A와 A의 여동생 B가 각자의 직계후손에게 주식 16,000주를 각자가 직접 증여하면 증여세가 많이 나오므로, A는 B의 직계후손에게 주식 16,000주를 증여하고, B는 A의 직계후손에게 주식 16,000주를 증여함으로써 초과누진세율 구조하의 높은 증여세율을 회피하고자 한 사례

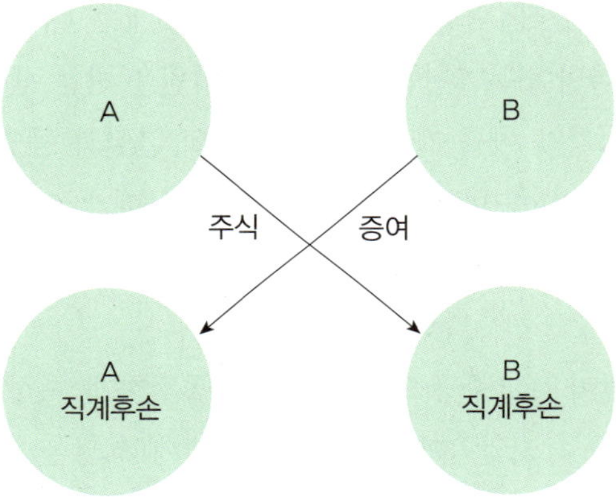

[사례 2] 친인척 차용을 가장한 사례
아버지 C의 아들인 D가 고가의 아파트를 취득하였는데 이 아파트 취득자금에 대한 조사를 실시한 결과 아들 D가 이 아파트를 취득할 능력이 되지 않음이 밝혀진 사례. 이 사례에서는 아들 D가 친척인 E로부터 자금을 차입한 것으로 주장하였으나, 결론적으로는 아버지 C가 친척 E에게 아파트 취득 자금 일부를 송금한 사실이 밝혀져서 아버지 C가 아들 D에게 증여한 것으로 세무조사 과정에서 밝혀진 사례

〈https://sejungilbo.com/news/articleView.html?idxno=30324, 세정일보 2020.12.7. 기사 중 발췌〉

칙증여를 막는 것에 한계가 있어 참여정부는 재벌개혁의 하나로 상속세 및 증여세법을 개정하여 완전포괄주의 증여개념을 도입하였는데, 이는 증여의 개념을 확대하고 증여세 과세대상을 부의 무상이전이라는 넓은 의미로 정의하는 포괄주의 방식을 채택한 것이다(구옥서, 『사법과 세법』, 유로, 2010, 366면).

[사례 3] 명품 판매대금을 가장한 사례
아버지 F의 아들인 G가 고가의 아파트를 구입하였는데 G는 소득을 거의 신고하지 않은 상황임. 아버지 F가 친분이 있는 지인들에게 돈을 송금하고 이 돈으로 G가 인터넷에 올린 상품을 구입한 것이 조사 결과 밝혀진 사례

〈https://hankyung.com/realestate/article/202101076575i, 한경부동산 2021.1.7. 기사 중 발췌〉

[사례 4] ATM 등에서 인출한 현금을 증여한 사례
아버지 H가 은행 창구와 ATM 등에서 뽑은 현금을 미성년 자녀인 I에게 증여한 후, 이 돈으로 I가 부동산을 구입한 것이 조사 결과 밝혀진 사례

〈https://nocutnews.co.kr/news/5648716, 노컷뉴스 2021.11.1. 기사 중 발췌〉

이 이외에도 수없이 많은 사례들이 있는데, 여러분이 더 찾아보도록 하자. 이러한 사례들을 접한 후 이 사례들에 대한 여러분들의 생각은 어떠한가?

제2절 상속세와 증여세의 역사와 과세근거

본절에서는 상속세와 증여세가 어떻게 시작되었는지, 특히 상속세가 어떻게 시작되었는지를 알아보고자 한다. 사후(상속)와 생전(증여)이라는 차이를 제외하면 상속세와 증여세의 개념적 차이는 그리 크지 않고, 증여세가 상속세의 보완적 의미를 지니고 공짜(무상)로 이전된 재산에 상속세 또는 증여세가 매겨진다는 의미를 새겨 볼 때, 증여세의 출발 역시 상속세의 출발과 크게 다르지 않다고 보인다. 그리고 이어서 상속세와 증여세가 가지는 법적·경제적 의미에 대하여 알아보고자 한다. 상속세와 증여세가 아무런 이유없이 등장하지는 않았을 것이다. 역사적으로 세금을 매기는 이유가 있었을 것이고, 그 이유가 계속되든지 아니면 다른 의미로 바뀌었든지 간에, 상속세와 증여세가 현대에도 그 의의가 있기 때문에 계속 이어져 오고 있을 것이다.

27) 이해를 위해 실제 사례를 다소 단순화하였다.

Ⅰ. 상속세의 역사

1. 서양(西洋) 상속세의 기원과 흐름

상속세의 기원은 언제일까? 사망, 즉 죽음으로 인한 세금의 기원은 기원전 700년의 고대 이집트로 거슬러 올라간다고 한다. 고고학 연구에 의하면 고대 이집트시대에 아버지 주택을 상속받은 아들이 세금을 내지 않아 많은 벌금을 물었다는 이야기나 상속세 절감을 위하여 죽기 직전에 아들에게 아버지 재산을 매도했다는 이야기 등이 파피루스에 적혀 내려져 오고 있다고 한다.[28] 그리고 약 2천년 전 고대 로마 황제 아우구스투스도 가까운 친족을 제외한 모든 개인 간의 상속과 유산에 대해 세금을 부과하였다고 한다. 중세 유럽에서 가족 사망에 대하여 세금을 부과하였고, 18세기에는 많은 국가들이 유언장이나 사망시 재산을 양도하는 문서에 부과하는 인지세와 등기료 등을 도입하였다고 한다.[29]

2. 유럽의 상속세 제도[30]

고대 로마시대에는 상속세 제도가 퇴역군인에 대한 지원목적으로 상속재산의 5%를 과세하는 것으로 도입되었다고 한다. 그리고 중세 유럽에서는 영주가 장원(莊園)을 소유하고 있었는데, 영주 소속 거주민이 사망할 경우 그 사람이 갖고 있던 재산이 상속인에게 넘어가는 과정에서 상속받은 사람이 영주에게 대가를 지급하여야 토지를 보유하고 경작을 할 수 있었다고 한다. 아울러 중세에 상속받은 자들은 상속받은 토지에서의 첫 해 소득을 왕에게 바침으로써 일종의 상속세를 낸 것으로 간주되었다고 한다. 이에 따라서 귀족의 미망인은 상속받은 토지로부터 얻은 소득 1년분을 왕에게 바쳤고, 왕은 그 답례로 그 미망인에게 귀족 신분을 부여하였다. 그리고 미성년자가 상속받게 되면 상속받은 미성년자가 성년이 될 때까지 해당 토지의 지대는 영주가 갖고, 성년이 되면 상속 허가료로 역시 1년분 지대를 영주에게 납부하여야 상속이 되었다. 특히 중세에는 유산세(estate tax)[31]라는 것이 많이 적용되었는데, 부유한 유태인에게 유산세를 25%

---

28) 백제흠, [세무이야기] 상속세제의 백년대계, 아시아경제(http://asiae.co.kr/news), 2019.12.13.

29) 원문은 Internal Revenue Service(IRS). 미 국세청이 발간한 "The Estate Tax: Nonety Years and Counting" report임. 인용한 글은 "세계법제정보센터, '미국 유산세 90년사' 연구보고서, 3면"으로 원문의 번역본임.

30) 문점식, 『역사 속 세금이야기 : 인권 전쟁 그리고 세금』(증보판), 세경사, 2012., 273~278면

까지 매기기도 하였다고 한다.

중세 이후의 네덜란드에서는 앞서 언급한 인지세적 성격의 상속세를 부과하였다. 상속시 재산가액에 비례하여 날인된 종이(stanped paper)에 유언장이 작성되어야 했고, 이 날인된 종이를 상속세 성격의 3펜스에 구입하여야 했다고 한다.32) 이러한 네덜란드의 상속세는 영국의 상속세 도입에 영향을 미쳤는데, 미국 독립전쟁 발발시 전쟁자금 마련을 위해 영국의 로드 노스(Lord North) 수상이 상속세 제도를 도입하였다.33) 이후 1795년 영국의 퍼트 수상이 세율체계를 재산가액 1만 파운드까지 확대하여 세금을 인상하였고, 6개월 내 세금을 납부하지 않을 경우에는 가산세를 매기도록 하였다.34) 영국은 오늘날에도 상속세 신고 기한이 6개월이다.35)

한편 영국의 윌리암 하코트(Sir William Harcourt)경 대에 이르러 재산의 평가와 누진세율(1~8%)을 도입함에 따라 상속세 과세체계가 다시 한번 변모하였다. 영국의회가 하코트의 유산세(Estate duty)를 채택하였고 동시에 누진세 체제의 소득세를 도입하였던 것이다. 이러한 하코트의 상속세는 미국에 옮겨가서 적용되기도 하였다고 한다.

31) 유산세(Estate tax)는 사망시 재산을 양도하는 특권에 대해 부과하는 일종의 소비세로, 피상속인의 전체 유산 규모에 따라 누진세율을 적용함이 보통이라고 한다(원문은 "The Estate Tax: Nonety Years and Counting" Report. 번역본인 "세계법제정보센터, '미국 유산세 90년사' 연구보고서. 3면" 인용. 이는 상속받은 자가 받은 상속재산을 기준으로 세금을 메기는 것이 아니라, 사망한 자가 남긴 상속재산 전체를 기준으로 세금을 매긴다는 의미로 일단 새긴다.

32) 네덜란드의 상속세는 인지세적 성격을 지닌다. 우리나라도 부동산 등 소정의 물건에 대한 권리 등의 창설이나 이전 또는 변경에 대한 계약서 등에 인지를 사서 붙이고 있다(인지세법 참조).

33) 아담 스미스의 『국부론』에서 네덜란드의 인지세를 언급하였고, 로드 노스가 이를 본따서 상속세 제도를 도입하였다고 한다. 이 당시의 상속세는 부동산에는 매겨지지 않았고, 동산(動産)에만 상속세가 매겨졌다고 한다. 한편 이러한 영국이 도입한 상속세는 확인서에 기재된 재산가액에 따라서 다음과 같이 세금이 매겨졌다고 한다.

재산가액	세금
20파운드 초과 ~ 100파운드 미만	10실링
100파운드 이상 ~ 300파운드 미만	1파운드 10실링
300파운드 이상	2파운드 10실링

34) 퍼트 수상이 도입한 상속세는 상속받은 자의 인척관계 정도에 따라 다르게 세율을 정하였다. 즉 형제자매, 자녀의 경우 2% 세율이되, 삼촌과 숙모는 3%, 큰할아버지나 작은할아버지, 이들의 배우자 및 자녀의 경우에는 4%, 그 밖의 친척에 대하여는 6% 세율로 과세되었다.

35) 우리나라와 영국 상소세 신고기한은 상속개시일(사망일)이 속하는 달의 말일로부터 6개월 이내이다. 그러나 일본은 상속의 개시가 있음을 안 날로부터 10개월, 독일은 사망일로부터 3개월 등으로 각국 사정에 따라 그 신고기한이 각기 다르다.

3. 미국의 상속세 제도[36)]

미국의 상속세 도입은 전쟁과 함께 이루어졌다고 해도 과언이 아닌 듯하다. 미국 독립 후 1797년 미국 의회가 프랑스와의 전쟁에 참전하는 미 해군의 전비 마련을 위해 유언장, 유언장 외의 명세와 유산관리장의 공증 및 유산의 수증과 처분, 그리고 유언장이 없는 재산의 분할에 반드시 인지를 붙이도록 하는 인지세를 도입하였다. 초기의 상속세가 인지세 형태를 띠었듯이 이 당시의 미국의 상속세 또한 인지세 형태를 띠고 있었고, 1802년 프랑스와의 전쟁 종료 후 이 세금은 폐지되었다.

이후에 미국의 남북전쟁으로 인하여 새로운 세원을 찾아야 하는 상황에서 1862년에 '세입법(12 Stat. 423)'에 연방 상속세가 포함되게 되었다. 이 당시의 연방 상속세는 유언장 및 유산관리장의 공증에 대한 인지세뿐 아니라 승계세(inheritance tax 또는 legacy tax)[37)]를 포함하였다는 특징이 있었다. 이 세금은 유산의 가치 또는 규모가 아니라 피상속인(고인)－수유인(증여받는 자) 사이의 관계에 따른 누진세율이 적용되었다고 한다.[38)] 전쟁이 한창이던 1864년에 이 법의 개정이 이루어졌었고, 이후 남북전쟁 종료로 전쟁 부채 해소와 추가 세입 필요성이 감소함에 따라 1870년에 상속세가, 1872년에 인지세가 폐지되었다.

그런데 미국－스페인 전쟁이 발발하자 1898년에 전비 확충을 위한 세입 확보 수단으로 연방 상속세가 다시 부활하였다. 이 당시의 상속세는 유산세(estate tax) 개념으로 유산 자체에 매겨진 세금이었다. 적용세율은 유산의 규모와 피상속인－수유인의 관계에 따라 달리 적용되는 누진세율 구조로, 0.75~15% 범위였다고 한다. 물론 이전의 상속세와 마찬가지로 미국－스페인 전쟁이 1902년에 종료되자 다시 이 세금도 폐지되었다. 그렇지만 제1차 세계대전이 발발하자 또다시 상속세가 도입되었고, 이때부터는 지속적인 수정과 추가를 거쳐 현재에 이르고 있다고 한다.

36) 세계법제정보센터, '미국 유산세 90년사' 연구보고서. 4~6면

37) '세계법제정보센터, '미국 유산세 90년사' 연구보고서, 3면'에 의하면 상속세를 매기는 방식으로 유산세(estate tax)와 승계세(inheritance tax)가 있다고 한다. 유산세가 사망 시 재산을 양도하는 특권에 대하여 부과하는 일종의 소비세라고 한다면, 승계세는 피상속인(고인)으로부터 재산을 넘겨 받는 특권에 대해 부과하는 소비세라고 한다. 번역이 '상속세'라고 되어 있어 일반적인 의미의 상속세와 구분하기 위하여 여기에서는 '승계세'라는 용어를 사용하였다. 혼란스러운 독자는 이러한 의미의 구분에 크게 신경쓰지 않기를 바란다.

38) '2. 유럽의 상속세 제도'에서 영국 피트 수상이 도입한 상속세 제도와 유사한 것으로 이해하면 될 것이다. 이 제도는 상속받은 자의 친인척 관계가 멀고 가까운 정도에 따라 세율을 달리 적용하였다. 이 당시 미국은 친인척 관계의 멀고 가까운 정도에 따라서 0.75~5%까지의 세율을 적용하였다고 한다.

4. 우리나라의 상속세 제도

우리나라의 상속세 제도는 일제 강점기인 1934년에 조선상속세령을 시행하면서 도입되었다고 한다.[39] 일제가 세수확보를 위한 목적으로 도입한 것으로 보이는데, 광복 이후 미군정하에서도 계속 시행되어 오다가 1950년에 상속세법이 제정되면서 비로소 폐지되었다. 1950년에 제정된 상속세법이 부칙 포함 총 38조로 이루어진 대단히 간결한 구조를 띠고 있었던 반면에, 사회경제적 환경 변화와 복잡다단한 현대사회의 성격을 반영한 현행 상속세 및 증여세법은 부칙을 제외한 본 조문만 86조이고, 그 내용도 방대해졌다는 특징이 있다. 한편 증여세법은 1952년에 폐지되어 상속세법에 통합되었고, 1996년에 상속세 및 증여세법이 전면 개편되어 현재의 체계에 이르고 있다.

Ⅱ. 상속세와 증여세의 과세근거

이하에서는 상속세와 증여세를 왜 부과해야 하는지에 대한 논의하고자 한다. 상속세와 증여세의 존재 의미를 탐색해보고, 상속세와 증여세가 왜 존재해야 하는지를 설명하는 이론들에 대하여 간단하게나마 알아보자. 다만 이러한 이론들이 상속세와 증여세의 과세 근거를 모두 설명할 수 없고, 그 한계가 있다는 점에 유념하자.

1. 상속세

(1) 법이론적 근거[40]

1) 국가귀속설(국가권력회복설)

벤담(J. Bentham)이 주장한 견해로서 유언이 없는 경우 그 유산은 국가에 귀속되어야 한다는 입장이다. 본래 유산은 주인이 없는 재산이고 국가는 이 주인 없는 재산의 방치로 인하여 발생하는 혼란을 없애기 위하여 공익목적에서 자유로이 그 재산의 귀속

39) 백제흠, [세무이야기] 상속세와 재산평가, 아시아경제(http://asiae.co.kr/news), 2018.3.29.

40) 최명근, 우리나라 상속과세체계의 개편에 관한 연구, 경희대학교 대학원 박사학위논문, 1990년, 38~43면

을 결정할 수 있다고 본다. 그리고 유산을 가까운 친족이 승계하는 경우를 제외하고는 유언없이 남긴 재산의 상속제도를 폐지해야 하고, 직계상속인인 자녀가 없는 경우에 재산의 국가로의 회복권을 가질 뿐 아니라 재산을 상속하는 이인 고인(故人, 피상속인)의 유언 유무에 불구하고 국가가 할아버지·할머니 등의 친족과 동일한 지분으로 유산을 나누어 가질 권리가 있다고 주장한다.

2) 국가공동상속권설

사망자 재산에 대한 국가의 봉토권 사항을 발전시켜 국가상속권은 다음 3가지 요소로 구성된다고 본다.

① 가장 가까운 친족에 대하여만 유언에 의한 재산상속을 인정하고, 그밖의 경우에는 국가가 상속인으로서 재산상속에 참여한다.

② 사망한 자(피상속인)와 상속하는 자(상속인) 간 친족관계가 멀면 멀수록 국가의 재산상속 지분을 증가시킨다.

③ 피상속인은 국가에게도 최소한의 유증을 해야 한다는 규정을 두어 유언의 자유를 한도 내에서 제한한다.

3) 국가과세권력설

이 이론은 상속에 의한 재산승계에 대하여 국가가 이를 규율할 권리를 가진다는 사상에 기초를 둔 이론으로, 오늘날 상속세 제도 설명에 있어서 가장 적합하다고 한다. 이 이론에 의하면 피상속인의 유언이 그의 사후에도 효력을 가지게 하는 제도는 순수한 법의 창조물이고, 국가는 그러한 권리의 행사에 대하여 조건과 제한을 할 권리를 가진다고 한다.

4) 국가용역대가설

이 설에 의하면 정부는 시민을 위한 보호용역을 창출하는 사업적 조직체이다. 그러므로 정부에 의해 부과되는 세금은 국가가 제공한 용역의 대가이고, 상속세는 특히 재산의 이전행위에 대한 보호의 대가라고 본다. 이 설은 그 용역대가가 정부가 제공한 용역의 원가 또는 비용에 의하여 결정된다는 용역비용설(수수료설)과 정부가 제공한 용역의 가치에 의하여 결정된다는 용역가치설로 나누어진다.

(2) 경제이론적 근거[41]

1) 회피조세정산설(사후과세설)

상속세를 사망자의 생존시 탈세한 조세의 후불적 성격이라고 보는 입장이다. 이 설은 사망자가 생전에 재산세나 소득세 등을 탈세했을 것이고, 만일 그러한 탈세가 없었다면 그 세액 상당액은 피상속인이나 상속인이 부담했을 것이므로 사망시점에 탈세한 세금을 정산하기 위해 상속세를 매겨야 한다는 입장이다.

2) 응능부담능력설

이 이론은 피상속인·상속인·가족의 집단을 기준으로 그들의 사정과 환경, 상속되는 재산의 크기를 고려하여 상속세의 부담능력을 측정하여 세금을 매긴다는 특징이 있다. 이때 상속세의 부담능력을 측정하는 기준에 따라서 지출기준, 저축기준, 부(富)기준 및 소득기준 등으로 견해가 갈리고 있다.

2. 증여세

증여세는 앞서도 언급하였듯이 상속세의 보완적 성격을 지니고 있다. 즉 증여세 없이 상속세 제도만 존재할 경우, 생전에 무상으로 재산을 증여하여 상속세를 회피하여 상속세 제도의 존재 이유를 없게 할 수 있다.

제3절 상속세 및 증여세 과세방식

이제부터 여러분들이 먼저 할 일은 상속세와 증여세법을 펼쳐서 법 조문의 목차를 살펴보는 일이다. 상속세 및 증여세법의 목차를 보면 '제1장, 제2장…' 하는 방식으로 몇 개의 법 조문이 묶여서 그룹화되어 있음을 알 수 있다. 그 장들을 순서대로 나열해

41) 최명근, 우리나라 상속과세체계의 개편에 관한 연구, 경희대학교 대학원 박사학위논문, 1990년, 43~48면

보면 다음과 같다.

제1장 총칙 - 제2장 상속세의 과세표준과 세액의 계산 - 제3장 증여세의 과세표준과 세액의 계산 - 제4장 재산의 평가 - 제5장 신고와 납부 - 제6장 결정과 경정 - 제7장 보칙

순서를 보면 상속세와 증여세를 계산한다고 하는 장이 무려 2개나 된다(제2장과 제3장). 그리고 재산에 관한 장이 제4장으로 별도로 나와 있다. 상속세와 증여세법에서 제2장부터 제4장까지의 법조문 수가 몇 개인지 헤아려보라. 제7조 '상속재산의 범위'(비록 삭제되었기는 하지만)부터 제66조 '저당권 등이 설정된 재산 평가의 특례'까지 많은 수의 조문들이 있음을 알 수 있다.

그리고 세금에 대하여 잘 모르는 사람일지라도 세금이 '재산이나 소득 같은 것'[42)]에 '세율'을 곱하여 계산한다는 것쯤은 상식적으로 알고 있다. 그런데 세율의 변경은 그 영향이 매우 크므로 쉽게 못 바꾼다고 하면, '재산이나 소득 같은 것'을 어떻게 계산하여야 하는지가 계산구조에서 매우 중요함을 금방 알 수 있다. 또한 앞에서도 계속 나왔지만 상속세와 증여세법에서 중요한 것은 물려받거나(상속) 주는(증여)'재산'이었고, 앞으로 우리가 중점적으로 살펴볼 부분이 바로 '상속재산' 또는 '증여재산'을 계산하는 방법이다. 본절에서는 상속세 및 증여세에서 '재산'에 해당하는 부분을 계산하는 방식의 종류를 큰 틀의 개념적인 면에서 전체적으로 살펴보고, 다음 절부터 우리나라 세법의 구체적인 계산방법을 살펴보고자 한다.

Ⅰ. 유산세 방식과 유산취득세 방식

유산세 방식과 유산취득세 방식이 무엇인지를 알고자 하면 그 용어를 자세히 살피면 된다. 먼저 유산세는 뜯어보면 유산(遺産)+세(稅)로 구성되어 있어 유산, 즉 물려주는 재산 전체에 매기는 세금으로 이해된다. 그리고 유산취득세는 유산취득(遺産取得)+세

42) 엄밀히 말하자면 '재산이나 소득'이 아니라 과세표준(tax base)이 맞을 것이다. 그러나 현 단계에서 자세한 계산구조와 용어를 설명하는 것은 오히려 여러분들의 이해도를 저하시킨다고 생각되고, 사실상 과세표준 계산에서도 중요한 부분을 차지하는 것 또한 재산을 계산하는 부분이므로 구분하지 않고 합쳐서 '재산'이라고 기술하였다. 추후 부분에 나올 자세한 계산구조를 참조바란다.

(稅)로 구성되어 있어 취득한 유산, 즉 각자가 물려받은 재산에 대해 매기는 세금으로 이해할 수 있다. 이해를 돕기 위해 다음 그림을 보도록 한다.

그림 12-1 유산세 방식

세 금		
A의 세금납부 후 몫	B의 세금납부 후 몫	C의 세금납부 후 몫

유산세 방식은 물려주는 전체 유산을 대상으로 세금을 계산하는 방식이다. 이 방식은 피상속인이 물려주는 전체 유산금액을 확정하고 이를 기초로 계산한 세금을 납부하는 방식으로, 물려받는 사람(상속인. A/B/C)이 실제로 물려받는 재산은 세금을 뺀 나머지 재산을 물려받게 되는 효과가 있다. 우리나라의 상속세는 이러한 유산세 방식으로 계산한다고 한다.

> 상속세 및 증여세법 제3조의2 【상속세 납부의무】
> ① 상속인(특별연고자 중 영리법인은 제외한다) 또는 수유자(영리법인은 제외한다)는 상속재산 중 각자가 받았거나 받을 재산을 기준으로 대통령령으로 정하는 비율에 따라 계산한 금액을 상속세로 납부할 의무가 있다.

실제 법 조문인데, 유산인 상속재산 전체를 기준으로 계산한 세금을 상속인 또는 수유자[43]가 자신이 받은 재산 비율만큼 나누어 각자 부담하라는 의미로 해석한다. 이 방식은 상속세 계산과 과세당국의 징수가 편리하고, 누진세율 구조인 상속세율 때문에 세수도 유산취득세 방식보다 더 많이 계산된다는 특징이 있다. 그러나 각자가 받은 몫을 기준으로 세금을 계산하지 않았기 때문에, 많이 받은 사람과 적게 받은 사람이 부담할 세율이 같아지므로(세금도 받은 재산 비율로 나누기 때문이다) 응능부담 측면에서는 효과적이지 못함을 알 수 있다.

43) 자녀나 배우자가 아닌 제3자가 유언으로 재산을 상속받는 경우에 그 상속받는 제3자를 수유자(受遺者)라고 한다.

▌그림 12-2▐ 유산취득세 방식

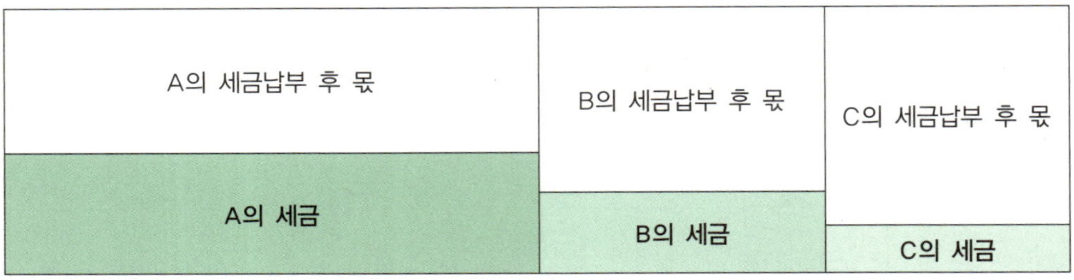

한편 유산취득세 방식은 [그림 12-2]와 같이 유산세와 달리 상속인 또는 수유자 각자가 받은 재산을 기준으로 세금을 계산하여 이를 부담하는 방식이다. 이 방식에 의하면 각자가 받은 몫을 기준으로 세금을 계산하게 되므로, 세금을 부담할 능력(담세력)에 따라 세금이 계산되고, 따라서 상속세가 자본주의 사회에서 부의 대물림을 최소화하려는 목적이 있음을 감안하면 유산취득세 구조가 더 합당한 방식이라고 한다. 다만 조세행정이 복잡하게 되고 상속 유산의 위장분할이 심화될 우려도 있다.[44)]

Ⅱ. 증여세 계산 방식

우리나라의 상속세는 유산세 방식이라고 앞서 살펴본 바 있다. 그런데 상속세의 보완적 성격을 지녔다고 하는 증여세는 어떠한 방식일까? 우선 증여세 납부의무에 대한 법 조문을 보자.

> 상속세 및 증여세법 제4조의2 **【증여세 납부의무】**
> ① 수증자는 다음 각 호의 구분에 따른 증여재산에 대하여 증여세를 납부할 의무를 진다.
> 1……
> 2.….

위의 법 조문을 보면 우리나라의 증여세 납부의무는 증여를 받은 자(수증자)에게 있고, 수증자가 받은 증여재산을 기초로 계산한 증여세를 납부해야 한다. 이러한 점은 각

44) 이광재, 『상속 · 증여세 이론과 실무』 (2016개정판), 세경사, 2016., 107면

자가 받은 재산을 기초로 계산한 세금을 각자가 부담해야 하는 유산취득세 방식과 같다고 볼 수 있다. 그러므로 우리나라 증여세는 유산취득세 방식을 채택하고 있다고 할 수 있는데, 종합하면 상속세는 주는 사람이 주는 재산을 근거로 세금을 계산하는 유산세 방식을 채택하고 있고, 증여세는 받은 사람이 취득한 재산을 근거로 세금을 계산하는 유산취득세 방식을 채택하였다고 볼 수 있다.[45)]

제4절 재산의 평가 : 재산을 얼마로 측정할 것인가?

앞의 제3절에서 우리는 우리나라의 세법이 상속세는 유산세 구조를, 증여세는 유산취득세 구조를 지니고 있음을 보았다. 이에 따라 상속세는 상속재산 전체를 대상으로 상속세를 계산한 후 이 세액을 상속인들이 나누어 부담하고, 증여세는 수증자가 받은 증여재산을 대상으로 증여세를 계산한 후 수증자가 증여세까지 납부해야 함을 알 수 있었다.

그런데 도대체 상속재산과 증여재산은 어떻게 계산해야 하는 것일까? 이 계산방법에 대한 내용 중 핵심은 상속재산이나 증여재산의 가치를 언제를 기준(평가기준일)으로 어떻게 매길 것인지(재산의 평가)이다. 즉 세율은 비교적 쉽게 알 수 있지만, 이 상속재산 또는 증여재산의 가치를 어떻게 계산하는지에 대하여는 신경을 써서 살펴보아야 한다. 그리고 법 조문의 상당 부분이 이러한 '재산'을 계산하는 방법에 대하여 설명하고 있는 것을 보면 실무적으로도 상당히 중요할 것임을 짐작하게 하고, 더욱이 법인세법이나 소득세법에서 상속세 및 증여세법의 재산 평가방법을 준용한 부분이 많이 발견되기 때문에 나중을 위해서라도 반드시 이 부분을 잘 알아둘 필요가 있다.[46)] 아울러 상속세와 증여세는 재산의 평가 부분에서는 기본적으로 동일함도 알아둘 필요가

45) 상속세에 관하여 유산세 제도를 채택한 경우에는 재산을 준 자(증여자)를 납세의무자로 하는 것이 재산을 '이전한 자'를 공통의 기준으로 한다는 점에서 더 일관성이 있다는 견해가 있다(이태로 · 한만수, 『조세법강의』 신정12판, 박영사, 2016, 765면). 유산세 방식의 상속세는 피상속인이 사망하고 없기 때문에 상속인 또는 수유자가 부담하는 것 뿐이고, 사실상 상속하여 물려준 재산 전체에 대해 세금을 계산하기 때문에 피상속인이 부담한 것으로도 볼 수 있다.

46) 법인세와 소득세의 어떤 부분이 상속세 및 증여세법 부분을 준용하거나 이용하고 있는지에 대하여 관심 있는 분들은 찾아보기를 권한다.

있다.

다만 이 재산을 어떻게 계산해야 하는지(재산의 평가) 부분은 재산의 가짓수가 많고 내용도 워낙 방대하고 세법에 대한 전반적인 지식이 있어야 이해가능한 부분이기도 하다. 그러므로 이 절에서 모든 재산의 평가방법을 다 다루지 못할 뿐더러, 모든 내용을 섭렵하는 것도 불가능하다. 따라서 이 절에서는 우리의 일상생활에서 비교적 많이 접할 수 있고 상식적으로도 알아두면 도움이 될 만한 부분을 위주로 설명한다. 그리고 비상장주식의 평가방법 부분은 회계에 대한 기본지식을 기반으로 하여야 하기 때문에, 본절에서는 그 평가방법의 개략적인 흐름만을 설명함을 양해해주기 바란다.

Ⅰ. 재산 평가방법의 개괄

1. 평가기준일 : 재산을 언제를 기준으로 평가할 것인가?

상속이나 증여재산의 경우 그 재산을 언제를 기준으로 평가할 것인가가 중요하다. 가치가 변동되는 재산들이 일반적이므로, 그 평가기준일을 언제로 하느냐에 따라 상속세와 증여세액의 계산도 달라진다. 상식적인 선에서 생각해보면, 상속세는 피상속인(고인)의 사망일 또는 실종선고일[47](즉 상속개시일)로, 증여세는 수증자가 재산을 증여받은 날(증여일)[48]로 함이 적절할 것이고, 세법도 기본적으로 이에 따른다. 다만 이러한 상속재산과 증여재산에는 여러 가지 종류가 있는데, 그 종류별로 평가기준일이 다를 수 있다.[49] 이에 대하여는 절을 달리하여 추후 설명하도록 한다.

---

47) 민법 제28조는 실종자의 경우 실종선고일자가 아니라 실종기간이 만료되는 때에 사망한 것으로 보고 있다. 그러나 이렇게 실종기간만료일을 사망일로 보면 상속세를 부과할 수 있는 기간(부과제척기간이라고 함)이 지난 후에 상속인이 실종선고를 청구하여 실종선고가 되는 경우에 상속세를 매길 수 없게 되므로 실종선고일을 사망일로 본다고 한다(최성일, 『상속세와 증여세 실무』(2018년판), 삼일인포마인, 2018년., 1,020면).

48) 재산을 증여받은 날(증여일)도 증여재산의 종류와 증여유형에 따라 다를 수 있다. 구체적인 평가기준일도 재산의 평가방법에 대한 설명과 함께 하도록 한다.

49) 후술하겠지만 상속개시 전 처분재산이나 상속재산에 가산하는 증여재산, 일반적인 증여재산 이외의 증여재산들(증자/합병/감자/현물출자/신탁이익/보험금 등 증여로 예시하거나 추정 및 의제한 것들)의 경우에는 재산의 평가기준일을 구체적인 유형별로 살펴보아야 한다.

2. 재산의 평가방법 : 재산의 가치를 어떻게 매길 것인가?

상속재산과 증여재산의 가치를 어떻게 매길 것인지는 참 어려운 문제이다. 가치를 높게 매기면 당연히 세금이 많이 계산될 것이고(세무서가 좋아할 것이다), 반대로 가치를 낮게 매기면 세금이 적게 계산된다(납세자가 좋아할 것이다). 게다가 어떻게 가치를 매기든 납세자도 과세관청도 모두 각자의 입장에서 생각할 것이므로 모두가 수긍하는 결과가 나오기는 힘들다. 그러면 어떻게 할 것인가?

가장 먼저 생각할 수 있는 방법은 납세자와 세무서가 협상하는 방법이다. 즉 상속이나 증여가 있을 때 납세자와 세무서가 마주 앉아서 상속이나 증여재산에 대하여 서로 협상하고 그 결과에 따라 세금을 매길 수 있다. 그러나 이 방법은 납세자의 협상력 여하에 따라 그 결과가 달라질 수 있고, 같은 재산에 대하여 다른 가치가 매겨질 수 있다는 문제점이 존재한다. 더욱이 힘 있는 납세자는 세금을 적게 내고, 힘 없는 납세자는 세금을 오히려 많이 내게될 수도 있어 불평등의 문제가 발생할 소지도 있다. 그렇다면 다른 방법은 없을까?

(1) 평가방법의 원칙 : 시가(時價)

그래서 우리나라는 상속재산이나 증여재산의 가치를 매기는 방법(평가방법)을 법에 정해 놓았다.[50] 우리나라 상속세 및 증여세법은 제4장 '재산의 평가'에서 이러한 방법을 정해 놓았을 뿐 아니라 평가방법의 우선 순서까지 정해 놓았다. 이러한 평가방법의 원칙은 다음과 같다.

> 상속세 및 증여세법 제60조 【평가의 원칙】
> ① 이 법에 따라 상속세나 증여세가 부과되는 재산의 가액은 상속개시일 또는 증여일(이하 '평가기준일'이라 한다) 현재의 **시가(時價)**에 따른다. … 이하 생략
> ② 제1항에 따른 시가는 불특정 다수인 사이에 자유롭게 거래가 이루어지는 경우에 통상적으로 성립된다고 인정되는 가액으로 하고 **수용가격·공매가격 및 감정가격** 등 대통령령으로 정하는 바에 따라 시가로 인정되는 것을 포함한다.

50) 재산의 평가방법을 법에 정해 놓았다고 하여 그 방법이 사회적으로 합의가 이루어졌다거나 혹은 가장 최선의 방법이라는 뜻은 아니다. 재산의 평가방법을 법으로 정하여 놓고 이를 적용하고 있다는 그 의미 이상도 이하도 아니다.

여기에서 평가의 원칙을 '시가(時價)'에 따른다고 하고, 그 시가의 의미를 '불특정 다수인 사이에 자유롭게 거래가 이루어지는 경우에 통상적으로 성립된다고 인정되는 가액'으로 기술하고 있다. 이것이 의미하는 바를 판례[51]에서는 '일반적이고 정상적인 거래에 의하여 형성된 객관적인 교환가격'으로 설명하고 있는데, 그 일반적이고 정상적인 거래가 무엇인지, 어떤 가격이 객관적인 교환가격인지에 관하여 구체적이고 세부적인 판단 기준을 법에서 밝히지는 않고 있다. 대신 '이러한 것들을 시가로 본다'라는 식으로 시가의 유형을 열거하고 있는데, 위에서 수용가격·공매가격 및 감정가격 등 시가로 인정되는 것이 바로 이에 해당한다. 구체적으로는 다음과 같다.[52]

표 12-4 | 시가로 보는 대용치들[53]

구분	내용
평가기준일이 속한 기간	• 상속 : 평가기준일 이전과 이후 각 6개월간 • 증여 : 평가기준일 이전 6개월부터 이후 3개월간
대용치	
A. 매매거래가액	• 해당 재산의 매매사실이 있는 경우, 그 거래가액
B. 감정가액	• 해당 재산에 대해 2 이상의 감정기관 감정가액이 있는 경우에는 그 감정가액의 평균액 등
C. 수용/경매/공매가액	• 해당 재산의 수용시 보상가액, 경매시 경매가액 및 공매시 공매가액

이러한 시가로 보는 대용치들을 사용함에 있어서 유의할 점은, 일반적으로 그러한 가액(매매사례가액, 감정가액, 수용 등 가액)이 평가기준일 이전 6개월(상속 및 증여) 및 이후 6개월(상속) 또는 3개월(증여) 내에 위치하고 있어야 한다는 점이다. 사실 '시가(時價)'는 평가시점마다 변동하는 것이 원칙이고, 평가시점의 차이가 있다면 그 시점 차이로 인하여 '시가'가 변동할 가능성이 있다. 그러나 상장주식과 같이 매매시점마다 변동하는 '시가'를 일일이 측정할 수 없는 경우에는 '시가의 대용치'를 사용하여야 할 필요성이 있고, 우리나라 상속세 및 증여세법은 이러한 '시가의 대용치'로 사용할 수 있는 대용치들을 규정하고 있다.

51) 대법원 2007.2.22. 선고 2006두6604 등

52) 상속세 및 증여세법 시행령 제49조 '평가의 원칙'

53) 이 표의 대용치에 대한 설명은 개략적인 것이고, 세부적인 내용으로 들어가면 사용에 있어서 제한이 있다. 예를 들면 거래가액의 경우, 특수관계인 간 거래 등 객관적인 거래사실을 반영하지 못하는 거래가격을 제외하도록 하고 있다.

(2) 재산의 평가방법의 원칙

그런데 '시가'가 존재하거나 '시가의 대용치'가 존재하지 않을 수 있다. 매매한 거래가격을 알 수 있거나 감정가액이 있다면 시가의 대용치로 사용할 수 있지만, 그러한 가액을 알 수 없다면 어떻게 재산을 평가해야 하는가? 이러한 재산의 평가에 관한 다음의 순서도를 한 번 보도록 하자.

그림 12-3 재산의 평가방법의 순위[54)]

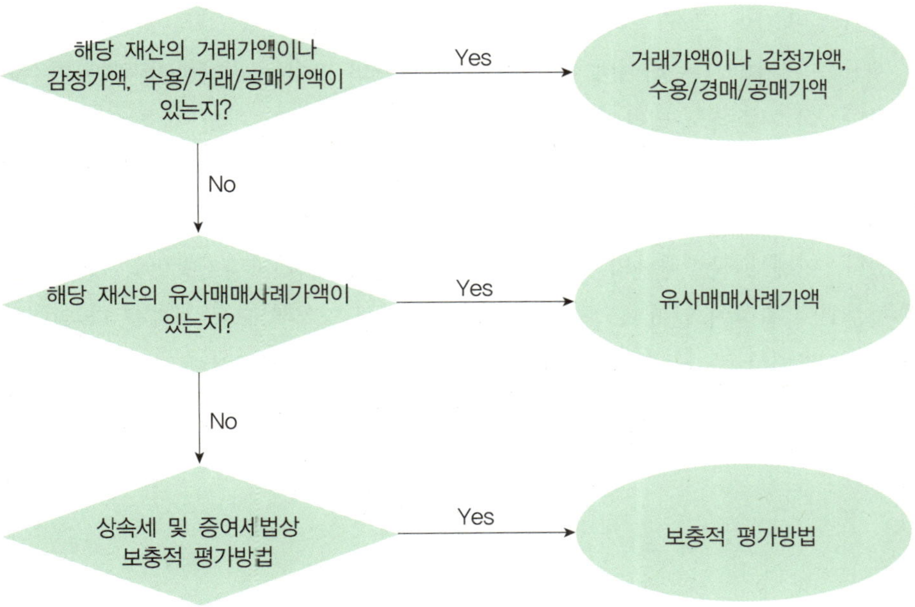

앞서 설명하였듯이 해당 재산에 대한 매매거래가액이나 감정가액, 수용/경매/공매가액이 있는 경우에는 해당 가액을 1순위 시가로 보도록 하고 있다. 그런데 그러한 시가 대용치가 없을 경우에는 해당 재산의 유사매매사례가액이 있는지 여부를 2순위로 보도록 하고 있다. 이 유사매매사례가액이란 평가 대상인 해당 재산과 유사한 재산의 매매사례로 볼 수 있는 가액이 존재할 경우에 그 매매사례가액을 의미하고, 이것을 시가의 2순위 대용치로 보도록 하고 있다. 마지막으로 매매사례가액조차 없을 경우에는 소위 '보충적 평가방법'[55)]을 사용하여 시가를 획일적인 방법으로 평가하도록 하고 있는데,

---

54) 최성일, 『상속세와 증여세 실무』(2018년판), 삼일인포마인, 2018.3., 1023면' 참조
55) 이 보충적 평가방법이라는 용어는 우리나라 상속세 및 증여세법이 공식적으로 사용하는 용어가 아니다. 그러나 상속세 및 증여세법 제61조부터 제65조까지 획일적인 규정에 의한 평가방법을 실무계에서는 보통 '보충적 평가방법'이라고 부르고 있다.

이는 시가라고 할 만한 것이 없을 경우에 최후의 방법으로 사용하는 방법이다.

Ⅱ. 재산의 종류별 평가방법

우리나라 상속세 및 증여세법은 앞서 설명한 '시가평가'의 원칙 및 '시가의 우선순위'를 법에서 규정하고 있다. 물론 '시가'로 볼 만한 거래가격과 유사매매사례가액이 존재한다면 재산의 평가에 크게 어려움은 없겠지만, '시가'로 볼 만한 가격이 존재하지 않는다면 재산을 평가하기는 하여야 하므로, 해당 재산의 가치를 평가하기 위한 기준을 두어야 한다. 이 기준을 우리나라 상속세 및 증여세법은 제61조부터 제65조까지 규정하고 있고, 이를 '보충적 평가방법'[56]이라고 부른다. 사실 이러한 '시가'를 확인할 수 없는 재산이 대부분일 것이고, 따라서 이러한 '보충적 평가방법'도 실무적으로 많이 사용되고 있다. 이제부터는 재산의 종류별로 사례를 들어 재산의 평가방법의 적용과 적용의 우선순위에 관하여 알아보도록 하겠다. 다만 법에 열거된 모든 사례를 다 알아보는 것은 지면 관계상 불가능하므로, 사례를 중심으로 주식과 부동산에 대하여 원칙 중심으로만 알아보는 점에 대하여 독자 여러분의 양해를 부탁드린다.

1. 주식

[사례 1] 상장주식

우리나라 코스피시장에 상장된 삼성전자 주식 및 코스닥시장에 상장된 셀트리온헬스케어의 시가를 어떻게 계산할 것인가?

[사례 2] 일반적인 비상장주식

여러분이 IT 스타트업 기업인 주식회사 빛나라를 창업하였고, 창업한지 5년이 경과하

56) 재산의 시가는 항상 시간의 경과와 함께 그 재산과 관련된 경제적 상황의 변화와 주관적 판단에 의하여 가변성을 가지고 있으므로 일정한 시점에서의 객관적 교환가치를 반영한 재산의 시가를 산정하기란 이론적으로나 실무적으로 많은 어려움이 따르게 된다. 따라서 시가를 구하기 어려운 경우에 한정하여 적용되는 평가방법을 보충적 평가방법이라고 한다. 이러한 보충적 평가방법을 명확하게 규정함으로써 과세당국은 상속재산 및 증여재산의 평가업무를 획일적이고 신속하게 수행할 수 있다(최성일, 『상속세와 증여세 실무』(2018년판), 삼일인포마인, 2018.3.30., 1024~2025면).

57) 상장주식이라 함은 코스피(KOSPI)시장, 코스닥(KOSDAQ)시장(코넥스(KONEX)시장에서 거래되는 주

였으며, 창업 후 지속적으로 이익을 실현하였다고 가정하였을 때, 이 주식회사 빛나라의 주식가치를 상속세 및 증여세법에 따르면 어떻게 계산할 것인가? 주식회사 빛나라는 상장기업[57]이 아닌 비상장기업으로서 중소기업[58]이고, 주식이 주식시장에서 거래되지 않으며, 부동산을 보유하고 있지 않다.

[사례 3] 부동산 과다 기업의 주식

여러분이 주식회사 건물주의 주식 100%를 보유하고 있고, 주식회사 건물주는 중소기업이 아니다. 주식회사 건물주는 회사 자산의 90% 이상이 토지와 건물로 구성되어 있고, 비상장회사이며, 역시 이 회사의 주식은 주식시장에서 거래되지 않는다. 여러분이 보유하고 있는 이 주식회사 건물주 주식을 상속세 및 증여세법으로 어떻게 평가할 것인가?

먼저 우리나라 상속세 및 증여세법이 정하고 있는 주식의 평가방법은 무엇인지를 알아보도록 하자.

(1) 사례 1 : 상장주식

앞서 상장주식은 우리나라 코스피 및 코스닥시장에서 거래되는 주식이라고 하였다. 이러한 상장주식을 평가하는 방법은 상속세 및 증여세법 제63조에 따르면 다음과 같다.

A. 평가기준일 이전·이후 각 2개월 동안 공표된 매일의 거래소[59] 최종 시세가액의 평균액으로 평가한다.

B. 평가기준일이 공휴일이나 대체공휴일, 토요일이어서 매매가 없는 경우에는 그 전일을 평가기준일로 한다.

식은 상장주식으로 보지 않음)에서 거래되는 주식을 말한다. 우리가 잘 알고 있는 삼성전자는 대표적인 코스피시장 거래 종목 주식으로, 시장에서 매매가 비상장주식에 비하여 손쉽게 가능하다. 뒤이어 나오는 비상장주식이라 함은 이러한 주식시장에서 거래되지 않는 주식을 의미하고, 이러한 비상장주식은 일반적으로 거래가격이 없는 경우에는 상속세 및 증여세법의 보충적 평가방법으로 평가한다고 일단 이해하기로 한다. 한편 코스피, 코스탁, 코넥스시장에 대한 자세한 설명은 생략하는데, 증권을 거래하는 시장(market)의 한 종류 정도로 이해하고, 자세한 의미는 독자 여러분이 찾아볼 것을 권한다.

58) 중소기업이라는 용어가 자주 등장할 것이다. 여기에서 중소기업이라 함은 중소기업기본법에 따른 중소기업을 의미한다. 우리나라는 이러한 중소기업들에게 각종 혜택을 부여하고 있는데, 중소기업의 의미는 각 세법에 따라 다르므로 각 세법에서 의미하는 중소기업의 의미를 파악하는 것도 세법 이해에 있어서 중요하다.

59) '거래소'는 한국거래소를 말하고, 자본시장과 금융투자업에 관한 법률에 따라 '증권 및 장내파생 상품

상장주식의 평가방법 핵심은 평가기준일 전 2개월 동안과 후 2개월 동안의 최종 시세가액의 평균액으로 평가한다는 것이다. 기간으로 계산하면 약 4개월(약 120일) 정도 기간의 최종 시세가액으로 평가하는 것인데, 상장주식의 최종 시세가액은 한국거래소 홈페이지(http://www.krx.co.kr)에서 확인(물론 각 증권사 HTS(Home Trading System)에서 확인할 수도 있음)할 수 있다. 여기에서 최종 시세가액이라 함은 특정일자의 거래 종료 시각의 마지막 거래가액이라고 이해하자.

그러므로 삼성전자와 셀트리온헬스케어의 상속세 및 증여세법상 시가를 계산하려면 평가기준일 이전 2개월과 이후 2개월간의 일별 최종 시세가액을 각각 확인하여 이들의 평균을 내면 될 것이다. 다만 평가기준일이 공휴일이라면 그 전날을 평가기준일로 하여 그 평가기준일 이전 2개월과 이후 2개월간 일별 최종 시세가액의 평균을 내면 그 가액이 시가가 된다.

다만 한 가지 유의할 점은 이러한 상장주식의 경우 위의 방법대로 평가한 가액을 시가(時價) 그 자체로 본다는 점이다. 이러한 상장주식 평가방법에 따라 산정하였다면, 그 가격 자체가 시가이므로 다른 시가 또는 다른 보충적 평가방법을 찾을 필요가 없다.

(2) 사례 2 : 비상장주식

상장주식은 매매거래가액이 존재하므로 평가기준일 이전과 이후 각 2개월간의 최종 시세가액으로 평가가 가능하나, 이러한 주식이 거래되는 시장이 존재하지 않는 대부분의 비상장기업의 주식은 어떻게 평가할 것인가?

먼저 앞서 보았던 [그림 12-3] 재산의 평가방법의 순위의 순서도에 의하면 먼저 시가 또는 시가의 대용치가 있는지 여부를 다음과 같은 순서로 확인해보아야 한다.

A. 주식회사 빛나라 주식의 시가로 볼 수 있는 매매가액이 있는가?
B. 시가로 볼 수 없는 매매가액이 없다면 상속세 및 증여세법의 보충적 평가방법을 적용

의 공정한 가격 형성과 그 매매, 그 밖의 거래의 안정성 및 효율성을 도모하기 위하여 설립'되었다고 한다(출처 : http://krx.co.kr, 한국거래소 홈페이지). 일단은 주식 같은 증권의 거래를 관리하고 감독하기 위하여 설립되었다고 이해하도록 한다. 자세한 설명은 생략하지만, 한국거래소 홈페이지에 접속하여 관심있는 주식의 주가나 회사 자료를 한번 찾아보기를 권한다.

주식회사 빛나라의 주식은 상장주식이 아니고 비상장주식이다. 이러한 경우에는 우선 평가기준일 이전 6개월(상속 및 증여)과 이후 6개월(상속) 또는 3개월(증여)의 기간 내에 주식회사 빛나라 주식의 매매사실이 있는지 여부를 확인하여야 한다. 그리고 이러한 매매가 정상적인 매매라면 그 매매에 따른 거래금액을 시가[60]로 보아야 한다.

그런데 비상장주식은 거래가 없는 것이 보다 일반적이다. 따라서 이러한 거래금액이 없는 경우에는 비상장주식을 상속세 및 증여세법에서 정한 기준에 의하여 평가하여야 하는데, 이러한 방법을 '보충적 평가방법'으로 부르고 있다. 이러한 보충적 평가방법의 기본 원칙[61]은 다음과 같다.

> 1주당 주식가액 = max[㉠, ㉡]
> ㉠ 가중평균 1주당 주식가액 = (1주당 순손익가치 × 3 + 1주당 순자산가치 × 2)/5
> ㉡ 1주당 순자산가치 × 80%

이 방법의 기본적인 의미는 기업의 손익과 자산에 대한 평가액을 각각 3의 가중치와 2의 가중치를 부여하여 평가하되, 이렇게 평가한 가치가 자산가치의 80%보다 작을 경우에는 자산가치의 80%로 평가하겠다는 의미이다.

(3) 사례 3 : 부동산 과다 기업[62]의 주식

그런데 회사가 부동산을 매우 많이 보유하고 있는 기업이라면 그 기업의 주식은 앞서 언급한 기본 원칙과는 다르게 평가하여야 한다. 부동산을 매우 많이 보유하고 있는 기업은 그 부동산 자산의 가치가 그 기업가치에서 중요할 것으로 생각되고, 상속세 및 증여세법에서도 그러한 점을 고려하여 해당 기업의 주식을 다음과 같이 순손익가치와 순자산가치의 가중치를 기본 원칙과 달리 순자산가치에 더 많은 가중치를 주어 평가하도록 하고 있다. 단, 이 회사의 시가로 볼 만한 매매가액이 없다고 가정한다.

---

60) 단 주식은 감정평가에 의한 감정금액을 시가로 인정하지 않는다(상속세 및 증여세법 시행령 제49조 제1항 제2호).

61) 순손익가치와 순자산가치는 기본적인 회계에 대한 지식을 필요로 하므로 자세한 설명을 하지 않지만, 위에서 설명한 기본 원칙 정도는 기억해두도록 하자.

62) 부동산 과다 기업의 의미는 엄밀히 말하자면 소득세법 제94조 제1항 제4호 다목에서 규정하는 부동산 과다보유법인을 의미하는데, 이해 목적으로는 크게 신경쓰지 말고 부동산과 관련된 재산가액이 해당 기업 재산의 50%를 넘는 기업인 부동산 임대법인 등을 의미한다고 이해하고 있도록 하자.

1주당 주식가액=max[㉠, ㉡]
㉠ 가중평균 1주당 주식가액=(1주당 순손익가치×2+1주당 순자산가치×3)/5
㉡ 1주당 순자산가치×80%

다만 주식회사 건물주의 주식을 평가하는데 있어서 유의해야 할 점은 여러분이 주식회사 건물주의 최대주주로서 회사 주식의 100%를 여러분이 보유하고 있다는 점이다. 기업의 최대주주는 일반적으로 기업의 경영권을 가지고 있으므로 기업의 경영 전반에 관한 의사결정을 할 수 있을 것이다. 상속세 및 증여세법은 이러한 최대주주의 경영권과 관련된 가치를 추가적으로 주식의 평가에 반영하도록 하고 있는데, 이 경영권과 관련된 가치를 상속세 및 증여세법은 일반적인 주식 평가금액의 20%로 획일적으로 정하고 있다.[63] 즉 [사례 3]의 주식회사 건물주 주식의 보충적 평가방법에 의한 평가금액이 1주당 1백만원으로 산정되었다면, 최대주주 보유 주식은 이 금액의 20%를 가산한 1주당 1백 2십만원으로 평가한다는 의미이다.

2. 부동산

[사례 1] 토지

'물려줘' 씨는 딸인 '나받아' 양에게 '물려줘' 씨가 소유하고 있는 토지를 증여하고자 하는데, 이때 증여대상 토지의 재산가치를 얼마로 평가하여야 하는가?

[사례 2] 일반건물

'물려줘' 씨는 아들인 '나잘난' 군에게 '물려줘' 씨가 소유하고 있는 건물(토지는 제외)을 증여하고자 하는데, 이때 증여대상 건물의 재산가치를 얼마로 평가하여야 하는가? 단 건물은 주택이 아니고 국세청장이 정하는 지정지역에 소재하는 오피스텔 또는 상업용 건물이 아닌 일반건물이다.

[사례 3] 지정지역 소재 오피스텔 또는 상업용 건물

'물려줘'씨가 아들인 '나잘난' 씨에게 [사례 2]에서의 일반건물이 아닌 지정지역 소재 상업용 건물(토지 포함)을 증여한다고 가정하면 그 증여대상 건물의 재산가치를 얼마로 평가하여야 하는가?

63) 상속세 및 증여세법 제63조 제3항

[사례 4] 주택
'물려줘' 씨가 딸인 '나받아' 양에게 '물려줘' 씨가 소유하고 있는 주택을 증여하고자 하는데, 이때 증여대상 주택의 재산가치를 얼마로 평가하여야 하는가?

(1) 사례 1 : 토지

토지의 재산가치를 평가하기 위하여는 앞서 주식과 마찬가지로 해당 토지의 매매가액이나 감정가액, 유사 토지의 매매가액 등을 확인할 필요가 있다. 그러나 매매가액이나 유사 토지의 매매가액 확인이 어렵거나 없는 경우가 일반적이므로, 이러한 경우에는 다음과 같이 평가하도록 하고 있다.

㉠ 토지의 평가 원칙 : 개별공시지가
㉡ 평가금액 : 개별공시지가(원/㎡)×해당 토지 면적(㎡)

토지의 재산가치를 매기기 위하여 매매가액이나 유사 토지의 매매가액이 없다면 보충적 평가방법으로 그 토지의 '개별공시지가'64)라는 것을 이용하도록 하고 있다. '개별공시지가'라는 것은 인터넷으로도 쉽게 확인 가능한데, 토지가 위치한 해당 소재지 시·군·구청 홈페이지를 통하면 확인가능하다. 이 개별공시지가는 ㎡당 금액으로 표시되므로, 확인하고자 하는 토지의 면적을 곱하면 해당 토지의 개별공시지가가 된다.

64) 개별공시지가는 '토지와 관련된 세금(국세와 지방세) 부과기준 및 개발부담금 등 각종 부담금의 부과기준을 세우기 위하여 국토교통부 장관이 매년 공시하는 표준지공시지가를 기준으로 시장·군수·구청장이 조사한 개별 토지의 특성과 비교표준지의 특성을 비교하여, 토지가격비준표상의 토지 특성차이에 따른 가격배율을 산정하고 이를 표준지공시지가에 곱하여 지가를 산정 후 감정평가업자의 검증을 받아 토지소유자 등의 의견수렴과 시·군·구 부동산평가위원회 심의 등의 절차를 거쳐 시장·군수·구청장이 결정 및 공시하는 개별 토지의 단위면적당 가격(원/제곱미터)을 말한다'(출처 : 부동산공시가격알리미, http://www.realityprice.kr). 그러나 여기에서 자세한 정의를 굳이 이해하려고 할 필요는 없다고 판단되고, 다만 개별공시지가는 토지에 대한 세금이나 부담금 징수 목적의 기준가격 정도로 이해하면 될 것이다. 한편 각 지방자치단체 홈페이지를 통하여 개별공시지가를 한 번 확인해볼 것을 권한다.

(2) 사례 2 : 일반건물

일반건물 역시 매매가액이나 감정가액, 유사 건물의 매매가액 등이 없다면 보충적 평가방법으로 평가하여야 한다. 보충적 평가방법은 다음과 같이 평가하도록 하고 있다.

㉠ 일반건물의 평가 원칙 : 국세청장이 매년 산정·고시하는 가격
㉡ 평가금액 : 일반건물 산정·고시가격(원/㎡)×해당 건물 연면적(㎡)

국세청장이 매년 산정·고시하는 가격이 있고, 이 가격에 해당 건물의 연면적을 곱하여 일반건물의 재산가치를 산정하도록 하고 있다. 국세청장이 매년 산정·고시하는 가격은 건물의 신축가격과 구조, 용도, 위치 및 신축연도를 고려하여 고시되고 있다.[65)]

(3) 사례 3 : 국세청장 지정지역 소재 오피스텔 또는 상업용 건물

그런데 서울이나 수도권(서울·인천·경기), 지방광역시(대전·대구·광주·부산·울산) 및 세종특별자치시에 소재하는 오피스텔이나 상업용 건물(건물 연면적 3,000㎡ 또는 100호 이상)의 경우에는 국세청장이 별도로 고시하는 가격에 의하여 평가하도록 하고 있다. 만약 앞선 사례와 같이 매매가액이나 감정가액, 유사 건물의 매매가액이 없다면 보충적 평가방법은 다음과 같이 평가하도록 하고 있다.

㉠ 평가원칙 : 국세청장이 매년 산정·고시하는 가격
㉡ 평가금액 : 건물 산정·고시가격(원/㎡)×해당 건물 연면적(㎡)

이 산정·고시가액은 국세청 홈택스(http://hometax.go.kr)에서 확인가능하고, [사례 2]와 마찬가지로 건물 연면적(㎡)당 금액으로 표기되어 있으므로 해당 건물의 연면적을 곱하면 재산의 평가금액을 산정할 수 있다.

65) 이 국세청장이 산정·고시하는 가격이 어떻게 구성되어 있는지를 현 단계에서 자세히 알 필요는 없다고 생각된다. 다만 국세청이 세금 목적으로 일반건물의 재산가치를 가늠하기 위한 기준가격 산정 기준을 매년 고시한다고 이해하면 될 것이다.

(4) 사례 4 : 주택

주택은 단독주택과 공동주택으로 구분되고, 각각의 평가시 적용하는 가액이 다르다.

㉠ 단독주택의 평가원칙 : 시장·군수·구청장이 결정·공시하는 개별주택가격
㉡ 공동주택의 평가원칙 : 국토교통부 장관이 결정·공시하는 공동주택가격

단독주택의 개별주택가격은 각 지자체의 부동산정보조회시스템(https://kras.go.kr)을 통한 서울특별시와 세종특별자치시, 5대광역시(대전·대구·부산·광주·울산) 및 각 도별 부동산정보조회시스템에 접속에서 확인할 수 있다. 그리고 공동주택(아파트 및 165㎡ 이상의 연립주택)은 국토교통부 장관이 고시하는 공동주택가격으로 평가하고, 이 공동주택가격은 부동산공시가격 알리미(http://www.realityprice.kr)에서 확인가능하다.

표 12-6 부동산의 보충적 평가방법

구분	보충적 평가방법 원칙
토지	개별공시지가
일반건물	국세청장이 매년 산정·고시하는 가격
국세청장 지정지역 소재 오피스텔 또는 상업용 건물	국세청장이 매년 산정·고시하는 가격
주택	
㉠ 단독주택	시장·군수·구청장이 결정·공시하는 개별주택가격
㉡ 공동주택	국토교통부 장관이 결정·공시하는 공동주택가격

생각해볼 문제

시가보다 싸게 사거나 비싸게 팔았다면 이상한 거래일 가능성이 매우 높고, 따라서 이러한 거래에 세금이 매겨진다는 사실 자체에 이의를 제기할 사람은 거의 없을 것이다. 다만 여기에는 시가(時價)가 합리적으로 산정되어 납세자나 과세당국 모두 만족하여야 한다는 전제가 있어야 한다.

그런데 시가(時價)라는 것이 쉽게 산정되는 것인가? 본문에서도 언급하였지만 이 시가 산정이 어려운 문제일 수 있다. 모든 재산 종류가 시장에서 거래되는 거래가격이 있는 것이 아니므로, 감정가액이나 소위 '보충적 평가방법'이라는 세법에서 정한 획일적인 방법까지 존재한다.

한편 이러한 법에서 정한 평가방법이라고 하여 이 방법들이 합리적이거나 모두가 동의하는 방법은 아니다. 경우에 따라서는 법에서 정한 방법들이 비판을 받는 경우들이 있다. 주식의 경우를 한번 생각해보자.

한국거래소에서 거래되는 상장주식을 예로 들어보자. 일반적으로 상장주식의 시가는 평가기준일 전과 후 2개월의 최종 거래가액의 평균으로 평가한다고 하였다. 그런데 이 상장주식의 거래는 장(場)이 열리는 시간 동안에 끊임없이 일어나고, 각 거래마다 거래되는 가격 또한 계속 변한다. 그리고 해당 거래가격에 거래되는 거래량까지 따지고 들면 과연 진정한 시가라는 것이 존재하는지도 의문이다. 아울러 소위 '종가(終價)'라고 불리는 장 마감 직전의 거래가격이 진정한 시가를 대표하는 가격으로 볼 수 있는가? 해당 거래일의 거래량 중 극히 일부만을 차지하는 마지막 거래가격이 모든 거래가격을 대표할 수 있는가? 거래량뿐 아니라 거래가격의 변동은 어떻게 해야 하는가?

비상장주식의 경우는 소위 '보충적 평가방법'에 의하여 산정된 가격을 과연 진정한 의미의 시가로 볼 수 있는지 더욱 의문이다. 비상장기업의 가치를 경제적 실질을 반영하지 못한 획일적인 할인율 등 요인을 적용하여 산정하였을 때 이것이 과연 경제적으로 올바른 가치를 나타내고 있는지는 한번 생각해볼 문제이다. 물론 여러 가지 한계로 인하여 어쩔 수 없는 측면 또한 존재하는 것이 분명한 사실이나, 그렇다고 하여도 더 나은 대안을 탐색하고 그 대안들에 대한 사회적 합의를 모색하는 일을 게을리해서는 안된다고 생각한다.

제5절 상속세와 증여세는 어떻게 계산하는가? : 상속세 및 증여세의 계산구조

본절에서는 상속세와 증여세의 전반적인 계산구조에 대해 살펴본다. 물론 전반적인 계산구조는 회계와 세법뿐 아니라 기초적인 법률용어에 대한 이해가 있어야 이해되므로 여기에서는 간략한 계산구조 위주로 설명하도록 하되, 필요한 부분에서만 설명을 덧붙이도록 한다.

Ⅰ. 상속세의 계산구조

▌표 12-7 ▌ 상속세 계산구조 요약

상속세 계산 흐름	내용
상속재산가액	• 상속재산가액(유증과 사인증여재산, 특별연고자에 대한 상속재산 분여액 포함) • 의제상속재산가액 • 추정상속재산가액
(−) 비과세 상속재산	
(−) 상속세과세가액불산입	
(−) 공과금 · 장례비용 · 채무	
(+) 증여재산가액	
A. 상속세과세가액	
(−) 상속공제	• 기초공제, 배우자공제 및 기타 인적공제(또는 일괄공제) • 가업상속공제 및 영농상속공제 • 금융재산상속공제 • 재해손실공제 • 동거주택상속공제
(−) 감정평가수수료	
B. 상속세과세표준	
C. 세율	10~50% 5단계 초과누진세율
D. 상속세산출세액	B×C
(+) 세대를 건너뛴 상속에 대한 할증과세	

E. 상속세산출세액 합계	
(−) 문화재 등 징수유예세액	
(−) 세액공제	• 증여세액공제 • 외국납부세액공제 • 단기재상속세액공제 • 신고세액공제
(+) 가산세	• 신고불성실가산세 • 납부지연가산세
F. 납부세액 합계액	

1. 상속재산가액[66)]

상속재산은 피상속인에게 귀속되는 모든 재산을 말하고, 유증 및 사인증여 재산을 포함하며, 다음의 물건과 권리를 포함한다.

① 금전으로 환산할 수 있는 경제적 가치가 있는 모든 물건

② 재산적 가치가 있는 법률상 또는 사실상의 모든 권리

단, 피상속인의 일신(一身)에 전속(專屬)하는 것으로서, 피상속인의 사망으로 소멸되는 것은 제외하도록 하고 있는데, 이 문구의 의미는 고인(故人)에게만 오로지 속한 재산으로서 고인의 사망으로 없어지고 상속인에게 상속되지 않는 재산은 상속재산에서 제외한다는 의미이다.

2. 의제상속재산[67)] 및 추정상속재산[68)]

의제상속재산은 상속으로 상속인이 받게 되는 보험금(피상속인이 부담한 보험료 해당액의 보험금)과 피상속인의 퇴직금, 그리고 피상속인이 신탁한 신탁재산[69)](상속인을

66) 상속세 및 증여세법 제2조 제3호
67) 상속세 및 증여세법 제8조~제10조
68) 상속세 및 증여세법 제15조
69) 신탁(信託, trust)이란 어떠한 목적을 위하여 재산의 당초 소유자(위탁자)가 다른 이(수탁자)에게 재산을 이전하거나 담보권 설정이나 기타의 처분을 하고, 수탁자는 특정한 자(수익자)의 이익 또는 특정의 목적 달성을 위해 그 재산의 관리·운용·처분·개발 및 그 밖의 행위를 하게 하는 법률관계를 말한다고 한다(신탁법 제2조 참조). 이러한 신탁한 신탁재산의 관리와 운용 등에서 발생하는 이익을 상속인이 가지게 되면 당연히 상속재산이 이러한 신탁재산의 이익에 대하여 상속세가 매겨져야 할 것이다.

신탁이익의 받을 권리자로 한 경우의 해당 신탁재산)을 말하고, 이러한 재산을 상속재산에 포함시키도록 하고 있다.

아울러 추정상속재산은 피상속인의 사망 전에 재산을 처분하여 현금이나 귀금속 등의 재산추적이 매우 어려운 재산으로 바꾸어 상속인에게 물려주는 변칙적 형태의 상속을 방지하기 위하여 도입한 것으로서, 피상속인의 사망 전 1년(2년) 이내에 재산을 처분하거나 예금을 인출한 금액 또는 채무를 부담한 금액이 2억원(5억원) 이상인 경우에는 재산 처분금액이나 예금인출금액 또는 채무부담액의 용도를 상속인이 입증하여야 한다. 만약 입증하지 못하는 금액이 일정금액(=min[재산처분액·예금인출액·채무부담액×20%, 2억원]) 이상이면, '입증하지 못한 금액−min[재산처분액등×20%, 2억원]'을 상속재산가액에 가산하여야 한다.

3. 비과세상속재산[70)]

비과세란 국가가 원칙적으로 과세권을 포기한 것으로서 처음부터 납세의무가 발생하지 아니하고 비과세 하는 상속재산에 대하여 어떻게 사용하라는 등의 의무를 부여하고 있지 아니하므로 추후 세금을 추징하는 일이 없다.[71)] 이러한 비과세상속재산은 전사자 등의 재산과 제사를 주재하는 상속인을 기준으로 금양임야[72)]와 묘토[73)]인 농지 등이 있다.

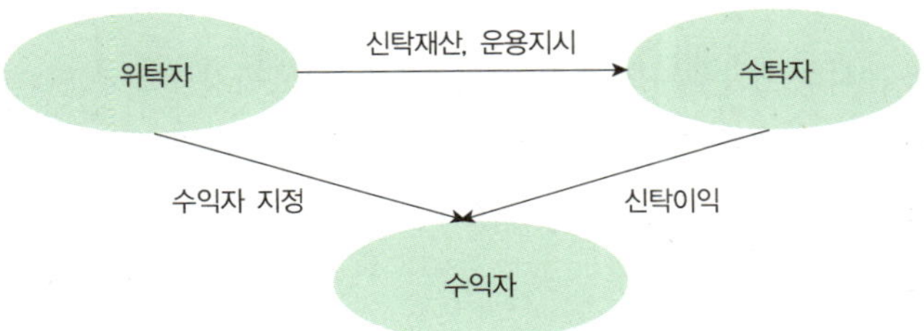

70) 상속세 및 증여세법 제1조~제12조. 여기에서는 개념 정도만 설명한다.
71) 최성일, 『상속세와 증여세 실무』(2018년판), 삼일인포마인, 2018., 175면
72) 금양임야란 묘지를 보호하기 위하여 벌목을 금지하고 나무를 기르는 묘지 주변의 임야를 말한다. 피상속인이 제사를 모시고 있던 선조의 무덤 주변의 임야이어야 하고, 제사를 주재하는 상속인을 기준으로 9,900㎡까지만 비과세된다.
73) 묘토라 함은 묘지(무덤)와 인접한 거리에 있고 제사를 모시기 위한 재원으로 사용하는 농지를 말한다. 제사를 주재하는 상속인에게 상속되어야 하고, 제사 주재 상속인을 기준으로 1,980㎡까지만 비과세된다. 금양임야와 묘토는 2억원을 한도로 비과세된다.

4. 상속세과세가액불산입[74)]

상속재산 중 공익법인 등[75)]에 출연한 재산은 상속세 과세대상에서 제외하고 있는데, 다만 주식이나 출자지분은 그 지분율 5%(성실공익법인의 경우에는 10% 또는 20%)에 해당하는 출연지분만을 상속세 과세대상에서 제외하고 그 초과분은 상속세 과세대상에 포함하도록 하고 있다. 이렇게 주식과 출자지분에 상속재산에서 제외하는 지분율 비율 한도를 두고 있는 이유는 공익법인이 주식을 출연받거나 취득하여 출연자의 의사에 따라 의결권을 행사하는 등으로 지주회사[76)]화 하는 것을 방지하기 위함이다.[77)]

5. 공과금 · 장례비용 · 채무

고인(故人)인 피상속인이 납부할 의무가 있는 공과금과 장례를 치르기 위해 소요된 비용 및 피상속인이 생전에 부담하여 상속인에게 상속된 채무는 상속재산에서 차감해 주는 것이 합리적이다.

(1) 공과금

피상속인이 납부할 의무가 있는 조세와 공공요금 및 기타 이와 유사한 것을 의미한다.

(2) 장례비용

장례비용은 봉안시설 또는 자연장지 사용 비용은 실제지출액과 500만원 중 작은 금액(min[실제지출액, 500만원])을 상속재산에서 빼주고, 그 이외의 일반 장례비용은 실제지출액을 공제하되, 500만원에 실제지출액이 미달할 경우에는 500만원을 공제하고

74) 상속세 및 증여세법 제16조 및 제17조
75) '공익법인 등'은 종교 · 자선 · 학술 · 기타 공익목적으로 사업을 영위하는 자를 의미한다고 일단 이해하자.
76) 지주회사란 주식 소유를 통하여 국내회사의 사업내용을 지배하는 것을 주된 사업으로 하는 회사로서, 독점규제 및 공정거래에 관한 법률에서 구체적인 요건을 정하고 있다(이태로 · 한만수, 『조세법강의』신정12판, 박영사. 2016. 668면). 쉽게 말하자면 주식을 소유하여 다른 회사를 지배하는 것을 사업 목적으로 하는 회사라고 이해하자.
77) 최성일, 『상속세와 증여세 실무』(2018년판), 삼일인포마인, 2018., 228면

공제는 1,000만원까지 공제한다.

(3) 채무

피상속인이 생전에 부담하고 상속인에게 승계되는 채무는 상속재산에서 공제함이 합리적이다. 그러나 상속세를 줄이기 위해 피상속인이 상속인에게 증여하기로 한 채무(증여채무) 약속을 할 수 있으므로 이러한 행위를 방지하기 위하여 상속개시 전 10년 이내의 피상속인이 상속인에게 진 증여채무와 상속개시 전 5년 이내의 피상속인이 상속인 외의 자에게 진 증여채무는 채무로 인정하지 않는다.

6. 증여재산가액[78)]

고인(故人)인 피상속인이 생전에 재산을 상속인이나 상속인 이외의 자에게 증여할 경우 상속세 부담을 낮출 수 있으므로 이를 방지하기 위하여 생전에 증여한 재산을 상속세 과세대상 재산에 포함하도록 하고 있다. 다만 피상속인이 생전에 증여한 모든 재산을 상속세 과세대상 재산에 포함하는 것은 아니고, 일정기간 내의 증여재산만을 포함한다.

표 12-8 | 증여재산 포함액

구분	내용
상속인에게 증여한 재산	상속개시 전 10년 내
상속인 외의 자에게 증여한 재산	상속개시 전 5년 내

피상속인이 생전에 증여한 증여재산가액을 상속세 과세대상 재산에 포함할 경우, 그 합산하는 증여재산가액은 생전에 증여할 당시의 가액을 상속세 과세대상 재산가액으로 한다. 그리고 합산되는 증여재산가액에 대한 증여세 해당액은 상속세에서 빼주는데, 이는 상속세와 증여세가 이중으로 과세되지 않도록 하기 위함이다.

78) 상속세 및 증여세법 제13조

7. 상속공제

우리나라 상속세 및 증여세법은 앞서 언급하였던 상속재산 모두에 대하여 상속세를 매기지 않고, 상속재산 중 법에서 정한 금액들을 빼주도록 하고 있다. 이러한 상속재산에서 빼주는 것을 상속공제라고 하는데, 이러한 상속공제를 해주는 이유는 가족을 부양하고 있던 피상속인(고인(故人))의 사망으로 인하여 상속인들이 겪을 수 있는 경제적 어려움을 고려하여 상속세의 부담을 완화함으로써 상속인의 물적 생활안정을 유지시켜 주기 위함이고, 다른 한편으로는 특정 경제정책적 목적을 위하여 상속재산가액에서 일정 금액을 차감해주는 것이라고 한다.[79] 여기에서 이러한 상속공제 제도에 관한 세부적인 내용을 다루는 것은 이 책의 범위를 넘어서므로 기술을 생략하되, 다만 참고 목적으로 개괄사항만을 요약하여 기술하였다.

표 12-9 상속공제의 개괄

구분	공제금액
기초공제	2억원
기타 인적공제	• 자녀공제 : 자녀수×5천만원 • 미성년자공제 : 19세까지 잔존연수×1천만원 • 연로자공제 : 65세 이상자 수×5천만원 • 장애인공제 : 기대여명[80] 연수×1천만원 ⇒ 기타 인적공제＝자녀공제＋미성년자공제＋연로자공제＋장애인공제
일괄공제	max[기초공제＋기타 인적공제, 일괄공제(5억원)] 적용
배우자공제	• 공제액 : min[배우자의 실제 상속재산, 배우자의 법정상속분－배우자가 피상속인 사망 전 증여받은 재산에 대한 증여세과세표준, 30억원] • 단, 배우자공제액은 위의 공제액이 5억원에 미달할 경우에는 5억원을 공제(공제 최소한도액).
가업상속공제	• 공제액 : min[가업상속재산, 계속경영기간별 한도액] • 계속경영기간별 한도액 1) 10년 이상~20년 미만 : 200억원 2) 20년 이상~30년 미만 : 300억원 3) 30년 이상 : 500억원
영농상속공제	min[영농상속재산, 15억원]

79) 최성일, 『상속세와 증여세 실무』 (2018년판), 삼일인포마인, 2018.3., 259면

금융재산상속공제	• 공제액 : max[순금융재산[81]×20%, 2억원] • 단, 금융재산상속공제액은 '순금융재산×20%'가 2천만원에 미달할 경우에는 2천만원을 공제하고, 순금융재산이 2천만원에 미달할 경우에는 그 순금융재산을 공제
재해손실공제	상속세 신고기한 이내에 재난 등으로 인하여 상속재산이 멸실되거나 훼손된 경우에 그 손실가액
동거주택상속공제	• 공제액 : max[(상속주택가액－주택에 담보된 채무액)×100%, 6억원] • 공제요건 1) 피상속인과 상속인(직계비속 또는 상속인이 된 그 직계비속의 배우자로 한정)이 상속개시일로부터 소급하여 10년 이상(상속인이 미성년인 기간은 제외) 계속하여 하나의 주택에서 동거할 것. 2) 피상속인과 상속인이 상속개시일로부터 소급하여 10년 이상 1세대를 구성하면서 1세대 1주택에 해당할 것. 3) 상속개시일 현재 무주택자이거나 피상속인과 공동으로 1세대 1주택을 보유한 자로서 피상속인과 동거한 상속인이 상속받은 주택일 것.

단, 상기 상속공제들을 모두 합한 금액을 상속공제로 공제받을 수 있는 것은 아니고, 상속공제의 종합한도[82]를 계산하여 그 종합한도를 넘어서는 상속공제액은 공제를 받을 수 없음에 유의하여야 한다.

8. 감정평가수수료

상속재산을 평가하여 상속세를 계산하기 위해 드는 감정평가수수료를 상속세 계산대상 재산에서 빼주는데, 500만원[83]을 한도로 한다.

80) 기대여명(期待餘命)은 현재 시점에서 예상되는 남은 수명을 의미한다고 이해하도록 한다. 정확히는 상속개시일 현재 통계법 제18조에 따라 통계청장이 승인하여 고시하는 통계표에 따른 성별·연령별 기대여명의 연수이다.

81) 순금융재산은 은행 예적금이나 주식 등 금융재산에서 금융부채(금융기관 차입금 등 부채)를 뺀 금액을 말한다. 다만 최대주주가 보유하고 있는 주식은 제외한다.

82) 상속세 및 증여세법 제24조. 자세한 설명은 생략하고, 그 한도 계산식만을 대략적으로 표현하면 '상속세 과세가액 - 선순위인 상속인이 아닌 자에게 유증 등을 한 재산가액 - 선순위인 상속인의 상속포기로 그 다음 순위의 상속인이 상속받은 재산가액 - 상속세과세가액에 가산한 증여재산가액(증여재산공제 및 재해손실공제를 뺀 금액)'으로 계산할 수 있다.

83) 재산가액의 평가 등을 위한 목적으로 국세청과 지방국세청에 평가심의위원회를 두고 있는데, 이 평가심의위원회에서 비상장주식의 평가를 위해 신용평가전문기관에 평가를 의뢰할 수 있고, 이 신용평가전문기관에 의뢰할 때 납세자가 부담한 평가수수료의 경우에는 신용평가전문기관 1개당 1천만원까지 공제가 가능하다.

9. 세율

세율은 상속세 및 증여세법 제26조에서 다음과 같이 규정하고 있다.

표 12-10 상속세 세율

과세표준	세율
1억원 이하	과세표준의 10%
1억원 초과~5억원 이하	1천만원+(1억원 초과금액의 20%)
5억원 초과~10억원 이하	9천만원+(5억원 초과금액의 30%)
10억원 초과~30억원 이하	2억 4천만원+(10억원 초과금액의 40%)
30억원 초과	10억 4천만원+(30억원 초과금액의 50%)

상속세 세율은 과세표준별로 구분된 단계별 초과누진세율 구조를 취하고 있다. 이 상속세 세율은 상속세뿐 아니라 증여세과세표준에도 동일하게 적용된다.

10. 세대를 건너뛴 상속에 대한 할증과세[84)]

상속세과세표준에 상기 상속세 세율을 적용하여 계산한 상속세산출세액에 세대를 건너뛰고 상속된 재산이 있으면 그러한 상속에는 추가적인 세금을 부담하게 하고 있다. 이러한 예로는 할아버지가 아버지를 건너뛰고 직접 손자에게 상속하게 하는 경우를 들 수 있는데, 정상적인 경우라면 할아버지에서 아버지로 상속될 때 상속세가 1번, 아버지에서 손자에게 상속될 때 상속세가 1번 각각 과세(총 2번)될 것이나, 할아버지가 손자에게 직접 상속한다면 상속세가 1번만 과세되어 정상적인 경우보다 세대를 건너뛴 상속의 경우에 상속세 부담이 줄어들게 된다. 이러한 비정상적인 상속과 정상적인 상속 간 형평성을 맞추기 위하여 우리나라 상속세 및 증여세법은 세대를 건너뛴 상속에 대하여 상속세산출세액 계산액에 세대를 건너뛴 상속에 해당하는 산출세액의 30%(피상속인의 자녀가 아니면서 직계비속인 미성년자가 받은 상속재산이 20억원을 초과하는 경우에는 40%)에 해당하는 금액을 가산한다.

84) 상속세 및 증여세법 제27조

11. 문화재자료 등에 대한 징수유예

문화재자료가 상속재산에 포함된 경우에는 문화재자료 등 재산가액에 해당하는 상속세액의 징수를 유예하는데, 이는 문화재자료 등에 대한 상속세 징수가 문화재 처분으로 이어져 문화재 보존을 어렵게 할 수 있기 때문에 이러한 문화재에 대하여는 세재 혜택을 주고 있다.[85)]

12. 세액공제

앞서의 과정을 거쳐 계산된 상속세산출세액 합계액에서 여러 가지 목적과 이유 때문에 소정의 금액을 빼주고 있다. 이를 세액공제라고 하는데, 상속세 및 증여세법에서는 증여세액공제, 외국납부세액공제, 단기 재상속에 대한 세액공제 및 신고세액공제제도를 두고 있다.[86)]

(1) 증여세액공제

상속재산에 피상속인으로부터 생전에 증여받은 재산을 더한 경우, 이미 증여세를 신고 및 납부한 경우에는 기존에 신고 및 납부한 증여세 해당액을 상속세에서 빼주어야 증여세와 상속세가 이중과세가 되지 않을 것이다. 그러므로 상속세 및 증여세법은 증여재산에 대한 증여세 산출세액 해당액[87)]을 상속세산출세액 합계액에서 빼주도록 규정하고 있다.

(2) 외국납부세액공제

거주자인 피상속인의 국외 소재 상속재산이 있을 경우, 이러한 국외 소재 상속재산에 대하여 국내와 외국 모두에서 상속세를 매기게 되면 이중과세 문제가 발생한다. 그

85) 이철재 · 정우승 · 유은종, 『세법강의2』(2020, 32판), 세경사, 2020.5., 상증-43면

86) 상속세 및 증여세법 제28조, 제29조, 제30조 및 제69조에서 각 세액공제를 차례대로 규정하고 있다.

87) '해당액'이라고 한 이유는 납부한 증여세액과 완전히 일치하지 않을 수 있기 때문이다. 산식으로 표현하자면 다음과 같다(이철재 · 정우승 · 유은종, 『세법강의2』(2020, 32판), 세경사, 2020.5., 상증-45면).

증여세액공제＝min[①, ②] ① 증여재산에 대한 증여세산출세액 ② 상속세산출세액×증여세과세표준/상속세과세표준

러므로 이러한 이중과세 문제 해결을 위하여 우리나라 상속세 및 증여세법은 외국에서 부과된 상속세액 해당액[88]을 상속세산출세액 합계액에서 빼주도록 규정하고 있다.

(3) 단기 재상속에 대한 세액공제

상속이 발생한 후 단기간 내에 다시 상속이 발생한다면 상속인 입장에서는 단기간에 상속세를 2회 이상 납부해야 하는 부담이 발생한다. 즉 정상적인 상속이라면 30년 정도의 단위로 일어나게 되어 상속세를 부담하게 되지만, 교통사고 등의 불의의 사고 등에 의하여 단기간에 여러 차례에 걸쳐 상속이 개시되면 동일한 상속재산에 대하여 2회 이상 상속세가 부과되는 등의 이유로 상속세 부담이 커지고 납세자의 재산가치 또한 급격히 감소하는 문제가 발생한다.[89] 이러한 문제에 따른 납세자의 불이익을 완화시키기 위하여 상속이 개시된 이후 10년 이내에 상속인이나 수유자의 사망으로 다시 상속이 개시되는 경우에, 이미 전(前)에 상속세가 부과된 상속재산(상속재산에 더하는 증여재산 중 상속인이나 수유자가 받은 증여재산을 포함) 중 재상속되는 상속재산에 대한 전의 상속세 상당액을 상속세산출세액 합계액에서 빼주도록 상속세 및 증여세법에서 규정하고 있다. 다만 상속세 상당액은 전의 상속세액을 전부 빼주는 것이 아니라, 재상속 기간별로 나누어 1년 이내부터 10년 이내까지 1년 단위로 각각 100~10% 공제율을 차등 적용한다.[90]

(4) 신고세액공제

우리나라 상속세 및 증여세법은 상속개시일이 속하는 달의 말일로부터 6개월 이내에 상속세과세표준 신고를 하게 되어 있고, 이러한 법정신고기한 이내에 상속세 과세표준 신고를 하면 자진신고를 유도하기 위하여 자진신고에 따른 세액공제[91]를 해주고 있다.

---

88) 외국납부세액 해당액이라고 한 이유 역시 외국에서 납부한 상속세액과 일치하지 않을 수 있기 때문이다. 산식으로 표현하면 다음과 같다(이철재 · 정우승 · 유은종, 『세법강의2』 (2020, 32판), 세경사, 2020.5., 상증-45면).

외국납부세액공제=min[①, ②] ① 외국에서 부과된 상속세액 ② 상속세산출세액×외국법령에 따른 상속세과세표준/상속세과세표준

89) 최성일, 『상속세와 증여세 실무』 (2018년판), 삼일인포마인, 2018.3., 391면

90) 산식으로 표현하자면 다음과 같다(이철재 · 정우승 · 유은종, 『세법강의2』(2020, 32판), 세경사, 2020.5., 상증-46면).

전의 상속세산출세액×재상속분에 대한 전의 상속세과세가액/전의 상속세과세가액×공제율

13. 가산세

상속세 신고를 하지 않거나, 신고를 하더라도 법정신고기한을 넘겨서 신고 또는 납부를 하거나, 상속세과세표준이 법에서 정한 과세표준보다 적게 신고를 하는 등의 행위가 이루어지게 되면 납세자의 의무불이행에 따른 가산세가 부과된다. 가산세에는 신고불성실가산세와 납부지연가산세가 있는데, 신고불성실가산세는 상속세 신고의무를 법에서 정한대로 이행하지 않은 경우에, 납부지연가산세는 상속세액의 납부를 법에서 정한대로 이행하지 않은 경우에 본세에 더하여 납부하는 세금이다.[92)]

14. 상속세 계산 예제

상속세 대강의 흐름을 알아보았으므로, 간략한 예제를 통하여 상속세의 계산구조를 이해해보도록 한다.

예제

(1) 피상속인인 거주자 갑은 20×2년 10월 15일에 사망하였다.
(2) 상속 개시 당시 상속재산가액은 50억원으로 가정한다. 다만 상속 개시일 전인 2019년 4월에 피상속인의 예금 인출액 5억원이 사용된 용도가 증명되지 않았다.
(3) 상속게시일 전 5년 이내에 상속인인 을은 피상속인인 갑으로부터 10억원을 증여받았다.
(4) 장례비용으로 총 장례비용 8천만원(일반장례비 5천만원, 봉안시설의 사용비용 3천만원)을 사용하였음이 확인되었다.
(5) 상속공제는 일괄공제 5억원만 있다고 가정한다.
(6) 세액공제는 증여세액공제 2억 2천5백만원, 신고세액공제만을 가정한다.
(7) 제시된 사항에 한하여 상속세를 계산한다.

91) 산식으로 표현하자면 다음과 같다(이철재 · 정우승 · 유은종, 『세법강의2』(2020, 32판), 세경사, 2020.5., 상증-46면).

(상속세산출세액－문화재자료 등에 대한 징수유예액－기타 세액공제액)×3%

92) 보다 엄밀히 말하자면 국세기본법 제47조, 제47조의2부터 제47조의5 및 제48조에 따라 부담할 가산세를 말하는데, 여기에서 자세한 설명은 생략하도록 한다.

(1) 상속세 신고 및 납부기한

먼저 상속세 신고 및 납부는 언제까지 하여야 하는가? 고인(故人)인 피상속인이 20×2년 10월 15일에 사망하였으므로 상속개시일은 20×2년 10월 15일이다. 그러므로 20×2년 10월 15일이 속하는 달의 말일로부터 6개월 내이기 때문에 상속세 신고기한은 20×3년 4월 30일까지이다.

(2) 상속세의 계산

1) 상속세과세표준의 계산

표 12-11 상속세과세표준

구분	금액
A. 상속재산가액(ㄱ+ㄴ−ㄷ)	5,385,000,000원
ㄱ. 일반상속재산	5,000,000,000원
ㄴ. 추정상속재산	400,000,000원
ㄷ. 장례비용	15,000,000원
B. 증여재산가액	1,000,000,000원
C. 상속세과세가액(A+B)	6,385,000,000원
D. 상속공제	500,000,000원
E. 상속세과세표준(C−D)	5,885,000,000원

주어진 사항에 의하면 일반상속재산은 50억원이었다. 그리고 상속개시일 이전 1년 이내 2억원인 경우와 이전 2년 이내 5억원 이상인 경우에 그 사용용도를 증명해야 함에도 불구하고, 상속개시일인 20×2년 10월 15일의 2년 이내에 피상속인이 사용한 5억원의 사용용도가 증명되지 않았으므로 이를 추정상속재산으로 하여 상속재산가액에 더하되, min[예금인출액×20%=1억원, 2억원]인 1억원을 추정상속재산에서 빼야 하므로 총 4억원(=5억원−1억원)을 추정상속재산으로 상속재산가액에 더하여야 한다. 장례비용은 일반장례비 1천만원 및 봉안시설 사용비용 5백만원 한도 내에서 상속재산에서 빼주므로, 총 장례비용 8천만원 중 1천5백만원을 상속재산에서 빼준다.

그리고 상속인에게 피상속인 생전에 증여한 재산 중 상속개시일 전 10년(상속인 이외의 자는 5년) 이내 증여재산은 상속세과세가액에 더하여야 하므로, 상속개시일인 20×2년 10월 15일 전 10년 이내에 증여받은 10억원은 상속세과세가액에 더한다. 상속공제는 일괄공제 5억원단을 고려하기로 가정하였으므로, 5억원을 상속세과세가액에서 빼서 상속세과세표준을 계산한다.

2) 상속세액의 계산

표 12-12 상속세액

구분	금액
A. 상속세과세표준	5,885,000,000원
B. 세율(10 ~ 50%)	최고세율 50% 구간 적용
C. 상속세산출세액(A×B)	2,482,500,000원
D. 세액공제	292,725,000원
E. 상속세납부세액(C−D)	2,189,775,000원

상속세과세표준이 계산되었으면 앞서 기술하였던 상속세 세율을 과세표준 구간별로 적용하여 상속세산출세액을 계산한다. 이 사례는 상속세과세표준이 30억원을 초과하므로 최고세율인 50%가 적용되고, 과세표준 58억 8천5백만원에 '10억 4천만원+(30억원 초과금액의 50%)'[93]의 산식을 적용하여 계산하면 상속세산출세액은 24억 8천2백5십만원으로 계산된다.

한편 상속공제는 상속세과세가액에 증여재산을 가산하였으므로, 증여재산공제를 적용하여야 하고, 법정신고기한인 2021년 4월말까지 상속세과세표준 신고서를 제출함을 가정하였으므로 신고세액공제를 적용하여 상속세산출세액에서 빼주어야 한다.

(1) 증여세액공제 : 225,000,000원
(2) 신고세액공제 : 67,725,000원
[2,482,500,000원−225,000,000원(증여세액공제)]×3%=67,725,000원
(3) 세액공제 합계 : (1)+(2)=292,725,000원

증여세액공제는 2억 2천5백만원을 가정하였고, 신고세액공제는 그 공제율인 현재 3%이므로 이 공제율을 적용하여 계산하되, 다만 신고세액공제 계산시에는 산출세액에서 다른 세액공제 합계를 모두 뺀 금액에 공제율 3%를 적용하여 계산함에 유의하여야 한다.

93) [표 12-10] 상속세 세율 참조(5,885,000,000원−3,000,000,000원)×50%+1,040,000,000원=2,482,500,000원

Ⅱ. 증여세의 계산구조

▌표 12-13 ▌ 증여세 계산구조 요약[94)]

증여세 계산 흐름	내용
증여재산가액	• 일반적인 증여재산가액 • 증여추정 • 증여의제
(+) 10년 내 증여재산	
(−) 담보된 채무	
(−) 비과세 증여재산	국가 또는 지방자치단체로부터 증여받은 재산 등
(+) 증여세과세가액불산입	• 공익법인 등이 출연받은 재산 • 공익신탁재산 • 장애인이 증여받은 재산
A. 증여세과세가액	
(−) 증여재산공제 및 재해손실공제	• 배우자 : 6억원 • 직계존속 : 5천만원(미성년자 2천만원) • 직계비속 : 5천만원 • 기타 친족 : 1천만원 • 재난으로 손실된 증여재산가액
(−) 감정평가수수료	
B. 증여세과세표준	
C. 세율	10~50% 5단계 초과누진세율
D. 증여세산출세액	B×C
(+) 세대를 건너뛴 증여에 대한 할증과세	산출세액의 30%(40%) 할증
E. 증여세산출세액 합계	
(−) 문화재자료 등에 대한 징수유예	
(−) 세액공제	• 납부세액공제 • 외국납부세액공제 • 신고세액공제
(+) 가산세	• 신고불성실가산세 • 납부지연가산세
F. 납부세액 합계액	

94) 조세특례제한법 제30조의5와 제30조의6은 각각 창업자금과 가업승계에 관한 증여세 과세특례를 규정하고 있는데, 여기에서는 이를 제외하였다.

1. 증여재산가액

우리나라 상속세 및 증여세법은 무상으로 이전받은 재산 또는 이익뿐 아니라 현저히 낮은 대가를 주고 이전받거나 현저히 높은 대가를 받고 이전한 경우 등 다양한 형태의 증여세 과세대상[95]을 규정하고 있다.

앞의 부분에서 예시로 든 아버지와 아들 간 부동산의 교환거래와 전환사채 전환과 관련한 사례 모두가 이러한 증여세 과세대상이다. 그리고 변칙적인 증여형태를 일일이 법령에 열거하는 것이 사실상 불가능하므로 현재 우리나라는 증여세 완전포괄주의를 채택하여 증여세를 매기는 대상이 되는 경제적 이익을 일일이 나열하여 규정하지 않고 모든 경제적 이익에 대하여 예외없이 세금을 매길 수 있도록 법을 제정하였다고 앞에서 설명한 바 있다.[96]

그러나 증여세 완전프괄주의를 도입하였다고는 하나, 기존의 열거된 규정과 증여 사례들을 모두 없애버리는 것은 바람직하지 못할 것이다. 완전포괄주의를 도입하였다고 하여 열거된 규정과 사례들을 없애버린다면 납세자의 예측가능성과 법적 안정성이 저해되고, 과세관청이 법을 집행함에 있어서도 혼란을 일으킬 것이기 때문이다.[97] 이러한 취지에서 현행 상속세 및 증여세법은 증여예시 규정에 관한 규정을 두고 있다. 증여예시에 관련된 사항은 별도의 장(제6절)에서 다루도록 하고 여기에서는 증여세를 매기는 증여세 과세대상의 증여재산 평가 원칙을 다음과 같이 소개하고자 한다.[98]

표 12-14 | 증여재산가액 계산의 일반원칙[99]

구분	증여재산가액
① 재산 또는 이익을 무상으로 이전받은 경우	증여재산의 시가상당액
② 재산 또는 이익을 현저히 낮은 대가를 주고 이전받거나 현저히 높은 대가를 받고 이전한 경우	시가와 대가의 차액[100]
③ 재산 취득 후 해당 재산의 가치가 증가하는 경우	재산가치 상승금액[101]
④ 증여예시규정에 해당하는 경우	해당 규정에 따라 계산

95) 상속세 및 증여세법 제4조
96) '제1절 상속과 증여, 상속세와 증여세란?'의 'Ⅲ. 증여세 완전포괄주의' 참조. 이 부분에서 증여세 완전포괄주의가 현재 완전히 적용되는지에 관하여는 논란이 있다는 점도 언급한 바 있다.
97) 최성일, 『상속세와 증여세 실무』(2018년판), 삼일인포마인, 2018.3., 441면
98) 증여추정과 증여의제에 관한 사항도 증여예시와 함께 후술하도록 한다.
99) 이철재 · 정우승 · 유은종. 『세법강의2』(2020, 32판), 세경사, 2020.5., 상증-53면
100) 그 차액이 3억원 이상 또는 시가의 30% 이상인 경우만 해당

⑤ 증여예시규정과 경제적 실질이 유사한 경우로서 증여재산의 가액을 계산할 수 있는 경우	해당 규정에 따라 계산
⑥ 증여추정규정에 해당하는 경우	해당 규정에 따라 계산

여기에서 참고로 한 가지 재미있는 규정을 소개하는데, 그것은 증여재산을 반환하는 경우에 관한 규정이다.[102] 증여받은 재산을 다시 증여자에게 반환하는 경우의 증여세는 어떻게 될 것인가? 증여세 신고 후 증여자에게 재산을 반환하면 당초 신고한 증여세는 어떻게 되는 것인가? 다음 표를 한번 보도록 하자.

표 12-15 증여재산의 반환[103]

구분		당초 증여	반환
증여세 신고기한 이내에 반환		증여세 ×	증여세 ×
증여세 신고기한 이후 반환	신고기한으로부터 3개월 내	증여세 ○	증여세 ×
	신고기한으로부터 3개월 경과 후	증여세 ○	증여세 ○

상기 표는 증여재산이 반환되는 시기에 따라서 당초 증여에 따른 증여세와 반환에 따른 증여세가 매겨지는지 여부를 정리한 표이다. 먼저 증여세 신고기한 이내(증여일이 속한 달의 말일로부터 3개월) 이내에 증여자에게 재산이 반환되었다면 증여세 신고 및 납부의무가 없다. 즉 당초 증여 당시 증여세와 반환 당시 증여세 모두 신고 및 납부의무가 없다는 의미이다.

그런데 증여세 신고기한 이후에 재산이 반환된 경우에는 그렇지 않다. 먼저 증여세 신고기한 이후 3개월 이내에 증여자에게 재산이 다시 반환된 경우에는 당초 증여 당시 증여세는 신고 및 납부하여야 한다. 다만 반환될 때 증여세를 다시 신고 및 납부할 필요는 없다. 그러나 증여세 신고기한으로부터 3개월이 경과된 이후에는 당초 증여 당시 증여세뿐 아니라 반환할 때의 증여세도 다시 신고 및 납부하여야 한다. 결국 동일한 재산이 수증자에게 다시 돌아갈 경우에도 증여세를 2번 신고 및 납부할 수 있다는 의미이다. 그리고 이 규정은 금전(현금, 예금 등) 재산은 해당하지 않기 때문에, 금전의 경우에는 당초 증여할 때와 반환할 때 모두 증여세 과세대상이 됨에 유의하여야 한다.

101) 재산가치 상승금액이 3억원 이상이거나 해당 재산의 취득가액, 통상적인 가치상승분, 가치상승기여분의 합계액에 대하여 30% 이상인 경우

102) 상속세 및 증여세법 제4조 제4항

103) 임상엽 · 정정운, 『세법개론Ⅱ』(26판), 상경사, 2020., 819면

2. 10년 내 증여재산과 담보된 채무[104)]

(1) 10년 내 증여재산

증여일 전 10년 이내에 동일인으로부터 받은 증여재산가액을 합한 금액이 1천만원 이상인 경우에는 그 가액을 증여재산에 포함하되, 증여자가 직계존속인 경우에는 그 직계존속의 배우자가 증여한 증여재산가액을 포함하여 증여재산가액을 계산한다. 이러한 규정을 둔 이유는 재산이나 이익을 일시에 증여하지 않고 나누어 증여함으로써 상속세와 마찬가지로 동일한 초과누진세율 구조를 가진 증여세의 누진세 부담 회피를 막기 위함이다. 예를 들어 생각하면 쉽게 알 수 있는데, 한꺼번에 50억원을 증여하는 경우와 1년에 10억원씩 5년에 걸쳐 증여하는 경우에서 이러한 10년 내 증여재산을 합하여 증여세를 계산하지 않으면, 후자처럼 1년에 10억원씩 5년에 걸쳐 증여하면 세금 부담이 훨씬 적어짐을 알 수 있다.[105)]

(2) 담보된 채무

증여재산이 채무에 담보되어 있고 그 채무를 수증자가 넘겨받는 경우에는 그 넘겨받은 채무는 증여재산에서 빼주어야 합리적이다. 상속세와 마찬가지로 증여재산뿐 아니라 증여재산이 담보하는 채무까지 수증자가 넘겨받은 경우에는 그 채무에 해당하는 가액을 증여재산가액에서 빼주는 것이 원칙이다.[106)] 그러나 이러한 증여재산에 담보된 채무를 모두 빼주는 것은 아니고, 배우자나 직계존비속 간에 채무를 주고받는 경우에는 그 채무를 인정하지 않되, 다만 금융기관 등 객관적으로 인정될 수 있는 채무는 인정하고 있다.

---

104) 상속세 및 증여세법 제47조 제1항 및 제2항

105) 다른 요소는 고려하지 말고 증여금액에 곧바로 세율을 곱하여 계산해보면 알 수 있다. 전자의 경우 50억원×세율=20억 4천만원이고, 후자의 경우는 10억원×세율×5(년)=2억 4천만원×5(년)=12억원으로 계산되어 전자가 후자에 비하여 부담세금이 큼을 알 수 있다.

106) 채무인수를 조건으로 하는 증여를 부담부증여(負擔附贈與)라고 한다. 이러한 부담부증여는 수증자에게 일정한 의무를 지우는 증여인데, 이 경우 수증자가 지게 되는 의무를 민법에서는 상대부담(相對負擔)이라고 부른다고 한다(이태로・한만수, 『조세법강의』(신정12판), 박영사, 2016., 821면). 이러한 부담부증여에서 증여 부분을 계산할 때는 그 채무를 빼주어야 하고, 다만 채무에 해당하는 재산가액은 양도소득세 문제가 발생할 수 있다. 관심있는 독자는 전문서적을 참고하기 바란다.

3. 증여재산공제 및 재해손실공제

(1) 증여재산공제(상속세 및 증여세법 제53조)

거주자인 수증자가 친족으로부터 증여를 받는 경우에는 다음 표에 해당하는 금액을 공제하는데, 이를 증여재산공제라고 한다.

표 12-16 증여재산공제〉[107]

구분	공제액
① 배우자로부터 증여받은 경우	6억원
② 직계존속(수증자의 직계존속과 혼인 중인 배우자 포함)으로부터 증여받은 경우	5천만원 단, 미성년자[108]는 2천만원
③ 직계비속(수증자와 혼인 중인 배우자의 직계비속 포함)으로부터 증여받은 경우	5천만원.
④ 기타 친족[109]으로부터 증여받은 경우	1천만원

(2) 재해손실공제(상속세 및 증여세법 제54조)

상속세와 마찬가지로 재해로 인하여 손실된 증여재산가액은 그 손실된 재산가액을 증여세과세가액에서 빼준다.

4. 감정평가수수료

상속세와 동일하세 증여세 계산시에도 감정평가수수료를 빼준다.

5. 세율

세율은 상속세와 동일하므로 [표 12-10]을 참조바란다.

---

107) 이철재 · 정우승 · 유은종, 『세법강의2』 (2020, 32판), 세경사, 2020.5., 상증-60면
108) 민법에 의하면 사람은 19세에 성년이 된다고 한다(민법 제4조).
109) ②,③의 직계존속과 직계비속 이외에 6촌 이내 혈족과 4촌 이내 인척을 말한다.

6. 세대를 건너뛴 증여에 대한 할증과세[110)]

상속세와 마찬가지로 세대를 건너 뛰어 재산을 이전하는 경우에는 세금부담이 줄어들게 되므로, 증여자의 자녀가 아닌 직계비속에게 재산을 이전하는 경우에는 증여세액에 세액의 30%(수증인이 미성년자이고 증여재산가액이 20억원을 초과할 경우에는 40%)에 상당하는 세금을 추가로 부담하게 하였다. 다만 증여자의 최근친(最近親)인 직계비속이 사망하여 그 사망한 자의 최근친인 직계비속이 증여받는 경우에는 그러하지 아니하다. 무슨 의미인지 예를 들어 설명하면, 아버지가 사망한 상황에서 할아버지가 손자에게 증여하는 경우에는 증여세의 추가 부담을 지우지 않겠다는 의미이다.

7. 문화재자료 등에 대한 징수유예액[111)]

상속세와 마찬가지로 증여세 또한 문화재자료 등에 대한 징수를 유예하는 규정을 두고 있다.

8. 세액공제

(1) 납부세액공제[112)]

앞서 동일인으로부터 10년 이내에 증여받은 재산의 합이 1천만원 이상이면 이러한 재산을 합산하여 증여세 신고 및 납부를 하여야 한다고 하였다. 그렇다면 이전 증여 당시에 신고 및 납부하였던 증여세는 당해 증여세 계산시에 빼주어야 타당할 것이다. 이러한 취지에서 증여세 산출세액에서 증여 당시 해당 증여재산에 대한 증여세 산출세액 해당액[113)]을 차감하여 주고 있다.

---

110) 상속세 및 증여세법 제57조
111) 상속세 및 증여세법 제75조
112) 상속세 및 증여세법 제58조
113) '해당액'으로 표현한 것은 증여세산출세액과 정확히 일치하지 않을 수 있기 때문인데, 산식으로 표현하자면 다음과 같다(이철재 · 정우승 · 유은종, 『세법강의2』(2020, 32판), 세경사, 2020.5., 상증-62면).

> 납부세액공제=min[①, ②]
> ① 합산된 증여재산에 대한 증여세산출세액(증여 당시 증여재산에 대한 산출세액)
> ② 증여세산출세액×가산한 증여세과세표준/증여재산 합계액에 대한 과세표준

(2) 외국납부세액공제

상속세와 역시 마찬가지로 외국에서 세금을 납부한 외국 소재 증여재산에 대하여 국내에서도 증여세가 매겨지면 이중과세 문제가 발생한다. 이를 조정하기 위하여 외국납부세액 해당액[114)]을 증여세 산출세액에서 빼주고 있다.

(3) 신고세액공제

우리나라 상속세 및 증여세법은 증여일이 속하는 달의 말일로부터 3개월 이내에 증여세 과세표준 신고를 하게 되어 있고, 이러한 법정신고기한 이내에 상속세 과세표준 신고를 하면 자진신고를 유도하기 위하여 자진신고에 따른 세액공제[115)]를 해주고 있다.

9. 가산세

증여세 계산시에도 상속세와 마찬가지로 납세자의 의무불이행에 따른 불이익을 부여하고 있는데, 신고의무와 납부의무를 다하지 못한 것에 대하여 가산세를 부과하고 있다.

10. 증여세 계산 예제

간단한 예제를 통하여 증여세 계산구조를 간략히 알아보도록 한다.

---

114) 외국납부세액공제 해당액은 다음과 같은 산식으로 표현할 수 있다(이철재 · 정우승 · 유은종, 『세법강의2』(2020, 32판), 세경사, 2020.5., 상증-62면).

외국납부세액공제=mn[①, ②] ① 외국에서 부과된 증여세액 ② 증여세산출세액×외국법령에 의한 증여세과세표준/증여세과세표준

115) 산식으로 표현하자면 다음과 같다(이철재 · 정우승 · 유은종, 『세법강의2』(2020, 32판), 세경사, 2020.5., 상증-63면).

(증여세산출세액-문화재자료 등에 대한 징수유예액-기타 공제감면세액)×3%

예제

(1) 증여자인 갑은 20×2년 11월 중 수증자인 을에게 다음 재산을 증여하였다.
현금 : 20억원, 부동산 : 30억원
(2) 증여자인 갑은 수증자인 을의 아버지이다.
(3) 20×2년 1월 중 갑의 배우자인 A가 수증자인 을에게 부동산 10억원을 증여한 사실이 있고, 이에 대한 증여세는 정상적으로 신고 및 납부하였다.
(4) 수증자인 을에게 대겨진 증여세는 을 자신이 모두 부담할 수 있다고 가정하고, 을은 미성년자가 아니다.

(1) 증여세 신고 및 납부기한

수증자인 을이 20×2년 11월 중 증여자인 갑으로부터 재산을 증여받았으므로, 증여일이 속하는 달의 말일인 11월 말일로부터 3개월 이내인 20×3년 2월말까지 증여세 신고 및 납부를 하여야 한다.

(2) 증여세의 계산

수증자인 을은 아버지인 갑과 어머니인 A로부터 각각 20×2년에 재산을 증여받았다. 증여일로부터 10년 이내 동일인으로부터 재산을 증여받은 경우에는 그 10년 이내에 증여받은 재산을 합산하여야 하는데, 증여자가 직계존속(이 사례에서는 아버지인 갑)인 경우에는 그 직계존속의 배우자(이 사례에서는 어머니인 A)도 동일인으로 보므로 아버지와 어머니가 증여한 재산 모두를 합산하여 20×3년 2월말까지 증여세를 신고 및 납부하여야 한다. 이러한 점을 염두에 두고 증여세를 계산해보면 다음과 같다.

1) 증여세과세표준의 계산

표 12-17 증여세과세표준

구분	금액
A. 증여재산가액(ㄱ+ㄴ)	5,000,000,000원
ㄱ. 현금	2,000,000,000원
ㄴ. 부동산	3,000,000,000원
B. 10년 내 증여재산	1,000,000,000원
C. 증여세과세가액(A+B)	6,000,000,000원

D. 증여재산공제	50,000,000원
E. 증여세과세표준(C－D)	5,950,000,000원

아버지와 어머니를 동일인으로 보고 10년 내 증여재산을 합산하여야 함은 이미 설명하였고, 증여재산공제 또한 직계존속인 아버지와 어머니로부터 증여받았으므로 5천만원을 공제한다. 다만 동일인으로부터 10년 내 증여재산 합산시 증여세 계산할 때가 아니라 당초 증여 당시의 시가를 합산하여야 하는 점에 유의하여야 하고, 아울러 어머니 A로부터 증여받을 때 이미 증여재산공제 5천만원을 소진하였으므로 아버지인 갑으로부터 증여받을 때에는 추가적인 증여재산 공제액이 없는 점도 유의하여야 한다.

2) 증여세액의 계산

표 12-18 증여세액

구분	금액
A. 증여세과세표준	5,950,000,000원
B. 세율(10 ~ 50%)	최고세율 50% 구간 적용
C. 증여세산출세액(A×B)	2,515,000,000원
D. 세액공제	293,700,000원
E. 증여세납부세액(C－D)	2,221,300,000원

증여세과세표준이 계산되었으면 상속세 세율과 동일한 구간별 초과누진세율을 적용하여 산출세액을 계산한다. 이렇게 계산된 증여세산출세액에서 증여세의 세액공제액을 계산하여 산출세액에서 빼주어야 하는데, 그 계산내역은 다음과 같다.

(1) 납부세액공제＝min[가, 나]＝225,000,000원
  가. 합산된 증여재산에 대한 증여세 산출세액＝225,000,000원[116)]
  나. 2,515,000,000원×(1,000,000,000원－50,000,000원)/5,950,000,000원
    ＝401,554,621원
(2) 신고세액공제＝68,700,000원
  [2,515,000,000원－225,000,000원(납부세액공제)]×3%＝68,700,000원
(3) 세액공제 합계＝(1)＋(2)＝293,700,000원

116) [1,000,000,000－50,000,000(증여재산공제)]×초과누진세율＝225,000,000원

납부세액공제는 어머니인 A로부터 을이 증여받은 재산 10억원에 상당하는 산출세액 금액이고, 신고세액공제는 이 납부세액공제를 고려한 후 금액을 기준으로 계산하였다.

한편 이 사례에서는 수증자인 을이 스스로 증여세를 납부할 수 있다고 가정하였다. 그런데 만약 수증자인 을이 스스로 증여세를 납부할 수 없다면 어떻게 될 것인가? 증여세를 수증자인 을이 스스로의 힘으로 납부할 수 없다면 일반적으로는 부모 등 직계존속이나 친척이 대신 내줄 것인데, 증여세를 대신 내주는 것 또한 증여에 해당한다. 따라서 현실에서는 증여세를 납부할 자금까지 생각하여 증여를 하는 것이 일반적이다.[117)]

제6절 증여로 예시하는 경우, 증여로 추정하거나 증여로 의제하는 경우는 무엇인가? : 증여예시 규정과 증여추정 및 의제

우리나라의 현행 상속세 및 증여세법은 증여세 완전포괄주의를 채택하고 있어 세법상 '증여'에 해당하면 열거 여부에 불문하고 과세하는 것이 원칙임을 앞서 언급하였다. 그러나 현실적으로 증여세 완전포괄주의에도 불구하고, 예측가능성과 법적안정성 및 법 집행의 혼란 방지 등을 위하여 증여예시 규정을 유지하고 있음도 언급하였다.

아울러 현행 상속세 및 증여세법은 증여추정과 증여의제 규정을 별도로 두고 있다. 이러한 증여추정과 증여의제 규정을 세법이 별도로 두고 있는 이유[118)]는 다음과 같이 정리할 수 있다.

① 증여세 과세를 위하여 재산을 누가 어떻게 어떤 재산을 누구로부터 증여받았다는 등에 대한 사실을 과세관청이 입증하여야 하나, 친족들 사이의 그러한 증여행위를 일일이 과세관청이 파악하는데 많은 시간과 행정비용이 소요되므로, 과세가 되지 않을 경우에 공평과세를 해칠 우려가 있거나 증여받은 것이 아니라는 사실을 당사자가 입증하는 것이 과세관청이 입증하는 것보다 용이한 경우

117) 위 예제에서 만약 증여세 납부액까지 고려하여 증여를 해야 한다면 증여자인 갑은 얼마를 증여해야 할 것인가? (Tip : 현금증여액과 동일한 증여세액을 미지수 x로 놓고 방정식을 풀어보도록 하자)
118) 최성일, 『상속세와 증여세 실무』(2018년판), 삼일인포마인, 2018.3., 760면

⇒ '증여추정'. 즉 어떠한 사실관계가 발생하면 증여로 보되, 다만 당사자가 증여가 아니라는 것을 입증하면 과세하지 아니한다.

② 법에서 규정하는 요건을 충족하면 그 자체로 증여로 보는 경우

⇒ '증여의제'. 이 경우에는 당사자가 증여가 아니라고 입증하는 것을 허용하지 않고 무조건 증여로 보는 경우이다.

1. 증여예시, 증여추정 및 증여의제 규정

표 12-19 증여예시, 증여추정 및 증여의제 규정 요약[119)]

구분	내용
증여예시	• 신탁이익의 증여(제33조) • 보험금의 증여(제34조) • 저가양수 또는 고가양도에 따른 이익의 증여(제35조) • 채무면제 등에 따른 증여(제36조) • 부동산무상사용에 따른 이익의 증여(제37조) • 증자에 따른 이익의 증여(제39조) • 감자에 따른 이익의 증여(제39조의7) • 합병에 따른 이익의 증여(제38조) • 현물출자에 따른 이익의 증여(제39조의3) • 전환사채 등의 주식전환에 따른 이익의 증여(제40조) • 초과배당에 따른 이익의 증여(제41조의2) • 주식 등의 상장 등 이익의 증여(제41조의3) • 합병에 따른 상장 등 이익의 증여(제41조의5) • 금전무상대출 등에 따른 이익의 증여(제41조의4) • 재산사용 및 용역제공 등에 따른 이익의 증여(제42조) • 법인의 조직변경 등에 따른 이익의 증여(제42조의2) • 재산취득 후 재산가치 증가에 따른 이익의 증여(제42조의3) • 증여세 과세특례(제43조)
증여추정	• 배우자 등에게 양도한 재산의 증여추정(제44조) • 재산 취득자금 등의 증여추정(제45조)
증여의제	• 명의신탁재산의 증여의제(제45조의2) • 특수관계법인과의 거래를 통한 이익의 증여의제(제45조의3) • 특수관계법인으로부터 제공받은 사업기회로 발생한 이익의 증여의제(제45의4) • 특정법인과의 거래를 통한 이익의 증여의제(제42조의5)

119) 이철재 · 정우승 · 유은종, 『세법강의2』(2020, 32판), 세경사, 2020.5., 상증-65면

여기에서 증여예시와 증여추정, 증여의제의 모든 규정들을 상세히 알아보는 것은 이 책의 범위를 넘어선다고 생각되고, 몇 가지 규정에 대하여만 대략적인 내용을 알아보도록 한다.

2. 증여예시

(1) 저가양수 또는 고가양도에 따른 이익의 증여(제35조)

재산을 시가보다 낮은 가격으로 사거나 시가보다 높은 가격으로 파는 경우, 시가와의 차이를 증여받은 것으로 본다. 아들이 아버지로부터 10억원의 집을 사면서 2억원의 집을 팔았던 예의 경우, 아들은 아버지에게 시가 2억원보다 높은 가격인 10억원에 매각한 것이므로 이 경우에는 저가양수 또는 고가양도에 따른 이익의 증여[120)]에 해당한다.

(2) 채무면제 등에 따른 증여(제36조)

자신의 채무가 탕감되어 없어지거나, 누군가가 자신의 채무를 대신 갚아주기로 한 경우, 탕감되어 없어진 채무액과 대신 갚아주기로 한 채무금액만큼 이익을 얻은 것이다. 우리나라 상속세 및 증여세법은 이러한 채무가 없어진 경우에 그 없어진 채무금액 해당액을 증여재산으로 보아 증여세를 과세하고 있다.

(3) 부동산 무상사용에 따른 이익의 증여(제37조)

다른 사람의 부동산(토지, 건물 등)을 무상(공짜)으로 사용하거나, 다른 사람의 부동산을 아무런 대가없이 담보로 설정하고 돈을 빌리는 경우, 상속세 및 증여세법은 전자의 경우에는 부동산 사용대가, 후자의 경우에는 담보로 이용하여 대출이자를 줄인 부

---

120) 아버지와 아들은 상속세 및 증여세법상 특수관계에 해당하고, 이러한 특수관계인 간 거래와 특수관계가 아닌 자 간의 거래는 증여이익의 계산 방법이 다르다. 상속세 및 증여세법의 특수관계인이란 본인과 친족관계, 경제적 연관관계 또는 경영지배관계 등의 시행령에서 정한 연관관계에 있는 자를 의미한다(상속세 및 증여세법 제2조 제10호 및 동법 시행령 제2조의2). 어렵다고 느껴진다면 용어의 의미에 크게 구애받지 말고, 아버지와 아들 사이와 같이 특별한 관계로서, 일반적이고 정상적인 거래가 이루어지기 힘든 관계라고 일단 이해하고, 앞으로 나오는 특수관계인은 그러한 관계에 있는 자라고 이해하자.

분에 해당하는 만큼을 증여재산으로 보고 있다. 직관적으로 생각해보면 아무런 대가를 지불하지 않고 공짜로 사용하거나, 아무런 대가없이 담보물을 빌려서 이자를 감소시키면 공짜 사용부분과 이자 감소부분만큼은 이익을 보았음을 쉽게 알 수 있다.

(4) 전환사채 등의 주식전환에 따른 이익의 증여(제40조)

'제1절 상속과 증여, 상속세와 증여세란?'의 'Ⅲ. 증여세 완전포괄주의'에서 소개한 사례를 참조바란다.

(5) 금전무상대출 등에 따른 이익의 증여(제41조의4)

다른 사람으로부터 돈을 빌릴 때 이자없이 빌리거나 일반적인 이자율보다 낮은 이자율로 돈을 빌림에 따라 발생한 이자 감소분 해당액을 증여재산에 포함한다.

(6) 재산사용 및 용역제공 등에 따른 이익의 증여(제42조)

다른 사람에게 공짜 또는 시가보다 낮은 대가를 지불하고 재산을 사용하거나(또는 다른 사람으로부터 시가보다 높은 대가를 받고 재산을 사용하게 함), 다른 사람에게 공짜 또는 시가보다 낮은 대가를 지불하고 용역을 제공받음(또는 다른 사람에게 시가보다 높은 대가를 받고 용역을 제공함)으로써 얻은 이익을 증여재산에 포함한다. 근본적인 취지는 앞서 설명한 '저가양수 또는 고가양도에 따른 이익의 증여' 규정과 같아서, 적정한 대가보다 낮거나 높은 가격을 지급(수취)함으로써 얻은 이익을 증여로 보겠다는 취지이다.

(7) 재산 취득 후 재산가치 증가에 따른 이익의 증여(제42조의3)

우리나라 상속세 및 증여세법은 스스로의 힘으로 재산가치를 증가시키지 못한다고 인정되는 자가 특수관계인으로부터 재산을 증여받거나 내부정보를 제공받아 재산을 취득하거나, 특수관계인으로부터 자금을 지원받아 재산을 취득한 경우에 그 취득한 재산의 가치가 취득한 날로부터 5년 이내에 일정한 재산가치 사유에 해당하여 재산이 증가한 경우에 그 증가한 재산가치를 증여재산에 포함시키도록 하고 있다.

일반적인 세법 원칙에 따르면 증여 당시의 가액에 따라 증여세가 매겨지거나, 아니면 재산을 취득할 당시에 가액에 따라 취득가액이 결정되면 그 이후의 재산가치 증가에 따른 이익의 실현은 그 재산이 처분될 때 실현되므로 세금(양도소득세 등)도 처분할 때에 매겨진다. 그러나 미성년자 등 스스로의 힘으로 재산가치를 증가시킬 수 없다고 인정되는 사람에게 미리 재산을 증여하거나 재산을 취득하게 한 다음에 증여나 취득 이후에 재산가치를 증가시키면, 당초 증여나 취득 당시의 재산가치보다 증여나 취득 이후 재산가치가 높아지게 되고, 재산을 증여할 때 부담하는 증여세를 낮추거나 재산을 처분할 때까지 소득세 부담을 이연시키는 전략을 사용하여 세금부담을 낮추거나 뒤로 미룰 수 있게 된다. 그리고 가만히 생각해보면 스스로의 힘으로 재산가치를 증가시킨 것이 아니라, 다른 사람으로부터 재산가치 증가분을 공짜로 부여받은 것이므로, 이 재산가치 증가분은 증여에 해당한다고도 볼 수 있다.

우리나라 상속세 및 증여세법은 이렇게 스스로의 힘으로 재산가치를 증가시켰다고 볼 수 없는 미성년자 등이 재산을 증여받거나 취득한 이후에 재산가치가 증가한 부분에 대하여 증여재산에 포함시키고 있다. 그리고 증여일이나 취득일 이후 5년 이내에 개발사업 시행 등 재산가치증가사유[121)]에 해당하는 사유로 증가한 경우에 증여세를 부과한다.

3. 증여추정

(1) 배우자 등에게 양도한 재산의 증여추정(제44조)

배우자나 직계존속 또는 직계비속(이하 '배우자 등')에게 양도한 재산은 양도자가 그 재산을 양도한 때에 그 재산의 가액을 배우자등이 증여받은 것으로 추정하여 이를 배우자 등의 증여재산가액으로 보도록 하고 있다. 이 의미는 자신의 배우자나 직계존속 또는 직계비속에게 재산을 양도하는 것이 실질적으로는 양도가 아닌 증여로 추정하겠다는 의미로서, 상기 배우자나 직계존속 또는 직계비속과의 거래는 대가가 있는 거래가 아니라 증여 거래로 보겠다는 것이다.

121) 개발사업의 시행, 형질변경, 공유물의 분할, 사업의 인허가 등

그림 12-4 간접양도 재산의 증여추정[122)]

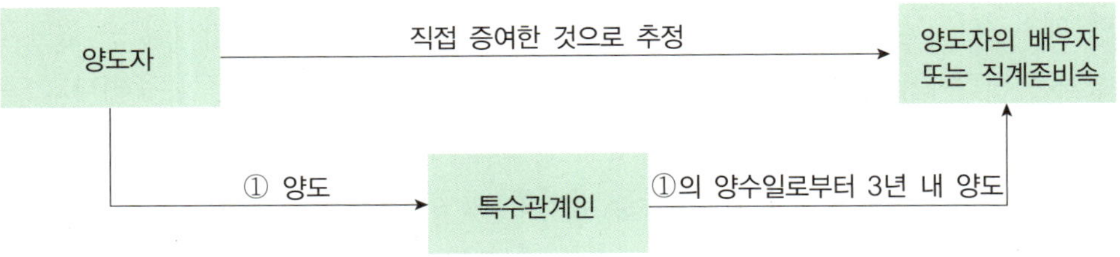

다만 이러한 거래가 대가를 주고받은 거래임이 입증되면 증여가 아닌 일반적인 양도 거래로 보아 증여세를 매기지 않는다. 이러한 거래의 유형은 크게 2가지로 나눌 수 있는데, 배우자 등에게 직접 재산을 양도한 경우와 특수관계인을 통하여 간접적으로 배우자 등에게 양도한 경우로 나누어 볼 수 있다.

단 양도자의 특수관계인을 거쳐서 우회하여 재산을 양도하는 경우에는 양도인의 특수관계인이 양수한 날로부터 3년 내에 양도자의 배우자 또는 직계존비속에게 다시 그 재산을 양도하면 양도자가 직접 양도자의 배우자 또는 직계존비속에게 증여한 것으로 추정하는 경우가 있다.[123)]

생각해볼 문제

갑이 지배하고 있는 법인의 임원(을, 갑과 특수관계임)에게 토지를 10억원에 양도하고, 을은 이 취득한 토지를 취득일로부터 6개월 후 갑의 아들 병에게 양도한 경우

① 갑은 6억원에 취득한 토지를 자신이 최대주주로 있는 법인 임원인 을(갑과 특수관계임)에게 10억원에 양도 ⇒ 양도차익 4억원에 대한 양도소득세를 갑이 부담

② 임원 을은 부동산 취득 후 6개월만에 갑의 아들인 병에게 해당 토지를 10억원에 양도 ⇒ 임원 을은 양도소득세 부담이 없음.

122) 최성일, 『상속세와 증여세 실무』 (2018년판), 삼일인포마인, 2018.3., 764면

123) 다음 ①,② 요건을 모두 만족하고 3년 내에 다시 재산을 양도하는 경우. ① 양도자와 양수자가 부담한 소득세 합계액이 직접 증여받은 것으로 추정할 경우의 증여세액보다 큰 경우, ② 양도자의 배우자 또는 직계존비속이 대가 지급사실을 입증하지 못하는 경우

③ 배우자 등에게 양도한 재산의 증여추정 규정을 적용하여 과세관청이 갑의 아들인 병에게 증여세를 부과 ⇒ 당초 양도자인 갑과 양수인인 임원 을이 부담한 양도소득세의 합계액이 증여세액보다 적고, 병이 대가 지급사실을 입증하지 못한 경우에 한함.

④ 만약 증여추정 규정 적용으로 증여세가 부과된다면 갑이 이미 납부한 양도소득세는 환급됨.

〈출처 : 삼일아이닷컴, https://samili.com, 상속세 및 증여세법 조문별 해설에서 발췌〉

(2) 재산취득자금의 증여추정(제45조)

재산취득자의 직업, 연령, 소득 및 재산상태 등으로 볼 때 재산을 스스로의 힘으로 취득하였다거나 채무를 스스로의 힘으로 상환하였다고 인정하기 어려운 경우가 있을 수 있다. 이러한 경우에 그 재산을 취득한 때 또는 채무를 상환할 때에 그 재산취득자 또는 채무자가 재산 또는 채무상환액을 증여받은 것으로 추정할 수 있을 것이다. 다만 재산취득자나 채무자가 취득자금이나 채무상환자금의 출처를 과세당국에 소명하면 증여받은 것으로 보지 않는다.

생각해볼 문제

이 재산취득자금의 증여추정 규정은 스스로의 힘으로 부동산 등 재산을 취득하거나 빚을 상환할 자금을 마련하기 어렵다고 보이는 자가 재산취득 또는 채무상환 등의 행위를 했을 경우, 부모나 기타 친척 등 특수관계인의 도움을 받아 그러한 행위를 한 것으로 추정하는 규정이다. 즉 재산을 취득하거나 채무를 상환할 때 사용한 자금의 원천이 부모나 친인척 등 특수관계인으로 추정하는 규정이다. 물론 그러한 행위에 사용된 자금이 취득자/상환자 본인의 자금이거나 소유 재산을 팔아 마련한 것일 수 있지만, 미성년자 등 본인의 경제활동이 사실상 제약된 자가 스스로의 힘으로 자금을 마련할 수 있는 경우는 거의 없을 것이다.

따라서 과세관청은 재산취득자 또는 채무상환자를 조사대상으로 하여 재산취득 또는 채무상환에 사용된 자금의 원천을 조사함으로써, 타인으로부터 증여를 받아 해당 자금을 마련하였다면 증여세를 과세하고 있다. 그런데 일반적으로 증여가 특수관계인 간에 은밀히 이루어지기 때문에 증여사실 파악이 어려울 수 있다. 그러므로 이렇게 증여세 과세가 이루어지지 못하는 경우를 방지하기 위하여 과세관청이 진행하는 조사를 자금출처 조사라고 하고, 자금출처 조사 결과 자금출처를 제대로 밝히지 못하는 경우에는 타인의 증여에 의하여 재산을 취득하거나 채무를 상환한 것으로 추정하고 있다. 그리고 이 규정 적용시에는 재산취득일 전 또는 채무상환일 전 10년 동안 해당 재산 취득자금/채무상환자금의 합계액이 5천만원 이상인 경우로서 연령 · 직업 · 재산상태 · 사회경제적 지위 등을 고려하여 취득이나 상환할 능력이 인정되는 경우에는 이 증여추정 규정을 적용하지 않는다. 즉 자금출처가 소명되는 경우에는 증여추정 규정이 적용되지 않는다.

한편 이러한 자금출처 조사에 따른 증여추정의 사례는 몇 가지를 이미 본 바 있다. 친인척 차용을 가장한 사례, 명품 판매대금을 가장한 사례, ATM 등에서 현금을 인출하여 증여한 사례 등 미성년자 등에게 자금을 증여한 후 그 증여받은 자금으로 부동산 등 재산을 취득한 사례들인데, 공통적으로 스스로의 힘으로 재산을 취득할 자금을 마련하지 못하여 부모 등으로부터 자금을 증여받아 재산을 취득한 사례이자, 편법으로 세금을 내지 않고 몰래 자녀에게 증여하려다 적발되어 증여세를 추징당한 사례들이다.

〈삼일아이닷컴, https://www.samili.com, 상속세 및 증여세법 제45조 '재산 취득자금 등의 증여 추정' 해설 중 일부 참조〉

4. 증여의제

(1) 명의신탁재산의 증여의제(제45조의2)

재산의 실제 소유자와 명의상 소유자(등록된 소유자)가 다른 경우가 있는데, 이러한 경우를 명의신탁[124]이라고 한다. 이러한 경우에는 실제 소유자가 다른 이의 명의를 빌려서 다른 이가 소유한 것처럼 등기 · 등록한 것이므로, 당연히 실제 소유자와 등록된 소유자가 다르다. 이처럼 실제 소유자의 명의상 소유자가 다른 경우에는 세금을 회피하고자 하는 목적이 있다고 보아 실제 소유자가 명의상 소유자에게 해당 재산을 증여한 것으로 보아 증여세를 매긴다. 단, 토지나 건물은 부동산 실권리자명의 등기에 관한 법률(이하 '부동산 실명제법')에 의하여 명의신탁을 금지하고 있으므로, 이 법에 위배

124) 권리의 이전이나 행사에 등기 · 등록 · 명의개서 등이 필요한 재산의 실질 소유자와 명의자가 다른 경우가 있을 수 있고, 실질소유자가 자기의 것으로 관리 · 수익하면서 공부 또는 명부상으로만 타인의 명의로 등재하는 것을 민사법상 명의신탁이라고 한다(이태로 · 한만수, 『조세법강의』 (신정12판), 박영사, 2016., 812면). 즉 어떠한 재산의 소유를 위해서 그 실제 소유자 이름으로 소유자를 등록한 것이 아닌 다른 이의 이름을 빌려 등록한 것으로 이해하자.

된 명의신탁은 무효에 해당하여 증여의제 대상이 될 수 없고,[125] 대표적으로 이 규정의 적용 대상이 되는 재산은 주식, 특허권 등 각종 산업재산권 등을 들 수 있다.

한편 이 규정의 적용 대상이 되려면 조세회피 목적으로 명의신탁을 해야 하므로, 납세자가 조세회피 목적이 아님을 소명하면 명의신탁 의제 규정의 적용을 받지 않는다.

명의신탁이란 신탁자와 수탁자 간의 관계에서 내부적으로는 신탁자가 소유권을 보유하고 이를 통하여 관리 및 수익하면서, 공부(公簿)[126]상의 소유자 명의만을 수탁자로 하는 것을 말한다.[127] 쉽게 말하자면 외관상 재산의 소유자(보통 수탁자)와 별도로 실제 재산 소유자(보통 신탁자)가 따로 존재하는 것을 명의신탁이라고 한다. 이러한 경우에는 명의, 즉 타인의 이름만 빌려서 재산을 소유하기 때문에, 그 재산을 사용하거나 재산을 이용한 경제활동을 하는 사람은 외관상 재산 소유자가 아닌 실제 재산 소유자이다.

이러한 명의신탁을 인정하면 실제 소유권은 신탁자인 실제 소유자에게 있으나, 바깥으로 드러나는 소유자는 수탁자인 명의대여자가 되므로 세금을 회피하는 도구로 악용될 여지가 많다. 따라서 우리나라 상속세 및 증여세법은 이러한 명의대여에 의한 명의신탁에 따른 세금회피를 막기 위하여 공부에 명의자로 등기 등을 한 날에 실제 소유자(신탁자)가 공부상 명의자(수탁자, 즉 명의를 대여한 자)에게 증여한 것으로 본다. 이 경우는 증여추정과 달리 무조건적으로 증여로 보되, 다만 이러한 명의신탁이 조세회피 목적이 아닌 것을 납세자가 입증하면 증여로 보지 않는다. 아울러 우리나라는 부동산 실권리자명의 등기에 관한 법률에 따른 부동산실명제를 실시하고 있어 이 법률에 따른 제재를 받기 때문에, 토지와 건물은 이 명의신탁재산의 증여의제 규정의 적용을 받지 않는다.

이 규정은 토지와 건물을 제외한 등기·등록 또는 명의개서가 필요한 재산에 적용된다. 이러한 행위가 필요한 재산으로 대표적인 것이 주식이 있다. 주식의 경우 보통 차명(借名, 이름을 빌리는 행위)으로 소유하는 주식이 이 규정 적용대상이다. 실제 소유자와 주주명부상 소유자 사이에 별다른 다툼이 없다면 큰 문제가 없지만, 양자 사이에 다툼이 발생하였을 경우 실제 소유자가 누구인지를 가리는 와중에 상당한 문제가 발생할 수 있다. 현실적으로 명의대여자인 수탁자가 자신 소유 재산이라고 주장하는 경우

125) 이태로·한만수, 『조세법강의』(신정12판), 박영사, 2016., 814면

126) 관청이나 관공서에서 법규에 따라 작성 및 비치하는 장부(표준국어대사전, naver 참조). 보통 등기부 등을 의미하나, 본 규정에서는 주주명부와 같이 관청이나 관공서의 장부가 아니더라도 등록사항 또는 명의개서 사항이 기재되는 장부도 명의신탁 규정 적용 대상이 된다.

127) 삼일아이닷컴, https://samili.com, 상속세 및 증여세법 제45조의2 '명의신탁재산의 증여 의제' 해설

도 많고, 실제 소유자가 자신이 주식의 진정한 소유주임을 입증하지 못하여 곤란한 상황에 처하는 경우도 많다. 그리고 실제 소유자와 명의상 소유자를 다르게 하여 이를 조세회피나 탈세의 수단으로 악용하거나 세법 이외의 다른 법률에 의한 제한사항을 회피하는 사례도 존재하는 것이 현실이다.

(2) 특수관계법인 또는 특정법인과의 거래에 대한 증여의제(제45조의3~제45조의5)

이 증여의제 규정들은 특수한 관계에 있는 법인과 거래를 통하여 그 법인의 주주에게 이익을 몰아주거나(특수관계법인과의 거래를 통한 이익의 증여의제), 특수한 관계에 있는 법인에게 사업기회를 제공함으로써 역시 그 법인 주주에게 이익을 몰아주거나(특수관계법인에 제공한 사업기회로부터 발생한 이익의 증여의제), 또는 특수한 관계에 있는 법인에게 재산이나 용역을 무상(공짜)으로 제공하거나 채무를 탕감해주는 등 특정 거래를 통하여 이익을 그 법인 주주에게 몰아주어서 발생하는 이익에 대하여 증여세를 매기고자 하는 규정이다. 이익을 받는 법인의 주주는 법인이 이익을 제공받음에 따라 주식가치가 증가하는 것으로 보아서 그 증가하는 주식가치에 대해 증여세를 매기고 있다.

친족 등이 관련 있는 특수한 관계에 있는 법인과의 거래를 통하여 해당 법인에게 이익을 몰아준다거나, 사업기회를 제공한다거나 또는 채무탕감·재산 또는 용역의 무상제공이나 저가·고가 양수도 및 제공 등을 통하여 해당 법인의 가치를 상승시킬 수 있다. 원래는 이러한 법인의 가치 상승은 대개 법인세 증가와 관련이 있고 법인세로 과세될 것이므로 증여세 과세대상이 아니다(상속세 및 증여세법 제4조의2 제4항). 그러나 예외적으로 특수한 관계에 있는 법인과의 특정한 거래를 통하여 법인 주식가치를 상승시키는 행위를 한 경우, 가치가 증가한 법인의 주주에게 증여세를 부과하고 있는데 그러한 규정이 바로 상속세 및 증여세법 제45조의3부터 제45조의5이다.

생각해볼 문제

이재용·정의선 등 일감 몰아주기 … 2,029명 증여세 신고 안내 받았다

이재용 삼성전자 부회장이나 정의선 현대차 회장 등 재벌 총수를 포함한 2,029명이 국세청으로부터 일감 몰아주기 증여세 신고 대상이라는 안내를 받았다. 지난해

2,615명에게 안내했는데, 올해는 586명 줄었다. 〈중간 생략〉

일감 몰아주기 과세는 2012년부터 특수관계에 있는 법인에 일감을 몰아줘 세금없이 부를 이전하는 편법 증여를 방지하기 위해 도입됐다. '터널링(tunneling)'으로 불리는 일감 몰아주기는 총수 일가의 지분이 많은 기업에 그룹 내 다른 기업들이 일감을 몰아줘 회사 영업이익을 많이 올릴 수 있도록 해, 회사 가치 상승은 물론 많은 배당 등으로 총수 일가가 부를 쌓도록 돕는 행위를 말한다. 재벌그룹 안에는 삼성에스디에스(SDS)나 현대에버노트 등 시스템 통합(SI)이나 광고, 급식 등을 영위하는 계열사에서 총수 일가 지분이 많았고, 이곳에 일감이 몰렸다. 〈이하 생략〉

〈한겨레, https://hani.co.kr/arti/economy/economy_general/998628.html, 2021.6.9. 기사 중 발췌〉

일감 떼어주기 증여세는?

본인 · 자녀 등이 지배주주로 있는 법인에게 특수관계법인이 사업기회를 제공하여 본인 · 자녀 · 친족 등이 얻게 된 간접적인 이익을 증여로 의제하여 과세하는 것입니다. 〈중간 생략〉

○ 수혜법인(사업기회를 제공받은 법인)의 지배주주와 특수관계에 있는 법인(시혜법인)이 수혜법인에게 사업기회를 제공하여 발생한 이익을 지배주주와 그 친족주주가 증여받은 것으로 보아 증여세 과세

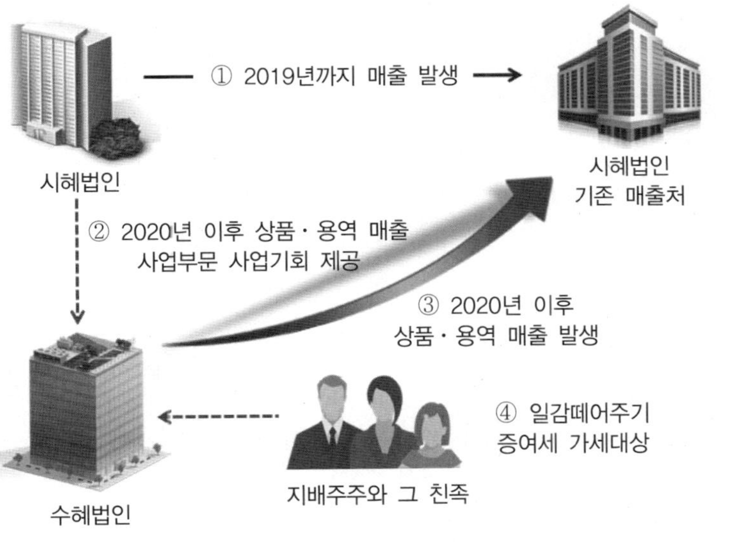

〈이하 생략〉

〈국세청 보도참고자료, 2021.6.9. 배포 중 발췌〉

Chapter 13

국제조세

Episode

교수 : 오늘은 국제조세에 대하여 알아보려고 합니다. 여러분들은 혹시 국제조세가 무엇인지 알고 있나요?

학생1 : '국제'라는 말이 들어가니까 글로벌하게 세금을 관리하려는 것 같습니다.

학생2 : 전세계 국가들이 많으니까 조세제도를 통일하려는 건 아닌가요?

교수 : 두 학생 모두 비슷하게 답하였습니다. 조세제도를 글로벌 기준으로 통일할 수는 없는 것이지요. 하지만 서로 과세하겠다고 싸우지는 않게 합리적으로 협의할 수는 있겠지요. 이처럼 협의할 건 협의하고, 또 기업들이 과세를 피하려고 글로벌하게 세금계획을 짜는 행위는 차단하는 것이 국제조세라고 보면 좋을 것 같네요.

학생1 : 혹시 구글세 같은 것도 해당되는 건가요?

교수 : 그렇지요. 구글이나 스타벅스 같은 다국적기업들은 전세계 많은 국가에서 수익을 거두고 있지요. 그러다 보니 세금도 각 국가마다 제도가 다른 것을 일찌감치 깨닫고 이를 어떻게 하면 줄일 수 있을까를 많이 연구하였습니다. 그 결과 조세피난처에 회사를 설립하여 전세계에서 벌어들인 소득을 이 곳으로 모을 수 있도록 소득을 이전시켰습니다. 그 결과 전세계에서 벌어들인 수익에 대해서 세금을 거의 내지 않고 고스란히 수익을 모아둘 수 있었지요. 우리나라에서도 구글은 많은 매출을 올리고 있지만 세금은 거의 내지 않고 있는게 현실입니다.

학생1 : 그러면 그걸 가만히 둘 수밖에 없는 건가요? 억울한데…

교수 : 그래서 최근에 국제사회에서 이런 문제가 많이 대두되었습니다. 유럽이 먼저 발빠르게 움직이고 있지요. EU는 다국적기업들의 이러한 행위에 대해서 구글세를 도입하여 과세하려고 하고 있습니다. 또한 국제적으로도 BEPS라는 프로젝트를 진행하여 다국적기업들이 이러한 조세회피를 하지 못하도록 공조하여 대응하고자 하고 있지요. 앞으로는 다국적기업들도 이런 조세회피가 쉽지 않을 겁니다.

학생 : 우리나라에서도 예전에 론스타라는 외국계 회사가 조세회피했다는 이야기를 들어본 것 같아요.

교수 : 훌륭합니다. 론스타라는 미국계 펀드가 우리나라에 들어와서 부동산을 매입하고 매각하는 과정에서 조세를 회피하였지요. 이 과정에서 매각차익이 수천억원에 달해서 회피한 세금도 수백억원이었습니다. 우여곡절 끝에 최근에 법원 판결에서 결국 과세는 되었지요. 하지만 국제조세가 그만큼 복잡하고 다국적기업의 조세회피 목적의 세금계획도 매우 정교해서 과세하는데 어려움이 있다는 것을 확인할 수 있는 사례입니다.

학생2 : 그렇군요. 교수님. 이제 조금은 국제조세가 어떤 것인지 감이 잡힙니다.

학생1 : 저도요. 국제조세에 대하여 조금 더 정교히 알려주실 수 있으신가요?

교수 : 물론이죠. 그럼 이제부터 국제조세에 대해서 깊이 알아보겠습니다.

| 학습목표 |

- 국가 간 과세권 분쟁의 원인은 무엇인가? : 국제조세의 배경
- 외국납부세액공제 제도를 알고 있는가? : 외국납부세액공제 제도
- 조세조약은 어떻게 변화하여 왔는가? : 조세조약
- 과세권 분쟁을 막기 위한 상호합의는 어떤 절차를 거쳐야 하는가? : 상호합의
- 우리나라의 조세회피방지 규정은 무엇인가? : 우리나라의 조세회피방지 규정

제1절 국제조세란 무엇인가?

Ⅰ. 국제조세 배경

1. 국가 간의 과세권 분배

구글, 애플, 스타벅스, 삼성전자. 이들의 공통점은 다국적기업이라는 것이다. 다국적 기업은 어느 한 국가에서의 매출에 그치지 않고 전세계에 걸쳐 매출을 일으켜 소득을 발생시킨다. 예를 들어 미국 기업인 애플은 미국과 우리나라에서 아이폰을 판매하고 벌어들인 소득이 있다고 가정해보자. 그렇다면 각각의 국가에서 벌어들인 소득에 대한 세금은 어디에 납부해야 하는 것인가? 반대로 설명하면 미국과 우리나라에서 발생한 소득에 대하여 어느 나라가 과세권을 가지는가? 누군가는 본점이 있는 미국이 전세계 아이폰 판매 소득에 대한 과세권이 있다고 주장할 것이고, 반대 입장에 있는 누군가는 미국에서의 소득은 미국에, 우리나라에서 발생한 소득은 우리나라에 과세권이 있다고 주장할 수도 있을 것이다. 두 주장 모두 가능한 주장이다. 바로 이러한 문제로 인하여 국가 간에 과세권 분쟁이 발생하는 것이다.

위 사례에서 본점이 소재하고 있는 국가에서 전세계소득에 대한 과세권을 행사할 수 있다고 주장하는 것이 바로 속인주의에 기인한 전세계과세(worldwide taxataion)이다. 속인주의는 인적관할을 정한 뒤 어떻게 벌었는가에 관계없이 모든 소득에 과세하자는 것이다. 결국 납세의무자는 어디에서 벌어들인 소득이든 자국에 무제한 납세의무를 지게 된다. 앞선 사례에서 미국이 전세계과세를 채택한다면 Apple은 미국과 우리나라에서 벌어들인 소득에 대하여 모두 미국의 법인세를 납부하게 되는 것이다. 반대로 속지주의는 납세의무자가 자국 내에서 벌어들인 소득에 대해서만 과세하겠다는 것이다. 이러한 이유는 제대로 된 국가라면 자국 내에서 발생한 소득을 파악하여 과세할 수 있는 행정력과 시스템을 갖추었을 것이라 가정하기 때문이다. 앞선 사례에서 후자처럼 각 국가에서 벌어들인 소득을 각각 과세하자는 것이 바로 속지주의이고, 이러한 속지주의에 기인한 과세 체제가 지역과세(territorial taxation)이다.

위의 예에서 소득과 세율을 추가해보자. 미국과 우리나라에서 각각 100억원의 소득을 거두었고, 미국의 세율은 21%, 우리나라는 25%라고 가정해보자. 미국이 전세계과세를 채택하게 되면 미국과 우리나라에서 벌어들인 소득을 합한 200억원에 대하여

21%(42억원) 세금을 미국에 납부할 의무가 발생한다. 미국이 지역과세를 채택하였다면 미국에서 발생한 소득 100억원의 21%(21억원)는 미국에 납부하여야 하고, 우리나라에서 발생한 소득 100억원의 25%(25억원)는 우리나라에 납부하여야 한다.

여기까지 이해가 되었으면 조금 더 실질적으로 들어가보자. 사실 앞서 설명할 때에 우리나라의 과세시스템 채택 여부는 언급하지 않았다는 것을 눈치 빠른 독자들은 이상하게 생각하고 있었을 것이다. 이는 쉽게 설명하기 위해서였지만, 현실은 우리나라의 과세시스템도 감안하여야 한다. 우선 우리나라의 세법이 정하는 조문을 살펴보면 아래와 같다.

그림 13-1 우리나라 과세권 관련 세법 조문

소득세법 제3조(과세소득의 범위)

① 거주자에게는 이 법에서 규정하는 모든 소득에 대하여 과세한다.
② 비거주자에게는 제119조에 따른 국내원천소득에 대해서만 과세한다.

법인세법 제2조(납세의무)

① 다음 각 호의 법인은 이 법에 따라 그 소득에 대한 법인세를 납부할 의무가 있다.
1. 내국법인 2. 국내원천소득이 있는 외국법인

법인세법 제3조(과세소득의 범위)

① 법인세는 다음 각 호의 소득에 대하여 부과한다.
1. 각 사업연도의 소득
② 외국법인의 각 사업연도의 소득은 제93조에 따른 국내원천소득으로 한다.

우리나라 소득세법은 국내에 거주하고 있는 거주자는 전세계소득에 대하여 과세권을 행사하고, 비거주자에 대해서는 국내에서 발생한 국내원천소득에 한하여 과세권을 가지는 것으로 정하고 있다. 법인세법도 유사하게 내국법인의 경우에는 각 사업연도의 소득, 즉 전세계에서 벌어들인 소득에 대하여 과세권을 가지고, 외국법인의 경우에는 국내원천소득에 한하여 과세권을 행사한다. 결국 큰 틀에서는 속인주의에 기인한 전세계과세를 채택하고 있지만 외국법인과 비거주자에 대해서는 예외적으로 속지주의를 인정하여 국내원천소득에 대해서만 과세하도록 정하고 있는 것이다.

그렇다면 앞선 사례에서 외국법인인 애플은 우리나라에서 벌어들인 소득 100억원에 대하여 국내원천소득에 해당하므로 25%(25억원)의 세금을 우리나라에 납부할 의무가 있다. 이 상황에서 미국이 지역과세를 채택하고 있다면 앞서 설명한 것과 동일하게 미국에서 벌어들인 소득 100억원에 대한 세금(21%, 21억원)만 납부하면 된다. 그러나 만약 미국이 전세계과세를 채택하고 있다면 Apple은 전세계에서 벌어들인 소득 200억원에 대한 세금(21%, 42억원)을 미국에 납부하여야 한다. 이렇게 되면 Apple은 우리나라에서 벌어들인 소득 100억원에 대하여 우리나라에 25억원, 미국에 21억원을 납부하게 되는 이중과세 문제가 발생하게 된다. 이러한 이중과세를 해소하기 위하여 해외에서 납부한 세금을 공제하여 주는 외국납부세액공제 제도가 있는데 상세한 설명은 추후에 하기로 한다.

2. 전세계과세와 지역과세[1)]

전세계과세는 원천지국의 거주자가 벌어들인 모든 소득에 대하여 과세권을 행사할 수 있다는 것으로 거주지주의라고도 한다. 모든 국가가 동일한 세율로 전세계과세를 채택하거나, 세율이 다르더라도 외국에서 납부한 세금을 전액 공제 또는 환급한다면 납세자 입장에서 어느 국가에 투자하더라도 무차별해진다. 납세자는 더 높은 수익을 창출할 수 있는 국가로 투자하게 되고 전세계적으로 효율적인 투자가 이루어지게 되는 것이다.

전세계과세는 이상적인 방법이지만 실제로는 국가별 이해관계와 경쟁으로 인하여 문제가 발생한다. 첫 번째로 상호주의가 적용되지 못하는 경우 자국 기업의 경쟁력 약화이다. 다국적기업의 본사가 전세계과세 국가에 있느냐 지역과세 국가에 있느냐에 따라 경쟁력이 달라질 수 있다는 것이다. 지역과세를 채택하고 있는 국가의 경우 자국으로의 자본 유치가 목적인 경우가 많으므로 저세율을 선택하는 것이 상식적일 것이다. 2017년 트럼프 세제개편 전 미국은 전세계과세를 채택하고 있었으며 법인세 최고세율은 35%였다. 반면 영국은 지역과세를 채택하면서 법인세를 지속적으로 인하하여 최고세율이 19%였다. 미국에 소재한 다국적기업의 입장에서는 16%의 세부담 경감은 물론 외국자회사의 수익을 추가적인 세부담 없이 본사로 이전할 수 있는 영국으로의 본사 이전을 고민할 것이다. 두 번째로 전세계과세 과세의 회피이다. 다국적기업들의 가장 큰 조세회피 방법으로 해외에서 벌어들인 수익을 배당하지 않고 유보함으로써 과세를 피하는 것이다.

1) 강승환 · 최기호, "우리나라 기업의 해외자회사 배당에 대한 지역과세 제도의 필요성 및 도입방안에 대한 연구," 세무학연구 36.1 (2019): 169–197을 참고하여 작성하였다.

지역과세는 과세권에 영토의 개념을 도입하여 자국 내에서 벌어들인 소득에 대해서 거주자, 비거주자를 불문하고 과세하겠다고 하여 원천지주의라고도 한다. 모든 국가가 지역과세를 채택하여 자국 내에서 발생한 소득만을 과세한다면 당연히 국제적 이중과세 문제는 발생할 여지가 없다.

지역과세를 적용하는 대표적인 사례는 조세피난처 국가들이다. 이는 자국에서 벌어들인 소득에 대한 세금을 다른 국가들보다 적게 부과함으로써 자국으로 외국 투자 자본을 유치하고 나아가 외국 선진 기술을 자국으로 이전하기 위해서이다. 그러나 국제적 효율성으로 본다면 이는 매우 위험한 발상이다. A국이 이러한 목적으로 세율을 낮추어 목적을 달성하였다면 A국과 경쟁 또는 유사한 경제상황의 B국, C국에서도 동일한 정책을 시행하려 할 것이다. 투자자의 입장에서는 이러한 경쟁이 반가울 것이다. 유사한 투자 환경을 가진 국가들이 있다면 세율이 낮은 국가에 투자하여 높은 수익을 가져갈 수 있기 때문이다. 결국 이렇게 투자자본을 뺏고 빼앗기 위한 세율인하 경쟁이 발생한다면 종국에는 해당 국가들의 과세기반은 잠식될 것이기 때문에 매우 지역과세는 위험성을 내재하고 있다.

표 13-1 주요 국가별 외국 소득에 대한 과세방식 구분

지역과세	전세계과세	저세율국
네덜란드, 노르웨이, 말레이시아, 미국(2018년 이후), 벨기에, 스웨덴, 싱가포르, 영국, 이탈리아, 일본, 홍콩	대만, 러시아, 이스라엘, 이집트, 인도, 중국, 태국, 필리핀	라부안, 몰타,2) 바하마, 버진아일랜드, 세이셸, 스위스, 아일랜드, 케이만군도

위와 같이 전세계과세와 지역과세는 각각의 장점과 단점이 존재한다. 결국 어느 제도가 더 우월하니 반드시 그 제도를 선택해야 한다는 것은 없지만, 다른 국가들과의 과세권 분쟁 및 자본 유치 싸움에서 불리하지 않도록 하는 것이 최선이 될 것이다.

2) 명목세율은 35%이지만 감면 등 실질적으로 부담하는 세율이 매우 낮아 조세회피처로 알려져 있으므로 법인세율에도 불구하고 저세율국으로 분류하였다.

[사례] 전세계과세(거주지주의)와 지역과세(원천지주의)
한경연, 해외유보소득 국내환류 촉진 위한 '원천지주의 과세'로 전환 필요
바이든 조세정책 대응 위한 국외소득 과세체계 전환 당부
"현행 거주지주의서 원천지주의로 전환해 해외유보소득 환류 · 경쟁력 높여야"

거주지주의란 국내 발생소득뿐만 아니라 국외 발생소득을 포함하는 전세계 소득을 과세대상으로 삼는 것을 말하며 원천지주의란 국내 발생소득만을 과세대상으로 하는 체계를 말한다.
실제 과세체계 전환 후 미국의 해외유보금액 중 약 77%가 국내로 송환된 것으로 나타났으며, 현재 OECD 국가 중 국내 발생소득과 국외 발생소득을 포함한 전세계소득에 대해 과세하는 '거주지주의'(외국납부세액공제) 유지국가는 한국과 아일랜드, 멕시코, 칠레, 이스라엘로 5개국뿐인 것으로 나타났다.
〈세정일보, http://www.sejungilbo.com, 2021.3.17. 기사 중 발췌〉

Ⅱ. 외국납부세액공제 제도

1. 외국납부세액

기업의 해외진출은 그 형태에 따라 지점이나 현지법인 혹은 파트너십 등 다양한 형태로 발생할 수 있다. 현지법인의 경우 모회사는 모회사 거주지국의 세법에 따라 과세되고, 현지법인은 진출국의 세법에 따라 과세될 것이므로 현지법인의 소득이 국내 모회사의 소득에 미치는 영향은 없다. 그러나 모회사에 귀속되어야 하는 소득이 현지법인에 귀속되거나, 현지법인의 설립 자체가 모회사의 소득을 저세율국인 지출국의 소득으로 그 형태를 전환하여 과세상의 혜택을 얻기 위한 것이라면 규제가 필요하다. 즉, 국제적 이중과세 또는 국제적 과세회피를 조정·방지하기 위해 외국납부세액에 대한 처리가 필요한데 이중 외국납부세액의 이중과세 방지를 위한 외국납부세액공제 제도에 대해 알아보고자 한다.

2. 이중과세방지 방법

이중과세를 방지하기 위해서는 외국에서 납부한 세금에 대한 조정이 필요하다. 아래의 방식들은 외국납부세액에 대한 이중과세 조정의 방법을 나타낸 것이다.

1) 외국세액소득공제방법(tax deduction method)

거주지국이 국외원천소득을 과세소득에 포함시키되, 해당 국외원천소득에 대한 외국법인세액을 손금으로 공제하는 방법이다. 이는 이중과세의 조정장치로서 부분조정방법으로 불안정한 방법이다.

2) 외국세액공제방법(tax credit method)

거주지국이 국외원천소득을 과세소득에 포함시키되, 거주지국의 법인세액에서 외국세액을 공제해주는 제도이다. 이는 세액공제의 한도에 따라 완전세액공제방법, 일반세액공제방법으로 나뉜다.

① **완전세액공제방법** : 거주지국의 법인세액에서 외국세액의 전액을 공제하여 주는 방법으로 완벽하게 이중과세가 해소된다. 그러나 원천지국의 법인세율이 거주지국의 법인세율보다 높은 경우 그 공제되는 세액이 과다해져 오히려 보조금(환급)을 지급해야하는 문제가 있다.

② **일반세액공제방법** : 거주지국의 법인세액에서 외국세액을 공제해 주되, 국외원천소득에 자국의 법인세 실효세율을 곱하여 산정되는 금액을 한도로 외국세액을 공제해주는 방법으로 공제한도액을 설정하는 방법에 따라 국별한도액방법, 일괄한도액방법, 분리한도방법이 있다.

3) 외국소득면제방법(tax exemption method)

거주지국에서 국외원천소득에 대한 과세권을 포기하는 방법으로 지역과세 채택 국가들이 선택한다. 즉 거주지국이 내국법인의 국외원천소득의 전부 또는 일부에 대하여 법인세를 비과세하는 방법이다.

3. 우리나라의 외국납부세액공제 제도

우리나라의 외국납부세액공제 제도는 앞서 이중과세방지 방법 중 외국세액소득공제 방식과 외국세액공제 방법 중 일반세액공제 방법을 채택하여 기업이 선택할 수 있도록 하고 있다. 세액공제의 경우 여러 방법 중 국가별로 한도를 계산하는 국별한도 방식을 채택하고 있다.

그림 13-2 일반세액공제 방법 유형별 정리 : 국별한도, 일괄한도, 분리한도

01	외국납부세액의 국별한도액 방법	국외원천소득이 발생한 곳이 2개국 이상인 경우 원천지 국마다 각각 세액공제액의 한도액을 계산하는 방법 예) 독일, 프랑스 채택
02	외국납부세액의 일괄한도액 방법	국외원천소득이 발생한 곳이 2개국 이상인 경우 모든 국외원천소득을 합산하여 일괄적으로 한도액을 계산하는 방법
03	외국납부세액의 분할한도액 방법	• 국외원천소득을 소득종류별로 구분하여 공제한도액을 산정하는 방법 • 국외원천소득을 9종류로 구분하고, 소득종류별 공제한도액을 계산하는 방법 예) 미국(IRC904)

구체적인 외국납부세액공제 방법에 대해서는 아래에서 정리한 표를 참고하길 바란다.

▌표 13-2▐ 우리나라 외국납부세액공제 제도 정리

구분	내용
적용요건	① 내국법인의 과세표준에 국외원천소득 포함 ② 외국법인세를 납부하였거나 납부할 것이 확정
외국납부세액 처리방법	① 세액공제 -국별한도 -한도초과액 10년간 이월공제 ② 손금산입
공제대상 외국납부세액	① 외국납부세액 -내국법인이 외국에 직접납부 하였거나 납부할 것으로 확정된 세액 -초과이윤세 및 기타 법인의 소득 등을 과세표준으로 하는 세액과 그 부가세액(surtax)
	② 간주외국납부세액 -조세조약 상대국에서 해당 국외원천소득에 대하여 법인세를 감면받은 세액 중 해당 조세조약이 정하는 범위 내의 금액
	③ 간접외국납부세액 -외국 자회사의 외국법인세 중 외국자회사로부터 받은 수입배당금에 대응하는 세액 • 규정이 있는 경우 : $외국자회사의\ 법인세액 \times \frac{외국자회사로부터의\ 배당금}{외국자회사의\ 세후\ 소득}$ • 규정이 없는 경우 : $외국자회사의\ 법인세액 \times \frac{외국자회사로부터의\ 배당금}{외국자회사의\ 세후\ 소득} \times 50\%$ -적용범위 : 외국자회사 외국자회사 요건 : 지분율 25% 이상을 6개월간 보유
외국납부세액 공제액	외국납부세액공제액=min[①, ②] ① 외국납부세액=직접납부세액+간접외국납부세액+간주외국납부세액 ② 한도액=법인세 산출세액×국외원천소득/과세표준

세액공제 방식과 소득공제 방식 중 어떤 방식이 더 나을까? 당연히 납세자 입장에서는 세액공제 방식이 더 유리하다. 만약 외국세율이 20%이고 우리나라 세율이 25%라고 가정하고 국외원천소득이 1,000달러라고 하자.

▌그림 13-3▐ 세액공제 vs 소득공제 비교

국내세율 25%	외국세율 20%	국외원천소득 1,000달러

구분	세액공제 방식	손금산입 방식	차액
국외원천소득	$1,000	$1,000	
외국세율	×20%	×20%	
외국법인세	200	200	
외국원천소득	$1,000	$1,000	
소득공제	0	−200	
과세소득	1,000	800	
법인세율	×25%	×25%	
공제전산출세액	250	200	
외국납부세액공제	−200	0	
국내납부세액	50	200	
전세계납부세액	$250	$400	$150

세액공제 방식을 선택할 경우 공제 전 산출세액인 250달러에서 외국납부세액 200달러를 공제한 50달러만이 우리나라에서 추가로 납부할 세액이 되어 전세계 납부세액은 250달러가 된다. 손금산입 방식을 선택하게 되면 소득공제 후 과세소득이 800달러가 되고 세율 25%를 곱하면 200달러가 우리나라에 납부할 세금이 된다. 결국 전세계 납부세액은 외국에서 납부한 200달러와 우리나라에서 납부한 200달러를 합한 400달러가 된다. 이는 앞선 세액공제 방식보다 150달러를 더 납부한 것이고, 이러한 상황은 외국세율이 우리나라 세율보다 높을 경우에도 동일하게 발생한다. 따라서 조세최소화 전략을 펼치는 기업이라면 당연히 소득공제 방식을 채택해서는 안 된다. 실제 손금산입 방식은 2020년 세법개정을 통하여 삭제되었으며, 이월공제 적용 후 남은 금액에 한하여 손금산입이 가능한 방식으로 변경되었다.

4. 우리나라 외국납부세액 제도의 문제점

현행법이 채택하고 있는 외국납부세액공제가 가진 가장 큰 문제점은 이중과세 문제를 완벽히 해소하지 못한다는 것이다. 당초부터 외국납부세액공제의 가장 큰 취지는 국제적인 이중과세를 방지하여 자본수출 중립성을 확보하고, 이를 통하여 전세계적으로 효율적인 투자를 유도하겠다는 것이었다. 따라서 모든 국가가 전세계과세를 선택하고 100% 외국납부세액공제를 해준다면 이중과세 문제는 완벽히 해결된다.

그러나 외국납부세액공제 한도에 문제가 있다. 우리 법은 당초에는 각국에서 벌어들인 모든 수입금액과 납부세액을 합하여 일괄적으로 한도를 계산하거나(이하 일괄한도), 국가별로 수입금액과 납부세액을 분리하여 한도를 계산하는 국가별 한도 계산방식(이하 국별한도)을 선택할 수 있었다. 그러나 일괄한도 제도는 투자의 왜곡을 불러올 수 있다는 비난이 있었다. 고세율 국가에서 부담한 세금에 대하여 기한 내에 공제받기 위해서는 저세율의 국가에 투자하여 한도를 늘리는 방식을 선택할 수 있기 때문이다. 결국 2015년부터 우리나라는 외국납부세액공제의 한도를 계산할 때 국별한도만 허용하고 있다.

그러나 이는 대기업의 실질 세부담을 강화하고자 하는 정치적 의도가 담긴 것이지 외국납부세액공제의 진실한 취지와는 거리가 있어 보인다. 이중과세 해소를 통한 자본수출 중립성을 유지하기 위해서는 공제에 제한이 있어서는 안 되며, 국내에서 납부세액이 부족하다면 환급이라도 해주는 것이 취지에 맞는 것이다. 그러나 대부분 국가에서는 실질적인 세수 확보의 측면에서 한도를 설정하고 환급은 이루어지지 않고 있다. 결국 한도초과액은 이월될 수밖에 없는데 여기서도 또 문제가 발생한다. 이월공제의 기한을 10년으로 제한하고 있는 것이다. 당장에 환급해줄 재원이 없다면 추후에라도 이를 환급하여 납세자가 전세계에서 부담할 세금을 같게 해주어야 한다. 이월 기간 동안의 이자를 받지 못하는 손해는 차치하더라도 납부세액 원금이라도 돌려받아 실질적으로 납부한 세금에 대한 이중과세가 없어야 하는 것이다.

Ⅲ. 조세조약

앞서 설명한 바와 같이 전세계과세는 모기업의 소재지국이 전세계의 과세권을 행사할 수 있고, 지역과세는 기업의 관할이 속한 지역의 국가에서 과세권을 행사할 수 있는 시스템이다. 그렇다면 우리나라의 예를 들어보자. 삼성전자는 우리나라에 모기업을 두고 전세계에서 제품을 판매하여 수익을 내고 있다. 인접국인 일본은 지역과세를 채택하고 있는 나라인데, 만약 일본에서 삼성전자의 제품을 판매하였다면 해당 수익에 대한 과세권은 우리나라에 있는 것인가, 아니면 일본에 있는 것인가? 이처럼 자본을 수출하고 있는 기업의 소재지국이 전세계과세를 채택하고 있는데, 자본을 수입하게 되는 국가에서 지역과세를 채택하고 있다면 상호 이해상충의 문제가 발생하게 된다.

그림 13-4 국가 간 이중과세 문제

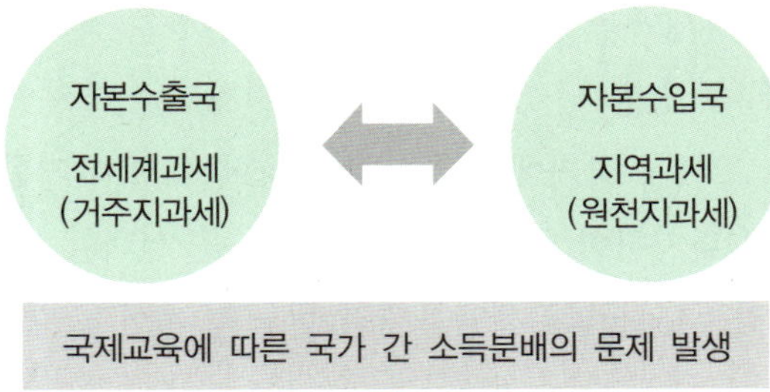

이와 같이 조세의 종목과 세율 기타 과세요건은 법률로 정해지게 되는데, 국가별로 조세법률이 상이하고 자국민의 국민소득 극대화에 대한 국가 간 이해관계 상충 문제가 발생하게 된다. 이로 인하여 국제교역에서 동일한 소득에 대하여 과세권이 경합하게 되어 이중과세가 발생할 수 있는 것이다.

이러한 경우 양국 간에 득이 되는 방향으로 조정이 발생한다. 자본을 수입하는 원천지국가는 스스로의 과세권을 일정범위로 줄이고, 자본을 수출하는 모기업의 소재지국인 거주지국가는 원천지국에서 발생한 소득을 비과세하거나 원천지국에서 납부한 세금을 자국에서 깎아주는 등의 명시적이고 묵시적인 합의에 도달하게 된다. 결국 상호 간에 합의된 범위 안에서는 자본수입국인 원천지국의 과세권이 자본수출국인 거주지국에 우선하는 것이다. 그러면서 거주지국은 합의에 따라 원천지국이 부담함 세금에 대해 이중과세 조정을 해주는 것이다. 앞선 예를 살펴보면 일본에서 판매한 삼성전자 제품 수익에 대한 과세권은 원천지국인 일본이 갖되, 거주지국인 우리나라에서는 삼성전자가 일본에서 납부한 세금을 깎아주는 체계가 갖춰지게 되는 것이다.

이러한 합의에 도달할 수 있도록 국가 간에 체결하게 되는 것이 바로 조세조약이다. 조세조약이 담고 있는 내용은 양 당사자국 간에 과세권의 배분문제이다. 일반사항으로 조약 대상범위와 정의를 규정하고, 원천지국의 과세권 제약을 규정한다. 예를 들면 소득구분조항은 소득을 경제적·법률적 실질에 따라 구분하여 각 구분별로 원천지국의 과세권을 제약하는 방법이다. 차별금지조항은 원천지국은 자국의 납세의무자에게 부과하는 세금보다 더 무거운 세금을 거주지국에 속하는 납세의무자에게 부과할 수 없다는 규정이다. 그리고 거주지국의 이중과세를 배제하는 방법을 규정한다. 외국세액공제방식은 원천지국에서 납부한 세금을 거주지국이 부과할 세금에서 깎아주는 방식이다. 외국소득면제방식은 원천지국이 세금을 부과한 소득에 대해서 거주지국은 세금을 부과하지 않는 방식이다. 이러한 규정들을 정의하고 절차적인 사항을 정한다. 양 당사자 간의 분쟁시 과세당국 사이의 상호합의절차, 양 당사자 국가의 과세 정보교환, 조세징수에 대한 상호 간의 협조 등의 사항이다.

표 13-3 조세조약이 담고 있는 내용

조약 일반사항	• 조약 대상범위와 정의
원천지국의 과세권 제약	• 소득구분조항 : 소득을 경제적·법률적 실질에 따라 구분하여 각 구분별로 원천지국의 과세권을 제약하는 방법 • 차별금지조항 : 원천지국은 자국의 납세의무자가 부과하는 세금보다 더 무거운 세금을 거주지국에 속하는 납세의무자에게 부과할 수 있음
거주지국의 이중과세 배제 방법	• 외국세액 공제방식 : 원천지국에서 납부한 세금을 거주지국이 부과할 세금에서 깎아주는 방식 • 외국소득 면세방식 : 원천지국에 세금을 부과한 소득에 대해서 거주지국은 세금을 부과하지 않는 방식
절차법적 특별규정	• 과세당국 사이의 상호합의절차 • 체약국 과세당국들 간의 정보교환 • 각국의 조세징수에 대한 체약국의 협조 등

이처럼 조세조약은 국가 간의 합의이자 약속이다. 국제공법상에서도 상호 두 나라 정부 사이에서 효력이 발생한다. 조약으로 법률보다 불리한 내용을 정할 수 없고, 조약과 국내법의 비교단위는 납세의무자의 세액이나 소득 전체가 기준이 된다. 만약 조약을 체결하고서 국내법에서 이를 배제한다면 이는 조약이 위반이 되는 것이다.

▌그림 13-5 ▌한미 조세조약 中

[1979.10.20]
1976. 6. 4 서울에서 서명
1979. 10. 20 발효

대한민국 정부와 미합중국 정부는, 소득에 대한 이중과세의 회피와 탈세방지 및 국제무역과 투자의 증진을 위한 협약의 체결을 희망하고, 그러한 목적으로 각자의 전권대표를 아래와 같이 임명하였으며,

대한민국 정부 : 대한민국 외무부장관 박동진 각하

미합중국 정부 : 대한민국주재 미합중국 특명전권대사 리챠드 엘. 스나이더 각하 상기인들은 그들의 전권위임장을 상호 교환한후 양호 타당함을 확인하여,

다음의 제 조항에 합의하였다.

제1조 【대상조세】 [1979.10.20]
(1) 이 협약의 대상이 되는 조세는 다음과 같다.
(a) 한국의 경우에는 소득세 및 법인세(한국의 조세)
(b) 미국의 경우에는 내국세법에 의하여 부과되는 연방소득세(미국의 조세)

(2) 이 협약은 상기 (1)항에 의하여 포함되는 조세와 실질적으로 유사한 조세로서 이 협약의 서명일자 이후에 현행 조세에 추가하여 부과되거나 또는 현행 조세에 대체하여 부과되는 조세에 대하여도 적용된다.

(3) 제7조 (무차별)의 목적상 이 협약은 중앙정부, 주정부 또는 지방정부의 수준에서 부과되는 모든 종류의 조세에 대하여도 적용된다. 제28조(정보의 교환)의 목적상 이 협약은 중앙정부의 수준에서 부과되는 모든 종류의 조세에 대하여도 적용된다.

제2조 【일반적 정의】 [1979.10.20]
(1) 달리 문맥에 따르지 아니하는 한, 이 협약에 있어서 아래의 용어들은 각기 다음의 의미를 가진다.
(a) (i) "한국"이라 함은 대한민국을 의미한다.
(ii) "한국"이라 함은, 지리적 의미로 사용되는 경우에, 한국의 조세에 관한 법이 효력을 가지는 모든 영역을 의미한다. 한국이라 함은 또한 다음의 것을 포함한다.

(A) 한국의 영해
(B) 해저지역의 자연자원의 탐사 및 채취를 목적으로 국제법에 따라 한국이 주권적 권리를 행사하는 영해 밖의 한국의 연안에 인접한 해저지역의 해상과 하층토, 다만, 이 협약이 적용되는 인, 재산 또는 활동이 그러한 탐사 또는 채취와 관련되는 범위에 한한다.

b) (i) "미국"이라 함은 미합중국을 의미한다.
(ii) "미국" 이라 함은 지리적 의미로 사용되는 경우에, 미국의 제 주와 콜럼비아 특별구를 의미한다. 미국이라 함은 또한 다음의 것을 포함한다.

(A) 미국의 영해
(B) 해저지역의 자연자원의 탐사 및 채취를 목적으로 국제법에 따라 미국이 주권적 권리를 행사하는 영해 밖의 미국의 연안에 인접한 해저지역의 해상과 하층토, 다만, 이 협약이 적용되는 인, 재산 또는 활동이 그러한 탐사 또는 채취와 관련되는 범위에 한한다.
(c) "체약국"이라 함은 문맥에 따라 한국 또는 미국을 의미한다.

출처 : 국세법령정보시스템

우리나라는 아래의 약 90여 개국의 국가들과 조세조약을 체결하고 있다. 이 외에도 마샬제도, 버뮤다, 영국령 버진아일랜드와 같은 조세피난처들과 조세정보교환협정을 체결하여 국제적 탈세행위를 방지하고자 노력하고 있고, 130여 개국과 다자간 조세행정공조협약을 체결하여 국제적인 협력관계를 긴밀히 유지하려고 노력하고 있다.

표 13-4 조세조약 체결국가

가봉	미국	아랍에미리트	인도	튀니지
그리스	미얀마	아이슬란드	인도네시아	파나마
남아프리카공화국	바레인	아일랜드	일본	파키스탄
네덜란드	방글라데시	아제르바이잔	조지아	파푸아뉴기니
네팔	베네수엘라	알바니아	중국	페루
노르웨이	베트남	알제리	체코	포르투갈
뉴질랜드	벨기에	에스토니아	칠레	폴란드
덴마크	벨라루스	에콰도르	카자흐스탄	프랑스
독일	불가리아	에티오피아	카타르	피지
라오스	브라질	영국	캄보디아	핀란드
라트비아	브루나이	오만	캐나다	필리핀
러시아	사우디아라비아	오스트리아	케냐	헝가리
루마니아	세르비아	요르단	콜롬비아	호주
룩셈부르크	스리랑카	우루과이	쿠웨이트	홍콩
리투아니아	스웨덴	우즈베키스탄	크로아티아	
말레이시아	스위스	우크라이나	키르기즈	
멕시코	스페인	이란	타지키스탄	
모로코	슬로바키아	이스라엘	태국	
몰타	슬로베니아	이집트	터키	
몽골	싱가포르	이탈리아	투르크메니스탄	

출처 : 국세법령정보시스템

그렇다면 조세조약은 상호 두 나라 간에 체결되는 것인데 각 나라마다 내용과 형식이 무분별하게 차이가 난다면 국제적으로 적용에 혼선이 올 수도 있을 것이다. 따라서 국제적으로 조세조약의 기본 골격을 정하고자 노력하였는데 이것이 바로 모델조약이라고 한다. 모델조약의 변천과정은 아래의 그림과 같다.

그림 13-6 모델조약의 변천

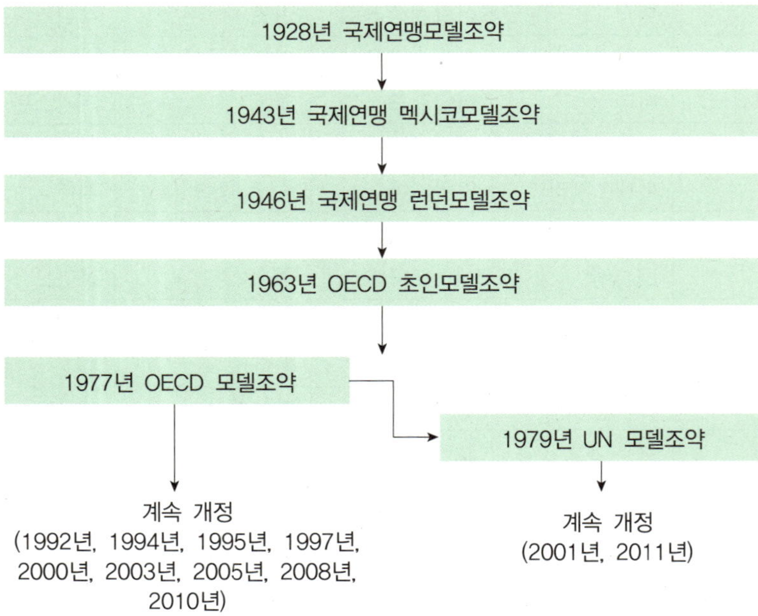

1928년 국제연맹모델조약을 시작으로 멕시코, 런던모델조약을 거쳐 1977년에 와서 OECD 모델조약이 완성되었다. OECD 모델조약은 주로 회원국들 간의 조약에 대한 모델을 만든 것으로 선진국들 간의 조약의 성격을 가지고 있다. 따라서 선진국들은 자본을 수출하는 입장에 있기 때문에 자본수출국인 거주지국이 유리하도록 구성되어 있고, 소득의 원천이 되는 원천지국의 과세권은 제한하고 있다. 반면 UN 모델조약은 선진국과 후진국 간의 모델조세조약의 성격으로 앞선 OECD 모델조약에서 축소된 원천지국의 과세권을 다소 강화시키고 있다.

표 13-5 OECD, UN 모델조약 간 주요 차이점

구분	OECD 모델조약	UN 모델조약
주관	OECD CFA(재정위원회)	UN(전문가그룹)
성격	• 선진국 간(OECD 회원국) 모델조세조약 성격 • 소득원천지국의 과세권 제한 • 자본수출국에 유리	• 선진국과 후진국 간의 모델조세조약 성격 • 소득원천지국의 과세권 강화 • 자본수입국에 유리

우리나라도 1980년대 이전에 선진국들과 체결한 조세조약은 OECD 모델조약이었다.

이 당시만해도 우리나라는 자본수입국의 입장에 있었다. 그러나 1980년대에서 1990년대에는 우리나라도 개발도상국들에게 자본수출을 시작하면서 입장이 조금 바뀌었다. 따라서 선진국들과는 UN 모델조약을 체결하고자 하였고, 개발도상국들과의 체결에 있어서는 자본수출국의 입장으로 변모하여 OECD 모델조약을 적용하고자 하였다. 1990년대 이후에는 우리나라도 OECD 가입국이 되어 OECD 모델조약을 기초로 하고 있다.

표 13-6 1980년대 이후 우리나라 조세조약 기초모델

구분	1980년 이전	1980년대~1990년대		1990년대 이후
지위	자본수입국	자본수・출입국		OECD 가입국
상대방	선진국	선진국	개발도상국	–
기초모델	OECD 모델	UN 모델	OECD 모델	OECD 모델

제2절 조세회피 방지 및 분쟁 방지를 위한 노력

Ⅰ. 상호합의

앞서 우리는 조세조약의 의의와 모델조세조약을 확인하였다. 그런데 만약 조세조약이 있음에도 불구하고 양 국가 간의 과세권 분쟁이 해결되지 못한다면 어떻게 해야 하는가? 또한 조세조약의 문구가 애매하여 해석이 필요한 경우는 어떻게 할 것인가에 대한 문제가 남아있다. 이처럼 조약의 해석이나 부당한 과세처분 등에 대하여 국가 간에 협의를 통하여 해결하도록 하는 절차가 바로 '상호합의(Mutual Agreement Procedure: MAP)'이다.

OECD 모델조세조약 제25조 제3호에는 '양 체약국의 관할당국은 이 조약의 해석이나 적용에 있어, 발생하는 어려움 또는 의문을 상호합의에 의해 해결하도록 노력한다. 또한 양 당국은 이 조약에 규정되지 않은 경우의 이중과세를 방지하기 위해 상호협의할 수 있다'고 정하고 있다. 이에 우리나라 「국제조세조정에 관한 법률」에서도 상호합의 절차를 규정하고 있다. 상호합의의 특징은 국가 간 조세분쟁 해결 절차이고 외교채

널을 통하지 않곡 양국 조세당국자 간 직접 협의를 통하여 어느 일방에 의해 제기된 문제를 해결하는 절차이다. 또한 세법에 규정한 권리구제절차 외 또 하나의 권리구제 절차로 활용이 가능하다는 것이다.

우리나라의 권한있는 당국(Competent Authority : CA)은 기획재정부 장관 또는 그의 권한을 위임받은 자로 정의할 수 있다. 상호합의 개시의 요건은 조세조약의 적용 및 해석, 조세조약과 맞지 않는 과세 처분, 상대국과의 과세 조정이 있다.

표 13-7 상호합의 개시 요건 및 권한있는 당사자

개시요건	권한있는 당사자
조세조약의 적용 및 해석	기획재정부 장관
조세조약과 맞지 않는 과세 처분	국세청장
상대국과의 과세 조정	국세청장

그러나 법원의 확정 판결이 있는 경우, 조세조약상 신청 자격이 없는 자가 상호합의를 신청하였을 경우, 조세회피를 목적으로 상호합의를 신청한 경우, 3년 제기 시한을 초과하여 신청하였을 경우에는 상호합의가 불가능하다.

상호합의 기간은 원칙적으로 개시일로부터 5년이지만 양 국가가 동의하였을 경우 최대 8년까지이며 통상 2~4년 정도 소요된다고 알려져 있다. 국내법상 부과제척기간에 관계없이 상호합의 절차 종료 후 1년 이내에 새로운 부과처분이 가능하고, 상호주의 원칙에 따라 징수유예도 허용된다. 또한 심판청구 및 소송 등 국내 조세불복절차와 동시에 진행이 가능하다.

Ⅱ. 이전가격(Transfer Price : TP)

1. 다국적기업의 소득이전과 이전가격 세제

앞서 살펴본 바와 같이 다국적기업들은 여러 국가에 걸쳐 사업을 영위하고 있기 때문에 각 국가의 세금정책에 민감하게 반응한다. 따라서 세율이 높은 고세율국에서 저세율국으로의 소득이전을 통하여 세금을 낮추고자 하는 니즈(needs)가 발생한다. 예를 들어 우리나라 법인세율은 25%이고 미국의 법인세율은 21%라고 가정하자. 우리나라

와 미국에서 사업을 영위하는 기업들은 같은 소득을 번다면 우리나라보다 미국에서 과세당하기를 희망할 것이다.

상기와 같은 상황에 놓인 A기업의 한국법인이 미국법인으로부터 용역을 제공받기로 계약을 체결하고 용역비용을 지급한다면 적법한 방법으로 한국에서 번 소득을 미국으로 이전할 수 있다. 이러한 방식으로 소득이전을 하게 되면 A기업은 과세를 최소화할 수 있게 된다. 이러한 세무계획(tax planning)을 통하여 기업들은 세금을 줄일 수 있는 것이다. 이러한 소득이전의 가장 대표적인 사례가 바로 구글(google)과 스타벅스 같은 다국적기업이다. 구글은 미국계 기업으로 전세계에서 벌어들인 소득을 세율이 낮은 싱가포르, 네덜란드, 아일랜드 등의 자회사에 로열티 등의 명목으로 이전하여 세금을 회피하였다.[3] 스타벅스 역시 미국계 기업으로 네덜란드, 스위스 등에 회사를 설립하여 소득을 이전하는 방식으로 조세를 회피하였다.

이러한 조세회피를 막기 위한 여러 가지 방안 중에 무분별한 소득이전을 막기 위하여 이전가격 세제를 두고 있다. 이전가격 세제란 국외의 특수관계인과의 국제거래에서 발생한 거래가격이 정상가격보다 낮거나 높은 경우 정상가격을 기준으로 조세를 다시 부과하는 제도이다. 앞서 법인세법에서 배운 부당행위계산부인 규정과 유사하지만 특수관계의 범위가 훨씬 넓다는 차이가 있다. 또한 특수관계 여부는 약정 당시 기준으로 판단하고 제3자가 개입된 거래는 적용하지 않는다. 결국 여기서 가장 중요한 것은 정상가격을 어떻게 산출할 것인가의 문제이다. 우리나라 「국제조세조정에 관한 법률」에서는 5가지의 방법을 제시하고 있다.

표 13-8 정상가격 산출방법

<table>
<tr><th colspan="2">정상가격 산출방법</th><th>내용</th></tr>
<tr><td rowspan="3">전통적 거래방법 (가격조정)</td><td>비교가능 제3자 가격방법</td><td>유사한 거래 상황에서 특수관계가 없는 독립된 사업자 간의 거래가격</td></tr>
<tr><td>재판매가격방법</td><td>구매자가 비특수관계인에게 재판매시 판매가격에서 구매자의 통상이윤 차감</td></tr>
<tr><td>원가가산방법</td><td>제공된 자산용역의 발생원가에 제공자의 통상이윤을 더한 가격</td></tr>
<tr><td rowspan="2">거래 이익방법 (이익조정)</td><td>이익분할방법</td><td>쌍방 실현 거래순이익을 상대적 공헌도에 따라 배부된 이익</td></tr>
<tr><td>거래순이익률방법</td><td>특수관계 없는 비교대상 거래의 통상 거래순이익률을 기초로 산정된 거래가격</td></tr>
<tr><td colspan="2">기타</td><td>거래실질, 관행에 비추어 합리적이라고 인정되는 방법</td></tr>
</table>

3) 'Double Irish with a Dutch Sandwich'라는 조세회피 방식을 참고하길 바란다.

우리나라 국세청이 가장 많이 적용하고 있는 방법은 특수관계 없는 제3자 간의 거래에서 실현된 통상의 거래순이익률을 기초로 산출한 거래가격을 정상가격으로 보는 거래순이익률방법으로 확인되었다. 이는 국내외 상용 데이터베이스를 활용한 유사거래 기업정보를 수집하기 용이하여 다른 정상가격 산출방법에 비하여 상대적으로 수월하기 때문에 사용빈도가 높은 것으로 볼 수 있다.

표 13-9 | 국세청 정상가격 산출방법 적용실태

구분	비교가능 제3자가격	재판매 가격방법	원가가산 방법	이익분할 방법	거래순이익률 방법	그밖에 합리적 방법	확인 불가	계
건수	22	2	4	14	119	14	2	177

출처 : 감사원-감사보고서(정상가격 산출기준 운용실태, 2017.9.)

상기와 같은 방법에도 불구하고 정상가격을 찾는다는 것이 그렇게 쉬운 일은 아니다. 기업이 처한 상황이 각기 다르고 영위하고 있는 업종별 특성도 다르며, 국가 간의 환경도 다르기 때문이다. 따라서 이러한 경우 과세관청에 사전에 정상가격을 승인받는 '정상가격 사전승인제도(Advance Pricing Agreement : APA)'가 있다. 우리나라 과세관청인 국세청과 납세의무자 사이에 정상가격을 사전승인하는 것을 편면 사전승인이라 하고, 우리나라와 상대방 국가가 상호합의 절차를 통하여 동시에 합의하는 것을 양면 상호합의라고 한다.

그림 13-7 | 정상가격 사전승인제도(APA) 구도

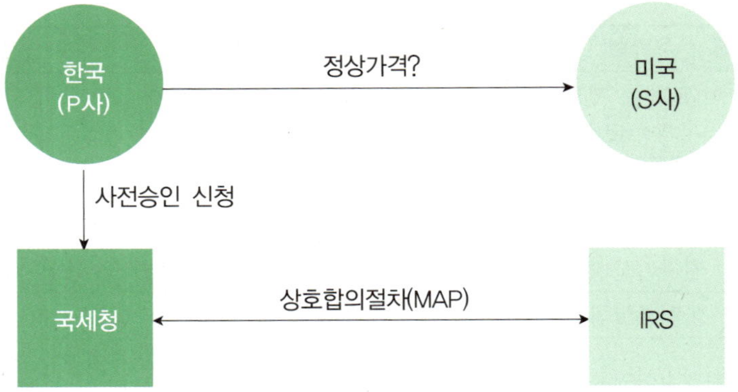

2. 국제적 협력과 BEPS(Base Erosion Profit Shifting)

저세율국으로의 소득이전을 통한 조세회피를 방지하기 위하여 이전가격 세제가 존재하지만 여전히 조세법망을 피한 다양한 방식의 소득이전이 존재하고 있다. BEPS란 경제활동이 발생하지 않는 저세율국으로 소득이 이전되어 전세계적으로 과세재원이 잠식되어 버리는 현상을 의미한다. 2012년 6월 OECD 재정위원회는 다국적기업에 의한 세원잠식과 이익이전에 대처하기 위한 회원국 간 다국적 BEPS 프로젝트 추진을 결정하였다. 이후 2013년 9월 G20 정상회의에서 BEPS Action Plan 15를 승인하여 현재도 진행 중에 있다.

그림 13-8 BEPS Action Plan 15

Action 1 디지털 경제	Action 2 혼성불일치 대응방안	Action 3 특정외국법인 유보소득과세방안	Action 4 금융비용 공제제한	Action 5 유해조세제도 대응
Action 6 조세조약 남용방지	Action 7 고정사업장 인위적 회피방지	Action 8 무형자산 이전	Action 9 위험 · 자본의 이전	Action 10 기타 고위험 거래 관련
Action 11 통계분석	Action 12 강제적 보고제도	Action 13 이전가격 문서화	Action 14 조세조약 분쟁해결	Action 15 다자간 협약 개발

우리나라도 BEPS 프로젝트에 동참하여 입법화를 추진하는 등 다양한 활동을 하고 있어 향후 다국적기업들의 소득이전을 통한 과세재원 잠식은 어려워질 것으로 기대된다.

[사례] 국제적 협력 사례

G20정상, 세계 최저법인세율 15%합의 … 2023년 시작

전세계 136개국이 동참 … 해당 국가에 과세권 배분
2023년부터 연결매출액 1조원 이상 기업, 법인세 15% 이상 부과돼
전세계 기업 가운데 7,000여 개사가 해당
이로써 각국 정부의 세수가 176조원 늘 것으로 전망

> 전세계 136개국이 동참한 이번 합의안은 다국적기업이 실제 서비스를 공급하고 이윤을 내는 국가에도 세금을 내도록 과세권을 배분하고 세계 최저법인세율 15%를 도입한다는 게 핵심이다. 그동안 아마존과 페이스북, 애플 같은 다국적기업들이 세금이 낮은 지역에 자회사를 두고 조세회피를 했던 관행을 막는다
> OECD는 2023년부터 연결매출액이 7억 5천만 유로(1조원) 이상인 다국적기업은 세계 어느 곳에서 사업을 하더라도 15% 이상의 세금을 내야 한다고 밝혔다.
> 〈조세일보, http://www.joseilbo.com, 2021.11.1. 기사 중 발췌〉

Ⅲ. 우리나라의 조세회피방지 제도

1. 조세회피방지 규정

우리나라의 조세회피방지 규정은 국제조세조정에 관한 법률 제4장 '특정외국법인의 유보소득에 대한 합산과세'에서 규정하고 있다. 이 규정은 우리나라 내국인과 특수관계에 있는 외국법인이 현지에서 납부한 세액이 실제발생소득의 15% 이하일 경우 외국에 유보한 소득 중 내국인 귀속분을 배당으로 간주하는 제도이다. 결국 유효세율 15% 이하의 저세율국에 소득을 유보하여 세원을 잠식하는 행위를 막겠다는 것으로 내국인의 범위를 단일주주(친족, 경제적연관관계, 경영지배관계 포함)가 10% 이상의 주식 또는 출자금을 직·간접적으로 보유해야 한다. 그리고 내국인과 특수관계라고 하는 것은 내국인이 특정외국법인의 의결권 있는 주식의 50% 이상을 직·간접적으로 소유하고 있는 경우로 제3가가 개입된 경우도 포함된다.

우리나라의 CFC 규정에 있어 주식 기준은 '단일주주 10% 이상', '특수관계 있는 복수주주가 50% 이상' 요건을 동시에 만족해야 하는 것으로 대체로 OECD 국가들과 유사하다고 볼 수 있다. CFC 적용을 위한 우리나라의 법인세율 요건은 유효세율 15%로, 유효세율 25%의 독일, 20%의 일본이나 자국 법인세율의 75%를 적용하여 명목세율 22.5%를 기준으로 하고 있는 멕시코와 리투아니아 등에 비해서는 조금 낮은 편이다. 하지만 세율요건이 없는 국가를 제외한 나머지 16개 국가들은 대부분 명목세율이나 유효세율의 50%에서 75% 기준을 제시하고 있는데, 대부분의 유럽국가들이 경쟁적으로 법인세율을 낮춘 까닭에 결과적으로 CFC 적용세율이 우리나라의 15%보다 낮게 형성[4] 되어 있는 것으로 보인다. 우리나라의 세율 요건이 다른 OECD 국가들의 요건보다 결

코 약하지 않음을 알 수 있는 것이다.

또 다른 요건으로 소득유형에 따른 기준이다. 수동소득(passive income)에 해당하는 이자, 배당금, 임대수입, 로열티 등이 외국법인의 총매출에서 차지하는 비중이 법에서 정한 기준 이상일 경우에 해당 법인의 수동소득 또는 전체소득에 대하여 과세하는 것이다. 우리나라는 일반적인 기준과 특정사업기준을 두고 있다. 일반적인 기준은 수동소득이 50%를 초과하고, 해당 수동소득 중 특수관계자와의 거래가 50%를 초과하는 경우 조세회피방지 규정을 적용하도록 하였다. 특정사업기준은 이보다 더 엄격한 기준을 두고 있다. 주식 또는 채권의 보유, 지적재산권의 제공, 선박·항공기·장비 임대, 투자신탁 또는 기금에 대한 투자가 주된 사업인 경우에는 수동소득이 총수입금액의 5%를 초과하는 경우 조세회피방지 규정을 적용한다.

이러한 특정사업에서 발생하는 소득이 대부분 수동소득일 뿐만 아니라 조세회피를 위한 수단으로 자주 사용되기 때문에 더 강화된 규정을 둔 것이다. OECD 국가들의 소득유형 기준은 5%에서 50% 범위 내에서 매우 다양하다. 일반적인 기준만을 놓고 보았을 때 50% 기준은 다른 OECD 국가들과 비교하면 조금 완화되어 있다고 볼 수 있지만, 특정사업기준에서 5% 기준을 두고 있으므로 전체적인 소득유형 기준 측면에서 OECD 국가들 중 조세회피방지에 더욱 강력한 규정을 두고 있다고 볼 수 있다. 주식 요건과 법인세율 요건, 소득유형 요건을 충족하는 경우 해당 외국법인은 CFC 규정을 적용받아 자국에서 과세권을 행사할 수 있게 된다. 이때 과세하게 되는 소득의 범위는 수동소득일 수도 있고 전체소득이 될 수도 있다. 우리나라는 전체소득에 대하여 과세하도록 되어 있고 OECD 국가 중 영국과 우리나라 등 18개 국가가 이러한 방식을 채택하고 있다. 반면 일본과 미국 등 17개 국가는 수동소득에 대해서만 과세하고 있다.

이자비용 공제제한 규정은 국제조세조정에 관한 법률 제15조의2 '소득 대비 과다이자비용의 손금불산입'에서 규정하고 있다. 당초 우리 법은 통상 과소자본세제라고 불리우며 소득의 유형이 배당에서 이자로 변경되어 비용으로 공제되는 것을 막고자 하는 취지의 규정이 존재하고 있었다. 유사한 규정이었으나 당초 규정은 출자금 대비 부채의 규모가 2배를 초과할 경우를 기준으로 하는 적정 부채규모에 대한 기준이었다. 그러나 BEPS Action 4에서는 소득 대비 이자비용이 과다할 경우를 규제하도록 권고하는 내용이 담겼다. 이에 따라 우리나라도 2017년 말 조정소득금액(EBITDA)의 30%를 초과하는 이자비용의 공제를 제한하는 법률을 도입하였다. 결국 우리나라는 적정부채기

4) 정확한 유효세율을 확인할 수 없기 때문에 명목세율을 기준으로 판단한 것이며, 유효세율은 대부분 명목세율보다 낮게 형성되어 있기 때문에 보수적으로 보아도 15%보다 낮은 세율을 형성하고 있다.

준과 적정비용기준을 모두 적용하고 있는 것이다.

OECD 국가들 중 이스라엘을 제외한 대부분의 국가들이 이자비용 공제제한 규정을 도입하고 있다. 적정소득기준 측면에서 미국, 영국, 독일 등 우리나라를 포함한 12개국이 조정소득의 30% 초과 공제를 제한하고 있고, 적정부채기준 측면에서는 17개국이 자본 대비 1배에서 6배까지 다양한 기준을 가지고 있다. 결론적으로 우리나라는 기존의 과소자본세제에 소득 대비 과다이자비용 기준을 새로이 도입함으로써 OECD 다른 국가들과 유사한 수준에서의 이자비용 공제제한 규정을 두게 된 것이다.

종합적으로 우리나라의 기본적인 조세회피방지 규정과 이자비용 공제제한 규정은 최근의 BEPS 프로젝트 도입의 영향으로 OECD 수준에서 부족해 보이지는 않는다.

2. 과세대상 소득

비거주자란 국내에 주소를 두거나 183일 이상의 거소를 둔 개인은 거주자라고 하고, 거주자가 아닌 개인을 비거주자라고 한다. 이때 주소는 국내에서 생계를 같이하는 가족 및 국내에 소재하는 자산의 유무 등 생활관계의 객관적 사실에 따라 판정하고, 거소는 주소지 외의 장소 중 상당기간에 걸쳐 거주하는 장소로서 주소와 같이 밀접한 일반적 생활관계가 형성되지 않는 장소를 의미한다. 이러한 비거주자에 대한 과세대상소득인 국내원천소득에 대하여 세법은 소득의 종류를 열거하고 이에 따라 원천징수세율을 정하고 있다.

표 13-10 비거주자의 국내원천소득 과세방법(조세조약이 없는 경우)

<table>
<tr><th colspan="2">국내원천소득</th><th rowspan="2">국내사업장이 있는 비거주자</th><th rowspan="2">국내사업장이 없는 비거주자</th><th rowspan="2">분리과세 원천징수 세율(%)
(소득세법상)</th></tr>
<tr><th colspan="2">소득세법 제119조</th></tr>
<tr><td>1호</td><td>이자소득</td><td rowspan="7">종합과세,
종합소득세
신고납부(특정소득은 국내사업장 미등록시 원천징수)</td><td rowspan="7">분리과세, 완납적 원천징수</td><td>20(채권이자 : 14)</td></tr>
<tr><td>2호</td><td>배당소득</td><td>20</td></tr>
<tr><td>3호</td><td>부동산소득</td><td>-</td></tr>
<tr><td>4호</td><td>선박 등 임대소득</td><td>2</td></tr>
<tr><td>5호</td><td>사업소득</td><td>2</td></tr>
<tr><td>10호</td><td>사용료소득</td><td>20</td></tr>
<tr><td>11호</td><td>유가증권 양도소득</td><td>min(양도가액×10%,
양도차익×20%</td></tr>
</table>

12호	기타소득			20
7호	근로소득			거주자와 동일
8호의2	연금소득			
6호	안전용역소득		분리과세 (종합과세 선택가능	20
8호	퇴직소득	거주자와 동일(분류과세)		거주자와 동일
9호	양도소득	거주자와 동일(분류과세)	거주자와 동일(다만, 영수자가 법인인 경우 예납적 원천징수)	min(양도가액×10%, 양도차익×0%

출처 : 국세청

위와 같이 국내 고정사업장 유무에 따라 과세 방법이 달라지기 때문에 과세관청과 비거주자 사이에는 국내 고정사업장의 존재 여부에 대한 다툼이 많이 발생하고 있다. 그러한 분쟁의 결과 국내사업장이 있는 비거주자에는 부동산소득이 있는 비거주자도 포함시키는 등 비거주자에 대하여 원천징수로 종결되는 과세권 적용에는 여러 가지 이슈들이 있다.

표 13-11 외국법인의 국내원천소득 과세방법(조세조약이 없는 경우)

국내원천소득 법인세법 제93조		국내사업장이 있는 비거주자	국내사업장이 없는 비거주자	분리과세 원천징수 세율(%) (법인세법상)
1호	이자소득	종합과세, 종합소득세 신고납부 (특정소득은 예납적 원천징수)	분리과세, 완납적 원천징수	20(채권이자 : 14)
2호	배당소득			20
4호	선박 등 임대소득			2
5호	사업소득			2
8호	사용료소득			20
9호	유가증권양도소득			min(양도가액×10%, 양도차익×20%
10호	기타소득			20
6호	인적용역소득		분리과세(신고·납부 가능)	20
7호	양도소득		법인세 신고·납부(다만, 양수자가 법인인 경우 예납적 원천징수)	min(양도가액×10%, 양도차익×20%
3호	부동산소득		법인세 신고·납부	–

출처 : 국세청

또한 원천징수세율 차이로 인하여 인적용역이냐 사업소득이냐 등에 대한 소득구분 논쟁도 끊이지 않는다. 납세의무자 입장에서는 2%의 원천징수세율을 적용받는 사업소득으로 과세되는 것이 20%로 과세되는 인적용역이나 사용료소득에 비하여 유리하기 때문이다.

상기와 같이 원천징수의무가 있는 자는 비거주자 등에게 국내원천소득을 현실적으로 지급하는 때에 세금을 원천징수하여 과세관청에 납부하는 것이다. 우리나라 세법은 이와 같이 외국법인과 비거주자에 대하여 국내원천소득에 대한 과세권을 행사시 소득을 열거하여 해당 소득에 맞게 원천징수하는 것으로 과세권을 종결하고 있는 것이다.

이처럼 법인이 아닌 개인의 경우에는 소득의 유형에 따라 과세방식이 복잡하게 달라진다. 이런 법리를 이용하여 조세를 회피하려고 한 대표적인 사례가 바로 론스타의 스타타워 매각 사례이다. 미국 법인인 론스타는 2001년 조세피난처인 벨기에에 스타홀딩스라는 조세회피 목적의 자회사를 설립하였고, 이 법인을 통하여 한국에 스타타워를 매입하기 위한 법인 설립을 통해 강남의 스타타워 빌딩을 매입하였다. 그 후 론스타는 스타타워 빌딩을 2004년 싱가포르투자청에 매각하였는데, 이때 부동산을 직접 매각한 것이 아니라 스타홀딩스의 주식을 매각하는 방식을 선택하였다. 결국 조세회피를 목적으로 실질은 부동산 양도소득이지만 주식(유가증권) 양도소득으로 방식을 바꾼 것이다. 한국과 벨기에 간의 조세조약으로 주식의 양도소득은 한국이 과세하지 않도록 되어 있었기 때문에 스타타워는 매각차익 2천억원 이상에 대하여 과세를 피할 수 있었다.

▌그림 13-9▐ 론스타 스타타워 매각 사례

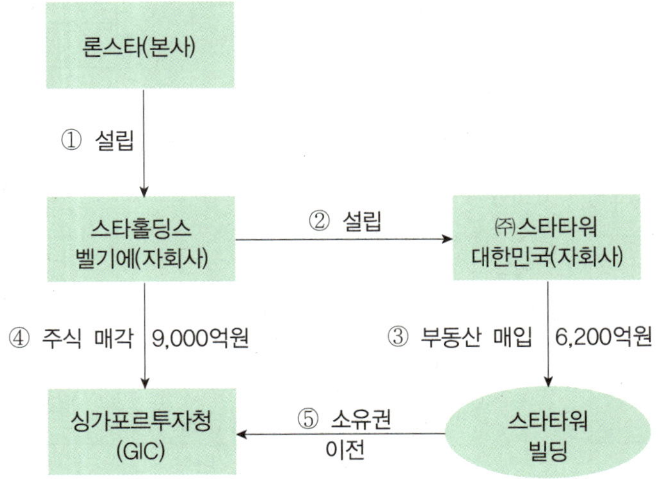

이 사건은 결국 수년간 소송으로 이어졌고 헌법소원까지 가는 끝에 론스타에게 양도소득에 대한 과세가 정당하다는 법원의 판결로 종결되었다.

이처럼 국제조세는 양 국가 간의 법률, 소득의 유형, 납세자의 유형, 조세조약 등 복잡한 구조로 인하여 이를 악용하여 조세회피를 하려는 다국적기업이 발생할 수 있다. 이러한 일을 방지하기 위해서는 결국 조세회피방지규정을 잘 정비하고, 법리를 잘 검토하여 과세함으로써 공평과세에 힘써야 할 것이다.

| 찾아보기 |

| 저자약력 |

정지선

서울시립대학교 및 동 대학원 졸업(세무학 박사)
기획재정부 세제발전심의위원회 위원
조세심판원 비상임심판관
기획재정부 국세예규심사위원회 민간위원
(현) 서울시립대학교 세무학과 세무전문대학원 교수

정재현

서울시립대학교 및 동 대학원 졸업(세무학 박사)
공인회계사
부산지방국세청 납세자보호위원회 위원
중부산세무서, 서부산세무서 납세자권익존중위원회 위원
(현) 동아대학교 경영대학 경영학과 교수

윤성만

육군사관학교 관리학과 졸업(경영경제통합)
서울대학교 대학원 및 서울시립대학교 세무전문대학원 졸업(세무학 박사)
공인회계사 출제위원
국세청 세무사자격심의위원회 위원
기획재정부 세제발전심의원회 위원
(현) 서울과학기술대학교 기술경영융합대학 경영학과 교수

강승환

서울시립대학교 경영학과 졸업(학사)
서울시립대학교 세무전문대학원 석사(세무학) 및 동 대학원 박사수료(세무학)
(현) ㈜DL이앤씨(구, 대림산업) 세무팀장 · 세무사
숙명여자대학교 경영학과 겸임교수

윤서준

연세대학교 경영학과 졸업(학사)
서울시립대학교 세무전문대학원 석사(세무학) 및 동 대학원 박사수료(세무학)
강남세무서 국세심사위원
(현) 정진세림회계법인 상무이사 · 공인회계사
서울시립대학교 세무학과 외래교수
숙명여자대학교 경영학과 외래교수

세무학의 이해(제2판)

2022년 3월 15일 1판 1쇄 발행
2023년 3월 15일 2판 1쇄 발행

저　자 | 정지선 · 정재현 · 윤성만 · 강승환 · 윤서준
발행인 | 이수영
발행처 | 도서출판 청람
서울시 마포구 독막로 288(대흥동, 세양상가 109호)
전　화 | 02)3272-2601~2
팩　스 | 02)3272-2603
E-mail | crbooks@daum.net
홈페이지 | http://www.crbooks.co.kr
등　록 | 2000년 8월 26일 제6-0509호

ISBN 978-89-5972-944-9 93320 [정가 28,000원]